Dawson / Guare
Schlau, aber ...

Verlag Hans Huber
Programmbereich Psychologie

Wissenschaftlicher Beirat:
Prof. Dr. Dieter Frey, München
Prof. Dr. Lutz Jäncke, Zürich
Prof. Dr. Meinrad Perrez, Freiburg i. Ü.
Prof. Dr. Franz Petermann, Bremen
Prof. Dr. Hans Spada, Freiburg i. Br.

D1662749

HUBER

Peg Dawson & Richard Guare

Schlau, aber ...

Kindern helfen, ihre Fähigkeiten zu entwickeln
durch Stärkung der Exekutivfunktionen

Mit praktischen Tipps und Übungen

Aus dem Englischen von Irmela Erckenbrecht

Verlag Hans Huber

Programmleitung: Tino Heeg
Herstellung: Daniel Berger
Umschlaggestaltung: Claude Borer, Basel
Druckvorstufe: Claudia Wild, Konstanz
Druck und buchbinderische Verarbeitung: Hubert & Co., Göttingen
Printed in Germany

Bibliografische Information der Deutschen Nationalbibliothek
Die Deutsche Nationalbibliothek verzeichnet diese Publikation in der Deutschen Nationalbibliografie; detaillierte
bibliografische Daten sind im Internet über http://dnb.d-nb.de abrufbar.

Anregungen und Zuschriften bitte an:
Verlag Hans Huber
Lektorat Psychologie
Länggass-Strasse 76
CH-3000 Bern 9
Tel: 0041 (0)31 300 4500
Fax: 0041 (0)31 300 4593
verlag@hanshuber.com
www.verlag-hanshuber.com

Die Originalausgabe erschien 2010 unter dem Titel:
«Smart but Scattered» bei Guilford Press
© 2010 The Guilford Press, A Division of Guilford Publications, Inc.

Für die deutsche Ausgabe:
1. Auflage 2012
© 2012 by Verlag Hans Huber, Hogrefe AG, Bern
ISBN 978-3-456-84980-5

Inhaltsverzeichnis

Einführung 7

Teil I
Was Ihr Kind schlau, aber chaotisch macht 17

1 – Wie kann ein so intelligentes Kind nur so chaotisch sein? 19
2 – Wo die Stärken und Schwächen Ihres Kindes liegen 39
3 – Wieso auch Ihre eigenen Schwächen und Stärken wichtig sind 63
4 – Weshalb Sie für eine gute Entsprechung von Kind
und Aufgabe sorgen sollten 79

Teil II
Hilfreiche Grundlagen schaffen 93

5 – Wie Sie die Exekutivfunktionen Ihres Kindes verbessern können:
zehn Prinzipien 95
6 – Das Umfeld verändern 108
7 – Exekutivfunktionen direkt vermitteln 122
8 – Ihr Kind zum Lernen motivieren 144

Teil III
Das Erlernte in die Praxis umsetzen 155

9 – Praktische Schritte richtig organisieren 157
10 – Fertige Pläne für das Einüben alltäglicher Aufgaben umsetzen 168
11 – Reaktionshemmung stärken 229
12 – Arbeitsgedächtnis trainieren 241
13 – Emotionale Regulation fördern 250
14 – Aufmerksamkeitssteuerung verbessern 261
15 – Initiieren von Handlungen einüben 271
16 – Planen und Setzen von Prioritäten erlernen 281

17 – Organisation entwickeln   289

18 – Zeitmanagement installieren   299

19 – Flexibilität erlangen   308

20 – Zielgerichtete Beharrlichkeit aufbauen   319

21 – Metakognition pflegen   328

22 – Wenn das, was Sie tun, nicht ausreicht   338

23 – Zusammenarbeit mit der Schule   347

24 – Wie geht es weiter?   356

Hilfreiche Bücher und andere Ressourcen   363

Sachregister   367

Einführung

Nichts ist frustrierender, als dabei zuschauen zu müssen, wie das eigentlich so vielversprechende eigene Kind mit den typischen Anforderungen des Alltags kämpft. Den anderen Kindern in der 3. Klasse gelingt es doch auch, sich die Hausaufgaben zu notieren. Sie denken daran, das Mathebuch mit nachhause zu bringen und erledigen die Schularbeiten rechtzeitig vor der Schlafenszeit. Warum schafft das ausgerechnet unsere Tochter nicht? Wenn man sich mit ihr hinsetzt, wird schnell klar, dass sie den Stoff durchaus beherrscht. Auch die Lehrerin bestätigt, dass sie die Aufgaben im Grunde genommen lösen kann.

Die meisten anderen Kinder im Kindergarten können zehn Minuten lang einigermaßen ruhig im Stuhlkreis sitzen, ohne ständig zu stören. Wie kommt es, dass unser Sohn, der doch sogar schon lesen kann, nicht länger als zehn Sekunden stillsitzen kann?

Sie haben einen 8-Jährigen, der ohne großes Murren eigenständig sein Zimmer aufräumt. Bei Ihrem 12-Jährigen führt die gleiche Aufgabe jedoch allwöchentlich zu einem Nervenkrieg.

Die Kinder Ihrer Freunde vergessen keine Genehmigungszettel, verlieren keine teuren Jacken und fallen in der Öffentlichkeit nicht unangenehm auf. Warum dann ausgerechnet Ihr Kind?

Sie wissen, dass Ihr Sohn oder Ihre Tochter genug Herz und Hirn hat, um erfolgreich zu sein. Dennoch sagen Ihnen nicht nur die Lehrer, sondern auch andere Menschen in Ihrem Umfeld, dass Ihr Kind in seiner Entwicklung nicht da ist, wo es sein sollte. Es sind vielleicht auch Ihre eigenen Eltern sowie diese leise, aber nicht zum Verstummen zu bringende Stimme in Ihrem Kopf, die diesen Leuten Recht geben. Sie wünschen sich, dass sich Ihr Kind endlich hinter eine bestimmte Aufgabe klemmt und das tut, was von ihm erwartet wird. Sie möchten, dass es sich in einer schwierigen Situation beherrscht und so verhält, wie es seinem Alter entspricht. Deshalb haben Sie bereits alles versucht. Sie haben Ihr Kind freundlich gebeten, es angeschrien, ihm gut zugeredet, es zu bestechen versucht, ihm alles noch einmal erklärt, ihm vielleicht sogar eine Strafe angedroht. Nichts von alledem hat gefruchtet.

Der Grund ist, dass Ihrem Kind möglicherweise bestimmte Grundfertigkeiten fehlen. Sie können ein Kind durch noch so viel gutes Zureden nicht dazu bringen, Fertigkeiten einzusetzen, die es nicht hat. Ebenso wenig wie es Ihnen möglich ist, im Winter in den Bergen eine schwarze Abfahrt hinunter zu wedeln, wenn Sie nicht einmal auf dem Idiotenhügel Ski fahren können. Selbst die Aussicht auf die größte Belohnung könnte Sie nicht dazu bringen.

Ihr Kind mag vielleicht das Erforderliche tun *wollen*. Es hat möglicherweise das Potenzial dazu, weiß aber nicht, *wie*. Wissenschaftler, die die kindliche Entwicklung und das Gehirn erforschen, haben entdeckt, woran dies liegt. Den meisten Kindern, die intelligent sind und trotzdem chaotisch wirken, fehlen bestimmte mentale Funktionen, die man *Exekutivfunktionen* nennt. Es sind grundlegende, im Gehirn angesiedelte Fähigkeiten, die erforderlich sind, um bestimmte Aufgaben auszuführen. Man braucht sie zum einen, um zielgerichtet vorzugehen, zu planen, Handlungen zu initiieren und folgerichtig aneinander zu reihen. Zum anderen sind sie notwendig, um bei einer Aufgabe zu bleiben, die eigenen Impulse zu kontrollieren, die eigenen Emotionen zu regulieren und um anpassungs- und widerstandsfähig zu sein. Das heißt, das Kind benötigt diese speziellen Fähigkeiten, damit es die typischen Anforderungen der Kindheit in der Schule, zuhause und im Freundeskreis bewältigt. Sie ermöglichen dem Kind all das zu tun, was ein Kind tun muss. Manchen Kindern fehlen bestimmte Exekutivfunktionen. Andere haben sie bisher nicht ausreichend entwickeln können.

Zum Glück gibt es vieles, was Sie tun können, um Ihrem Kind zu helfen. Dieses Buch wird Ihnen zeigen, wie Sie den Alltag eines Kindes zwischen 4 und 14 Jahren so verändern können, dass es die Exekutivfunktionen aufbaut, die es braucht – Fähigkeiten, die ihm erlauben, Kurs zu halten und anstehende Aufgaben auf zufriedenstellende Weise zu lösen.

Die Grundlage für die Entwicklung dieser speziellen Funktionen im Gehirn wird schon vor der Geburt gelegt. Diesen biologischen Anteil können Sie nicht beeinflussen. Dank der neueren Forschung wissen wir aber inzwischen, dass die Exekutivfunktionen in den ersten zwei Lebensjahrzehnten in einer klaren Abfolge Schritt für Schritt aufgebaut werden. Dies gibt Ihnen unendlich viele Möglichkeiten, fehlende oder noch unterentwickelte Funktionen bei Ihrem Sohn oder Ihrer Tochter gezielt zu fördern.

Mithilfe der Strategien, die wir in diesem Buch aufzeigen, können Sie Ihrem Kind helfen, all die vielen großen und kleinen Anforderungen zu erfüllen, die zum Leben eines Kindes dazugehören. So wird es mit Ihrer Unterstützung Dinge lernen wie sein Zimmer aufzuräumen, seine Hausaufgaben zu erledigen, zu warten, bis es an der Reihe ist, mit Enttäuschung umzugehen, sich an unerwartete Planveränderungen anzupassen, neue soziale Situationen zu bewältigen, Anweisungen zu befolgen, Regeln einzuhalten oder sein Taschengeld zu sparen. Auf diese Weise können Sie einem besorgniserregenden Abfall der schulischen Leistungen, einem Verlust von Freundschaften und einem Zurückfallen hinter die Gleichaltrigen entgegenwirken.

Wir haben erlebt, dass die in diesem Buch vorgestellten Methoden bei tausenden von Kindern sowohl in der Schule als auch in der häuslichen und familiären Umgebung Wirkung zeigten. Um sie anzuwenden, braucht man ein gewisses Maß an Zeit und Beharrlichkeit. Doch keine unserer Methoden ist schwer zu erlernen oder umzusetzen. Einige werden Ihnen vielleicht sogar Spaß machen. Als echte Alternativen zu ständiger Kontrolle, Nörgelei und gutem Zureden werden sie den Spaßfaktor im Zusammen*leben* mit Ihrem Kind auf jeden Fall erhöhen.

Was kann dieses Buch für Sie und Ihr schlaues, aber chaotisches Kind tun?

Zu irgendeinem Zeitpunkt haben alle Kinder damit zu kämpfen, sich zu beherrschen, Ordnung zu halten und mit anderen zurechtzukommen. Kämpfe um das Aufräumen des Kinderzimmers brechen regelmäßig in so gut wie jedem Haushalt aus. Es gibt auf diesem Planeten keinen 13-Jährigen, der täglich alle seine Hausaufgaben pünktlich und ordentlich erledigen würde. Dennoch scheinen einige Kinder stärkerer Aufsicht und Hilfe zu bedürfen als ihre Altersgenossen, die bestimmte Aufgaben längst selbstständig meistern. Wahrscheinlich haben Sie sich schon mehr als einmal gefragt, wann Sie sich endlich einmal entspannt zurücklehnen können, so wie die anderen Eltern. Wann werden Sie Ihr Kind nicht mehr ständig an alles erinnern müssen? Wann wird Ihr Kind lernen, sich selbst zu beherrschen? Wann wird es sich nicht mehr darauf verlassen, dass Sie es ermahnen? Wird jemals der Zeitpunkt kommen, an dem Sie nicht mehr jedes einzelne Ereignis im Leben Ihres Kindes steuern müssen, um Frustration und Misserfolg abzuwenden?

Wenn Sie einfach abwarten und auf einen späten Entwicklungsschub setzen, kann es noch lange dauern, bis diese Meilensteine endlich erreicht sind. In der Zwischenzeit kann die Selbstachtung Ihres Kindes Schaden nehmen und Sie selbst werden einige Sorgenfalten mehr bekommen. Fehlen Ihrem Kind die notwendigen Funktionen, um berechtigte Erwartungen anderer Menschen zu erfüllen, spricht alles dafür, ihm *jetzt* zu helfen. Denn nur so kann es bald den Anschluss finden. Kinder brauchen Exekutivfunktionen, um den Anforderungen der Kindheit genügen zu können. Gehen die Kinder in die Welt hinaus, wo die elterliche Kontrolle und Führung immer mehr nachlässt, werden diese Funktionen umso wichtiger sein. Letztlich sind sie für eine erfolgreiche Bewältigung des Erwachsenenlebens notwendig. Jetzt zu handeln und die Exekutivfunktionen Ihres Kindes zu stärken, kann Ihrem Kind in der Zukunft viele Schwierigkeiten ersparen.

Mangelt es Ihrem 5-jährigen Sohn an Exekutivfunktionen oder hinkt er bei deren Entwicklung hinter anderen Kindern zurück, wirkt sich das auf sein Verhalten aus. So kann es sein, dass er es nicht ertragen kann, ein Spiel zu verlieren oder dass er seine Hände nicht bei sich behalten kann. In beiden Fällen schrumpft die Anzahl seiner Spielkameraden wahrscheinlich stetig zusammen. Ist Ihre 9-jährige Tochter nicht in der Lage, ihre Hausaufgaben zu planen und sich an diesen Plan zu halten, bekommt sie längerfristige Projekte vermutlich nie fertig. Solche werden aber in diesem Alter in der Schule durchaus schon aufgegeben. Fällt es Ihrem 13-jährigen Jungen schwer, seine Impulse zu kontrollieren, hält ihn möglicherweise nichts davon ab, mit seinem Fahrrad davonzufahren. Dabei hatte er versprochen, auf seine kleine Schwester aufzupassen. Weil Sie nicht da sind, um ihn daran zu erinnern, lässt er sie allein zurück. Später in der Pubertät stellen sich dann weitere Fragen: Wird Ihre Tochter gut genug Acht geben, wenn sie mit einem Auto voller Freunde von der Disco nach Hause fährt? Wird Ihr Sohn sich ausreichend auf die Abschlussprüfung vorbereiten? Oder wird er seine ganze Zeit damit verbringen, mit seinen Freunden zu chatten und Computerspiele zu spielen? Wird es Ihrem Kind aufgrund seines Zeitmanagements gelingen, sich rechtzeitig um einen Job für die Sommerferien zu kümmern? Wird es seine Emotionen kontrollieren können, sodass es bei einem schwierigen Kunden oder Chef keinen Wutanfall bekommt? Wird Ihr Kind das Elternhaus zu einem angemessenen Zeitpunkt verlassen? Oder wird es als «Nesthocker» enden? Das heißt: Wird Ihr Sohn oder Ihre Tochter in der Lage sein, ein erfolgreiches, unabhängiges Leben zu führen?

Die Chancen werden sehr viel größer, wenn Sie Ihrem Kind jetzt helfen, fehlende oder nur schwach ausgebildete Exekutivfunktionen aufzubauen. Je früher Sie damit beginnen, desto besser. Dies ist einer der Gründe, warum wir uns auf Kinder im Vor- und Grundschulalter konzentrieren. So können Sie Ihr Kind bereits stärken, bevor es auf die weiterführende Schule kommt. Damit verhelfen Sie ihm zu einer wichtigen Grundlage für den Erfolg in diesem wichtigen Abschnitt seines schulischen und sozialen Lebens. Sie werden feststellen, dass es sich besser zu beherrschen vermag. Es wird auf eine Weise fähig sein Probleme zu lösen, wie Sie es sich jetzt überhaupt nicht vorstellen können. Vieles von dem, was wir am Beispiel von Grundschul- und Mittelstufenkindern erklären, kann natürlich auch auf ältere Kinder übertragen werden. Indes kommen auf ältere Kinder ganz andere Anforderungen zu. Zudem reagieren sie auf elterliche Erziehungsversuche anders als kleinere Kinder. Daher werden wir hier nicht ausführlicher auf diese Altersgruppe eingehen.

Über dieses Buch

Während wir mit fremden Kindern arbeiteten – und unsere eigenen Kinder auf-
wachsen sahen –, stellten wir fest, dass alle möglichen Kinder Schwächen bei den
Exekutivfunktionen aufweisen können. Folglich kann auch das, was man tun
kann, um diesen Kindern zu helfen, sehr unterschiedlich sein. Es hängt zum einen
vom Alter und der jeweiligen Entwicklungsstufe des Kindes ab, zum anderen aber
auch von den persönlichen Stärken und Schwächen und den am stärksten ausgeprägten Problembereichen. Wenn Sie das angestrebte Verhalten jedoch fest vor
Augen haben und die richtige Strategie wählen, können Sie die Entwicklung Ihres
Kindes positiv und nachhaltig beeinflussen. Wie Sie herausfinden können, wo Ihr
Kind Hilfe braucht und wo Sie bei der Stärkung wichtiger Fähigkeiten am besten
ansetzen können, erfahren Sie in Teil I.

Kapitel 1–4 geben einen Überblick über die Exekutivfunktionen – wie sie sich
entwickeln, wie sie sich bei der Bewältigung typischer Aufgaben zeigen und wie
sie von außen positiv beeinflusst und gezielt gestärkt werden können. Verschiedene Forscher haben die Funktionen auf unterschiedliche Weise kategorisiert und
mit Begriffen belegt. Alle Fachleute stimmen jedoch darin überein, dass es sich
dabei um kognitive Prozesse handelt. Sie sind erforderlich, um (1) Aktivitäten zu
planen, zielgerichtet anzugehen und auch durchzuziehen. Außerdem (2) regulieren sie das eigene Verhalten. Sie sind also nötig, um Impulse zu unterdrücken,
gute Entscheidungen zu treffen, bei Bedarf die Taktik zu wechseln und die eigenen
Emotionen und Verhaltensweisen so zu steuern, dass langfristige Ziele erreicht
werden können. Wenn Sie sich das Gehirn als Schaltstelle vorstellen, die Input und
Output organisiert, helfen uns die Exekutivfunktionen, den Output zu regulieren.
Das heißt sie helfen uns, all die Daten, die unter anderem unsere Sinnesorgane,
Muskeln und Nervenendungen gesammelt haben, gegeneinander abzuwägen und
zu entscheiden, wie wir darauf reagieren wollen.

In Kapitel 1 werden wir Sie nicht nur über die besonderen Aufgaben einzelner
exekutiver Funktionen, sondern auch über die Entwicklung des Gehirns bei Kindern ab dem Zeitpunkt der Geburt informieren. Diese Kenntnisse sollen Ihnen
eine Vorstellung davon geben, wie weitreichend die Exekutivfunktionen sind und
warum entsprechende Schwächen oder Defizite das tägliche Leben eines Kindes
in so vielerlei Hinsicht beeinträchtigen können.

Um die Stärken und Schwächen Ihres Kindes benennen zu können, müssen Sie
natürlich wissen, wann mit der Entwicklung der verschiedenen Funktionen zu
rechnen ist – genau wie bei den motorischen Fertigkeiten wie sitzen, stehen und
laufen. Die meisten Eltern besitzen bereits ein intuitives Gespür für diesen Ent-
wicklungsplan. Ebenso wie die Lehrer in der Schule passen sie ihre Erwartungen

bestimmten Entwicklungsschritten an, auch wenn sie diese nicht bewusst als Meilensteine beim Erwerb verschiedener exekutiver Funktionen sehen.

Kapitel 2 wird Ihnen einen genaueren Einblick in diesen Zeitplan geben. Es wird die verschiedenen Entwicklungsaufgaben mit den dazugehörigen Funktionen aufführen. Wir werden aufzeigen, dass Stärken und Schwächen zu bestimmten Verteilungsmustern neigen, auch wenn die Funktionen generell bei manchen Menschen besser entwickelt sein können als bei anderen. Allmählich werden Sie so ein schärferes Bild von den individuellen Stärken und Schwächen Ihres Kindes gewinnen. Dieses Bild wird Ihnen helfen, mögliche Ziele für die Interventionen zu benennen, die wir Ihnen in den Teilen II und III vorstellen werden.

Wie bereits erwähnt, wird die biologische Grundlage für die Entwicklung exekutiver Funktionen schon vor der Geburt gelegt. Ob das Kind sein Potenzial für die Entwicklung dieser Funktionen ausschöpfen kann, ist dagegen stark von seiner Umwelt abhängig. Sie als Eltern sind ein wichtiger Teil der Umwelt Ihres Kindes. Das soll nicht heißen, dass Sie schuld sind, wenn Ihr Kind bestimmte Schwächen aufweist. Zu wissen, wo die jeweiligen Stärken und Schwächen liegen, erleichtert jedoch Ihre Bemühungen, die Anlagen Ihres Kindes zu stärken. Darüber hinaus kann es die Konflikte reduzieren, die aufgrund bestimmter Gegensätzlichkeiten und Entsprechungen zwischen Ihnen und Ihrem Kind entstehen können.

Nehmen wir einmal an, Ihr Kind wäre genau wie Sie sehr unordentlich. Es würde Ihnen unter diesen Umständen nicht nur schwer fallen, Ihrem Kind beizubringen, wie man Ordnung hält. Auch Ihre Kämpfe zum Thema Unordentlichkeit könnten sehr viel heftiger ausfallen. Wenn Sie sich klar machen würden, dass Sie ebenso unordentlich sind wie Ihr Kind und dass dies Ihr Verhalten ihm gegenüber beeinflusst, wären Sie sehr viel besser in der Lage, offen mit Ihrem Kind zu reden. Sie könnten über den für Sie beide geltenden Nachholbedarf in punkto Ordentlichkeit sprechen und dabei ein gewisses Gemeinschaftsgefühl entwickeln. Gibt es auch bei Ihnen etwas zu verbessern, hilft dies Ihrem Kind, seinen Stolz zu wahren und mit Ihnen an einem Strang zu ziehen.

Oder stellen wir uns vor, Sie wären von Ihrem Wesen her extrem ordentlich, Ihr Kind dagegen wäre unordentlich. Die Erkenntnis dieser Gegensätzlichkeit könnte Ihnen helfen, mit Ihrem Kind geduldiger zu sein. Auf diese Weise könnten Sie ihm besser helfen, Fertigkeiten zu entwickeln, die bei Ihnen schon stark ausgeprägt sind. Sie wüssten, dass Ihr Kind nicht versucht, Sie mit seiner Unordentlichkeit zu provozieren, sondern dass zwischen Ihnen bei den Exekutivfunktionen ein echter Unterschied besteht. Kapitel 3 wird Ihnen helfen zu verstehen, wo Ihre eigenen Stärken und Schwächen liegen und wie Sie dieses Wissen zu Gunsten Ihres Kindes nutzen können.

Entsprechungen und Gegensätzlichkeiten zwischen Ihnen und Ihrem Kind sind jedoch nicht das Einzige, worauf Sie achten sollten. Ebenso wichtig ist, dass Ihr Kind und seine Umgebung gut zusammenpassen. Wenn Sie sich mit den verschiedenen Strategien zum Aufbau exekutiver Funktionen beschäftigen, wird sich zeigen, dass Sie zunächst immer versuchen sollten, das Umfeld zu verändern. Natürlich können Sie dies nur begrenzt tun. Außerdem besteht ein wichtiges Ziel dieses Buches gerade darin, dafür zu sorgen, dass Sie es auch nur in der ersten Zeit zu tun brauchen. Als Eltern haben wir die Umgebung unserer Kinder ständig im Auge. Wir sichern Steckdosen, um krabbelnde Babys davon abzuhalten, ihre neugierigen Finger hineinzustecken. Wir bleiben in Sichtweite, wenn sich Kleinkinder zum Spielen treffen. Wir begrenzen die Zeit, die unsere Kinder im Internet und mit dem iPod verbringen, damit genügend Raum für ihre Schularbeiten bleibt. In Kapitel 4 werden wir Ihnen zeigen, wie Sie überprüfen können, ob die Umgebung den speziellen Befähigungen Ihres Kindes positiv entspricht. Kapitel 4 wird Ihnen verdeutlichen, welche Steuerungsmöglichkeiten Sie besitzen und einsetzen können, bis Ihr Kind Ihre Unterstützung nicht mehr braucht.

Haben Sie erst einmal erkannt, wo die Stärken und Schwächen Ihres Kindes liegen und welche Entsprechungen es zwischen Ihnen und Ihrem Kind beziehungsweise zwischen Ihrem Kind und seiner Umwelt gibt, können Sie daran arbeiten, bestimmte Exekutivfunktionen zu stärken. Wir glauben, dass die von uns vorgeschlagenen Interventionen wirksam sind, weil sie (1) in der natürlichen Umgebung des Kindes zur Anwendung kommen und (2) verschiedene Ansatzpunkte zulassen. Die verschiedenen Ansatzpunkte geben Ihnen die Chance, Ihre Bemühungen auf die Bedürfnisse des Kindes, das Sie selbst am besten kennen, maßzuschneidern. Gleichzeitig bekommen Sie einen Plan B, auf den Sie zurückgreifen können, wenn sich Plan A als nicht erfolgreich erweist.

Das erste Kapitel in Teil II (Kapitel 5) listet eine Reihe von Prinzipien auf. Sie sollten diese Prinzipien befolgen, wenn Sie entscheiden, welches der beste Ansatz für ein bestimmtes Problem Ihres Kindes ist. Drei dieser Prinzipien bilden die Grundlage all Ihrer späteren Bemühungen, deshalb werden sie noch einmal einzeln und ausführlich in jeweils eigenen Kapiteln beschrieben (Kapitel 6–8). Diese drei wichtigsten Prinzipien sind: (1) Die Umgebung so zu verändern, dass es mehr Entsprechungen zwischen Kind und Aufgabe gibt. (2) Dem Kind beizubringen, wie man Aufgaben erledigt, die Exekutivfunktionen erfordern. (3) Das Kind zu motivieren, bereits erlernte Exekutivfunktionen aktiv einzusetzen. Wie Sie sehen werden, empfehlen wir zur Sicherstellung des Erfolgs im Allgemeinen eine Kombination aller drei Prinzipien. In Kapitel 9 zeigen wir Ihnen, wie Sie sie wirksam zusammenführen können. Zusätzlich können Sie einige der in Teil II vorgeschlagenen «Gerüsttechniken» oder Spiele einsetzen, um die Fähigkeiten Ihres Kindes im Alltag weiter zu stärken.

Sicherlich werden Sie auch bestimmte Problemsituationen angehen wollen, die bei allen Beteiligten zu Verärgerung und in verschiedenen Lebensbereichen Ihres Kindes immer wieder zu Konflikten führen. Kapitel 10 beschreibt Techniken im Umgang mit den Problemen, von denen uns die Eltern der Kinder in unserer klinischen Praxis am häufigsten berichten. Diese Techniken sind mit einer ganzen Reihe von Verfahren (und in manchen Fällen mit «Skripten») verbunden, die Ihrem Kind helfen werden, alltägliche Aufgaben mit weniger Mühe und Reibungsverlusten zu bewältigen – ob dies das Zubettgehen betrifft, die Anpassung an unvorhergesehene Planänderungen oder das Bearbeiten langfristiger Schularbeiten. Viele Eltern finden es am einfachsten, mit diesen Verfahren zu beginnen, weil sie Aufgaben, die sich immer wieder als Konfliktquellen erweisen, ganz direkt ansprechen. Außerdem haben wir alles, was Sie für die Umsetzung der Verfahren brauchen, Schritt für Schritt für Sie zusammengestellt. Auf diese Weise können Sie sich am leichtesten an die Arbeit an den exekutiven Funktionen gewöhnen und am schnellsten zu erkennbaren Erfolgen kommen. Auch Eltern bedürfen der Motivation – und nichts wirkt motivierender als der Erfolg! Natürlich wird auch erklärt, wie Sie die beschriebenen Verfahren an das jeweilige Alter Ihres Kindes anpassen können. Außerdem wird konkret benannt, welche Exekutivfunktionen gebraucht werden, um die jeweilige Aufgabe zu lösen. Auf diese Weise können Sie feststellen, welche der genannten Funktionen bei den Aufgaben eine Rolle spielen, die Ihrem Kind am meisten Probleme bereiten. Diesen können Sie anschließend beim Lesen und Durcharbeiten der folgenden Kapitel die größte Aufmerksamkeit schenken.

Kapitel 11–21 greifen jeweils eine einzelne exekutive Funktion heraus. Wir beschreiben die typischen Entwicklungsfortschritte und geben Ihnen eine kurze Einschätzungsskala an die Hand. Mit Hilfe dieser Skala können Sie herausfinden, ob Ihr Kind auf einem adäquaten Stand ist oder in seiner Entwicklung zurückhinkt. Eventuell haben Sie das Gefühl, dass die Verhaltenweisen und Fähigkeiten Ihres Kindes zwar im Großen und Ganzen altersentsprechend, aber dennoch verbesserungswürdig sind. Dann empfiehlt es sich, den allgemeinen Prinzipien zu folgen, die wir dafür aufgelistet haben. Wenn Sie den Eindruck gewinnen, dass bestimmte Probleme ausgeprägter sind als andere, können Sie aber auch eigene Interventionen entwerfen. Wir haben dafür einige Modelle vorgegeben und uns dabei an den Problembereichen orientiert, die in unserer klinischen Praxis am häufigsten vorkommen. Diese Interventionen umfassen Elemente aller drei in Teil II beschriebenen Methoden.

Wir sind zuversichtlich, dass Sie angesichts all dieser Auswahlmöglichkeiten einen Weg finden werden, Ihrem Kind zu helfen, aus schwachen Funktionen stärkere zu machen! Allerdings leben wir nicht in einer perfekten Welt. Kapitel 22 enthält deshalb Vorschläge zur Problemlösung in all den Situationen, in denen Sie das Gefühl haben, nicht voranzukommen. Dazu gehören Fragen, die Sie sich zu den bereits ausprobierten Interventionen stellen sollten, aber auch Hinweise, wie und wann es ratsam ist, professionelle Hilfe zu suchen.

Sie als Eltern können Ihrem Kind helfen, die entscheidenden Befähigungen zu entwickeln, um seine Schularbeiten zu erledigen und effektive Lernmethoden herauszubilden. Aber Sie können ihm natürlich nicht bis ins Klassenzimmer folgen. Die meisten betroffenen Kinder haben nicht nur zuhause, sondern auch in der Schule Probleme. So kann es gut sein, dass Sie von den Lehrern Ihres Kindes auf dessen Schwächen aufmerksam gemacht wurden. Kapitel 23 gibt Hinweise, wie Sie mit der Schule zusammenarbeiten können, damit Ihr Kind auch dort die nötige Hilfe und Unterstützung erhält. Dazu gehören auch Vorschläge, wie man problematische Beziehungen mit Lehrern vermeiden und zusätzliche Unterstützung durch besondere Fördermaßnahmen anbahnen kann.

Die Funktionen, die Ihr Kind mit Ihrer Hilfe aufbaut, sollen ihm helfen, die Grundschule und die Mittelstufe einer weiterführenden Schule erfolgreicher zu durchlaufen. Doch wie geht es danach weiter? Bisher ging es vor allem darum, dass Ihr Kind zu mehr Selbstständigkeit gelangt. Für die betroffenen Jugendlichen stellen Oberstufe oder Berufsbildende Schule nun neue Herausforderungen dar. Diese können noch schwieriger zu bewältigen sein als die Probleme in den jüngeren Jahren. Das letzte Kapitel des Buches ist deshalb der Frage gewidmet, wie Sie Ihrem Kind helfen können, die auf Grundschule und Mittelstufe folgenden Lebensphasen gut zu bestehen.

Wir wissen sehr gut, wie beängstigend es sein kann, an die Zukunft zu denken und sich vorzustellen, was geschehen wird, wenn Ihr Kind erwachsen sein wird. Als unsere ältesten Söhne noch zur Schule gingen, hatten wir beide schlaflose Nächte und fragten uns, wie sie es jemals bis zu ihrem Abschluss schaffen sollten – von dem, was danach noch alles kommen würde, ganz zu schweigen. Wir haben dieses Buch auch geschrieben, weil wir Ihnen versichern wollten: Kinder *werden* erwachsen. Sie lernen, allein zurechtzukommen. Unsere Kinder haben es geschafft – und Ihre Kinder werden es auch schaffen. Viele Jahre klinische Arbeit und Elternerfahrung sind in dieses Buch eingeflossen. Wir hoffen, dass Sie es hilfreich finden – ganz egal, wo Sie sich auf der Reise Ihres Kindes von der Kindheit bis zur Unabhängigkeit gerade befinden mögen.

Teil I
Was Ihr Kind schlau,
aber chaotisch macht

1 Wie kann ein so intelligentes Kind nur so chaotisch sein?

Katie ist 8 Jahre alt. Es ist Samstagmorgen und ihre Mutter hat sie in ihr Zimmer geschickt, weil sie dort aufräumen soll. Sie hat ihr gesagt, dass sie erst nach nebenan zu ihrer Freundin zum Spielen gehen darf, wenn bei ihr alles ordentlich ist. Zögernd verlässt Katie das Wohnzimmer, in dem ihr Bruder gebannt vor dem Fernseher sitzt und sich Zeichentrickfilme anschaut, und geht die Stufen hinauf. In der offenen Tür zu ihrem Zimmer bleibt sie stehen und betrachtet die Szenerie: Ihre Barbiepuppen liegen in einer Ecke, ein Wirrwarr aus Puppen, Puppenkleidern und verschiedenen Zubehörteilen, das aus der Ferne wie ein bunter Flickenteppich aussieht. Ihre Bücher liegen kreuz und quer im Regal. Einige sind auf den Boden gefallen. Die Tür des Kleiderschranks steht offen. Mehrere Kleider sind von den Bügeln auf den Boden gerutscht. Sie liegen auf den unten im Kleiderschrank stehenden Schuhen sowie auf einigen Brettspielen und Puzzles, mit denen sie in letzter Zeit nicht gespielt hat. Einige schmutzige Kleidungsstücke schauen unter dem Bett hervor. Auf dem Boden vor dem Schreibtisch liegen saubere Kleidungsstücke. Sie hat sie gestern dort liegen gelassen, als sie hektisch einen Lieblingspullover suchte, den sie unbedingt zur Schule anziehen wollte. Katie seufzt und geht in die Puppenecke. Sie legt zwei Puppen in ihr Spieleregal, nimmt eine dritte auf und hält sie mit ausgestrecktem Arm von sich fort, um ihr Outfit zu prüfen. Katie erinnert sich daran, dass sie die Puppe für einen Ball anziehen wollte, aber das gewählte Kleid gefällt ihr nun gar nicht mehr. Sie wühlt in dem Haufen mit den Puppensachen, um nach einem besseren Kleid zu suchen. Katie ist gerade dabei, den letzten Knopf des neuen Kleides zuzumachen, als ihre Mutter den Kopf durch die Tür steckt. «Katie», sagt sie in ungeduldigem Ton. «Es ist jetzt schon eine halbe Stunde vergangen und du hast noch gar nichts gemacht!» Die Mutter kommt zur Puppenecke. Gemeinsam heben Katie und sie Puppen und Puppenkleider auf, legen die Puppen ins Spielregal und verstauen die Kleider in der dafür vorgesehenen Plastikkiste. Sie kommen zügig voran. Die Mutter steht auf, um zu gehen. «Und jetzt schau mal, was du mit den Büchern machen kannst», sagt sie. Katie geht zum Bücherregal und beginnt, ihre Bücher zu ordnen. In einem Stapel auf dem Boden findet sie das Kinderbuch, das sie am Morgen angefangen hat. Sie schlägt es beim Lesezeichen auf und beginnt zu lesen. «Ich lese nur dieses eine Kapitel zu Ende», sagt sie sich. Als sie fertig ist, schlägt sie das Buch zu und schaut sich im Zimmer um. «Mama!», schreit sie wehleidig. «Das ist viel zu viel Arbeit! Kann ich jetzt spielen gehen und später aufräumen? Bitte?!»

Unten im Wohnzimmer seufzt Katies Mutter schwer. So geht es jedes Mal, wenn sie ihre Tochter bittet, etwas zu erledigen. Das Mädchen lässt sich ablenken, verliert schnell die Lust, fängt etwas anderes an und die Aufgabe bleibt liegen – es sei denn, die Mutter hilft mit und leitet Katie bei jedem noch so kleinen Schritt an. Oder sie gibt nach und macht schließlich alles alleine. Wie kann ihre Tochter so unkonzentriert und verantwortungslos sein? Warum kann sie das, was sie lieber tun würde, nicht ein Weilchen verschieben, bis sie das fertig hat, was getan werden *muss*? Sollte man von einem Kind im 3. Schuljahr nicht erwarten können, dass es wenigstens ein paar Dinge schon selbstständig erledigen kann?

Nach dem sie am standardisierten Iowa-Leistungstest gehört Katie zur 90. Perzentile. Ihre Lehrer berichten, dass sie Fantasie hat, ein Ass im Rechnen ist und einen guten Wortschatz besitzt. Außerdem ist sie ein nettes Mädchen. Deshalb tut es ihnen auch leid, Katies Eltern immer wieder auf dieselben Probleme hinweisen zu müssen. Aber ihre Tochter stört im Unterricht. Zum einen kann sie sich während einer Gruppenarbeit nicht auf die Aufgabe konzentrieren. Zum anderen muss sie in Stillarbeitsphasen daran erinnert werden, sich ihrer Aufgabe zuzuwenden und nicht in ihrer Tasche herumzuwühlen, mit ihren Schnürsenkeln zu spielen oder mit ihren Nachbarinnen zu flüstern. Katies Lehrer haben die Eltern mehr als einmal gebeten, Katie einzuschärfen, wie wichtig es sei, Anweisungen zu befolgen und sich auf die gestellten Aufgaben zu konzentrieren. Die Eltern können dann immer nur verlegen mit den Schultern zucken und beteuern, dass sie jede ihnen bekannte Methode ausprobiert hätten, um ihre Tochter zu ermahnen. Katie verspreche auch immer wieder Besserung. Sie könne sich an dieses Versprechen letztlich aber offenbar ebenso wenig halten wie an die Zusage, ihr Zimmer aufzuräumen oder den Tisch zu decken.

Katies Eltern sind am Ende ihrer Möglichkeiten angelangt und ihre Tochter gerät in Gefahr, in der Schule in Verzug zu geraten. Wie kann ein Kind, das doch offenkundig so intelligent ist, so chaotisch sein?

Wie wir in der Einführung erläutert haben, agieren intelligente Kinder oft chaotisch, weil es ihnen an den im Gehirn angesiedelten Exekutivfunktionen mangelt.

Wir alle brauchen diese Funktionen, um Aktivitäten zu planen, uns an einem Ziel auszurichten und unser Verhalten zu regulieren. Nicht dass die Kinder Probleme damit hätten, die von ihren Sinnesorganen gesammelten Informationen zu empfangen und einzuordnen. Sie sind also durchaus fähig, das einzusetzen, was wir gemeinhin «Intelligenz» nennen. In der Regel besitzen sie sogar mehr Verstand und gute Auffassungsgabe als nötig ist. Deshalb fällt es ihnen auch nicht schwer, die Grundrechenarten zu verstehen oder das Schreiben zu erlernen. Die Probleme zeigen sich erst, wenn sie «Output» organisieren sollen. Also in dem Moment, in dem sie entscheiden sollen, was sie wann tun müssen. Erst, wenn sie ihr eigenes Verhalten kontrollieren müssen, um die gesetzten Ziele auch zu erreichen. Weil sie in der Lage sind, Informationen aufzunehmen und rechnen, schreiben und anderes Schulwissen zu erlernen, sollte man annehmen, dass ihnen so viel einfachere Aufgaben – das Bett machen, sich an eine Reihenfolge halten – ganz leicht von der Hand gehen müssten. Dies ist aber oftmals nicht der Fall. Kinder können Intelligenz und gleichzeitig ein Defizit bei den Exekutivfunktionen besitzen. Dabei bräuchten sie diese Funktionen, um ihre Intelligenz auch bestmöglich einzusetzen.

Was sind Exekutivfunktionen?

«Exekutiv» heißt «ausführend». Der Begriff «Exekutivfunktionen» (oder auch «exekutive Funktionen») stammt aus der Neurowissenschaft und bezieht sich auf die im Gehirn angesiedelten Fertigkeiten, die zur Ausführung bestimmter Vorhaben oder Aufgaben erforderlich sind.

Für das Entwerfen eines grundlegenden Plans zur Bewältigung einer Aufgabe braucht Ihr Kind (ebenso wie Sie selbst) Exekutivfunktionen. Dies gilt selbst für ganz einfache Aufgaben wie zum Beispiel ein Glas Milch aus der Küche zu holen. Das Kind muss sich entscheiden, aufzustehen und in die Küche zu gehen, wenn es durstig ist. Es muss ein Glas aus dem Schrank nehmen, es auf die Küchentheke stellen, den Kühlschrank öffnen, die Milch herausholen, den Kühlschrank wieder schließen, die Milch eingießen, die Milch in den Kühlschrank zurückstellen und das Glas entweder gleich in der Küche austrinken oder mit zurück ins Wohnzimmer nehmen. Um diese einfachen Aufgaben auszuführen, muss es dem Impuls widerstehen, sich über die auf der Küchentheke liegenden Chips herzumachen (sie würden den Durst nur noch größer machen) oder zu einer zuckrigen Limonade anstelle der Milch zu greifen. Findet es im Schrank kein Milchglas mehr, muss es in die Spülmaschine schauen, anstatt eines der besten Kristallgläser seiner Eltern zu benutzen. Wenn es feststellt, dass die Milch fast alle ist, muss es seine Frustration überwinden. Es muss der Versuchung widerstehen, einen Streit mit der kleinen Schwester anzufangen, obwohl es glaubt, sie habe die Milch einfach ausgetrunken. Es muss aufpassen, dass es keinen Milchrand auf dem Wohnzimmertisch hinterlässt. Sonst riskiert es, dass es in Zukunft nichts Trinkbares mehr mit ins Wohnzimmer nehmen darf.

Exekutivfunktionen sind das, was Ihr Kind braucht, damit Ihre Hoffnungen und Träume für seine Zukunft – oder seine eigenen Hoffnungen und Träume – wahr werden können. Am Ende der Pubertät müssen unsere Kinder eine grundlegende Bedingung erfüllen: Sie müssen die meisten Situationen unabhängig von ihren Eltern meistern können. Das bedeutet nicht, dass sie nicht gelegentlich um Hilfe oder Rat bitten dürfen. Aber sie können sich nicht mehr darauf verlassen, dass wir ihren Tagesablauf für sie planen, ihnen sagen, wann sie mit ihren Aufgaben beginnen sollen, ihnen Dinge bringen, die sie vergessen haben oder sie daran erinnern, im Unterricht aufzupassen. Wenn unsere Kinder diesen Punkt erreichen, ist unsere Elternrolle zu Ende. Wir sprechen davon, dass unsere Kinder nun «auf eigenen Beinen» stehen, akzeptieren dies mit einer gewissen Genugtuung und hoffen für ihre weitere Zukunft das Allerbeste. Die Gesellschaft tut es uns gleich, behandelt sie als junge Erwachsene und erklärt sie rechtlich für «volljährig».

Um diese Phase der Unabhängigkeit zu erreichen, muss das Kind exekutive Funktionen entwickeln. Wahrscheinlich haben Sie schon einmal beobachtet, wie ein Kleinkind wahrnimmt, dass die Mutter das Zimmer verlässt, kurz wartet und dann anfängt zu weinen, damit die Mutter wiederkommt. Oder Sie haben gehört, wie Ihr 3-jähriges Kind sich selbst in einem Tonfall, der dem Ihren verdächtig ähnlich klingt, ermahnt, etwas nicht zu tun. Oder Sie haben einen 9-Jährigen gesehen, der tatsächlich stehen bleibt und sich umschaut, ehe er einem auf die Straße gerollten Ball nachläuft. In all diesen Fällen waren Sie Zeugin/Zeuge der Entwicklung exekutiver Funktionen.

Unser Modell

Unsere ursprünglichen Forschungen über Exekutivfunktionen gehen auf die 1980er Jahre zurück. Bei der Untersuchung und Behandlung von Kindern mit traumatischen Hirnverletzungen stellten wir fest, dass viele ihrer kognitiven und verhaltensbedingten Schwierigkeiten auf Defizite bei den Exekutivfunktionen zurückgingen. Ähnliche, wenn auch weniger schwere Probleme beobachteten wir bei Kindern mit signifikanten Aufmerksamkeitsstörungen. Unser Interesse war geweckt und wir begannen damit, die Entwicklung dieser wichtigen Kompetenzen bei einer großen Bandbreite von Kindern zu untersuchen. Zur Unterscheidung der verschiedenen Exekutivfunktionen gibt es auch andere Systeme (in der Bibliografie finden Sie entsprechende Hinweise). Bei der Ausarbeitung unseres Modells haben wir uns an einem ganz bestimmten Ziel orientiert: Eltern sowie Lehrern

Möglichkeiten an die Hand zu geben, wie sie die Entwicklung von Exekutivfunktionen bei Kindern mit offenkundigen Schwächen auf diesem Gebiet gezielt fördern können.

Unser Modell stützt sich auf zwei Prämissen:

1. *Die meisten Menschen weisen bei den Exekutivfunktionen Schwächen und Stärken auf.* Wir haben festgestellt, dass es bei der Verteilung von Stärken und Schwächen wiederkehrende Profile gibt. Kinder (und Erwachsene), bei denen manche Funktionen stark ausgeprägt sind, schwächeln häufig bei anderen. Diese Muster sind interessanterweise in einem gewissen Maße vorhersagbar. Wir wollten ein Modell entwickeln, das Menschen in die Lage versetzt, diese Muster zu erkennen. Dementsprechend können sie Kinder ermuntern, sich auf ihre Stärken zu stützen und daran zu arbeiten, ihre Schwächen auszugleichen oder zu umgehen. Wir stellten auch fest, dass es Sinn macht, Eltern zu helfen, ihre eigenen Stärken und Schwächen zu erkennen. Denn auf diese Weise können sie ihren Kindern noch besser helfen.

2. *Die Ermittlung von Schwächen sollte in erster Linie geschehen, um Interventionen zu planen und umzusetzen, die diese Schwächen ausgleichen können.* Wir wollten Kindern helfen, die eigenen Fertigkeiten so zu verbessern oder ihre Umgebung so zu verändern, dass die mit den Schwächen verbundenen Probleme so gering wie möglich bleiben oder gar ganz vermieden werden können. Je genauer eine Funktion definiert werden kann, desto einfacher ist es auch, Interventionen zu planen, die sie stärken können. Nehmen wir an, Sie hätten den Eindruck, Ihr Kind sei «zerstreut». Jeder meint zu wissen, was damit gemeint ist. Dennoch kann es Verschiedenes bedeuten, nämlich dass Ihr Kind vergesslich oder unordentlich ist, wenig Durchhaltevermögen besitzt oder sich leicht ablenken lässt. Jedes dieser Probleme erfordert eine andere Lösung. Je genauer wir ein Problem beschreiben können, desto wahrscheinlicher ist es, dass wir eine Strategie entwickeln, die es tatsächlich lösen kann.

Wir unterscheiden elf Exekutivfunktionen:

- Reaktionshemmung
- Arbeitsgedächtnis
- Emotionale Regulation
- Aufmerksamkeitssteuerung
- Initiieren von Handlungen
- Planen/Setzen von Prioritäten
- Organisation
- Zeitmanagement
- Zielgerichtete Beharrlichkeit
- Flexibilität
- Metakognition

Diese Funktionen lassen sich nach zwei Kriterien unterscheiden: zum einen nach dem Kriterium der Reihenfolge, in der sie im Laufe der kindlichen Entwicklung herausgebildet werden, zum anderen nach dem Kriterium der Aufgabe, die sie im Leben des Kindes übernehmen. Die Reihenfolge zu kennen, in der mit speziellen Fähigkeiten in der Baby- und Kleinkindzeit sowie in den weiteren Entwicklungsphasen zu rechnen ist, hilft Eltern und Lehrkräften zu verstehen, was sie von einem Kind in einem bestimmten Alter erwarten können. In einem vor einigen Jahren durchgeführten Workshop baten wir in Kindergärten und Grundschulen tätige Pädagogen, die Exekutivfunktionen zu benennen, die ihnen im Hinblick auf die von ihnen betreuten Kindern am meisten Sorgen machten. Die mit Kindern im Kindergartenalltag betrauten Erzieher nannten Funktionen wie das Initiieren von Handlungen und die Aufmerksamkeitssteuerung. Die Grundschullehrer gaben hingegen vor allem Funktionen wie Zeitmanagement, Organisation und Planen/Setzen von Prioritäten an. Interessanterweise nannten alle Befragten die Reaktionshemmung als Funktion, bei der besonders häufig Defizite zu verzeichnen seien! Die Reihenfolge zu kennen, in der die Entwicklung von Exekutivfunktionen zu erwarten ist, verhindert Interventionen zum falschen Zeitpunkt. Wir verschwenden zum Beispiel keine Zeit mit dem Versuch, bei einem 7-jährigen Kind eine Funktion zu verstärken, die typischerweise nicht vor dem 11. Lebensjahr zu erwarten ist. Schließlich haben wir auch so schon genug Kämpfe zu bestehen. Da brauchen wir nicht noch mit dem Kopf gegen die Wand zu rennen!

Die folgende Tabelle listet die Exekutivfunktionen in der Reihenfolge ihres Auftretens auf, definiert sie und gibt Beispiele dafür, wie sie sich bei jüngeren und etwas älteren Kindern zeigen.

Die aktuelle Forschung über die kindliche Entwicklung sagt uns, dass sich Reaktionshemmung, Arbeitsgedächtnis, emotionale Regulation und Aufmerksamkeitssteuerung bereits in den ersten 6–12 Lebensmonaten entwickeln. Die Anfänge gezielten Planens erleben wir, wenn ein Kind eine Möglichkeit findet, an einen begehrten Gegenstand heranzukommen. Deutlicher offenbart sich die Funktion des Planens, sobald das Kind anfängt zu laufen. Andere Funktionen, wie das Initiieren von Handlungen, die Organisation, das Zeitmanagement und die zielgerichtete Beharrlichkeit kommen später, im Vorschul- bis frühen Grundschulalter hinzu.

An dem Wissen, wie die einzelnen Funktionen wirken, ob eher auf das Denken oder das Handeln, können sich Ihre Interventionen ausrichten. Es sagt Ihnen, ob das Ziel sein sollte, Ihrem Kind dabei zu helfen, anders zu *denken*, oder ob es darum geht, dass Ihr Kind die Fähigkeit entwickelt, sich anders zu *verhalten*. Hat Ihr Kind zum Beispiel ein schwaches Arbeitsgedächtnis, benötigt es Strategien,

Entwicklung exekutiver Funktionen

Exekutive Funktion	Definition	Beispiele
Reaktionshemmung	Die Fähigkeit zu denken, ehe man handelt, das heißt dem Drang, sofort etwas zu sagen oder zu tun, zu widerstehen. Diese Fähigkeit gibt Ihrem Kind die Zeit, die es braucht, um die Situation in Ruhe einzuschätzen und mögliche Auswirkungen des eigenen Verhaltens abzuwägen.	Ein jüngeres Kind kann kurze Zeit warten, ohne zu stören. Ein Jugendlicher kann die Entscheidung eines Schiedsrichters beim Fußballspielen ohne Diskussion akzeptieren.
Arbeitsgedächtnis	Die Fähigkeit, Informationen im Gedächtnis zu behalten, während man eine komplexe Aufgabe ausführt. Dazu gehört die Fähigkeit, auf vergangene Lernprozesse oder Erfahrungen zurückzugreifen und die dabei gewonnenen Erkenntnisse auf die aktuelle Situation anzuwenden beziehungsweise in die Zukunft zu projizieren.	Ein jüngeres Kind kann bis zu zwei Schritte umfassende Anweisungen im Gedächtnis behalten und befolgen. Das ältere Kind kann sich an die Erwartungen verschiedener Lehrer erinnern.
Emotionale Regulation	Die Fähigkeit, sich emotional zu beherrschen, um bestimmte Ziele zu erreichen, Aufgaben zu erledigen oder das eigene Verhalten zu steuern.	Ein jüngeres Kind kann eine Enttäuschung in relativ kurzer Zeit überwinden. Ein Jugendlicher kann, obwohl er Angst vor einem Test oder Wettkampf hat, eine gute Leistung erbringen.
Aufmerksamkeitssteuerung	Die Fähigkeit, in einer Situation oder bei einer Aufgabe aufmerksam zu bleiben und sich nicht ablenken zu lassen, auch wenn man müde ist oder sich langweilt.	Ein jüngeres Kind kann eine sich über fünf Minuten erstreckende Aufgabe mit gelegentlicher Ermunterung durchführen. Ein Jugendlicher kann sich ein bis zwei Stunden mit kurzen Pausen auf seine Schularbeiten konzentrieren.
Initiieren von Handlungen	Die Fähigkeit, Vorhaben ohne unnötiges Aufschieben effizient und rechtzeitig anzugehen.	Ein jüngeres Kind kann eine Aufgabe, die sich über fünf Minuten erstreckt und zu der es ermuntert wird, gleich durchführen. Ein Jugendlicher wartet nicht bis zur letzten Minute, bis er mit einem Referat oder einer anderen Schularbeit beginnt.
Planen/ Setzen von Prioritäten	Die Fähigkeit, einen Plan aufzustellen, um ein Ziel zu erreichen oder eine Aufgabe zu lösen. Dazu gehört auch die Fähigkeit zu entscheiden, worauf man sich konzentrieren sollte und was eher unwichtig ist.	Ein jüngeres Kind kann sich mit etwas Unterstützung mehrere Optionen ausdenken, um einen Konflikt mit Gleichaltrigen zu lösen. Ein Teenager kann einen Plan fassen, nach dem er einen Job für die Sommerferien sucht.

Entwicklung exekutiver Funktionen

Exekutive Funktion	Definition	Beispiele
Organisation	Die Fähigkeit, Ordnungssysteme zu schaffen und beizubehalten, sodass Informationen und Materialien jederzeit wieder auffindbar sind.	Ein jüngeres Kind kann mit gelegentlicher Ermunterung Spielzeug an einen dafür vorgesehenen Platz räumen. Ein Teenager kann seine Sportsachen in einen Schrank räumen und bei Bedarf wiederfinden.
Zeitmanagement	Die Fähigkeit abzuschätzen, wie viel Zeit man hat, wofür man sie verwenden will, wie man im festgesetzten Rahmen bleibt und Abgabefristen einhält. Dazu gehört ein Gefühl dafür, dass Zeit wichtig ist.	Ein jüngeres Kind kann eine kleinere Aufgabe in einer vorher von einem Erwachsenen festgesetzten Zeit erledigen. Ein Teenager kann einen Arbeitsplan aufstellen, um die Abgabefrist für ein Referat oder eine andere Schularbeit einzuhalten.
Zielgerichtete Beharrlichkeit	Die Fähigkeit, ein Ziel zu haben und es bis zur Erfüllung zu verfolgen, ohne von konkurrierenden Interessen davon abgehalten oder abgelenkt zu werden.	Ein jüngeres Kind kann eine Aufgabe erledigen, um anschließend eine Pause machen zu dürfen. Ein Teenager kann Geld verdienen und über längere Zeit sparen, um sich etwas zu kaufen, was ihm wichtig ist.
Flexibilität	Die Fähigkeit, Pläne angesichts von Hindernissen, Rückschlägen, aktuellen Informationen oder Fehlern neu ausrichten zu können. Es geht also darum, sich an verändernde Bedingungen anzupassen.	Ein jüngeres Kind kann eine Planänderung ohne größeren Aufruhr hinnehmen. Ein Teenager kann einen andern Ferienjob akzeptieren, wenn sein Wunschjob bereits vergeben ist.
Metakognition	Die Fähigkeit, in einer Situation gedanklich zurückzutreten und sich selbst und die eigene Problemlösung distanziert zu betrachten. Es geht also darum, sich selbst zu beobachten und das eigene Handeln sowie die eigene Person kritisch zu reflektieren (zum Beispiel: «Wie mache ich das?», oder: «Wie bin ich vorangekommen?»).	Ein jüngeres Kind kann sein Verhalten aufgrund der Rückmeldung eines Erwachsenen ändern. Ein Teenager kann seine eigenen Leistungen kritisch einschätzen und verbessern, indem er sich an anderen orientiert, die etwas besser können als er.

mit deren Hilfe es sich wichtige Informationen merken kann (beispielsweise, welche Dinge es von der Schule mit nachhause bringen muss, um seine Hausaufgaben erledigen zu können). Ist bei Ihrem Kind die emotionale Regulation schwach ausgeprägt, sollten Sie ihm zum Beispiel zeigen, wie es Wörter statt Fäuste einsetzt (beispielsweise, wenn es entdeckt, dass sein kleiner Bruder sich auf sein Modellflugzeug gesetzt hat). Natürlich gehen Denken und Verhalten grundsätzlich Hand in Hand. Sehr oft bringen wir Kindern bei, wie sie ihre Gedanken nutzen sollen, um ihr Verhalten zu steuern.

Die *auf das Denken bezogenen Funktionen* sind darauf ausgerichtet, Ziele auszuwählen und zu verfolgen oder Lösungen für Probleme zu finden. Sie helfen Kindern, sich ein Bild von einem Ziel und dem Weg dorthin zu machen. Sie versorgen sie darüber hinaus mit den Ressourcen, die sie brauchen werden, um auf diesem Weg erfolgreich voranschreiten zu können. Sie ermöglichen Ihrem Kind, sich an das Bild zu erinnern, auch wenn das Ziel noch weit entfernt sein mag. Auf diese Weise läuft es weiter, auch wenn andere Ereignisse am Wegesrand um seine Aufmerksamkeit buhlen und Platz in seinem Denken beanspruchen. Um das Ziel zu erreichen, muss das Kind jedoch auch die Funktionen einsetzen, die es ihm erlauben, das zu *tun*, was getan werden muss, um am Ziel anzukommen. Diese Funktionen beziehen sich auf *Verhaltensweisen*, die das Handeln des Kindes auf dem Weg zu seinem Ziel leiten.

Die nächste Tabelle zeigt, welche Funktionen jeweils dem Denken oder dem Handeln zugeordnet werden können.

Wenn alles nach Plan verläuft, entwickeln wir von früher Kindheit an Ideen, was wir tun wollen oder müssen. Wir planen und organisieren die Verwirklichung dieser Ideen, unterdrücken Gedanken oder Gefühle, die ihnen zuwiderlaufen, feuern uns selbst an und behalten das Ziel im Auge, auch wenn Hindernisse, Ablenkungen oder Versuchungen uns davon abhalten wollen. Wir verändern unsere Strategie, wenn die Situation es erfordert, und fahren beharrlich mit unseren Bemühungen fort, bis das Ziel erreicht ist. Dieser Prozess kann so kurz dauern wie das Legen eines 10-teiligen Puzzles oder so viel Zeit benötigen wie der Umbau eines Hauses. Ganz egal, ob wir 3 oder 30 Jahre alt sind, beim Verfolgen unserer Ziele stützen wir uns auf das gleiche Repertoire an Exekutivfunktionen.

Während Sie Ihr Kind heranwachsen sehen, können Sie mitverfolgen, wie sich diese Funktionen immer stärker herausbilden. Wahrscheinlich können Sie sich noch gut daran erinnern, wie Sie früher auf dem Bürgersteig die Hand Ihres 2-jährigen Kindes halten mussten, wie Sie dann, als es 4 Jahre alt war, einfach beide nebeneinander gehen konnten, und wie Sie es einige Jahre später ganz allein die Straße überqueren ließen. In jeder dieser Phasen konnten Sie miterleben, wie die Exekutivfunktionen Ihres Kindes stetig wuchsen. Auch wenn sie noch nicht weit genug ent-

Zwei Dimensionen exekutiver Funktionen: Denken und Handeln	
Exekutivfunktionen des Denkens	Exekutivfunktionen des Handelns
(Kognition)	(Verhalten)
Arbeitsgedächtnis	Reaktionshemmung
Planen/Setzen von Prioritäten	Emotionale Regulation
Organisation	Aufmerksamkeitssteuerung
Zeitmanagement	Initiieren von Handlungen
Metakognition	Zielgerichtete Beharrlichkeit/Flexibilität

wickelt waren, um sein Verhalten vollständig allein zu steuern oder alle Probleme ohne Hilfe zu lösen, so erwies sich Ihr Kind doch zunehmend fähiger, Lebensaufgaben unabhängig zu bewältigen. In allem, was Sie Ihrem Kind beibringen, zeigt sich, dass Sie instinktiv verstehen, wie Sie Ihrem Kind helfen können, seine Exekutivfunktionen zu entwickeln und zu verfeinern. Doch obwohl wir Eltern instinktiv diese speziellen Fähigkeiten unterstützen, gelingt es manchen Kindern nicht, deren Entwicklung erfolgreich zu Ende zu bringen. Weshalb ist das so?

Wie sich Exekutivfunktionen im Gehirn entwickeln: Biologie und Erfahrung

Wie kommen Kinder zu Exekutivfunktionen? Wie bei vielen unserer Fähigkeiten gibt es zwei Faktoren, die zu ihrem Erwerb beitragen: Biologie und Erfahrung. Was den biologischen Faktor betrifft, ist das Potenzial für Exekutivfunktionen angeboren und bereits bei der Geburt fest im Gehirn verankert, ähnlich wie die Fähigkeit zum Spracherwerb. Allerdings existieren diese Fähigkeiten bei der Geburt *nur* als Potenzial. Das bedeutet, im Gehirn ist die biologische Ausstattung dafür angelegt, dass sie sich herausbilden können. Darüber hinaus gibt es biologische Faktoren, die beeinflussen können, wie sich die Exekutivfunktionen entwickeln werden. Schwere Verletzungen des kindlichen Gehirns, insbesondere der Frontallappen, wirken sich negativ aus. Auch die Gene, die das Kind von beiden Elternteilen erbt, können die Herausbildung exekutiver Funktionen prägen. Wenn ein Elternteil selbst Schwächen mit der Aufmerksamkeitssteuerung oder Organisation hat, ist die Wahrscheinlichkeit, dass sein Kind in diesen Bereichen ebenfalls Probleme bekommen wird, groß. Darüber hinaus kann die Entwicklung exekutiver Funktionen unter schädlichen Einflüssen aus der Umgebung leiden. Dazu gehören «Umweltgifte» wie eine zu hohe Bleibelastung, aber auch menschliche

Gewalt wie körperlicher Missbrauch. Eine einigermaßen normale biologische Ausstattung und die Abwesenheit genetischer oder umweltbedingter Traumata vorausgesetzt, kann die Hirnentwicklung jedoch so voranschreiten, wie es den biologischen Anlagen entspricht.

Biologie: Wachsen + Schrumpfen = Exekutivfunktionen

Bei der Geburt wiegt das Gehirn des Kindes etwa 370 g. Bei einem Jugendlichen gegen Ende der Pubertät hat sich das Gewicht auf fast 1,4 kg erhöht. Eine Reihe von Veränderungen sorgt für dieses Wachstum. So gibt es eine rapide Zunahme der Nervenzellen im Gehirn. Alle diese Nervenzellen müssen miteinander kommunizieren, wenn das Kind denken, fühlen oder handeln soll. Um miteinander «sprechen» zu können, entwickeln die Nervenzellen Verzweigungen, die es ihnen erlauben, Informationen von anderen Nervenzellen zu empfangen oder an diese weiterzugeben. Die Zunahme dieser Verzweigungen, die man *Axone* und *Dendriten* nennt, vollzieht sich in den Säuglings- und Kleinkinderjahren ganz besonders rasch.

In diesen frühesten Phasen der Entwicklung beginnt sich auch eine *Myelin* genannte Substanz spiralförmig um die Axone zu legen. Dieser Prozess, den man «Myelinisierung» nennt, isoliert die Verzweigungen, die die Nervensignale transportieren, sodass die «Gespräche» zwischen den Nervenzellen schneller und effizienter geführt werden können. Die Myelinisierung geht bis in die späten Phasen der Pubertät und des frühen Erwachsenenalters weiter und ist für die Entwicklung der so genannten *weißen Substanz* des Gehirns verantwortlich. Die weiße Substanz besteht aus Bündeln von Axonen, die verschiedene Hirnregionen miteinander verbinden und ihnen ermöglichen, miteinander zu kommunizieren.

Darüber hinaus gibt es die *graue Substanz*, die dafür verantwortlich ist, dass wir im Zusammenhang mit dem Denken vom Gebrauch der «grauen Zellen» sprechen. Die graue Substanz besteht aus Nervenzellen oder Neuronen und den Verbindungen zwischen ihnen, den *Synapsen*. Die Entwicklung dieser Art von Hirnsubstanz ist etwas komplizierter.

Im 5. Schwangerschaftsmonat wird die Anzahl der Nervenzellen bei dem ungeborenen Kind auf etwa 100 Milliarden geschätzt, was mit dem Gehirn eines durchschnittlichen Erwachsenen durchaus vergleichbar ist. In der frühen Kindheit übersteigt die Anzahl der Synapsen im Gehirn (etwa eine Quadrillion) deutlich die bei Erwachsenen. Würde die Entwicklung der grauen Substanz in dieser Geschwindigkeit weitergehen, wäre das Erwachsenengehirn riesengroß. Stattdessen tritt jedoch ein anderes Phänomen ein: Die Zunahme an grauer Substanz (Neuronen und vor allem Synapsen) erlebt vor dem 5. Lebensjahr seinen Höhepunkt, gefolgt von einer allmählichen Reduktion oder «Schrumpfung» der Verbindungen zwischen den Nervenzellen. Die erste Zunahme vollzieht sich in einer Phase des raschen Lernens in der frühen Kindheit. Die aktuelle Hirnforschung legt nahe, dass ein weiteres Wachstum der grauen Substanz in einer Zeit, in der das Lernen immer effizienter wird, das neue Lernen untergraben würde.

Obgleich nicht genutzte Verbindungen der grauen Substanz wieder verschwinden, festigt das Kind in dieser Zeit seine mentalen Fähigkeiten. Diese Entwicklung hält bis zu einer zweiten Phase der deutlichen Zunahme der grauen Substanz ab dem 11. oder 12. Lebensjahr an. In dieser steigt dann das Tempo beim Lernen und Entwickeln wieder deutlich an. Doch auch auf diese Zunahme folgt eine erneute Schrumpfungsphase im Laufe der Pubertät.

Aufgrund unserer Erkenntnisse über die Entwicklung exekutiver Funktionen ist an diesen Forschungsergebnissen besonders interessant, dass sich der Wachstumsschub vor der Pubertät primär in den Frontallappen abspielt. Man ist sich in der Wissenschaft allgemein darüber einig, dass die Frontalregion des Gehirns bei der Entwicklung exekutiver Funktionen eine Schlüsselrolle spielt. Angesichts dieser Tatsache können wir mit einiger Sicherheit sagen, dass diese Bereiche – also die Frontallappen, Präfrontallappen und alle ihre Verbindungen mit den angrenzenden Hirnregionen – die Basis für die Exekutivfunktionen bilden. Es ist, als würde sich das Gehirn in den Jahren vor der Pubertät auf die Entwicklung exekutiver Funktionen und die an sie gestellten Anforderungen vorbereiten.

Die Abbildung zeigt das menschliche Gehirn mit der ungefähren Anordnung wichtiger Funktionen, darunter die der Exekutivfunktionen in den Frontallappen.

Forschungen am US-amerikanischen National Institute of Mental Health legen nahe, dass in den Frontallappen während der Pubertät ein Prozess stattfindet, der unter dem Motto stehen könnte: «Wer rastet, der rostet.» Genutzte neurale Verbindungen bleiben bestehen, während all diejenigen, die nicht eingesetzt werden, verloren gehen. Ist dies der Fall, hängt die Entwicklung exekutiver Funktionen wesentlich davon ab, ob diese auch zum Einsatz kommen. Das bedeutet, dass Kinder, die Exekutivfunktionen einüben, nicht nur lernen, sich selbst zu steuern – also Unabhängigkeit zu erlangen –, sondern zugleich Gehirnstrukturen entwickeln, die ihre Exekutivfunktionen bis in die spätere Pubertät und das Erwachsenenalter unterstützen werden.

Die Erforschung des Gehirns mithilfe der funktionellen Magnetresonanztomographie (fMRT) hat ergeben, dass sich Kinder und Jugendliche, die auf Exekutivfunktionen gestützte Aufgaben ausführen, dabei auf die Präfrontallappen verlassen. Sie greifen zur Erfüllung dieser Aufgaben also nicht auf die anderen spezialisierten Bereiche des Gehirns wie zum Beispiel Amygdala oder Insula zurück. Es sind jedoch diese beiden Teile des Gehirns, die aktiviert werden, wenn wir schnelle Entscheidungen treffen müssen, bei denen es um unsere Sicherheit und unser Überleben geht («Kampf- oder Fluchtreaktion»). Erwachsene vermögen eher als Kinder und Jugendliche auf mehrere Gehirnbereiche zugleich zurückzugreifen, weil sie bei der Entwicklung der dafür notwendigen neuralen Pfade schon jahrelange Praxis haben. Der Zugriff auf die Amygdala kann also bei ihnen zugleich den Zugriff auf die Präfrontallappen ermöglichen. Die Aktivierung exekutiver Funktionen bedarf bei Kindern und Jugendlichen aufgrund ihrer vollständigen Abhängigkeit von den Präfrontallappen mehr bewusster Anstrengung als bei Erwachsenen. Das mag vielleicht auch erklären, warum Kinder und Jugendliche weniger als Erwachsene dazu neigen, ihr Arbeitsgedächtnis zu nutzen, um Aufgaben im Alltag zu bewältigen. Der einübende Gebrauch der uns interessierenden Fertigkeiten ist also auch aus diesem Grund wichtig.

Hier kommen Sie – und die Lehrer Ihres Kindes – ins Spiel. Ganz offensichtlich bietet die Kindheit Ihnen eine wichtige Gelegenheit, das Erlernen und die Entwicklung exekutiver Funktionen bei Kindern zu fördern.
Doch wir wollen nicht allzu sehr vereinfachen. Das Gehirn ist ein sehr komplexes Organ. Durch bildgebende Verfahren gewonnene Hinweise lassen vermuten, dass auch noch andere Bereiche als die Präfrontallappen an der Entwicklung exekutiver Funktionen beteiligt sind. Aber die präfrontalen Systeme gehören zu den letzten sich in der Pubertät oder im jungen Erwachsenenalter vollständig entwickelnden Bereichen des Gehirns. Sie bieten die Basis für die Verarbeitung

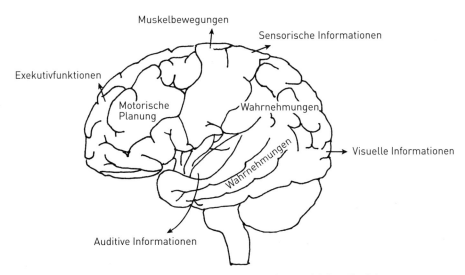

Das menschliche Gehirn mit der ungefähren Anordnung wichtiger Funktionen

von Informationen und für Entscheidungen in Bezug auf das eigene Verhalten. Bedenkt man die entscheidende Funktion der Frontallappen, wird klar, wie wichtig diese Hirnstrukturen für die Entwicklung der Exekutivfunktionen sein müssen:

1. Die Frontallappen steuern unser Verhalten. Sie helfen uns zu entscheiden, worauf wir unsere Aufmerksamkeit lenken und welche Handlungen wir durchführen sollen. Beispiel: Ein 7-jähriger Junge sieht seinen Bruder vor dem Fernseher. Er möchte sich zu ihm setzen und mit zuschauen, entscheidet sich dann aber dafür, zuerst seine Aufgaben zu erledigen. Denn er weiß, dass sein Vater sonst ungehalten reagieren würde.

2. Die Frontallappen verbinden unsere Verhaltensweisen. Auf diese Weise können wir vergangene Erfahrungen nutzen, um unser aktuelles Verhalten anzuleiten und Entscheidungen für die Zukunft zu treffen. Beispiel: Ein 10-jähriges Mädchen erinnert sich daran, dass die Mutter ihr, nachdem sie letzte Woche ihr Zimmer aufgeräumt hatte, erlaubt hatte, eine Freundin zur Pizza einzuladen. In Erwartung einer ähnlichen Belohnung entscheidet sie sich dafür, ihr Zimmer aufzuräumen.

3. Die Frontallappen helfen uns, unsere Emotionen und unser Verhalten zu regulieren und bei der Erfüllung unserer Wünsche und Bedürfnisse externe und interne Einschränkungen zu berücksichtigen. Durch die Regulation unserer Emotionen und sozialen Interaktionen helfen uns die Frontallappen, unsere Bedürfnisse zu befriedigen, ohne uns selbst oder anderen Probleme zu bereiten. Beispiel: Eine Mutter sagt ihrem 6-jährigen Sohn, dass er sich im Spielzeugladen ein bestimmtes Spiel kaufen könne. Als sie dort ankommen, stellt sich jedoch heraus, dass der Laden das Spiel nicht hat. Obgleich er sehr enttäuscht ist, bekommt er im Laden keinen Wutanfall und begnügt sich mit dem Versprechen, in einem anderen Laden nach dem Spiel zu fragen.

4. Die Frontallappen beobachten, beurteilen und steuern immer wieder neu. Auf diese Weise erlauben sie uns, unser Verhalten ständig an einem aktuellen Feedback auszurichten. Beispiel: Ein 12-jähriger Junge kann als Einziger nicht an einem Klassenausflug teilnehmen, weil er den Zettel mit der Zustimmung der Eltern vergessen hat. Beim nächsten Mal erinnert er sich daran, den Zettel rechtzeitig vor dem Abgabetermin von seinen Eltern unterschreiben zu lassen und in seine Schultasche zu stecken.

Was also gibt die Biologie Ihrem Kind mit ins Leben? Als Erstes wissen wir, dass Exekutivfunktionen für ein unabhängiges Leben unabdingbar sind. Ein unabhängiges Leben ist das grundlegende Ziel, das sich, wie wir annehmen, alle Eltern für ihre Kinder wünschen. Zweitens sind Exekutivfunktionen bei der Geburt nur als Potenzial vorhanden: Das neugeborene Kind besitzt diese speziellen Fähigkeiten noch nicht. Drittens brauchen die Frontallappen – und damit auch die Exekutivfunktionen – 18–20 Jahre oder gar noch länger, um sich vollständig zu entwickeln. Angesichts dieser Faktoren können sich Kinder bei der Regulation ihres Verhaltens nicht allein auf ihre Frontallappen verlassen. Was ist die Lösung? Wir leihen ihnen unsere Frontallappen aus! Auch wenn wir darüber nicht in diesen Begrifflichkeiten nachdenken, besteht das Elternsein – unter anderem – auch aus dem Bereitstellen exekutiver Funktionen sowie der Unterstützung bei deren eigenständiger Entwicklung bei unseren Kindern.

Erfahrung: Den Kindern unsere Frontallappen ausleihen

In den frühen Stadien des Lebens Ihres Kindes übernehmen *Sie* die Rolle seiner Frontallappen. Sie planen und organisieren die Umwelt ihres Kindes so, dass es sich sicher darin bewegen kann und sich behaglich fühlt. Sie überwachen die Erfüllung seiner Bedürfnisse (zum Beispiel schlafen, essen) und initiieren Interaktionen und Problemlösungen, wenn es sich unwohl fühlt. Als Neugeborenes stehen ihm – außer weinen und schlafen – nur wenige Verhaltensweisen zur Verfügung, mit denen es seine Welt beeinflussen könnte. Es lebt vollständig in der Gegenwart. Schon mit etwa 5–6 Monaten jedoch beginnt das Kind, einige der Exekutivfunktionen zu entwickeln, die schließlich zu seiner Unabhängigkeit führen werden. Als Erstes werden Sie bemerken, dass Ihr Kind seine Umwelt stärker wahrnimmt, obgleich diese frühen Veränderungen durch einfaches Beobachten manchmal schwer zu erkennen sind. Für das Baby sind diese Veränderungen jedoch gewaltig.

Eine der Fertigkeiten, die es mit 5–6 Monaten entwickelt, ist das Arbeitsgedächtnis. Bis dahin konnte das Baby nur darauf reagieren, was es in diesem Moment und an diesem Ort sehen, hören, berühren oder schmecken konnte. Kann es sich jedoch erst einmal an Menschen, Ereignisse oder Gegenstände erinnern, wird seine Welt mit jedem Tag größer. Und das bereits, wenn sein Gedächtnis sich die Dinge zunächst nur für eine kurze Zeit merkt. Es kann jetzt anfangen, zwischen verschiedenen Dingen auszuwählen und «Entscheidungen» zu treffen. Geht die Mutter zum Beispiel fort und kommt nicht gleich wieder, kann das Baby dorthin schauen, wo es sie zuletzt gesehen hat, und weinen. Kommt die Mutter daraufhin zurück, «versteht» das Baby: «Wenn Mama geht und ich will, dass sie wieder kommt, muss ich weinen. Dann kehrt sie zurück.»

So nehmen Informationen und Erfahrungen allmählich zu. Das Arbeitsgedächtnis erlaubt dem Kind, sich an ein vergangenes Ereignis zu erinnern, es mit einer gegenwärtigen Situation zu verbinden und vorauszusehen, was darauf folgen könnte. Nehmen wir zum Beispiel an, Ihr Kind wäre 11 Jahre alt. Es könnte sich sagen: «Als ich meiner Mutter letzten Samstag bei der Wäsche geholfen habe, hatten wir anschließend Zeit, ins Schwimmbad zu gehen. Ich werde sie fragen, ob wir das wieder so machen können, wenn ich ihr heute bei der Hausarbeit helfe.» Oder ein 17–Jähriger könnte sich sagen: «Wenn mein Chef mich fragt, ob ich morgen Nachmittag jobben kann, muss ich Nein sagen. Als ich das letzte Mal am Tag vor einer Klassenarbeit gearbeitet habe, bin ich nicht früh genug nach Haus gekommen, um noch zu lernen und habe eine schlechte Note kassiert.»

Natürlich ist das Baby, das sich an das Bild seiner Mutter erinnert, von den Strategien des 11- oder 17-jährigen Kindes weit entfernt. Dennoch können wir schon bei ihm die Anfänge dieser Steuerung erkennen. Um ihm dabei zu helfen, eine Funktion wie das Arbeitsgedächtnis weiterzuentwickeln, können Sie dafür sorgen, dass Ihr Kind bestimmte Arten von Erfahrungen macht. Einem Kleinkind könnten Sie Spielzeuge geben, die das Prinzip von Ursache und Wirkung verdeutlichen. Dazu gehören Spielzeuge, die sich bewegen oder ein Geräusch von sich geben, wenn man sie auf eine bestimmte Weise berührt. Oder Sie können ein Spielzeug spielerisch zum «Verschwinden» bringen und Ihr Baby danach suchen lassen. Sobald sich das Kind eigenständig fortbewegt, können Sie mit einem Gegenstand Verstecken spielen. Später, wenn Ihr Kind sprechen lernt, kann es anfangen, sein Verhalten zu steuern, indem es Anweisungen und Regeln wiederholt, die Sie ihm gegeben haben. Etwas später können Sie ihm Fragen stellen wie: «Was brauchst du alles, um das zu tun, was du dir vorgenommen hast?», oder: «Was hast du letztes Mal getan, als dies geschehen ist?»

Wenn Sie einem kleinen Kind bei der Entwicklung exekutiver Funktionen helfen, müssen Sie den größten Teil der Arbeit übernehmen. Dazu gehört, das richtige Spielzeug bereitzustellen und seine Spiele und Aktivitäten entsprechend zu strukturieren. Ist Ihr Kind mobiler und kann schon sprechen, ist es weniger von Ihnen abhängig. Sie brauchen nun nicht mehr ständig in seiner Nähe zu sein. Ja, indem es einige Ihrer Handlungen und Worte in sein Arbeitsgedächtnis integriert, beginnt es, Ihre Exekutivfunktionen zu verinnerlichen!

Dies bringt uns zu einer zweiten Schlüsselfunktion, die sich beim Kleinkind etwa zur gleichen Zeit zu entwickeln beginnt wie das Arbeitsgedächtnis: die Reaktionshemmung. Die Fähigkeit, auf eine Person oder ein Ereignis zu reagieren oder eben auch nicht zu reagieren, ist ein wichtiger Bestandteil der Eigenregulation. Wir alle sind uns der Schwierigkeiten bewusst, in die unsere Kinder geraten können, wenn sie handeln, ehe sie denken. Und wir sind beeindruckt von der Selbstbeherrschung, die ein Kind an den Tag legt, das einen verführerischen Gegenstand sieht, ohne ihn sofort zu berühren oder in die Hand zu nehmen.

Wie beim Arbeitsgedächtnis sehen wir zu Beginn der Entwicklung dieser Funktion im Alter von etwa 6 Monaten zunächst keine offenkundigen Veränderungen. Doch zwischen dem 6. und dem 12. Lebensmonat wächst die Fähigkeit zur Reaktionshemmung enorm. Wir können dies an einem 9 Monate alten Baby sehen, das zu seiner Mutter im nächsten Zimmer krabbeln will. Während es sich noch vor ein oder zwei Monaten von einem auf dem Weg liegenden Lieblingsspielzeug hätte ablenken lassen, krabbelt es jetzt an dem Spielzeug vorbei auf die Mutter zu. In der gleichen Phase können Sie beobachten, dass das Baby sich abhängig von der jeweiligen Situation emotional zurückhalten kann. Wir haben wahrscheinlich alle schon einmal die Erfahrung gemacht, dass wir zu einem Baby in diesem Alter Kontakt aufnehmen wollten, dieses aber gar nicht darauf reagierte oder sich sogar abwandte. Haben auch Sie sich in einer solchen Situation schon einmal zurückgewiesen gefühlt? Bereits mit 9 Monaten lernt ein Baby, welche großen Auswirkungen es hat, auf eine bestimmte Person oder Situation zu reagieren oder nicht. Das 3- oder 4-jährige Kind zeigt diese Fähigkeit, indem es einen Spielkameraden «mit Wörtern» dazu bringt, ihm sein Spielzeug zurückzugeben, anstatt mit Fäusten auf ihn loszugehen. Der bereits erwähnte 9-Jährige setzt die gleiche Reaktionshemmung ein, wenn er sich zuerst umschaut, ehe er auf die Straße läuft, um seinen Ball zurückzuholen. Und der 18-Jährige demonstriert seine Fähigkeit zur Reaktionshemmung, indem er sich an die Geschwindigkeitsbegrenzung hält, anstatt auf die Aufforderung seines gleichaltrigen Freundes einzugehen: «Lass uns doch mal sehen, was in dem Motor drin steckt.»

Als Eltern wissen wir alle, wie wichtig die Reaktionshemmung ist: Fehlt sie, kann dies gefährlich sein und zu Konflikten mit Autoritätspersonen führen. Als Ihr Kind noch klein war und zunächst krabbeln und dann laufen lernte, setzten Sie ihm Grenzen, installierten Gatter, sperrten Türen ab und benutzten kindersichere Verschlüsse, um es von gefährlichen Dingen fernzuhalten. Indem Sie all dies taten, liehen Sie ihm die Funktionen Ihrer Frontallappen. Gleichzeitig setzten Sie bestimmte Wörter wie ein scharfes «Nein!» oder «Heiß!» ein, um es vor Gefahren zu warnen. Sie ließen es hin und wieder aber auch einmal gezielt natürliche Konsequenzen spüren. Manchmal konnten sie es andererseits nicht verhindern, dass es solche kennen lernte. Zum Beispiel hatte es unerwartet die Hand ausgestreckt und etwas Heißes berührt oder war von einem Sofa oder einem Kissen gefallen, bevor Sie reagieren konnten. Manche Risiken werden hinfällig, wenn das Kind größer wird. So stellen beispielsweise Stufen oder Treppen in der Regel keine Gefahr mehr dar, wenn das Kind erst einmal gelernt hat, sicher hinaufzusteigen. Dafür entstehen andere und vielfältigere Gefahrensituationen.

Eltern setzen nicht nur Grenzen, sondern demonstrieren auch alternatives Verhalten. Zum Beispiel, indem sie die Katze streicheln, anstatt sie am Schwanz zu ziehen, oder einen Konflikt mit Wörtern klären, anstatt um sich zu schlagen. Wie bei der Herausbildung des Arbeitsgedächtnisses (und durch dieses unterstützt) beginnen Kinder, das bei den Eltern beobachtete Verhalten und deren Sprache nachzuahmen. Auf diese Weise machen sie beides zu einem Teil von sich selbst. Abhängig von dem, was sie beobachten, können sich die Eltern vorsichtig zurückziehen, die Grenzen ausweiten, vieles verbal regeln und sich bei der Vermittlung exekutiver Funktionen zunehmend auf andere Institutionen wie den Kindergarten oder die Schule verlassen. Sie wissen, dass die Ziele der kindlichen Entwicklung Unabhängigkeit und Selbststeuerung sind, und versuchen deshalb ständig, Freiheit und Grenzen auszubalancieren. Noch immer aber leihen sie ihrem Kind ihre Frontallappen. Wie in den Jahren zuvor hat dies stets zwei Komponenten: die Umwelt zu strukturieren und das Kind direkt zu überwachen. Indem das Kind das Verhalten der Eltern beobachtet und immer wieder versucht, es nachzuahmen, lernt es hinzu und kann die damit verbundenen Exekutivfunktionen nach und nach selbst übernehmen. Ein vernünftiges Maß an Konsequenz bei Regeln und Erwartungen hilft dabei sehr. Die wiederholte Verwendung bestimmter Wörter führt dazu, dass das Kind diese Wörter nach einer Weile verinnerlicht. Das bedeutet, dass es sie ebenfalls benutzt und sie laut für sich wiederholt, um das eigene Verhalten zu regulieren. Im Laufe der Jahre wird daraus die innere Stimme des Kindes, die es nur selbst hören kann. Wir Eltern sind also nicht dazu bestimmt, unendlich lange die Frontallappen unserer Kinder zu sein. Sobald sie eine innere Stimme entwickelt und die entsprechenden Funktionen verinnerlicht haben, verliert unsere Rolle auf natürliche Weise immer mehr an Bedeutung.

Warum fehlen manchen Kindern bestimmte Exekutivfunktionen?

Eine eindeutige Möglichkeit ist die Diagnose einer Aufmerksamkeitsdefizit-/ Hyperaktivitätsstörung (ADHS). Viele «zerstreute» Kinder haben diese Störung. Wenn Ihr Kind eine entsprechende Diagnose bekommen hat, wissen Sie wahrscheinlich bereits, welche der Exekutivfunktionen bei Ihrem Kind am stärksten beeinträchtigt sind. Tatsächlich wird ADHS in der Forschung heute immer stärker als Störung der Exekutivfunktionen angesehen. Verschiedene Forscher betonen allerdings unterschiedliche Aspekte einer solchen Störung. Russell Barkley zum Beispiel versteht die Störung als reduzierte Fähigkeit zur Selbstregulation. Auch wenn mehrere Exekutivfunktionen betroffen sein können, nimmt die Reaktionshemmung eine Schlüsselrolle ein und wirkt sich stark auf die Entwicklung der anderen Exekutivfunktionen aus. Die wichtigsten Funktionen in Zusammenhang mit ADHS sind Reaktionshemmung, Aufmerksamkeitssteuerung, Arbeitsgedächtnis, Zeitmanagement, Initiieren von Handlungen und zielgerichtete Beharrlichkeit. Andere Funktionen können ebenfalls betroffen sein. Doch wenn ein Kind mit ADHS die Pubertät erreicht, haben Eltern ebenso wie Lehrer mit großer Wahrscheinlichkeit signifikante Schwächen in genau diesem Komplex von Fähigkeiten festgestellt. Umgekehrt hat ein Kind mit diesem Komplex exekutiver Funktionsschwächen aller Wahrscheinlichkeit nach ADHS. Übereinstimmend mit diesen Ergebnissen, legt die aktuelle Hirnforschung nahe, dass die frontalen Hirnsysteme von Kindern mit ADHS physisch und chemisch von denen anderer Kinder abweichen. Bei einigen dieser Kinder stehen diese Unterschiede für eine «Entwicklungsverzögerung». Das heißt, ihr Gehirn reift zwar, hinkt dabei aber 2–3 Jahre hinter gleichaltrigen Kindern her. Bei anderen Kindern mit ADHS findet diese Reifung nicht statt und die Schwächen setzen sich bis ins Erwachsenenalter fort.

Wichtig zu wissen ist aber auch, dass sich Kinder bei der Herausbildung dieser und anderer exekutiver Funktionen von anderen Kindern unterscheiden können, ohne dass eine Diagnose von ADHS oder einer anderen «klinischen Störung» gerechtfertigt wäre. Wie bei fast jeder Art von Fähigkeit haben Kinder (und Erwachsene) auch bei diesen speziellen Fähigkeiten Stärken und Schwächen, die mal schwerer, mal geringfügiger ausfallen können. Ganz bestimmt gibt es Kinder ohne jegliches Zeitgefühl. Und wer von uns kennt nicht einen kleinen «zerstreuten Professor», der keine Ahnung hat, wo er seine Sachen diesmal wieder verlegt hat? Schwächen wie diese können völlig normale Varianten der durchschnittlichen Entwicklung sein. Das bedeutet allerdings nicht, dass Sie nichts dagegen tun sollten, wenn solche Schwächen die Leistungen Ihres Kindes in der Schule, zuhause, auf sozialem oder sportlichem Gebiet oder in irgendeinem anderen Bereich negativ beeinträchtigen. Exekutivfunktionen sind für das Bestehen in unserer komplexen Welt zunehmend wichtig. Wenn Ihr Kind also an die am Anfang dieses Kapitels erwähnte Katie erinnert oder in irgendeiner anderen Hinsicht außergewöhnlich «zerstreut» wirkt, ist es jede Mühe wert – und wird Ihnen letztlich viel Zeit und Ärger ersparen –, die Exekutivfunktionen Ihres Kindes nach besten Kräften gezielt zu fördern.

Kinder können auf sehr unterschiedliche Weise zerstreut sein. Bei Kindern mit ADHS ist die «Zerstreutheit» sehr offensichtlich. Ebenso ist es bei solchen mit Schwächen bei der Organisation, beim Arbeitsgedächtnis und beim Zeitmanagement. Die Kinder wirken verloren in Zeit und Raum, verlegen ständig irgendetwas und arbeiten demzufolge ineffektiv. Kinder mit Defiziten bei den Exekutivfunktionen können aber auch «emotional zerstreut» sein. Ihre Gefühle wirken zerfasert, scheinen ins Leere zu gehen, blockieren ihre Fähigkeit, Hindernisse zu überwinden oder Probleme effektiv zu lösen. Oder sie reagieren emotional so spontan und impulsiv auf das, was um sie herum geschieht, dass es ihnen schwer fällt, Kurs zu halten und bei einer Aufgabe zu bleiben. Auch diese Kinder sind «zerstreut».

Sie brauchen Hilfe, um ihre Emotionen im Zaum halten zu können und sich nicht ständig neu zu verzetteln.

Das nächste Kapitel soll Sie in die Lage versetzen, die Stärken und Schwächen der Exekutivfunktionen bei Ihrem Kind genauer einzuschätzen. Eine solche Einschätzung ist die Voraussetzung dafür, seine Schwächen gezielt zu überwinden und seine Stärken weiter auszubauen.

2 Wo die Stärken und Schwächen Ihres Kindes liegen

Wahrscheinlich sind Sie es nicht gewohnt, die Entwicklung Ihres Kindes im Hinblick auf dessen Exekutivfunktionen einzuschätzen. Deshalb kann es sein, dass Ihnen gar nicht bewusst ist, wie viel Erwachsene unternehmen, damit Kinder lernen, eigenständige Entscheidungen zu treffen, ihre Exekutivfunktionen weiterzuentwickeln und immer häufiger auch einzusetzen. Schauen wir uns an, was Lehrer tun, um Kindern Grenzen zu setzen und ihrem Wachstum Raum zu geben. Auf diese Weise können wir einen guten Eindruck davon gewinnen, wie sich spezielle Fertigkeiten im Laufe der Zeit fortentwickeln.

Denken Sie an den Kindergarten oder die Vorschule. Eine förderliche Umgebung bietet einen geregelten Tagesablauf mit strukturierten Gruppenaktivitäten und der Gelegenheit zum freien Spiel. Die Gruppenaktivitäten sind nicht allzu lang, weil Kinder in diesem Alter noch eine kurze Aufmerksamkeitsspanne haben. Es werden auch höchstens ein oder zwei Anweisungen gleichzeitig gegeben. Denn die Fähigkeit der Kinder, komplexe Anweisungen über mehrere Schritte im Kopf zu behalten, ist noch beschränkt. Benötigte Materialien werden für die Kinder ausgelegt und man geht nicht davon aus, dass sie das Erledigen von Aufgaben selbst organisieren. Von den Kindern wird erwartet, dass sie hinter sich aufräumen. Aber gute Erzieher wissen auch, dass man sie daran erinnern und darin unterstützen muss.

Zeit zum freien Spiel gibt Kindern die Gelegenheit, die benötigten Fähigkeiten unabhängiger einzuüben. Hier planen und organisieren die Kinder selbstständig, um sich Spiele auszudenken und Regeln auszuhandeln. Sie üben Flexibilität, indem sie sich an Spielgeräten abwechseln, Spielzeuge miteinander teilen und anderen Kindern erlauben, Anführer zu sein. Die sozialen Interaktionen, die Teil des freien Spiels sind, befähigen Kinder, Impulse und Emotionen zu regulieren. Verstärkt werden diese Funktionen durch einige einfache Verhaltensregeln, die regelmäßig gemeinsam durchgegangen werden.

In der Grundschule können dann schon Regeln für das Verhalten in verschiedenen Umgebungen wie Klassenzimmer, Pausenhof und Turnhalle aufgestellt werden. Denn in diesem Alter sind Kinder schon sehr viel besser in der Lage, ihr Verhalten an die jeweilige Situation anzupassen. Sie wissen, dass es völlig in Ordnung ist, mit Freunden auf dem Pausenhof herumzualbern, das gleiche Verhalten im Klassenzimmer aber nicht akzeptabel ist. Lehrer setzen Strukturen und wiederkehrende Abläufe fest, um Kinder beim Initiieren von Aufgaben und Steuern der eigenen Aufmerksamkeit zu unterstützen. Sie fördern das Zeitmanagement, indem sie Aufgaben geben, die innerhalb eines bestimmten, zur Aufmerksamkeitsspanne der Kinder passenden Zeitraums erledigt werden müssen. Sie machen klar, was die Schüler leisten sollen und wie lange dies dauern darf. Im Laufe der Jahre fördern sie dann die weitere Entwicklung dieser Fähigkeiten, indem sie die Anzahl und die Komplexität der zu erledigenden Aufgaben allmählich erhöhen und den zur Verfügung stehenden Zeitraum mehr und mehr verlängern.

Die Anforderungen an das Arbeitsgedächtnis sind in diesem Alter ebenfalls höher als im Kindergarten. Die Lehrer geben Schularbeiten und erwarten, dass die Kinder sich daran erinnern. Sie geben ihnen Zettel mit, die sie von den Eltern unterschreiben lassen sollen. Außerdem gehen sie davon aus, dass die Kinder an bestimmten Tagen Sportsachen und andere für den jeweiligen Unterricht notwendige Dinge zuverlässig mit in die Schule bringen. Natürlich helfen auch die Eltern mit. Sie schauen am Nachmittag mit dem Kind ins Hausaufgabenheft und stellen sicher, dass der Schulranzen richtig gepackt ist, ehe die Kinder sich morgens auf den Weg zur Schule machen.

Am Ende der Grundschulzeit verwenden die Lehrer viel Mühe darauf, den Kindern bei der Herausbildung von Organisations- und Planungsfähigkeiten zu helfen. So dringen sie immer wieder darauf, dass alle Materialien übersichtlich verstaut, die Mappen in den jeweiligen Fächern ordentlich geführt und die Arbeitstische im Klassenzimmer aufgeräumt werden. Sie geben den Kindern jetzt auch immer mehr langfristig angelegte Aufgaben auf, die eine Aufteilung in verschiedene Arbeitsschritte und deren Abarbeitung in einem bestimmten Zeitraum verlangen. Diese Aufgaben werden außerdem immer freier formuliert, sodass die Schüler Kognition und Flexibilität einsetzen müssen. Auf der Suche nach einer angemessenen Problemlösung müssen sie mehrere Möglichkeiten gegeneinander abwägen können.

Nach dem Wechsel an die weiterführende Schule steigen die Anforderungen an die Exekutivfunktionen der Kinder dramatisch – und, wie wir meinen, in vielen Fällen leider auch in unrealistischem Maße. Wie bereits in Kapitel 1 erklärt, setzt im Alter von 11 oder 12 Jahren eine weitere rapide Phase der Hirnentwicklung ein. In vielen Ländern wird in diesem Alter der Wechsel zur weiterführenden

Schule vollzogen. In den frühen Phasen vollzieht sich dieser Entwicklungsschub noch ungleichmäßig und wenig vorhersagbar. Aus diesem Grund ist jetzt eher mehr als weniger Unterstützung angesagt. Denken Sie daran, wie Kinder das Fahrradfahren lernen: In dem Moment, in dem die Stützräder abmontiert werden, brauchen sie mehr Führung, Anleitung, Ermutigung und Unterstützung von den Eltern als zu der Zeit, in der sie noch unbeschwert mit ihren Stützrädern herumradeln konnten. Genauso ist es zu Beginn der Pubertät mit dem diese Phase begleitenden Hirnwachstum.

Die meisten Kinder sind in der weiterführenden Schule zum ersten Mal mit einer Vielzahl von Lehrern mit jeweils anderen Erwartungen konfrontiert. All diese Lehrkräfte haben ihre eigenen Vorstellungen davon, wie bestimmte Arbeiten angegangen, Mappen geführt und Schularbeiten abgegeben werden sollen. Die Anforderungen an das Arbeitsgedächtnis, die Planung, die Organisation und das Zeitmanagement steigen enorm. Schauen Sie sich nur einmal an, was von Kindern in diesem Alter erwartet wird:

- Kontinuierlich die gestellten Hausaufgaben notieren.
- Sich merken, welche Materialien (Bücher, Arbeitshefte, Mappen und so weiter) wann mitgebracht werden müssen.
- Wissen, welche Materialien für die Erledigung der jeweils anstehenden Schularbeiten mit nachhause genommen werden müssen.
- Langfristige Aufgaben planen, in kleinere Teilaufgaben unterteilen und einer selbst erstellten Zeitleiste zuordnen.
- Planen, wie die Arbeit organisiert und die Zeit verbracht werden soll; einschätzen, wie viel Zeit für das Ausführen bestimmter kurzfristiger und langfristiger Aufgaben nötig ist.
- Andere Pflichten im Kopf behalten (zum Beispiel Sportkleidung, Essensgeld oder Genehmigungszettel mitbringen).
- Die Komplexität des Geschehens in verschiedenen Lerngruppen bewältigen, für die jeweiligen Fächer unterschiedliche Materialien mitnehmen und sich auf Lehrer mit unterschiedlichen Unterrichtsstilen und Erwartungen einstellen.

Was können Eltern dazu beitragen? Die Versuchung, sich zurückzuziehen und das Voranschreiten des Lernerfolgs und die Erledigung der Hausaufgaben weniger stark zu kontrollieren, ist in diesem Alter groß, zumal die Kinder sich mehr Unabhängigkeit und Freiheit wünschen. Während die Entwicklung exekutiver Funktionen bei manchen Kindern bereits ein höheres Maß an Selbstbestimmung erlaubt, sind viele noch nicht so weit. Sie werden wissen, in welche Kategorie Ihre Kinder fallen. Sollten sie zu den «Noch nicht so weit»-Kindern gehören, könnte es weiterhin ratsam sein, sie täglich nach den Hausaufgaben zu fragen, dabei zu helfen, langfristige Aufgaben im Kopf zu behalten (zum Beispiel durch das Anbringen einer Haftnotiz am Familienkalender), und sich zu erkundigen, wie sie für bevorstehende Klassenarbeiten lernen möchten.

Die meisten Lehrer planen ihren Unterricht nicht ausdrücklich im Hinblick auf die Entwicklung exekutiver Funktionen. Aufgrund ihrer Ausbildung und Erfahrung wissen sie aber zumeist, was sie von Kindern verschiedener Altersstufen erwarten können, und richten danach ihre Pläne aus. Wenn sie sich klarmachen würden, wie wichtig diese Pläne für die Förderung von Unabhängigkeit, Selbstregulation und Exekutivfunktionen bei ihren Schülern sind (und wie viel sie bereits jetzt dafür tun), könnten sie unserer Überzeugung nach noch mehr in diese Richtung unternehmen. So könnten sie zum Beispiel bestimmte Exekutivfunktionen ganz gezielt unterrichten und ihre Anweisungen und Fragen so formulieren, dass deren Entwicklung gefördert würde. Darüber hinaus können auch Sie die Unterstützung für Ihr Kind bewusst an den zu stärkenden Funktionen ausrichten.

Denken Sie zum einen an die täglichen Abläufe, mit denen Lehrer den Schultag strukturieren. Vergegenwärtigen Sie sich zum anderen die expliziten Anweisungen und Lernkontrollen, mit denen Lehrer sicherstellen, dass eine bestimmte Aufgabenstellung verstanden und selbstständig bis zum Ende ausgeführt werden kann. Überlegen Sie sich, wie Lehrer die Lerngruppe so organisieren, dass es den Kindern leichter fällt, dem Unterrichtsgeschehen zu folgen. Natürlich führen auch Sie ein volles Leben. Es ist somit unrealistisch, dass Sie Ihren gesamten Tagesablauf daran ausrichten können, die Entwicklung exekutiver Funktionen bei Ihrem Kind voranzubringen. Weist Ihr Kind jedoch bei einigen wichtigen dieser speziellen Fähigkeiten offenkundige Schwächen auf, könnte es sich als hilfreich erweisen, einige der Strategien, die Lehrer anwenden, auch für den Umgang mit Ihrem Kind im häuslichen Umfeld zu nutzen.

Möglicherweise fällt Ihnen dabei eine noch wichtigere Rolle als den Lehrern zu, weil zuhause mindestens ebenso viele Anforderungen an die Exekutivfunktionen Ihres Kindes gestellt werden wie in der Schule. Denken Sie beispielsweise an Aufgaben wie aufräumen, Emotionen regulieren, mit Planänderungen umgehen oder Materialien und Gegenstände ordentlich verstauen. Während eine Lehrkraft in der Schule bis zu 30 Schüler auf einmal anleiten muss und daher leider unmöglich jedem Einzelnen individuelle Unterstützung geben kann, ist der Verteilungsschlüssel zwischen Erwachsenen und Kindern zuhause deutlich günstiger. Sehen Sie sich selbst in der Rolle eines Tutors bei der Entwicklung der Exekutivfunktionen Ihres Kindes. Sie brauchen dafür keinen Psychologiekurs zu belegen. Sie müssen sich nur klarmachen, wie eine normale Entwicklung dieser besonderen Fertigkeiten verläuft und wie es um den individuellen Entwicklungsstand Ihres Kindes bestellt ist. Darum geht es in diesem Kapitel.

Wie können Sie die Exekutivfunktionen Ihres Kindes einschätzen?

Es gibt mehrere Möglichkeiten herauszufinden, wo in dem langen Prozess der Entwicklung exekutiver Funktionen sich Ihr Kind gerade befindet.

Erfüllt Ihr Kind die in der Schule gestellten Erwartungen?

Wenn Ihr Kind in der Schule im Großen und Ganzen erfolgreich ist, ist die Chance, dass die Entwicklung seiner Exekutivfunktionen auf einem guten Weg ist, recht groß. Das ist der Fall, wenn Ihr Kind einigermaßen gute Noten bekommt und auch die sonst in der Schule gestellten Anforderungen erfüllt, also zum Beispiel regelmäßig seine Hausaufgaben macht.

Natürlich gibt es immer auch die Möglichkeit, dass ein Kind in der Schule gut zurechtkommt, sich aber zuhause problematisch verhält. Dies könnte ebenfalls ein Grund dafür gewesen sein, dass Sie dieses Buch zur Hand genommen haben. An einer solchen Situation kann eine ganze Reihe von Gründen beteiligt sein: Das häusliche Umfeld kann weniger strukturiert sein als das schulische. Es kann mehr Stressfaktoren als in der Schule geben, zum Beispiel Geschwister, die sich gegenseitig auf die Nerven gehen. Es kann sein, dass Ihre Erwartungen an die Fähigkeiten Ihres Kindes nicht zu dessen Entwicklung passen (sprich: zu hoch oder zu niedrig sind). Auch Ihre eigenen Schwächen bei den Exekutivfunktionen können im häuslichen Umfeld für Probleme sorgen. (In Kapitel 3 werden wir auf diesen Aspekt noch ausführlicher eingehen.)

Um herauszufinden, wo Ihr Kind in seiner Entwicklung steht, müssen Sie sich klarmachen, was von Kindern in verschiedenen Altersstufen typischerweise erwartet wird. Die nachfolgende Tabelle listet auf Exekutivfunktionen gestützte Aufgaben auf, die Kinder verschiedener Altersstufen allein oder mit Unterstützung eines Erwachsenen in der Regel ausführen können.

Wie steht Ihr Kind im Vergleich zu den anderen Kindern da?

Um einen Eindruck davon zu erlangen, ob seine Exekutivfunktionen sich normal entwickeln, könnte es hilfreich sein, Ihr Kind mit Gleichaltrigen zu vergleichen. Denken Sie dabei jedoch stets daran, dass die normale Entwicklung eine große *Bandbreite* mit vielen individuellen Abweichungen umfasst. So erwarten wir nicht von allen Kindern, dass sie mit genau 12 Monaten anfangen zu laufen oder mit genau 18 Monaten erste Wörter kombinieren. Es ist ganz normal, dass Kinder auch

Auf Exekutivfunktionen gestützte Entwicklungsaufgaben	
Altersgruppe	**Entwicklungsaufgaben**
Kindergarten	Einfache Aufträge ausführen (zum Beispiel: «Hol deine Schuhe aus dem Schlafzimmer.»)
	Kinderzimmer mithilfe Erwachsener aufräumen.
	Einfache Aufgaben mit gelegentlicher Ermahnung ausführen (zum Beispiel Tisch abräumen, Zähneputzen, anziehen).
	Spontane Verhaltensimpulse unterdrücken (zum Beispiel einen heißen Herd nicht anfassen, nicht auf die Straße laufen, einem anderen Kind kein Spielzeug wegnehmen, andere nicht schlagen, beißen, schubsen).
Anfang Grundschule	Aufträge mit bis zu drei Arbeitsschritten ausführen.
	Kinderzimmer aufräumen.
	Einfache Aufgaben ausführen (zum Beispiel Bett machen); Ermahnungen können noch notwendig sein.
	Zettel mit nach Hause bringen und wieder in die Schule mitnehmen.
	Schularbeiten machen (höchstens 20 Minuten).
	Eigenständig über die Verwendung des Taschengelds entscheiden.
	Spontane Verhaltensimpulse unterdrücken: Sicherheitsregeln befolgen, nicht in die Klasse hineinrufen, stillsitzen, keine Schimpfwörter benutzen.
Ende Grundschule	Aufträge auch mit zeitlicher Verzögerung oder über größere Entfernungen ausführen (zum Beispiel zu einem Geschäft gehen und etwas einkaufen, nach der Schule eigenständig ein Instrument üben).
	Kinderzimmer aufräumen (einschließlich Staubsaugen, Staubwischen und Ähnliches).
	Aufgaben ausführen, die sich über 15–30 Minuten erstrecken (zum Beispiel nach dem Essen die Küche aufräumen, im Garten Laub fegen).
	Bücher, Zettel, Arbeitsblätter und Ähnliches mit nach Hause bringen und wieder mit in die Schule nehmen.
	Wissen, wo sich Unterrichtsmaterialien und andere wichtige Dinge befinden.
	Schularbeiten machen (höchstens eine Stunde).
	Einfache längerfristige Arbeiten wie eine Buchvorstellung für die Schule planen (Buch auswählen, Buch lesen, Bericht schreiben).
	Sich auf täglich wechselnde Stundenpläne sowie unterschiedliche Aktivitäten nach der Schule einstellen.
	Geld für größere Anschaffungen sparen.
	Reaktionshemmung/Selbstregulation: Sich auch dann benehmen, wenn der Lehrer nicht im Klassenzimmer ist; Beleidigungen und Schimpfwörter, Wutanfälle und schlechte Manieren vermeiden.

Auf Exekutivfunktionen gestützte Entwicklungsaufgaben	
Altersgruppe	Entwicklungsaufgaben
Mittelstufe	Bei Arbeiten im Haus helfen und täglich wiederkehrende Aufgaben (zum Beispiel Geschirrspüler ausräumen, Laub harken, Schnee schippen) mit einer Dauer von bis zu 60–90 Minuten übernehmen.
	Auf jüngere Geschwister aufpassen; gegen Bezahlung babysitten.
	Schularbeiten organisieren, Hausaufgabenheft führen, Mappen anlegen und so weiter.
	Einem komplexen Stundenplan mit wechselnden Lehrkräften und Aufgaben folgen.
	Langfristige Schularbeiten planen und innerhalb eines vorgegebenen Zeitraums ausführen; mehrere große Projekte gleichzeitig im Auge behalten.
	Zeit planen und dabei Hausaufgaben, Aktivitäten nach der Schule und familiäre Verantwortlichkeiten berücksichtigen; einschätzen, wie lange es dauert, einzelne Aufgaben auszuführen und die Pläne entsprechend anpassen.
	Impuls zum Verletzen von Regeln in Abwesenheit sichtbarer Autoritätspersonen unterdrücken.

in anderer Hinsicht in ihrer Entwicklung um einen Durchschnittswert herum variieren. Einige 5-Jährige erinnern sich ohne Probleme daran, nach dem Frühstück die Zähne zu putzen, andere schaffen dies nicht. Noch für 8-Jährige ist es nicht ungewöhnlich, dass sie an diese Art von Körperpflege erinnert werden müssen.

Wenn Sie das Gefühl haben, Ihr Kind könnte bei der Entwicklung exekutiver Funktionen hinter den Gleichaltrigen zurückliegen, können Sie den Klassenlehrer in einem Elterngespräch um ein fachliches Feedback bitten. Lehrer können sich dabei nicht nur auf ihr Fachwissen stützen, sondern haben auch eine Normgruppe vor Augen, mit der sie Ihr Kind vergleichen können. Dies ist vor allem dann der Fall, wenn sie schon längere Zeit in dieser Altersstufe unterrichten. Es kann auch hilfreich sein, mit dem Kinderarzt zu sprechen, vor allem, wenn Sie meinen, die Schwächen bei den Exekutivfunktionen könnten mit einer Aufmerksamkeitsstörung zusammenhängen.

Weisen die Stärken und Schwächen Ihres Kindes ein erkennbares Muster auf?

Während bei manchen Kindern alle Exekutivfunktionen verzögert entwickelt sind, kommt es relativ häufig vor, dass Kinder (und Erwachsene, wie wir im nächsten Kapitel noch sehen werden) bei einigen Funktionen stärker und bei anderen schwächer abschneiden. Wie in Kapitel 1 bereits erwähnt, ist uns im Laufe der Jahre aufgefallen, dass bestimmte Schwächen und Stärken häufig in Kombination auftreten. So ist zum Beispiel bei Kindern mit einer schwachen Reaktionshemmung oft auch die emotionale Regulation unterentwickelt. Es sind Kinder, die impulsiv handeln oder ihren Gefühlen freien Lauf lassen, ohne vorher nachzudenken. Bei der geringsten Provokation werden sie ausfallend oder gehen «in die Luft». Wenig flexible Kinder neigen ebenfalls zu einer schwachen emotionalen Regulation. Eine Planveränderung, mit der sie nicht gerechnet haben, kann sie völlig aus der Fassung bringen. Manchmal weisen Kinder auch bei allen drei Funktionen (Reaktionshemmung, emotionale Regulation und Flexibilität) Schwächen auf. Fällt Ihr Kind in diese Kategorie, wissen Sie, wie schwierig es ist, bei all den Aufregungen, auf die Ihr Kind in seinem Leben abonniert zu sein scheint, im Alltag Ruhe zu bewahren.

Eine andere Kombination, die wir häufig zu sehen bekommen, sind Schwächen beim Initiieren von Handlungen und bei der Aufmerksamkeitssteuerung. Diese Kinder brauchen nicht nur ewig, bis sie endlich mit ihren Schularbeiten beginnen, sie hören mit großer Wahrscheinlichkeit auch wieder damit auf, ehe alle Aufgaben erledigt sind. Auch die zielgerichtete Beharrlichkeit ist bei ihnen häufig schwach ausgeprägt. Allerdings finden sich hier auch manchmal unvermutete Stärken. Diese lassen sich unserer Erfahrung nach sehr gut nutzen, um die Defizite beim Initiieren von Handlungen und bei der Aufmerksamkeitssteuerung zu überwinden. Die betreffenden Kinder lassen sich zum Beispiel dadurch anspornen, dass man ihnen für jede rechtzeitig abgegebene Hausarbeit einen Punkt verspricht. Man stellt ihnen in Aussicht, ihnen nach dem Erreichen einer bestimmten Anzahl von Punkten ein Videospiel zu kaufen, das sie sich schon lange wünschen.

Eine weitere häufige Kombination betrifft Zeitmanagement und Planen/Setzen von Prioritäten. Kinder mit Stärken bei diesen beiden Funktionen haben selten Probleme bei der Bewältigung längerfristiger Aufgaben. Weisen sie hingegen in beiden Bereichen Schwächen auf, wissen sie meist nicht, *wo* und *wann* sie anfangen sollen. In vielen Fällen haben wir darüber hinaus auch eine Beziehung zwischen Arbeitsgedächtnis und Organisation beobachtet. Manchmal setzen Kinder schon von sich aus Stärken ein, um Schwächen in einem anderen Bereich auszugleichen. («Ist doch egal, wie unordentlich es in meinem Zimmer aussieht, Hauptsache ich weiß, wo meine Wadenschützer liegen.») Allzu häufig können jedoch Kinder mit einem schwachen Arbeitsgedächtnis leider auch schlecht Ordnung halten. Dies sind die Kinder, deren Eltern extra Zeit einplanen müssen, damit vor der Fahrt zu einem Fußballspiel noch alle dafür nötigen Utensilien zusammengesucht werden können.

Jeremy ist 13 Jahre alt. Er war immer ein gewissenhafter Schüler. Er führt seine Hefte ordentlich, schreibt alle Hausaufgaben auf, fängt gleich mit den Schularbeiten an, wenn er von der Schule nachhause kommt, und hört nicht auf, bis er damit fertig ist. Bekommt er eine Langzeitaufgabe, will er unbedingt gleich am ersten Tag damit loslegen. All das klingt zunächst einmal recht gut. Doch liegen bei Jeremy regelmäßig die Nerven blank. Verlegt er ein Arbeitsblatt oder vergisst er, ein Buch mit nachhause zu bringen, das er zum Lernen für eine Klassenarbeit am nächsten Schultag braucht, gerät er schnell außer sich. Und er hasst es, Aufsätze schreiben zu müssen. Erst fällt ihm nichts ein, worüber er schreiben könnte. Wenn er dann doch eine Idee hat, kommt ihm alles, was er dazu sagen könnte, dumm und abgedroschen vor. Er bittet seine Mutter um Hilfe, wird aber schrecklich wütend auf sie, wenn ihm ihre Ideen nicht gefallen oder sie ihn auffordert, selbst noch gründlicher nachzudenken.

Sein 11-jähriger Bruder Jason ist das genaue Gegenteil. Für ihn sind Schularbeiten eine Last, die es so lang wie möglich vor sich herzuschieben und dann so rasch wie möglich abzuhaken gilt. Sein Schulranzen ist das reinste Chaos, weil er Bücher und Zettel wahllos hineinstopft und behauptet, er könne das ja immer nochmal aufräumen (wozu es aber niemals kommt). Seine Mutter ist vollauf damit beschäftigt, ihn ständig anzutreiben, damit er morgens pünktlich zur Schule und abends nach den endlich getanen Schularbeiten einigermaßen rechtzeitig ins Bett kommt. Während ihn Aufgaben im Rechnen und Schreiben zum Wahnsinn treiben, liebt Jason freie Arbeiten und Aufsätze. Er hat eine lebhafte Fantasie und könnte stundenlang über den Unterschied zwischen Fantasy und Science-Fiction sprechen. Naturwissenschaftliche Projekte, bei denen er überlegen muss, wie er etwas am besten zum Funktionieren bringt, machen ihm solchen Spaß, dass er sie nicht einmal als Hausaufgaben betrachtet. Er kann nicht verstehen, warum sich sein Bruder über so etwas so aufregen kann. Sein Bruder wiederum wird wütend, wenn Jason ihn und den Vater, der die beiden zur Schule fährt, jeden Morgen warten lässt und trödelt, ohne daran zu denken, dass sie zu spät zur Schule kommen könnten.

Jeremys am besten entwickelte Exekutivfunktionen – das Initiieren von Handlungen, die Aufmerksamkeitssteuerung und das Zeitmanagement – scheinen bei seinem Bruder nur schwach ausgeprägt zu sein. Jasons Stärken dagegen – Flexibilität, Metakognition und emotionale Regulation – sind bei Jeremy echte Problemfelder. Wenn man überlegt, wie man Kindern am besten helfen kann, ist es hilfreich sich klarzumachen, dass Stärken und Schwächen bei Exekutivfunktionen häufig Cluster, also Komplexe bilden. Der Vorteil: Stärkt man die eine Funktion, fördert dies häufig auch die andere. Wenn wir Jeremy helfen, mit schwierigen Situationen flexibler umzugehen, helfen wir ihm am Ende auch, seine Emotionen besser unter Kontrolle zu halten. Wenn wir Jason bestärken, lästige Aufgaben zügiger anzugehen, könnte er am Ende auch mehr Zeit – und Energie – haben, sie auch zu Ende zu bringen.

Stärken und Schwächen mithilfe von Skalen ermitteln

Möglicherweise sind Sie inzwischen mit den einzelnen Exekutivfunktionen vertraut genug, um die Stärken und Schwächen Ihres Kindes ziemlich genau beschreiben zu können. Die eigene Einschätzung absichern können Sie, indem Sie eine der folgenden Skalen ausfüllen. Weil gut entwickelte Exekutivfunktionen in verschiedenen Altersstufen unterschiedlich zum Ausdruck kommen, haben wir vier Fragebögen zusammengestellt, die sich jeweils auf eine Altersgruppe (Kindergarten, Anfang der Grundschule, Ende der Grundschule, weiterführende Schule) beziehen. Wählen Sie die Skala, die am besten zum Alter Ihres Kindes passt.

Während manche Beschreibungen in den Skalen sehr präzise sind (zum Beispiel «Kann eine 15–20 Minuten dauernde Aufgabe ausführen»), erfordern andere eine persönliche Beurteilung Ihrerseits (zum Beispiel «Passt sich leicht an ungeplante Situationen an»). Wenn Sie sich nicht sicher sind, wie Sie einen solchen Aspekt beurteilen sollen, denken Sie an andere Kinder im gleichen Alter oder das frühere Verhalten eines älteren Geschwisterkinds.

Stärken nutzen

Wie können Sie diese Informationen dazu nutzen, Ihrem Kind zu helfen? Schauen Sie sich die Stärken Ihres Kindes bei den Exekutivfunktionen an. Auf diese Funktionen können Sie setzen, um ihm dabei zu helfen, tägliche Aufgaben effektiv zu meistern. An früherer Stelle haben wir Ihnen bereits ein Beispiel dafür gegeben, wie sich Stärken bei der zielgerichteten Beharrlichkeit so einsetzen lassen, dass Probleme beim Initiieren von Handlungen und bei der Aufmerksamkeitssteuerung ausgeglichen werden können. Ein anderes Beispiel wäre der Einsatz metakognitiver Stärken Ihres Kindes zur Lösung von Problemen, die durch Schwächen bei anderen Exekutivfunktionen entstehen können. («Dan, du bist doch so ein guter Problemlöser. Überleg doch mal: Was könnten wir tun, damit du im Kopf behältst, wo deine Sportsachen sind? Dann musst Du nicht vor jedem Spiel wie ein Verrückter durchs Haus rennen, um sie zu suchen!»). Die Stärken Ihres Kindes können Sie auch nutzen, indem Sie sie ihm bewusst machen. Sie können ihm sagen, dass es bestimmte Fertigkeiten besonders gut beherrscht und es darin bestärken, diese effektiv einzusetzen. Nehmen wir beispielsweise an, Ihre Tochter ist recht

Fragebogen zu Exekutivfunktionen bei Kindern – Kindergarten/Vorschule

Lesen Sie die folgenden Aussagen sorgfältig durch und überlegen Sie, in welchem Maße sie auf Ihr Kind zutreffen. Addieren Sie die Punkte der drei zu einem Abschnitt gehörenden Antworten und markieren Sie anschließend die drei höchsten und die drei niedrigsten Gesamtpunktzahlen.

Trifft in besonderem Maße zu	5
Trifft zu	4
Neutral	3
Trifft eher nicht zu	2
Trifft überhaupt nicht zu	1

Punktzahl

1. Verhält sich angemessen in Situationen mit offensichtlicher Gefahr (zum Beispiel in der Nähe eines heißen Ofens).

2. Kann Spielzeuge mit anderen teilen, ohne sie an sich zu reißen.

3. Kann kurze Zeit warten, wenn es von einem Erwachsenen dazu angehalten wird.

Gesamtpunktzahl:

4. Erledigt einfache Aufträge (holt zum Beispiel Schuhe aus dem Schlafzimmer, wenn es darum gebeten wird).

5. Erinnert sich an kurz zuvor gegebene Anweisungen.

6. Führt eine aus zwei Schritten bestehende Routineaufgabe aus und muss nur einmal pro Schritt daran erinnert werden.

Gesamtpunktzahl:

7. Erholt sich relativ schnell von einer Enttäuschung oder Planänderung.

8. Ist in der Lage, ohne körperliche Auseinandersetzung Lösungen zu finden, wenn ein anderes Kind ihm ein Spielzeug wegnimmt.

9. Kann in einer Gruppe spielen, ohne sich allzu sehr aufzuregen.

Gesamtpunktzahl:

10. Kann eine 5-minütige Arbeit erledigen (eventuell mit Beaufsichtigung).

11. Kann im Stuhlkreis stillsitzen (15–20 Minuten).

12. Kann ohne Pause ein bis zwei Geschichten anhören.

Gesamtpunktzahl:

Fragebogen zu Exekutivfunktionen bei Kindern – Kindergarten/Vorschule

Punktzahl

13. Folgt der Anweisung eines Erwachsenen unmittelbar nach deren Erteilung.

14. Hört mit dem Spielen auf, um der Anweisung eines Erwachsenen zu folgen, wenn es dazu aufgefordert wird.

15. Ist in der Lage, sich zu einer festgelegten Zeit mit höchstens einer Ermahnung fürs Zubettgehen fertig zu machen.

Gesamtpunktzahl:

16. Kann eine Aufgabe oder Aktivität zu Ende bringen, ehe es eine andere anfängt.

17. Ist in der Lage, der Erklärung eines Plans zu folgen (mit Modell oder anschaulicher Demonstration).

18. Kann eine einfache Mal- oder Bastelarbeit mit mehr als einem Arbeitsschritt fertig gestalten.

Gesamtpunktzahl:

19. Hängt seine Jacke an der richtigen Stelle auf (eventuell mit einer Ermahnung).

20. Räumt Spielzeug an den richtigen Aufbewahrungsort (mit Ermahnungen).

21. Räumt nach dem Essen seinen Platz auf (eventuell mit einer Ermahnung).

Gesamtpunktzahl:

22. Kann tägliche Routineaufgaben ohne Trödeln zu Ende bringen (eventuell mit einigen Hinweisen/Ermahnungen).

23. Kann sich beeilen und etwas schneller beenden, wenn ihm dafür ein Grund genannt wird.

24. Kann eine kleine Pflichtaufgabe innerhalb eines gesetzten Zeitrahmens erledigen (zum Beispiel das Bett machen, ehe der Fernseher eingeschaltet wird).

Gesamtpunktzahl:

25. Leitet andere Kinder im Spiel oder zu spielerischen Aktivitäten an.

26. Sucht Hilfe bei der Lösung für einen Konflikt um einen begehrten Gegenstand.

Fragebogen zu Exekutivfunktionen bei Kindern – Kindergarten/Vorschule	
	Punktzahl
27. Probiert mehr als eine Lösung aus, um ein einfaches Ziel zu erreichen.	
Gesamtpunktzahl:	
28. Ist in der Lage, sich an veränderte Pläne oder Handlungsabläufe anzupassen (eventuell mit vorheriger Ankündigung).	
29. Erholt sich rasch von kleineren Enttäuschungen.	
30. Ist bereit, Spielzeug mit anderen zu teilen.	
Gesamtpunktzahl:	
31. Kann kleinere Anpassungen vornehmen, wenn beim Puzzeln oder Basteln der erste Versuch fehlschlägt.	
32. Kann neue (aber einfache) Einsatzmöglichkeiten für ein Werkzeug finden, um ein Problem zu lösen.	
33. Macht einem anderen Kind Vorschläge, wie sich etwas reparieren ließe.	
Gesamtpunktzahl:	

Auswertungsschlüssel

Aussage	Exekutivfunktion	Aussage	Exekutivfunktion
1–3	Reaktionshemmung	4–6	Arbeitsgedächtnis
7–9	Emotionale Regulation	10–12	Aufmerksamkeitssteuerung
13–15	Initiieren von Handlungen	16–18	Planen/Setzen von Prioritäten
19–21	Organisation	22–24	Zeitmanagement
25–27	Zielgerichtete Beharrlichkeit	28–30	Flexibilität
31–33	Metakognition		

Die Stärken Ihres Kindes bei den Exekutivfunktionen (höchste Punktzahlen).
Die Schwächen Ihres Kindes bei den Exekutivfunktionen (niedrigste Punktzahlen).

Fragebogen zu Exekutivfunktionen bei Kindern – Beginn der Grundschule

Lesen Sie die folgenden Aussagen sorgfältig durch und überlegen Sie, in welchem Maße sie auf Ihr Kind zutreffen. Addieren Sie die Punkte der drei zu einem Abschnitt gehörenden Antworten und markieren Sie anschließend die drei höchsten und die drei niedrigsten Gesamtpunktzahlen.

Trifft in besonderem Maße zu	5
Trifft zu	4
Neutral	3
Trifft eher nicht zu	2
Trifft überhaupt nicht zu	1

Punktzahl

1. Kann einfache Regeln im Klassenzimmer befolgen.

2. Kann sich ohne Bedürfnis nach Körperkontakt in unmittelbarer Nähe eines anderen Kindes aufhalten.

3. Kann warten, bis ein Elternteil mit Telefonieren fertig ist, ehe es etwas erzählt (eventuell mit einer Ermahnung).

Gesamtpunktzahl:

4. Ist in der Lage, eine aus zwei bis drei Schritten bestehende Besorgung zu erledigen.

5. Erinnert sich an einige Minuten zuvor gegebene Anweisungen.

6. Führt auf einen Hinweis hin zwei Schritte einer Routineaufgabe durch.

Gesamtpunktzahl:

7. Kann Kritik von einem Erwachsenen tolerieren.

8. Kann mit vermeintlicher «Ungerechtigkeit» umgehen, ohne sich allzu sehr darüber aufzuregen.

9. Ist in der Lage, sein Verhalten in einer neuen Situation rasch anzupassen (sich zum Beispiel nach der Schulpause schnell wieder zu beruhigen).

Gesamtpunktzahl:

10. Kann 20–30 Minuten an seinen Hausaufgaben arbeiten.

11. Kann eine 15–20 Minuten dauernde Arbeit zu Ende bringen.

12. Kann während einer Mahlzeit von normaler Dauer stillsitzen.

Gesamtpunktzahl:

Fragebogen zu Exekutivfunktionen bei Kindern – Beginn der Grundschule

	Punktzahl

13. Kann sich an einfache, ein bis zwei Schritte umfassende Routine-handlungen (zum Beispiel Zähne putzen und Haare kämmen nach dem Frühstück) erinnern und diese durchführen.

14. Kann unmittelbar nach der Anweisung des Lehrers im Unterricht mit der Arbeit beginnen.

15. Beginnt zur verabredeten Zeit mit den Hausaufgaben (mit einer Ermahnung).

Gesamtpunktzahl:

16. Kann ein zwei bis drei Schritte umfassendes Projekt nach eigener Planung ausführen (zum Beispiel etwas malen, basteln oder bauen).

17. Kann einen Sparplan für ein nicht zu teures Spielzeug aufstellen.

18. Kann mit Unterstützung zwei bis drei Schritte umfassende Haus-aufgaben (zum Beispiel eine Buchvorstellung) ausführen.

Gesamtpunktzahl:

19. Verstaut Jacke, Winterkleidung, Sportsachen an den richtigen Stellen (eventuell mit Ermahnung).

20. Hat im Kinderzimmer bestimmte Stellen für bestimmte Sachen vorgesehen.

21. Verliert Erlaubnis- oder Mitteilungszettel aus der Schule nicht.

Gesamtpunktzahl:

22. Kann eine kurze Aufgabe innerhalb des von einem Erwachsenen festgesetzten Zeitraums zu Ende bringen.

23. Kann sich für eine bestimmte Arbeit mit einer gesetzten Abgabe-frist ausreichend Zeit nehmen (eventuell mit Unterstützung).

24. Kann morgendliche Routinehandlungen (Frühstück, Körper-pflege) innerhalb eines festen Zeitraums erledigen (eventuell nach entsprechender Übung).

Gesamtpunktzahl:

25. Bleibt bei schwieriger Aufgabe, um erwünschtes Ziel zu erreichen (um zum Beispiel schwierige Baukastenkonstruktion zu bauen).

26. Kehrt zu einer Aufgabe zurück, nachdem es unterbrochen wurde.

Fragebogen zu Exekutivfunktionen bei Kindern – Beginn der Grundschule	
	Punktzahl
27. Arbeitet an einem Wunschprojekt über mehrere Tage hinweg jeweils mehrere Stunden lang.	
Gesamtpunktzahl:	
28. Kann gut mit anderen Kindern spielen (muss nicht bestimmen, kann teilen und so weiter).	
29. Toleriert die Zurechtweisung durch den Lehrer, wenn es Anweisungen nicht befolgt hat.	
30. Kann sich leicht an ungeplante Situationen (zum Beispiel Unterricht bei Vertretungslehrer) anpassen.	
Gesamtpunktzahl:	
31. Kann sein Verhalten an das Feedback von Eltern oder Lehrern anpassen.	
32. Kann beobachten, wie es anderen ergeht, und sein Verhalten entsprechend ändern.	
33. Kann mehr als eine Lösung für ein Problem verbalisieren und sich für die beste entscheiden.	
Gesamtpunktzahl:	

Auswertungsschlüssel

Aussage	Exekutivfunktion	Aussage	Exekutivfunktion
1–3	Reaktionshemmung	4–6	Arbeitsgedächtnis
7–9	Emotionale Regulation	10–12	Aufmerksamkeitssteuerung
13–15	Initiieren von Handlungen	16–18	Planen/Setzen von Prioritäten
19–21	Organisation	22–24	Zeitmanagement
25–27	Zielgerichtete Beharrlichkeit	28–30	Flexibilität
31–33	Metakognition		

Die Stärken Ihres Kindes bei den Exekutivfunktionen (höchste Punktzahlen).
Die Schwächen Ihres Kindes bei den Exekutivfunktionen (niedrigste Punktzahlen).

Fragebogen zu Exekutivfunktionen bei Kindern – Ende der Grundschule

Lesen Sie die folgenden Aussagen sorgfältig durch und überlegen Sie, in welchem Maße sie auf Ihr Kind zutreffen. Addieren Sie die Punkte der drei zu einem Abschnitt gehörenden Antworten und markieren Sie anschließend die drei höchsten und die drei niedrigsten Gesamtpunktzahlen.

Trifft in besonderem Maße zu	5
Trifft zu	4
Neutral	3
Trifft eher nicht zu	2
Trifft überhaupt nicht zu	1

Punktzahl

1. Trägt Konflikte mit Gleichaltrigen gewaltfrei aus (verliert eventuell die Beherrschung).

2. Befolgt Regeln zuhause und in der Schule auch ohne unmittelbare Gegenwart eines Erwachsenen.

3. Kann sich in einer emotional aufgeladenen Situation rasch beruhigen, wenn es von einem Erwachsenen dazu aufgefordert wird.

Gesamtpunktzahl:

4. Erinnert sich daran, nach der Schule eine Pflichtaufgabe im Haushalt zu erledigen, ohne daran erinnert werden zu müssen.

5. Bringt Bücher, Zettel, Arbeitsblätter von der Schule nachhause und nimmt sie wieder mit.

6. Erinnert sich an täglich wechselnde Abläufe (zum Beispiel unterschiedliche Aktivitäten nach der Schule).

Gesamtpunktzahl:

7. Reagiert nicht über, wenn es ein Spiel verliert oder für eine Auszeichnung nicht ausgewählt wird.

8. Kann akzeptieren, beim Arbeiten oder Spielen in der Gruppe nicht das zu bekommen, was es will.

9. Reagiert zurückhaltend auf Sticheleien.

Gesamtpunktzahl:

10. Kann 30–60 Minuten an seinen Hausaufgaben arbeiten.

11. Kann eine 30–60 Minuten dauernde Arbeit zu Ende bringen (eventuell mit Pause).

Fragebogen zu Exekutivfunktionen bei Kindern – Ende der Grundschule	
	Punktzahl
12. Kann an einer 60–90 Minuten dauernden Veranstaltung teilnehmen (zum Beispiel Sporttraining, Gottesdienst).	
Gesamtpunktzahl:	
13. Kann eine drei bis vier Schritte umfassende, vorher geübte Routinehandlung ausführen.	
14. Kann im Unterricht drei oder vier Aufgaben nacheinander zu Ende bringen.	
15. Kann einem vorher festgelegten Zeitplan für Hausaufgaben folgen (eventuell mit einer Ermahnung anzufangen).	
Gesamtpunktzahl:	
16. Kann Pläne dafür machen, etwas Besonderes mit einem Freund zu unternehmen (zum Beispiel ins Kino gehen).	
17. Kann einen Sparplan für eine etwas teurere Anschaffung aufstellen.	
18. Kann langfristige Projekte für die Schule ausführen, deren Arbeitsschritte von anderen vorstrukturiert wurden.	
Gesamtpunktzahl:	
19. Kann seine Sachen an den richtigen Stellen im Kinderzimmer oder in anderen Zimmern im Haus oder in der Wohnung verstauen.	
20. Bringt am Abend Spielzeug von draußen selbstständig ins Haus zurück (eventuell mit Ermahnung).	
21. Achtet auf Materialien und Arbeitszettel für die Schularbeiten.	
Gesamtpunktzahl:	
22. Kann tägliche Routineaufgaben innerhalb üblicher Zeiträume ohne Hilfe zu Ende bringen.	
23. Kann den Zeitplan für die Hausaufgaben an andere Pläne und Aktivitäten anpassen (zum Beispiel früher anfangen, wenn abends ein Pfadfindertreffen ansteht).	
24. Ist in der Lage, mit langfristigen Projekten früh genug anzufangen, um den Zeitdruck am Ende möglichst gering zu halten (eventuell mit Unterstützung).	
Gesamtpunktzahl:	

Fragebogen zu Exekutivfunktionen bei Kindern – Ende der Grundschule	
	Punktzahl
25. Kann Taschengeld drei bis vier Wochen lang sparen, um eine gewünschte Anschaffung zu tätigen.	
26. Kann einem Übungsplan folgen, um eine erwünschte Fähigkeit zu verbessern (zum Beispiel Sport trainieren, Musikinstrument üben – eventuell mit Ermahnungen).	
27. Kann über mehrere Monate hinweg ein Hobby verfolgen.	
Gesamtpunktzahl:	
28. Bleibt nicht in negativen Gefühlen gefangen (zum Beispiel Enttäuschung, Kränkung).	
29. Kann «in einen anderen Gang schalten», wenn die Pläne sich aufgrund unvorhergesehener Umstände ändern müssen.	
30. Kann frei gestellte Hausaufgaben ausführen (eventuell mit Unterstützung).	
Gesamtpunktzahl:	
31. Kann die Ergebnisse einer Handlung voraussehen und entsprechende Anpassungen vornehmen (zum Beispiel Ärger vermeiden).	
32. Kann mehrere Lösungen für Probleme vorbringen und erklären, welches die beste ist.	
33. Genießt die problemlösende Komponente von Schularbeiten oder Videospielen.	
Gesamtpunktzahl:	

Auswertungsschlüssel

Aussage	Exekutivfunktion	Aussage	Exekutivfunktion
1–3	Reaktionshemmung	4–6	Arbeitsgedächtnis
7–9	Emotionale Regulation	10–12	Aufmerksamkeitssteuerung
13–15	Initiieren von Handlungen	16–18	Planen/Setzen von Prioritäten
19–21	Organisation	22–24	Zeitmanagement
25–27	Zielgerichtete Beharrlichkeit	28–30	Flexibilität
31–33	Metakognition		

Die Stärken Ihres Kindes bei den Exekutivfunktionen (höchste Punktzahlen).
Die Schwächen Ihres Kindes bei den Exekutivfunktionen (niedrigste Punktzahlen).

Fragebogen zu Exekutivfunktionen bei Kindern – Weiterführende Schule

Lesen Sie die folgenden Aussagen sorgfältig durch und überlegen Sie, in welchem Maße sie auf Ihr Kind zutreffen. Addieren Sie die Punkte der drei zu einem Abschnitt gehörenden Antworten und markieren Sie anschließend die drei höchsten und die drei niedrigsten Gesamtpunktzahlen.

Trifft in besonderem Maße zu	5	Trifft eher nicht zu	2
Trifft zu	4	Trifft überhaupt nicht zu	1
Neutral	3		

Punktzahl

1. Ist in der Lage, sich aus einer durch Konfrontation oder Provokation eines Gleichaltrigen bestimmten Situation zurückzuziehen.

2. Kann eine Aktivität, die ihm Spaß macht, absagen, wenn bereits andere Pläne gemacht wurden.

3. Widersteht der Versuchung, in einer Gruppe von Freunden verletzende Bemerkungen zu machen.

Gesamtpunktzahl:

4. Ist in der Lage, sich an Arbeitsaufträge und Regeln mehrerer Lehrer zu erinnern und diese zu befolgen.

5. Erinnert sich an vom Üblichen abweichende Ereignisse oder Verantwortlichkeiten (zum Beispiel besondere Anweisungen für Exkursionen, außerschulische Aktivitäten).

6. Erinnert sich an mehrere Schritte umfassende Anweisungen (ausreichende Zeit und Übung vorausgesetzt).

Gesamtpunktzahl:

7. Ist in der Lage, die Reaktionen von Freunden einzuschätzen und das eigene Verhalten entsprechend anzupassen.

8. Kann beim Spiel oder bei der Arbeit in der Gruppe akzeptieren, nicht das zu bekommen, was es will.

9. Tritt angemessen selbstbewusst auf (zum Beispiel fragt Lehrer um Hilfe, fordert bei der Schuldisco zum Tanz auf).

Gesamtpunktzahl:

10. Kann 60–90 Minuten an Hausaufgaben arbeiten (eventuell mit einer oder mehreren Pausen).

11. Kann an Familientreffen teilnehmen, ohne über Langeweile zu klagen oder zu stören.

Fragebogen zu Exekutivfunktionen bei Kindern – Weiterführende Schule

Punktzahl

12. Kann bis zu zwei Stunden dauernde Arbeiten zu Ende bringen (eventuell mit Pausen).

13. Kann Pläne für Hausaufgaben machen und diese ohne unangemessenes Hinausschieben befolgen.

14. Kann Arbeiten zu einer verabredeten Zeit beginnen (zum Beispiel direkt nach der Schule; eventuell mit Erinnerungszettel).

15. Kann Aktivitäten, die ihm Spaß machen, hintanstellen, wenn es sich an das Versprechen erinnert, einer Verpflichtung nachzukommen.

Gesamtpunktzahl:

16. Kann Recherchen im Internet durchführen (für die Schule oder um eigenen Interessen nachzugehen).

17. Kann Pläne für außerschulische Aktivitäten oder für die Ferien machen.

18. Kann mit geringer oder gar keiner Unterstützung von Erwachsenen ein langfristiges Projekt für die Schule ausführen.

Gesamtpunktzahl:

19. Kann die von der Schule geforderten Hefte führen.

20. Verliert Sportsachen/elektronische Geräte nicht.

21. Hält den Arbeitsplatz zuhause einigermaßen ordentlich.

Gesamtpunktzahl:

22. Hat die Hausaufgaben in der Regel rechtzeitig vor der Bettgehzeit fertig.

23. Kann bei begrenzter Zeit gute Entscheidungen über Prioritäten treffen (zum Beispiel nach der Schule nach Hause zu kommen, um eine Aufgabe abzuschließen, anstatt sich mit Freunden zu treffen).

24. Kann die Arbeit an langfristigen Projekten auf mehrere Tage verteilen.

25. Kann die eigenen Bemühungen erhöhen, um Leistungen zu verbessern (zum Beispiel Lernstrategien verändern, um eine bessere Note zu bekommen oder bei einer Klassenarbeit besser abzuschneiden).

Fragebogen zu Exekutivfunktionen bei Kindern – Weiterführende Schule	
	Punktzahl
26. Ist bereit, Mühe auf sich zu nehmen, um Geld zu verdienen.	
27. Ist bereit zu üben, um eine Fähigkeit zu verbessern, ohne daran erinnert werden zu müssen.	
	Gesamtpunktzahl:
28. Ist in der Lage, sich an verschiedene Lehrer, Regeln im Klassenzimmer und Unterrichtsabläufe anzupassen.	
29. Ist bereit, sich in einer Gruppensituation anzupassen, wenn ein Gleichaltriger sich unflexibel verhält.	
30. Ist bereit, sich den Bedürfnissen eines jüngeren Geschwisterkindes anzupassen (zum Beispiel die Auswahl eines Films, den die Familie sich gemeinsam anschauen will, anderen zu überlassen).	
	Gesamtpunktzahl:
31. Kann die eigene Leistung gut einschätzen (zum Beispiel sportliche oder schulische Leistung).	
32. Ist in der Lage, die Auswirkungen des eigenen Verhaltens auf Gleichaltrige vorauszusehen und Anpassungen vorzunehmen (zum Beispiel um sich in eine Gruppe einzufügen oder Hänseleien zu vermeiden).	
33. Kann Aufgaben ausführen, die abstrakteres Denken erfordern.	
	Gesamtpunktzahl:

Auswertungsschlüssel

Aussage	Exekutivfunktion	Aussage	Exekutivfunktion
1–3	Reaktionshemmung	4–6	Arbeitsgedächtnis
7–9	Emotionale Regulation	10–12	Aufmerksamkeitssteuerung
13–15	Initiieren von Handlungen	16–18	Planen/Setzen von Prioritäten
19–21	Organisation	22–24	Zeitmanagement
25–27	Zielgerichtete Beharrlichkeit	28–30	Flexibilität
31–33	Metakognition		

Die Stärken Ihres Kindes bei den Exekutivfunktionen (höchste Punktzahlen).
Die Schwächen Ihres Kindes bei den Exekutivfunktionen (niedrigste Punktzahlen).

gut im Initiieren von Handlungen, Dann kann sie darin sogar noch besser werden, wenn Sie sie dafür loben, wie sie ihr Können einsetzt. Sie könnten ihr zum Beispiel sagen: «Es gefällt mir, dass du rechtzeitig vor dem Abendessen mit den Hausaufgaben anfängst», oder: «Ich finde es gut, dass ich dich nur einmal daran erinnern muss, wann es Zeit ist, deine Kaninchen zu füttern.»

Vielleicht sind selbst die stärksten Funktionen Ihres Kindes nicht besonders effektiv (eine durchschnittliche Punktzahl von 9 oder weniger würde dafür sprechen). Dennoch können Sie auf seinen Fähigkeiten aufbauen, indem Sie es für jeden Einsatz dieser Fähigkeiten ausdrücklich loben. Stellen wir uns einmal Folgendes vor: Ihr Sohn hat Probleme mit der Reaktionshemmung und sein kleiner Bruder macht sich über sein neuestes Lego-Bauwerk her. Ihren älteren Sohn zu loben, nicht gleich losgeschlagen zu haben, kann ihm sicher helfen, diese Fähigkeit weiter zu verbessern.

Das Lob für den Einsatz exekutiver Funktionen braucht aber nicht auf vergleichbar starke Bereiche beschränkt zu bleiben. *Jedes Mal*, wenn ein Kind eine Fähigkeit positiv einsetzt, kann ein gezieltes Lob zu deren weiterer Stärkung beitragen. Lob ist möglicherweise die am stärksten unterschätzte Strategie, die Eltern und Lehrkräften zur Verfügung steht. Es ist unentbehrlich, wenn sie Kindern helfen wollen, Exekutivfunktionen aufzubauen und angemessenes Verhalten einzuüben. In Kapitel 8 werden wir darauf noch ausführlicher eingehen.

Schwächen gezielt angehen

Schauen Sie sich nun die Schwächen Ihres Kindes bei den Exekutivfunktionen an. Aller Wahrscheinlichkeit nach fällt das, womit Ihr Kind immer wieder Ärger heraufbeschwört oder Sie besonders wütend macht, genau in seine drei schwächsten Bereiche. Vielleicht treibt es Sie zum Wahnsinn, dass Ihr Sohn ständig vergisst, die Schulbücher mit nachhause zu bringen, die er für seine Hausaufgaben braucht, oder teure Sportsachen auf dem Sportplatz oder bei einem Freund liegen lässt. Dann ist anzunehmen, dass sein Arbeitsgedächtnis zu seinen schwachen Bereichen gehört. Oder ist das unaufgeräumte Zimmer ein ständiger Zankapfel zwischen Ihnen und Ihrer Tochter? Durchwühlt sie zudem auf der Suche nach fehlenden Zetteln oder Arbeitsblättern ständig hektisch ihren Rucksack, spricht alles dafür, dass die Funktion «Organisation» Sie und Ihre Tochter vor besondere Herausforderungen stellt.

Wie können Sie am besten mit diesen Schwächen umgehen? Teil III greift die einzelnen Exekutivfunktionen nacheinander auf und beschreibt Interventionsstrategien, die entweder die negativen Auswirkungen der Schwäche mindern oder zu einer Stärkung der betreffenden Funktion beitragen können.

Sie könnten versucht sein, gleich weiterzublättern und die Kapitel zu lesen, die sich mit den auf Ihr Kind zutreffenden Schwächen befassen – besonders, wenn Sie selbst Probleme mit der Reaktionshemmung haben. (Das nächste Kapitel wird Ihnen darüber Aufschluss geben.) Trotzdem möchten wir Ihnen raten, alle Kapitel dieses Buches in der vorgegebenen Reihenfolge durchzulesen, ehe Sie sich möglichen Interventionen zuwenden. Auf diese Weise können wir eine Grundlage schaffen, von der wir meinen, dass sie Ihnen helfen wird, die für den Entwicklungsstand Ihres Kindes und das Wesen seiner Schwierigkeiten besten Interventionen zu finden. Ehe Sie zu Teil III kommen, haben wir in Teil II noch einige wichtige Informationen und Ratschläge für Sie zusammengestellt.

3 Wieso auch Ihre eigenen Schwächen und Stärken wichtig sind

Es ist halb neun Uhr morgens und Donnas 14-jähriger Sohn Jim ist vor über einer Stunde zur Schule aufgebrochen. Jetzt wäre es Zeit für Donna, zur Arbeit zu fahren. Doch als sie noch einmal prüfend in ihre Handtasche schaut, stellt sie fest, dass ihr Handy fehlt. Ihr fällt ein, dass Jim es am Vorabend ausgeliehen hatte. Er hatte ein Baseballspiel besucht und das Handy dabei, um sie anzurufen, wenn er abgeholt werden wollte. Ob er das Handy nach dem Anruf in seine Sporttasche, seine Jacke oder in seine Jeans gesteckt hatte? Schon findet sie sich in Jims Zimmer wieder und durchwühlt seine in wilden Haufen herumliegenden Sachen. Sonst macht sie einfach die Tür zu Jims Zimmer zu, um das Chaos nicht mehr sehen zu müssen. Das ist jedenfalls ihre neueste Strategie im Umgang mit diesem Problem, das seit Jahren zwischen ihnen für Zündstoff sorgt. Laut Jim ist Donna ein «Putzteufel». Sie lässt nicht einen einzigen schmutzigen Teller in der Spüle stehen, stapelt selbst die Zeitschriften auf dem Couchtisch im Wohnzimmer sorgfältig und hasst es, wenn die Kinder den Deckel der Zahnpastatube nicht wieder festdrehen. Jim wiederum ist laut Donna ein «totaler Chaot». Es ist typisch für ihn, wichtige Dinge wie Handys grundsätzlich nie an einem zuverlässigen Ort aufzubewahren. Aller Wahrscheinlichkeit nach weiß er dennoch genau, wo das Handy ist. Aber Donna kann ihn in der Schule nicht erreichen. Mit einem letzten flüchtigen Blick auf das Chaos in Jims Zimmer gibt sie auf. Sie hofft, weder auf der Fahrt noch auf der Arbeit mit einem Notfall konfrontiert zu werden. Hoffentlich würde sie ihr Telefon nicht allzu sehr vermissen!

Der Tanzkurs der 10-jährigen Mindy ist vor 25 Minuten zu Ende gegangen. Alle anderen Kinder sind von ihren Eltern abgeholt worden. Sie sind längst auf dem Heimweg. Nur Mindys Vater ist noch nirgends zu sehen. Mindy geht unruhig im Flur vor dem Kursraum auf und ab. Wenn ein Auto auf den vollen Parkplatz vor dem Nachbarschaftszentrum fährt, schaut sie jedes Mal erwartungsvoll aus dem Fenster. Ihre Fäuste sind geballt und auf ihrer Stirn braut sich ein Gewitter zusammen. Ist ihre Mutter mit dem Abholen dran, kann Mindy darauf zählen, dass sie frühzeitig kommt. Sie und ihre Mutter achten sehr genau auf die Zeit. Wenn Mindy sich für die Schule fertig macht, rechnet sie einen Zeitpuffer von mindestens 15 Minuten ein, ehe sie zur Bushaltestelle gehen muss. Sie weiß genau, wie lange sie braucht, um ihre Hausaufgaben zu erledigen. Jeden Abend ist sie rechtzeitig vor dem Abendessen mit allem fertig. Ihr Vater dagegen scheint für die Zeit keinerlei Gefühl zu haben. Er ist chronisch unpünktlich. Ständig versucht er, «nur noch diese eine Sache» zu erledigen. So auch, bevor er morgens zur Arbeit fährt oder abends seine Bürotür hinter sich schließt. Und wenn er nach der Arbeit auf dem Weg zum Auto dann auch noch von einem Kollegen mit einer Frage aufgehalten wird … Zehn Minuten dauert so ein Gespräch bei ihm mindestens! Selbst dann, wenn er seiner Frau versprochen hat, zu einer bestimmten Zeit zuhause zu sein. Immer wenn ihr Vater zu spät kommt, stellt Mindy sich vor, es sei ihm etwas Schlimmes passiert. Vielleicht ist er auf dem Weg zu ihr in einen Unfall geraten. Möglicherweise hat er sie auch ganz vergessen und für den späten Nachmittag noch einen anderen Termin ausgemacht. Wenn sie sein Auto endlich auf den Parkplatz fahren sieht, läuft sie hinaus, noch ehe ihr Vater die Autotür öffnen kann. «Wo *warst* du?!», fragt sie mit Panik in der Stimme. «Hey», ruft ihr Vater lachend, steigt aus dem Wagen und nimmt sie in den Arm. «Du weißt doch, ich würde dich nie vergessen», sagt er beruhigend. «Ich hatte nur noch ein Telefongespräch, das ein bisschen länger gedauert hat als erwartet.»

Kommt Ihnen das bekannt vor? Treiben Sie bestimmte Schwächen Ihres Kindes immer wieder zum Wahnsinn? Dann liegt das mit großer Sicherheit daran, dass Ihrem Kind gerade die speziellen Fähigkeiten fehlen, die bei Ihnen stark ausgeprägt sind: Ihr Sohn muss jeden Morgen angetrieben werden, damit er rechtzeitig in die Schule kommt. Sie selbst sind seit fünf Jahren nicht mehr zu spät zur Arbeit erschienen. Ihre Tochter bekommt bei der kleinsten Planänderung hysterische Anfälle. Sie dagegen finden nichts schöner, als überrascht zu werden. Ihr Kind scheint einfach nicht mit den Hausaufgaben anfangen zu können. Sie müssen ihm mit dem Verlust aller Rechte drohen, die es bisher genossen hat, und die ganze Zeit dabei bleiben. Erst dann macht Ihr Kind seine Hausaufgaben. Sie wiederum erledigen immer gleich als Erstes Ihre Pflichten. Nur so können Sie den Rest des Tages unbeschwert genießen.

Donna kann nicht begreifen, wie ihr Sohn es aushalten kann, so unordentlich zu sein. Das liegt daran, dass sie nicht sein starkes Arbeitsgedächtnis besitzt. Deswegen ist es ihr unmöglich, sich wie ihr Sohn Jim jederzeit auf ihr Gedächtnis zu verlassen. Folglich versteht sie auch nicht, dass dieses Jim den ihm fehlenden Ordnungssinn ersetzt. Ähnliches gilt, wenn Sie unangenehme Dinge am liebsten gleich erledigen. Sie wissen instinktiv, wie Sie eine große Aufgabe in mehrere kleinere unterteilen können. Umso mehr irritiert es Sie, dass Ihr Sohn langfristige Projekte bis zur letzten Minute vor sich herschiebt. Selbst dann hat er noch keinen Plan, wo er als Erstes anfangen soll. Mit Ihrem Organisationstalent fällt es Ihnen besonders schwer, sich das mit anzusehen.

Bei unserer Arbeit mit Kindern haben wir festgestellt, dass Probleme mit Exekutivfunktionen häufig schwerer zu wiegen scheinen, wenn die Stärken und Schwächen der Eltern von denen ihrer Kinder abweichen. Hätte Donna selbst Probleme damit, Ordnung zu halten, könnte sie die Defizite ihres Sohnes besser verstehen. Sie könnte ihm erklären, wie sie gelernt hat, diese Schwäche auszugleichen. Stattdessen hat sie manchmal das Gefühl, ihr Sohn stamme von einem anderen Planeten. Es fällt ihr schwer, die Kluft zu überbrücken und ihm dabei zu helfen, die ihm noch fehlenden Fähigkeiten aufzubauen.

Mindy wiederum kann nicht verstehen, warum ihr Vater nicht einsieht, wie wichtig es ist, pünktlich zu einer Verabredung zu kommen. Sie kann sich nur schlecht beruhigen, wenn sie sich seinetwegen aufregt. Ihr Vater hingegen meint, dass es keine große Sache ist, wenn man ein bisschen später kommt. Daher ist er weiterhin häufig nicht pünktlich, wenn er sie abholen soll. Da er selbst dabei stets gelassen bleibt, wundert er sich, dass sie so «überreagiert». Zwischen den beiden kommt in diesem Punkt kein Verständnis zustande. Mindys Schwäche bei der emotionalen Regulation wird nicht angegangen – zumindest nicht von ihrem Vater.

Wenn Eltern und Kinder bei den Exekutivfunktionen unterschiedliche Stärken und Schwächen aufweisen, fehlt ihnen das, was wir eine «gute Entsprechung» nennen. Eine solche Konstellation erhöht nicht nur das Konfliktpotenzial bei der gemeinsamen Alltagsbewältigung. Sie nimmt den Kindern auch die Chance, bei nur unzureichend entwickelten Fähigkeiten etwas hinzuzulernen. Es gibt verschiedene Möglichkeiten, wie Sie Ihrem Kind helfen können, Schwächen bei Exekutivfunktionen auszugleichen oder gar zu überwinden. Dies werden Sie in Kapitel 5–8 und bei den in Teil III beschriebenen Interventionen noch genauer sehen. Alle dort beschriebenen Möglichkeiten gründen auf einer veränderten Interaktion mit Ihrem Kind. Welche Veränderungen Sie vornehmen müssen, wird sich Ihnen aber erst erschließen, wenn Sie wissen, wie sich Ihre eigenen Stärken und Schwächen bei den Exekutivfunktionen zu denen Ihres Kindes verhalten. Sobald Sie ein klareres Bild von den Exekutivfunktionen im Allgemeinen und deren individueller Ausprägung bei Ihnen selbst gewonnen haben, werden Sie Ihr Kind besser verstehen. Dann werden Sie Interventionsstrategien entwickeln können, die zu den Stärken Ihres Kindes passen.

Paradoxerweise ist es für die gemeinsame Bewältigung schwieriger Aufgaben für Sie und Ihr Kind nicht nur förderlich, die gleichen Stärken zu haben. Auch die gleichen Schwächen können vorteilhaft sein – allerdings nur, wenn Sie sich dieser Entsprechung bewusst sind. Nehmen wir zum Beispiel an, Ihnen sei nicht klar, dass Sie beide mit der Aufmerksamkeitssteuerung Probleme haben. Nun haben Sie sich vorgenommen, gemeinsam eine große Aufgabe wie das Aufräumen Ihrer Garage anzugehen. Das kann ziemlich frustrierend sein. Denn sobald Ihnen klar wird, dass diese unangenehme Arbeit sich immer länger hinziehen wird, kommt es leicht zu Schuldzuweisungen in beide Richtungen. Dass Ihr Kind nicht konzentriert bei der Sache ist, fällt Ihnen wahrscheinlich stärker ins Auge als die Tatsache, dass auch bei Ihnen die Konzentration zu wünschen übrig lässt. Aus diesem Grund ist es so wichtig, sich über die eigenen Stärken und Schwächen klar zu werden. Wollen Sie eine Aufgabe gemeinsam angehen, hilft Ihnen das Wissen, dass Sie und Ihr Kind ähnlichen Herausforderungen gegenüberstehen. Denn Sie können aufgrund dieses Wissens nach Möglichkeiten suchen, die Situation mit viel Humor und Kameradschaftsgeist einigermaßen gut zu meistern.

Sobald Sie das eigene Muster Ihrer Stärken und Schwächen bei den Exekutivfunktionen ermittelt haben, kann es sein, dass Sie eine Entsprechung mit Ihrem Kind entdecken, mit der Sie gar nicht gerechnet haben. Möglicherweise besitzen Sie aber auch eine Stärke, die als natürliche Ergänzung zu einer Schwäche Ihres Kindes fungieren kann. Mindys Vater zum Beispiel ist in hohem Maße flexibel. Wenn er dies als Stärke erkennt, kann er überlegen, wie seine Stärke Mindy in Situationen nützlich sein könnte, in denen ihre Erwartungen nicht erfüllt werden. Er kann ihr zeigen, inwiefern ein gewisses Maß an Flexibilität ihr hilft, solche Situationen zu meistern. So könnte sie durch ihn Strategien kennen lernen, die sie davor bewahren, sich einfach nur aufzuregen und die Beherrschung zu verlieren. Zum Beispiel könnte ihr Vater ihr erklären, dass er nicht so gut wie sie darin ist, auf die Zeit zu achten. Ehe sie beginnt, sich seinetwegen Sorgen zu machen, sollte sie daher einen Zeitpuffer von 20–30 Minuten einplanen. Er könnte ihr auch vorschlagen, daraus ein Spiel zu machen: Sie schätzt, um wie viele Minuten er zu spät kommen wird. Wenn ihre Schätzung tatsächlich mit seiner Ankunftszeit übereinstimmt, bekommt sie von ihm einen Stern verliehen. Beide Ideen könnten Mindy helfen zu verstehen, dass sie und ihr Vater verschieden sind. Die Welt ist voll von Menschen, die häufig zu spät kommen. Sollte Mindy lernen, die Unpünktlichkeit ihres Vaters zu akzeptieren ... Wer weiß? Vielleicht könnte ihr dies eines Tages in ihrer Ehe helfen. Sollte sie nämlich herausfinden, dass ihr Ehemann «genauso» ist wie ihr Vater, hätte sie gelernt, tolerant zu sein.

Um Ihre eigenen Stärken und Schwächen bei den Exekutivfunktionen besser zu verstehen, füllen Sie bitte den folgenden Fragebogen aus.

Fragebogen zu den Exekutivfunktionen der Eltern

Lesen Sie die folgenden Aussagen durch und überlegen Sie, in welchem Maße sie auf Sie zutreffen. Addieren Sie anschließend die Punkte der drei zu einem Abschnitt gehörenden Antworten.

Trifft überhaupt nicht zu	1
Trifft nicht zu	2
Trifft kaum zu	3
Neutral	4
Trifft ein wenig zu	5
Trifft zu	6
Trifft in besonderem Maße zu	7

	Punktzahl
1. Ich ziehe keine vorschnellen Schlussfolgerungen.	7
2. Ich denke, bevor ich spreche.	6
3. Ich handele erst, wenn ich alle Fakten kenne.	6
Gesamtpunktzahl:	19
4. Ich habe ein gutes Gedächtnis für Fakten, Daten und Details.	3
5. An das, was ich mir vorgenommen habe, kann ich mich sehr gut erinnern.	6
6. Ich brauche selten Gedächtnisstützen, um Aufgaben zu Ende zu bringen.	6
Gesamtpunktzahl:	15
7. Meine Gefühle halten mich nur selten von der Arbeit ab.	6
8. Kleinigkeiten beeinflussen mich nicht emotional und lenken mich nicht von meiner Aufgabe ab.	6
9. Meine persönlichen Gefühle kann ich zurückstellen, bis eine Aufgabe fertiggestellt ist.	6
Gesamtpunktzahl:	18
10. Ganz egal, worin die Aufgabe besteht – ich versuche immer, so früh wie möglich damit anzufangen.	2
11. In der Regel neige ich nicht dazu, Dinge aufzuschieben.	2
12. Wenn ich etwas zu tun habe, warte ich damit selten bis zur letzten Minute.	2
Gesamtpunktzahl:	6

Fragebogen zu den Exekutivfunktionen der Eltern

	Punktzahl
13. Es fällt mir leicht, bei meiner Arbeit konzentriert zu bleiben.	6
14. Habe ich einmal mit einer Aufgabe angefangen, arbeite ich sorgfältig weiter, bis alles fertig ist.	5
15. Selbst wenn ich unterbrochen werde, fällt es mir leicht, zu einer angefangenen Arbeit zurückzukehren und sie abzuschließen.	6
Gesamtpunktzahl:	15
16. Wenn ich meinen Tag plane, setze ich Prioritäten und halte mich daran.	5
17. Wenn ich viel zu tun habe, kann ich mich leicht auf die wichtigsten Dinge konzentrieren.	6
18. Eine große Aufgabe unterteile ich meist in Teilaufgaben und setze mir dafür jeweils ein Zeitlimit.	5
Gesamtpunktzahl:	16
19. Ich bin ein ordentlicher Mensch.	1
20. Ein ordentlich aufgeräumter Arbeitsplatz ist für mich selbstverständlich.	1
21. Ich habe mehrere Systeme, mit denen ich meine Arbeit organisiere.	1
Gesamtpunktzahl:	3
22. Am Ende des Tages bin ich mit dem, was ich mir vorgenommen habe, in der Regel fertig.	6
23. Ich kann gut abschätzen, wie lange etwas dauern wird.	6
24. Zu Verabredungen und Veranstaltungen komme ich in der Regel pünktlich.	6
Gesamtpunktzahl:	18
25. Ich sehe mich selbst als ehrgeizigen Menschen, dem es wichtig ist, seine Ziele zu erreichen.	1
26. Es fällt mir leicht, auf kurzfristige Vergnügungen zu verzichten, um an langfristigen Zielen zu arbeiten.	1
27. Ich glaube daran, mir selbst hohe Leistungsansprüche zu setzen und diese auch zu erfüllen.	6
Gesamtpunktzahl:	8

Fragebogen zu den Exekutivfunktionen der Eltern

	Punktzahl
28. Ich schätze meine Leistung regelmäßig ein und denke mir Methoden aus, um noch besser zu werden.	7
29. Ich kann eine Situation distanziert betrachten und objektive Entscheidungen treffen.	7
30. Ich kann Situationen gut «deuten» und mein Verhalten aufgrund der Reaktionen anderer anpassen.	7
Gesamtpunktzahl:	21
31. Mit unerwarteten Ereignissen komme ich spielend klar.	6
32. An Veränderungen von Plänen und Prioritäten kann ich mich leicht anpassen.	6
33. Ich halte mich selbst für flexibel und anpassungsfähig.	7
Gesamtpunktzahl:	19

Auswertungsschlüssel

Aussage	Exekutivfunktion	Aussage	Exekutivfunktion
1–3	Reaktionshemmung	4–6	Arbeitsgedächtnis
7–9	Emotionale Regulation	10–12	Aufmerksamkeitssteuerung
13–15	Initiieren von Handlungen	16–18	Planen/Prioritäten setzen
19–21	Organisation	22–24	Zeitmanagement
25–27	Zielgerichtete Beharrlichkeit	28–30	Flexibilität
31–33	Metakognition		

Ihre Stärken bei den Exekutivfunktionen (höchste Punktzahlen).
Ihre Schwächen bei den Exekutivfunktionen (niedrigste Punktzahlen).

Weil dies ein kurzer Fragebogen ist, der pro exekutiver Funktion nur eine begrenzte Anzahl von Aussagen berücksichtigt, kann es sein, dass die Ergebnisse Sie nicht perfekt beschreiben. Trotzdem sollten Sie eine Vorstellung davon bekommen, welche Funktionen Ihnen am leichtesten fallen und mit welchen Sie am meisten zu kämpfen haben. Wir haben diesen Fragebogen bei den verschiedensten Gruppen von Erwachsenen eingesetzt. Dabei ermittelten wir im Laufe der

Jahre in allen zwölf Bereichen eine Durchschnittspunktzahl von 13–15 (bei einer maximalen Punktzahl von 21) und einen durchschnittlichen Unterschied zwischen der höchsten und der niedrigsten Punktzahl von 14 (bei einem maximalen Unterschied von 18). Dies legt nahe, dass Menschen im Allgemeinen ihre Exekutivfunktionen als recht gut entwickelt einschätzen, gleichzeitig aber auch in der Lage sind, deutliche Stärken und Schwächen zu benennen.

Wenn Sie sich über das Profil Ihrer speziellen Fähigkeiten noch nicht ganz klar geworden sind, gehen Sie die einzelnen Funktionen noch einmal durch. Fragen Sie sich, ob Sie sich daran erinnern können, die gleichen Stärken und Schwächen schon als Kind gehabt zu haben. Ist dies der Fall, handelt es sich mit großer Wahrscheinlichkeit um echte, inhärente Stärken und Schwächen bei den Exekutivfunktionen. Ich zum Beispiel (Peg) kann mich daran erinnern, dass meine Mutter früher ständig schimpfte, ich solle endlich mein Zimmer aufräumen. Nicht, dass ich nicht gern ein ordentliches Zimmer gehabt hätte – es machte bloß *so schrecklich viel Mühe,* mein Zimmer ordentlich zu halten. Noch jetzt, als Erwachsene, habe ich mit dem gleichen Problem zu kämpfen. Andererseits kann ich mich daran erinnern, immer ein sehr gutes Zeitgefühl gehabt zu haben. Es fiel mir leicht einzuschätzen, wie lange es dauert, etwas zu tun oder wie viel Zeit man braucht, um irgendwo hinzukommen. So habe ich heute noch ein sehr gutes Zeitmanagement. Die gleichen Stärken und Schwächen erkenne ich bei meinen Kindern. Meine erwachsenen Söhne haben beide mit Unordentlichkeit zu kämpfen, erscheinen aber pünktlich zu allen Terminen. Gleichzeitig scheinen sie von ihrem Vater die Fähigkeit zur Regulation ihrer Emotionen geerbt zu haben. Sie ziehen mich bis heute damit auf, dass ich wegen eines verlegten Autoschlüssels oder anderer kleinerer Unannehmlichkeiten in Panik geraten kann.

Gelegentlich werden einige Teilnehmer unserer Workshops durch diese Übung daran erinnert, dass sie dort, wo sie einmal eine Schwäche hatten, jetzt eine Stärke besitzen. Ein Elternteil half ihnen, die Schwäche zu überwinden. Es kann sein, dass das auch bei Ihnen so war. Lassen Sie Ihre Kindheitserinnerungen ruhig noch einmal im Hinblick auf Ihre Stärken und Schwächen bei den Exekutivfunktionen Revue passieren und vergleichen Sie Ihre Fähigkeiten mit denen Ihrer Eltern und Kinder. Das schärft Ihren Blick für Ähnlichkeiten und Unterschiede. Auf diese Weise erfahren Sie mehr über sich selbst, aber auch über die Entsprechungen zwischen Ihnen und Ihren Kindern.

Decken sich Ihre Schwächen mit denen Ihres Kindes, entstehen oft Spannungen. Ihr Kind kann nicht für Sie «einspringen» oder den negativen Auswirkungen Ihrer Schwächen entgegenwirken. Haben sowohl Sie als auch Ihr Kind ein schwaches Arbeitsgedächtnis und Probleme, Ordnung zu halten, wird es sehr schwierig sein, Zettel für die Schule oder Wadenschützer für das Fußballtraining wiederzufinden. Dasselbe wie für Eltern und Kinder gilt natürlich auch für Partner mit unterschiedlichen Profilen bei den Exekutivfunktionen. Auch sie bekommen aufgrund ihrer vorhandenen oder nicht vorhandenen Entsprechungen häufig miteinander Schwierigkeiten.

Flexibilität: Ein Gegenmittel zur fehlenden Entsprechung zwischen Eltern und Kind

Ergab die Auswertung des Fragebogens bei Ihnen eine hohe Flexibilität? In dem Fall haben Sie Glück, wenn die Muster bei den Exekutivfunktionen bei Ihnen und Ihrem Kind unterschiedlich sind. Flexibilität bedeutet, dass Sie anpassungsfähig sind. Das macht es weniger wahrscheinlich, dass Sie auf Schwächen Ihres Kindes gereizt oder verärgert reagieren – wo immer diese Schwächen auch liegen mögen.

- Nutzen Sie diesen Vorteil: Nehmen Sie sich ganz fest vor, in allen Situationen, in denen die Schwächen Ihres Kindes bei bestimmten Fertigkeiten Sie zum Wahnsinn treiben könnten, gelassen zu bleiben.
- Eine hohe Flexibilität könnte allerdings auch zur Folge haben, dass Sie bei einer Maßnahme nicht lang genug durchhalten. Damit eine bisher nur schwach ausgeprägte Fähigkeit Ihres Kindes gestärkt wird, müssen Sie die Intervention solange umsetzen, bis sie tatsächlich greift. Aber bleiben wir vorläufig beim Positiven – einverstanden?

Ausgleich einer nicht so vorteilhaften Entsprechung

Was also ist zu tun, wenn sich diese Muster zeigen? Hier einige Tipps, die dazu beitragen können, dass es in Ihrer Familie ein wenig glatter läuft:

Wenn Ihre Stärken mit den Schwächen Ihres Kindes zusammentreffen:
- *Schauen Sie, ob Sie und Ihr Kind vereinbaren können, dass es Ihre Hilfe in den Bereichen, in denen es schwach ist und Sie stark sind, akzeptiert. Auf diese Weise helfen Sie ihm, sich von seinen Schwächen nicht in Schwierigkeiten bringen zu lassen.* Sagen wir zum Beispiel, Sie seien gut im Zeitmanagement, Ihr Sohn sei es aber nicht. Er könnte akzeptieren, dass Sie ihm dabei helfen einzuschätzen, wie lange es dauern wird, den ersten Entwurf für eine Buchvorstellung zu schreiben. Mit Ihrer Hilfe kann er dann seine Zeit entsprechend einteilen. Uns ist klar, dass einige – wenn nicht gar viele – Kinder diese Art von Hilfe seitens ihrer Eltern ablehnen werden. Besonders wenn die Pubertät naht, haben sie wenig Lust, sich den Rat der Eltern zu *irgendeinem* Thema anzuhören, geschweige denn zu einem, bei dem die Eltern meinen, besser Bescheid zu wissen als sie selbst.

● *Setzen Sie Ihre Stärken kreativ ein, um Ihrem Kind zu helfen, seine Fähigkeiten zu verbessern.* Nehmen wir zum Beispiel an, Sie können gut Ordnung halten. Mit dieser Stärke können Sie Ihrem Kind wahrscheinlich besser helfen, effektive Organisationssysteme zu entwickeln (wie sie in Kapitel 16 noch ausführlicher beschrieben werden), als wenn Sie Ihrerseits eine Schwäche auf diesem Gebiet hätten. Allerdings könnte Ihr Kind, wie gesagt, Ihrer Hilfe wenig offen gegenüberstehen. Deshalb müssen Sie eventuell etwas innovativer und subtiler vorgehen. Sagen wir, Ihre Tochter sei stark künstlerisch und visuell veranlagt. Sie wissen, dass verschiedene Behältnisse, in denen man Utensilien zum Basteln und Malen aufbewahren kann, helfen können, den Überblick zu behalten. Sie könnten ihr vorschlagen, bei einem gemeinsamen Einkaufsbummel bunte Ablagekästen zu kaufen, sowie Sticker und Marker, um die Kästen zu verzieren. Vielleicht ermöglicht das Ihrer Tochter, dem Einsatz solcher Hilfsmittel gegenüber offen zu sein. Wie bereits an früherer Stelle erwähnt, ist es Mindys Vater mithilfe seiner hohen Flexibilität gelungen, seiner Tochter auf humorvolle Weise zu helfen, ihre Emotionen stärker zu regulieren. Ein Elternteil, der gut planen kann, könnte seinem Kind auf spielerische Weise helfen, eine komplexe Aufgabe zu bewältigen. Er könnte die einzelnen Arbeitsschritte jeweils auf eine Karteikarte schreiben, dann die Karten mischen und sie von dem Kind in eine logische Reihenfolge bringen lassen.

● *Erwähnen Sie ausdrücklich auch die Bereiche, in denen Sie schwach sind und Ihr Kind stark ist.* Es ist Ihnen inzwischen klar geworden, dass die Quelle Ihrer Frustration in der Tatsache begründet liegt, dass Ihr eigenes Profil sich von dem Ihres Kindes stark unterscheidet. Daher reagieren Sie weniger gereizt oder verärgert, wenn die Schwächen Ihres Kindes zutage treten. Bleiben Sie jedoch nicht an dieser Stelle stehen. Erinnern Sie sich – und Ihr Kind – immer wieder daran, wo das Kind eine Stärke hat, die Ihnen fehlt. Das wird die Stimmung heben, wenn Sie beide es am meisten brauchen. Vielleicht ist die Reaktionshemmung eine Stärke bei Ihnen und eine Schwäche bei Ihrem Sohn. Sie können die Lage entschärfen, indem Sie zugeben, dass die Flexibilität – eine ebenso wichtige Fähigkeit – bei Ihrem Sohn sehr viel stärker ausgeprägt ist als bei Ihnen: «Weißt du noch, wie wir neulich ins Kino gehen wollten und der Film, den ich sehen wollte, ausverkauft war? Ich war drauf und dran, wütend rauszugehen und frustriert nach Hause zu fahren. Da hast du einfach gesagt: ‹Warte doch mal, vielleicht gibt es einen anderen Film, den wir uns ansehen können.› Und als sich herausstellte, dass es nichts anderes gab, was wir sehen wollten, warst du derjenige, der vorgeschlagen hat, dass wir eine Runde Minigolf spielen gehen und rechtzeitig zur nächsten Vorstellung wiederkommen. Du reagierst auf solche Situationen viel besser als ich!»

Wenn Sie und Ihr Kind die gleiche Schwächen haben:

- *Arbeiten Sie daran, über gemeinsame Schwächen eher zu lachen als zu weinen.* «Was das Ordnung halten angeht, sind wir beide unterbelichtet», könnten Sie Ihrem Sohn sagen. «Wie wär's, wenn wir uns gegenseitig helfen? Das wird uns vielleicht so vorkommen, als würde ein Blinder den anderen führen, aber mehr haben wir nun einmal nicht zu bieten!»

- *Da keiner von Ihnen Überlegenheit beanspruchen kann, könnten Sie gemeinsam nach Lösungen für wiederkehrende Probleme suchen.* Vielleicht können Sie in letzter Zeit mit Ihrer 13-jährigen Tochter keine Diskussion mehr führen, ohne dass auf beiden Seiten die emotionalen Wellen hochschlagen. Was, wenn Sie sich zusammen tun und nach Möglichkeiten suchen, wie Sie einander helfen können? Sie könnten sich vornehmen, über emotional aufgeladene Themen zu sprechen, ohne dass gleich einer von Ihnen die Beherrschung verliert.

- *Ehe Sie wegen des Verhaltens Ihres Kindes entsetzt die Hände über dem Kopf zusammenschlagen, machen Sie sich Folgendes klar: «Früher hatte ich mit denselben Problemen zu kämpfen und bin trotzdem erwachsen geworden.»* Sagen Sie sich, dass auch Ihr Kind es trotz seiner Schwächen schaffen wird. Vielleicht fällt Ihnen eine Geschichte aus Ihrer Kindheit ein, die Sie Ihrem Kind erzählen können. Ich zum Beispiel (Peg) erinnere mich noch sehr deutlich, was mir meine Mutter einmal von sich erzählt hat. Ihre Brüder hätten sie mit Gewalt festhalten müssen, als meine Großmutter ihnen das Ende von «Hänsel und Gretel» vorlas. Vor Aufregung hätte meine Mutter sonst gar nicht mitbekommen, dass die Geschichte gut ausgeht. Da ich als Kind meine Gefühle schlecht kontrollieren konnte, fand ich es tröstlich zu hören, dass es meiner Mutter in ihrer Kindheit ebenso gegangen war.

- Erwägen Sie, systematischer vorzugehen, indem Sie gleichzeitig an Ihrer eigenen Schwäche und der Ihres Kindes arbeiten. Dabei könnten Sie die folgenden Schritte befolgen:
  1. Ermitteln Sie die schwach ausgeprägten Exekutivfunktionen Ihres Kindes mithilfe des entsprechenden Fragebogens aus Kapitel 2.
  2. Ermitteln Sie Ihre eigenen Schwächen mithilfe des in diesem Kapitel abgedruckten Fragebogens. Seien Sie auf jeden Fall ehrlich! Dazu kann beitragen, dass Sie sich beim Ausfüllen von Ihrem Partner oder einer anderen Person, die Sie gut kennt, unterstützen lassen.
  3. Notieren Sie zwei bis drei wiederkehrende Verhaltensweisen Ihres Kindes, die auf eine Schwäche bei einer exekutiven Funktion hinweisen, bei der auch Sie eine eher niedrige Punktzahl erzielt haben.

4. Wiederholen Sie dies auch für sich. Notieren Sie Situationen, in denen Ihre Schwäche bei der gleichen Funktion die effektive Bewältigung täglicher Aufgaben beeinträchtigt.

5. Überlegen Sie, was an diesem Verhalten andere am meisten verärgert und welche Strategie Sie einsetzen können, um das Problem zu überwinden.

6. Sprechen Sie mit Ihrem Kind über sein Verhalten und die Situationen, in denen es auftritt. Erklären Sie, dass Sie selbst ähnliche Probleme haben. Sprechen Sie darüber, dass auch Sie vorhaben, daran zu arbeiten

7. Einigen Sie sich gemeinsam auf eine Lösung für das Problem des Kindes. Vereinbaren Sie ein Stichwort, das Ihr Kind daran erinnern soll, diese Lösung auch umzusetzen.

8. Beobachten Sie das Verhalten und wenden Sie die Strategie an.

Wir empfehlen dieses Vorgehen aus verschiedenen Gründen: Erstens bestätigt das Ausfüllen der Fragebögen Ihnen beiden, dass es gemeinsame Schwächen bei den Exekutivfunktionen gibt. Zweitens hilft Ihnen die Erkenntnis, welche Situationen Ihnen beiden Probleme bereiten, die betreffende exekutive Funktion und deren Auswirkung auf Sie und Ihr Kind besser zu verstehen. Dies könnte es Ihnen erleichtern, sich in Situationen, in denen Sie bisher gereizt reagierten, besser in Ihr Kind einzufühlen. Drittens wird es leichter, für Ihr Kind eine gute Strategie zu finden, nachdem Sie bereits nach einer passenden für sich selbst gesucht haben.

Gehen wir das Ganze doch einmal am Beispiel eines Elternteils und eines Kindes durch, die beide Probleme mit der Funktion «Organisation» haben: Ellen Scott weiß, dass die Schusseligkeit ihrer 13-jährigen Tochter Amanda häufig zu Spannungen in der Familie führt. Amanda verliert ihr Hausaufgabenheft und hat dann nichts mehr, wo sie ihre aktuellen Aufgaben notieren kann. Sie lässt die fertigen Schularbeiten abends in einem unübersichtlichen Haufen auf ihrem Schreibtisch liegen, weil sie keine Lust hat, gleich den Ranzen zu packen und dafür zu sorgen, dass am nächsten Morgen auch alles Wichtige mit in die Schule kommt. Wegen der Unordnung in ihrem Zimmer kann sie nie die Kleider finden, die sie gerade unbedingt anziehen will. Von sich selbst weiß Ellen, dass sie mindestens ein- bis zweimal pro Woche ihr Handy verlegt und es partout nicht wiederfinden kann. Außerdem fällt es ihr schwer, sich daran zu erinnern, das Handy einzustecken, wenn sie morgens zur Arbeit fährt. Und dann vergisst sie immer wieder, das Telefon aufzuladen, so dass die Batterie leer ist. Daher kann sie ihr Handy selbst dann, wenn sie es bei sich hat, oft nicht benutzen.

Ellen überlegt sich als Erstes eine Strategie, die ihr dabei hilft, ihr Handy wiederzufinden. Sie stellt die Weckfunktion ihres Handys so ein, dass es kurz nach ihrer Heimkehr von der Arbeit klingelt. Das erinnert sie daran, das Telefon auf die

Aufladestation zu legen. Außerdem stellt sie für morgens kurz vor ihrer Abfahrt zur Arbeit einen weiteren Weckruf ein. Auf diese Weise denkt sie daran, das Telefon mitzunehmen.

Anschließend setzt sie sich mit Amanda zusammen, um über deren Probleme zu sprechen. Zunächst beschreibt sie ihr eigenes Problem und wie sie damit umgehen will. Dann bittet sie Amanda, eine problematische Situation zu schildern, die sie auf ähnliche Weise angehen könnte. Amanda beschließt, als Erstes dafür zu sorgen, dass sie ihr Hausaufgabenheft nicht mehr zu Hause vergisst. Sie nimmt sich vor, jeden Morgen nach dem Aufstehen ein großes, neonfarbenes Schild mit der Aufschrift «Hausaufgabenheft im Ranzen?» auf ihr Bett zu legen. Wenn sie abends das Schild sieht, will sie damit zu ihrer Schultasche gehen und nachschauen, ob das Hausaufgabenheft eingepackt ist. Gleich im Anschluss will sie dann das Schild auf den Rucksack legen, damit sie daran denkt, es am nächsten Morgen wieder auf dem Bett zu platzieren.

Wenn Überlastung die Kluft vergrößert

Wir alle wissen, dass unsere Fähigkeiten zur Bewältigung schwieriger Situationen nachlassen, wenn wir unter Stress stehen. Ein offensichtliches Beispiel: Sie mussten mitten in der Nacht aufstehen, um sich um Ihr krankes Vorschulkind zu kümmern. Dann bekam Ihre ins 2. Schuljahr gehende Tochter einen Wutanfall, kurz bevor der Schulbus kam. Das Spielzeug, das sie unbedingt zum Spielzeugtag mitnehmen wollte, war nicht mehr auffindbar. Kaum hatten Sie diese Krise halbwegs gelöst, kündigte Ihr Partner an, sein Auto müsse in die Werkstatt. Deshalb mussten Sie auf dem Weg zum Büro einen Umweg fahren und ihn bei seiner Arbeit absetzen. Als Sie schließlich an Ihrem Arbeitsplatz ankommen, sagt Ihnen Ihr Chef, ein Kunde hätte sich überraschend zu einem Besuch angemeldet, um über den Stand der Geschäftsbeziehungen zu diskutieren. Dabei wissen Sie, dass Sie mit Ihrem Pensum ohnehin schon hinterherhinken. Wenn Sie schon in guten Zeiten eine eher «kurze Lunte» (also eine schwache emotionale Regulation) haben, um wie viel schneller und heftiger explodieren Sie an einem Tag wie diesem? Bei Ihrem Chef können Sie Ihre Gefühle vielleicht gerade noch zurückzuhalten. Ihre arme Sekretärin aber könnte die ganze Wucht Ihrer Frustration zu spüren bekommen.

Während unserer jahrelangen Arbeit mit Stärken und Schwächen bei den Exekutivfunktionen haben wir Folgendes festgestellt: In Situationen, die von Stress oder Überlastung gekennzeichnet sind, kann die Fähigkeit, auf die eigenen Exekutivfunktionen zurückzugreifen, insgesamt zurückgehen. Am anfälligsten sind dabei jedoch genau die Funktionen, die von Anfang an am schwächsten waren. Wir sprechen in diesem Zusammenhang manchmal vom «schwächsten Organ» (bei jeder Erkrankung ist das ohnehin schwächste Organ für ein Versagen anfällig). Pegs Mann Dick zum Beispiel hat gelernt zu erkennen, wann sie unter besonderem Stress steht. Immer dann, wenn er ihr eine harmlose Frage stellt und sie die Antwort zwischen zusammengebissenen Zähnen hervor presst. Emotionale Regulation ist nicht ihre stärkste Seite. Sie wiederum weiß genau, wann Dick sich wieder einmal übernommen hat. Denn dann bricht seine ohnehin schwache Organisationsfunktion zusammen und in seinem Arbeitszimmer türmen sich Stapel mit Papieren, Aktenordnern und Büchern.

Wenn bei Ihnen also eine ohnehin schwache Fähigkeit noch weiter nachlässt, ist dies ein guter Hinweis darauf, dass Ihr Stresspegel steigt. Sobald Sie dies erkannt haben, können Sie sich überlegen, mithilfe welcher Systeme sich der Stress oder das Nachlassen der betreffenden Fähigkeit vermindern ließe. Dies könnte bedeuten, einen anderen Erwachsenen oder gar Ihr Kind ausnahmsweise einmal zu bitten, Ihnen vorübergehend auszuhelfen. Es könnte auch bedeuten, Ziele oder Projekte während der Zeit auf Eis zu legen, in der Sie sich darauf konzentrieren, die stressreiche Situation zu bewältigen. Zu den Projekten, die Sie unter solchen Umständen verschieben, könnte auch die Arbeit mit Ihrem Kind an seinen Exekutivfunktionen gehören. Phasen, in denen Sie mit einer Erkrankung in der Familie, finanziellen Rückschlägen oder Ehekonflikten zurechtkommen müssen, sind möglicherweise nicht der beste Zeitpunkt, um Ihrem Kind beizubringen, wie es in seinem Zimmer Ordnung halten kann. Jede Verhaltensänderung – ob bei Ihnen oder bei Ihrem Kind – ist harte Arbeit und wahrscheinlich am ehesten erfolgreich, wenn sie in eher ruhigen Phasen in Angriff genommen wird.

Außerdem sollten Sie sich auf Situationen einstellen, die Ihre Fähigkeiten, einen Plan effektiv durchzuziehen, beeinträchtigen könnten. Selbst wenn Sie keine größeren Stressfaktoren zu bewältigen haben, können solche Situationen einen Plan, die Exekutivfunktionen Ihres Kindes zu verbessern, erschweren. Ein stressreicher Tag bei der Arbeit, unzureichender Schlaf in der Nacht oder Nüchternheit vor einer medizinischen Untersuchung können Ihre Lunte weiter verkürzen oder Ihre Ungeduld mit Ihrem Kind vergrößern. In solchen Fällen sollten Sie sich innerlich darauf vorbereiten, dass es zusätzliche Arbeit von Ihrer Seite erfordern wird, ruhig zu bleiben, die Sache durchzuziehen und unbeirrt Kurs zu halten. Besonders wichtig ist dies immer dann, wenn Konsequenz gefordert ist. Dies ist zum Beispiel der Fall, wenn Sie mit Ihrem Kind daran arbeiten, auch mal ein Nein akzeptieren zu können. Es ist allemal besser, sich anzustrengen und der einmal eingeschlagenen Linie treu zu bleiben als den Versuch abzubrechen und zu beschließen, irgendwann weiterzumachen.

Manchmal kann es dennoch sinnvoll sein, den Plan vorübergehend zurückzustellen. Gehen wir beispielsweise davon aus, dass Sie und Ihre Tochter gemeinsam festgelegt haben, dass heute der Tag sein soll, an dem Sie beide ihre Hausarbeit für Physik planen. Nun könnten Sie zu der Entscheidung kommen, dass dies aufgrund unvorhergesehener Umstände kein guter Tag für dieses Vorhaben ist. Sie könnten Ihrer Tochter die Wahl zwischen zwei möglichen Lösungen überlassen: «Susie, ich fühle mich ein bisschen angeschlagen. Ich weiß, ich habe dir versprochen, dir bei der Planung für deine Hausarbeit zu helfen. Aber ich glaube nicht, dass ich das heute schaffe. Möchtest du schon mal allein anfangen und schauen, wie weit du kommst? Oder möchtest du lieber warten, bis ich dir morgen wieder besser helfen kann?» Manchmal führen solche unvorhergesehenen Umstände dazu, dass sich Kinder der veränderten Situation auf eine Art und Weise stellen, die ihre Eltern nicht für möglich gehalten hätten.

Doch nicht nur *Ihr* Stresspegel kann eine Intervention beeinträchtigen, sondern ebenso der Stress, dem Ihr Kind möglicherweise ausgesetzt ist. Welche Ereignisse können dazu beitragen, dass Ihr Kind sich gestresst fühlt? Wahrscheinlich die gleichen, die auch bei Ihnen zu Stressgefühlen führen: Wenn es zu viel zu tun gibt und zu wenig Zeit, es in Ruhe zu schaffen. Wenn von einem etwas erwartet wird, zu dem man sich nicht in der Lage fühlt. Wenn man das Gefühl hat, ungerechterweise kritisiert zu werden – besonders, wenn es dabei um etwas geht, über das man keinerlei Kontrolle zu haben meint. Wenn einen Beziehungsprobleme im Allgemeinen belasten.

Im Leben eines Kindes können beispielsweise folgende Situationen Stress erzeugen: Wenn es in mehreren Fächern besonders viele Hausaufgaben bekommen hat. Wenn es eine freie Hausarbeit schreiben soll, die ein Denken «über den Tellerrand» erforderlich macht. Wenn Ihr Sohn nachhause kommt und berichtet, sein Physiklehrer habe ihn bezichtigt, bei einem Test von einem anderen Kind abgeschrieben zu haben. Seinen Erklärungen habe der Lehrer anschließend gar nicht zugehört. Wenn Ihre Tochter Ihnen erzählt, sie habe gehört, wie Mädchen im Toilettenraum über sie geredet und sie ausgelacht hätten, weil sie im 8. Schuljahr noch so flachbrüstig sei.

All diese Geschehnisse können den Umgang mit anstehenden Aufgaben beeinträchtigen – *wie* dies geschieht, hängt allerdings davon ab, was für ein Profil das Kind bei den Exekutivfunktionen aufweist. Auch wie Sie Ihrem Kind bei der Bewältigung der Schwierigkeiten helfen können, ist von dem Profil des Kindes abhängig. Dennoch empfehlen wir im Allgemeinen, zunächst einmal das bei Ihrem Kind ausgelöste Gefühl anzuerkennen (in der Psychologie «spiegeln» genannt): «Bei dieser Menge an Hausaufgaben fühlst du dich sicher überlastet», oder: «Du musst dir ungerecht behandelt vorgekommen sein, als du gemerkt hast, dass dein Lehrer sich deine Seite der Geschichte gar nicht anhören wollte».

Die gute Nachricht lautet, dass Sie nun, da Sie die Probleme als das anerkennen, was sie sind, gezielt eingreifen können. So können Sie die Folgen mindern, die durch Überlastungen entstehen und sich auf die Fähigkeiten Ihres Kindes auswirken. Sich der Stressfaktoren bewusst zu sein, die Ihr Kind überlasten und die Kluft zwischen Fähigkeiten und Anforderungen vergrößern können, ist ein wichtiger erster Schritt. Wenn Sie Ihrem Kind helfen wollen, Exekutivfunktionen aufzubauen oder zu verbessern, müssen Sie die Entsprechung zwischen Kind und Umfeld im Auge behalten. Eltern und Lehrkräfte können das Umfeld so verändern, dass es eine gute Entsprechung gibt. Auf diese Weie hat das Kind für den Aufbau neuer Kompetenzen bestmögliche Voraussetzungen. Berührt die anstehende Aufgabe die speziellen Schwächen eines Kindes direkt, ist eine Veränderung des Umfelds besonders wichtig. Manchmal kann eine Aufgabe, die zu seinen spezifischen Fähigkeiten gar nicht passt, durch eine andere ersetzt werden. In anderen Fällen muss eine Möglichkeit gefunden werden, das Umfeld (und dazu gehören auch alle Aspekte der Aufgabe selbst) so zu verändern, dass eine gute Entsprechung entsteht. Im nächsten Kapitel wollen wir erläutern, wie dies funktionieren kann.

4 Weshalb Sie für eine gute Entsprechung von Kind und Aufgabe sorgen sollten

Carmen ist eine schüchterne 10-Jährige, die nicht sehr schlagfertig ist und sich in sozialen Situationen eher unwohl fühlt. Ihre Pfadfinderinnengruppe veranstaltet ein Fest in einem örtlichen Pflegeheim, bei dem die Mitglieder verschiedene Aufgaben übernehmen sollen. Die Leiterin der Gruppe hat Carmen gebeten, von den Heimbewohnern die Karten für die Tombola einzusammeln und die gezogenen Zahlen auszurufen. Carmen akzeptiert dies ohne Widerrede. Doch als ihre Mutter sie nach dem Treffen abholt, merkt sie, dass ihre Tochter auf der Heimfahrt ungewöhnlich still ist. Als sie fragt, ob etwas nicht stimme, sagt Carmen, es sei alles gut. Sie bleibt aber den ganzen Abend über ernst und verschlossen. Erst in ihrer gemeinsamen stillen Zeit vor dem Zubettgehen erzählt Carmen der Mutter von dem geplanten Fest. Sie gesteht ihr, dass sie die übertragene Aufgabe eigentlich nicht übernehmen will. Ihre Mutter weiß aus der Vergangenheit, dass solche Situationen bei Carmen zu Bauchschmerzen und Schlafstörungen führen können. Sie regt an, dass sie und Carmen sich überlegen, was Carmen stattdessen auf dem Fest tun könnte. Carmen spielt sehr gut Klavier und hat in letzter Zeit viele Weihnachtslieder geübt. Ihre Mutter schlägt vor, dass sie während des Festes im Hintergrund Klavier spielen könnte. Carmen gefällt diese Idee. Sie weiß, dass sie durch Üben Selbstvertrauen gewinnen kann und dass sie diese Aufgabe gut bewältigen wird. Am nächsten Tag ruft die Mutter die Leiterin der Pfadfinderinnengruppe an und erklärt ihr, dass es Carmen nervös machen würde, vor einer Gruppe zu sprechen. Sie schlägt vor, dass Carmen stattdessen Klavier spielen könnte. Die Gruppenleiterin, die von Carmens musikalischem Talent bisher noch gar nichts wusste, stimmt begeistert zu.

Im vorherigen Kapitel hatten Sie Gelegenheit herauszufinden, wie die Zusammenarbeit zwischen Ihnen und Ihrem Kind durch mögliche Entsprechungen bei den

Exekutivfunktionen beeinflusst werden kann. Sie wissen also inzwischen, warum Ihnen bestimmte Aufgaben im Umgang miteinander besonders schwer fallen. Ihnen ist bewusst, ob das so ist, weil Sie stark sind, wo Ihr Kind schwach ist, oder weil diese Aufgaben Fähigkeiten erfordern, bei denen Sie beide nicht gut sind. Dieses Wissen hilft Ihnen, den Boden für eine bessere Zusammenarbeit zu bereiten. Es öffnet die Augen für Ansätze, die Sie bisher noch nicht erwogen haben. Auf jeden Fall fördert es die Beilegung von Konflikten. Sie lernen, aus Ihren jeweiligen Stärken Nutzen zu ziehen. Auf diese Weise erhöhen Sie die Chance, dass Ihr Kind die jeweils benötigten Fertigkeiten entwickeln und praktisch üben kann.

Am Beispiel von Carmen und ihrer Mutter können Sie sehen, wie dieses Vorgehen Früchte trägt. Carmens Mutter, von ihrem Wesen her eher gesellig, hat auf die zurückhaltende Art Ihrer Tochter bisher eher ungeduldig reagiert. Inzwischen ist ihr jedoch klar, dass ihre Tochter Probleme hat, flexibel zu reagieren und ihre Emotionen zu regulieren. Daher verschwendet sie keine Zeit mehr mit dem Versuch, Carmen zu etwas zu überreden, das ihr so schwer fallen würde, dass daraus kaum etwas Positives erwachsen könnte. Stattdessen schlägt sie eine Alternative vor, die die Stärken ihrer Tochter in den Vordergrund rückt.

Weiter oben haben wir gezeigt, wie Carmens Mutter eine mangelhafte Entsprechung zwischen ihrer Tochter und der gestellten Aufgabe erkannt hat. Entsprechen sich die spezifischen Fähigkeiten des Kindes und die sich stellenden Aufgaben gut, wird das Kind die Aufgaben mit Zuversicht angehen. Mit großer Wahrscheinlichkeit wird es sie auch erfolgreich zu Ende bringen. Gibt es keine gute Entsprechung, ist die Reaktion des Kindes weniger vorhersehbar. Offene soziale Situationen lösen bei Carmen Angst und unangenehme körperliche Symptome aus. Zum Glück für Carmen handelt es sich bei der Teilnahme an der Pfadfinderinnengruppe um eine Freizeitaktivität. Dort wird vieles flexibler gehandhabt als in Situationen, in denen Kinder Leistung erbringen müssen, wie zum Beispiel in der Schule. Carmens Mutter konnte die an ihre Tochter gestellte Aufgabe so verändern, dass sich Kind und Aufgabe besser entsprachen.

Eine andere Option wäre die gewesen, dass Carmen sich ganz aus der Gestaltung des Festes ausgeklinkt hätte. Bei freiwilligen Aktivitäten ist das immer eine Alternative. Die Herausforderung besteht darin, die Vor- und Nachteile gegeneinander abzuwägen: Einerseits wollen Sie Ihrem Kind die Erfahrung ersparen, dass es bei allem versagt, was es versucht. Andererseits wollen Sie ihm nicht die Gelegenheit nehmen, an einer Aufgabe zu wachsen. Jede Aktivität ist mit der Chance verbunden, etwas dazuzulernen. Wenn Sie also eine Möglichkeit finden, wie Ihr Kind an einer Aktivität teilnehmen und sich kompetent fühlen kann, wird es diese Erfahrung mit großer Wahrscheinlichkeit zur Entwicklung neuer und/oder verbesserter Fähigkeiten der einen oder anderen Art nutzen können.

Eltern leiden oft unter der irrigen Vorstellung, dass Kinder Selbstachtung entwickeln, wenn wir sie für Eigenschaften wie Klugheit, Begabung oder Sportlichkeit loben. Lob kann tatsächlich hilfreich sein (obgleich es auch für effektives Lob Regeln gibt, die wir in Kapitel 8 noch ausführlicher besprechen werden). Trotzdem entwickeln Kinder Selbstachtung in erster Linie dadurch, dass sie Hindernisse angehen und überwinden. In je mehr Bereichen sie ihre Fähigkeiten testen, desto selbstbewusster werden sie und trauen sich eher zu, auch neue Hindernisse überwinden zu können. Zur Kunst des Elternseins gehört es, mit einer gewissen Genauigkeit voraussagen zu können, welche Aufgaben für ein Kind genau den richtigen Schwierigkeitsgrad besitzen, so dass es sie mit etwas Anstrengung auch schaffen kann.

Manchmal kann die beste Entscheidung darin bestehen, Ihr Kind von einer bestimmten Situation ganz und gar fernzuhalten. Die Bewältigung würde eine Reihe von spezifischen Fähigkeiten erfordern, die das Kind nicht besitzt. In den USA lassen deshalb beispielsweise viele Kirchen Kinder nur am Anfang am Gottesdienst teilnehmen. Sie schicken sie aus dem Gottesdienst in eine kindgerechtere Sonntagsschule, ehe ihre Aufmerksamkeitssteuerung und Impulskontrolle allzu stark nachlässt. Kluge Eltern richten die Teilnahme ihrer Kinder an Familienfeiern an dem aus, was ihre Kinder tolerieren können. Sie nehmen sich zum Beispiel für eine Hochzeit einen Babysitter, wenn die Wahrscheinlichkeit groß ist, dass ihre Kinder die Zeremonie eher stören würden. Wo es keine gute Entsprechung zwischen den Anforderungen einer Aufgabe und dem zu erwarteten Verhalten einer bestimmten Altersgruppe gibt, bieten Erwachsene am besten Alternativen an. Etwas schwieriger kann es werden, wenn Ihr Kind in seiner Entwicklung im Vergleich zu Gleichaltrigen etwas hinterherhinkt. Sie als Eltern haben die Aufgabe, hier einzugreifen und Entscheidungen zu treffen, die dazu geeignet sind, Ihr Kind zu schützen. Hier ist ein Beispiel:

Die 8-jährige Sherry ist anlässlich des Geburtstags ihrer Freundin Laura zum ersten Mal zu einer Übernachtungsparty eingeladen worden. Ihre Mutter weiß, dass der Tochter das Einschlafen ohnehin schwer fällt. Es muss immer ein Licht an bleiben und nachts macht sich Sherry Sorgen wegen irgendwelcher seltsamen Geräusche. Häufig wacht sie mitten in der Nacht auf und kommt ins Schlafzimmer der Eltern, nur um sich zu vergewissern, ob sie noch da sind. Sherrys Eltern haben mit ihr daran gearbeitet und auch schon eine gewisse Verbesserung festgestellt. Sie glauben aber nicht, dass sie schon ohne Probleme an einer Übernachtungsparty in einem fremden Haus teilnehmen kann. Sherrys Mutter ruft Lauras Mutter an und erklärt die Situation. Sherry sagt sie später, dass sie zu der Party gehen dürfe, zum Schlafengehen aber nachhause kommen müsse. Denn sie würden am nächsten Morgen zu einem Ausflug aufbrechen, an dem Sherry teilnehmen solle. Sherry hat sich auf die Party gefreut. Doch ihre Mutter merkt, dass sie erleichtert ist. Es beruhigt Sherry zu hören, dass sie nicht die Nacht dort verbringen muss.

Leider lassen sich nicht alle Aufgaben oder Situationen, denen sich Ihr Kind gegenübergestellt sieht, so verändern, dass sie zu seinen Exekutivfunktionen passen. In der Schule geforderte Leistungen sind dafür sicherlich ein gutes Beispiel.

> Der 10-jährige Roger hasst das Schreiben. Seine Handschrift ist schlecht, beim Führen des Stiftes kommt er nur langsam und mühsam voran und es fällt ihm nie etwas ein, worüber er schreiben könnte. Das letztgenannte Problem ist für ihn das schlimmste! Er sitzt da, starrt das leere Papier an und fühlt sich hilflos. Die Frustration staut sich in ihm immer stärker an, bis er explodiert. «Ich kann diese blöden Hausaufgaben nicht machen!», schreit er seine Mutter ein. «Ich verstehe nicht, warum Mrs. Carson immer will, dass wir was schreiben. Ich mache das nicht und du kannst mich nicht dazu zwingen!» Er zerknüllt das Papier, schmeißt seinen Stift an die Wand und stürmt hinaus in sein Zimmer. Die Mutter wirft ratlos die Hände in die Luft. *Wieso verhält sich Roger so?*», fragt sie sich verzweifelt. Als sie der Lehrerin von seinem Verhalten erzählt, ist diese erstaunt. In der Schule würde Roger sich nie so verhalten, sagt die Lehrerin. Sie räumt aber ein, dass er bei Schreibaufgaben oft trödelt. Am Ende müsste sie ihn mit dem Auftrag, sie am Nachmittag fertigzustellen, nach Hause schicken.

Auch Roger hat Probleme mit der Flexibilität und der emotionalen Regulation. (Gleichzeitig sind seine metakognitiven Fähigkeiten schwach ausgeprägt. Was bedeutet, dass er Probleme damit hat, für das anstehende Problem eine vernünftige Lösung zu finden.) Die ihm gestellte Aufgabe berührt alle seine Schwächen bei den Exekutivfunktionen. Rogers Mutter kann jedoch nicht wie Carmens Mutter einfach versuchen, für ihn eine alternative Aufgabe zu finden. Denn in Rogers Fall geht es um die Schule. Seine Defizite machen es ihm schwer, wichtige schulische Leistungen zu erbringen Es gilt daher zu überlegen, wie man die Schreibaufgabe so verändern kann, dass sie für ihn leichter zu meistern ist. Die gute Nachricht lautet, dass es in der Regel viel mehr Möglichkeiten gibt, als dies auf den ersten Blick erscheinen mag:

- Rogers Mutter könnte mit ihrem Sohn über das anstehende Thema sprechen, ehe er mit dem Schreiben beginnt. Auf diese Weise könnte sie ihm helfen, Ideen zu entwickeln und seine Gedanken zu ordnen.
- Sie könnte ihn den Text diktieren lassen, um die manuelle Mühe des Schreibens vorerst auszuklammern.

- Vielleicht wäre die Lehrerin aber auch bereit, die Aufgaben zu reduzieren. Sie könnte ihm beispielsweise erlauben, zwei Sätze statt einen ganzen Absatz oder nur einen statt zwei Absätze zu schreiben.

Dies sind nur einige wenige der sich bietenden Alternativen. Rogers Mutter und seiner Lehrerin könnten noch andere Möglichkeiten einfallen, wenn sie es sich zur Aufgabe machen würden, das Problem zu lösen. Wenn ihre Lösungen aber wirklich effektiv sein sollen, müssen sie genau wissen, womit sie es zu tun haben. Sie müssen sich die Aufgabe, das Umfeld, in der sie gemeistert werden soll, und die Fähigkeiten des Kindes ganz genau anschauen:

1. *Wenn Sie wissen, dass Ihr Kind bei bestimmten Exekutivfunktionen Schwächen hat, sollten Sie besonders auf die emotionalen und im Verhalten sichtbaren Reaktionen des Kindes auf gestellte Aufgaben achten.* Carmen konnte der Leiterin ihrer Pfadfinderinnengruppe nicht von sich aus widersprechen und ihr sagen, dass sie die gestellte Aufgabe nicht übernehmen wollte. Nicht einmal ihrer Mutter wollte sie es gleich sagen. Erst in der gemeinsamen stillen Zeit vor dem Zubettgehen – einem allabendlichen Ritual, bei dem sie gewohnt war, ihrer Mutter ihre tiefsten Gedanken anzuvertrauen –, war sie bereit, ihr die Sache zu gestehen. Und auch Roger handelte zuhause ganz anders als in der Schule. Im Kreis seiner Klassenkameraden wäre ihm ein Wutanfall, wie er ihn zuhause regelmäßig bekam, nur peinlich gewesen. Wenn Carmens Mutter die leichte Verhaltensänderung auf dem Rückweg vom Pfadfinderinnentreffen nicht beachtet hätte, wäre die Tatsache, dass bei dem Treffen etwas nicht gut gelaufen war, unbemerkt geblieben. Sie hätte nicht erfahren, dass Carmen um etwas gebeten worden war, das ihr äußerst schwer fiel. Am Ende hätte Carmen vielleicht eine sehr unangenehme Erfahrung gemacht – mit den bereits erwähnten problematischen Begleiterscheinungen. Es wäre denkbar, dass Rogers Mutter lediglich angenommen hätte, ihr Sohn sei rebellisch und wolle nur versuchen, sich um die Hausaufgaben zu drücken. So hätte sie möglicherweise nie erfahren, wie schwer er sich mit dem Schreiben tut. Denn die Lehrerin in der Schule hatte kein grundlegendes Problem bemerkt. Je länger das Problem unausgesprochen geblieben wäre, desto schwerer wäre Roger das Schreiben gefallen – und desto entschlossener hätte er alle Situationen gemieden, in denen es ums Schreiben ging.

2. *Wenn Ihr Kind eine Aufgabe vermeidet, erwägen Sie die Möglichkeit, dass es sie nicht meistern kann.* Kinder reagieren auf schwierige Aufgaben mit einer großen Bandbreite unterschiedlicher emotionaler Reaktionen und Verhaltensweisen. Diese signalisieren nicht immer unmittelbar, dass sie die gestellten Anforderun-

gen nicht erfüllen *können*. Carmen neigt zu Rückzug und Bauchschmerzen. Roger lässt seine Wut heraus. Andere Kinder, denen das Schreiben schwer fällt, sind Meister der Vermeidung. Sie stehen auf, um ihre Bleistifte zu spitzen, trödeln endlos beim Aufschlagen ihrer Bücher und erfinden jede denkbare Ausrede, um irgendetwas anderes tun zu dürfen. Manche versuchen, jemanden aus ihrer Klasse, ihre Geschwister, einen Lehrer oder ein Elternteil in ein Gespräch zu verwickeln. Andere lassen sich von allem ablenken, was in ihrer unmittelbaren Umgebung vor sich geht. Sie können albern kichern, trotzig schweigen oder über Müdigkeit klagen (mühevolle Aufgaben lösen bei manchen Kindern tatsächlich Erschöpfung aus). All dies tun Kinder, anstatt zu sagen: «Ich weiß nicht, wie ich das machen soll.»

Natürlich gibt es auch Kinder, die ganz offen zugeben, dass sie nicht wissen, wie sie eine Aufgabe lösen sollen. Allzu oft lautet die Reaktion der Eltern oder Lehrkräfte auf dieses Bekenntnis jedoch: «*Natürlich* weißt du, wie du das machen sollst. Das ist doch ganz *einfach*!» Dies hat leider den Effekt, dass sich das Kind noch «dümmer» vorkommt. Schließlich hat man ihm gerade gesagt, dass eine Aufgabe, die es nicht meistern kann, in Wirklichkeit einfach ist. Falls Sie Ihrem Kind auch schon einmal diese Antwort gegeben haben, fragen Sie sich, wann das der Fall war. Um welche Art von Aufgaben ging es? Handelte es sich um Aufgaben, die Fähigkeiten erforderten, bei denen Sie stark sind, Ihr Kind aber schwach? Dann sollten Sie die oben zitierte Aussage als ein Signal begreifen. Sobald sie merken, dass sie Ihnen auf der Zunge liegt, sollten Sie sich die Aufgabe genauer anschauen und überlegen, warum Ihr Kind nicht damit zurechtkommt. Es ist die Aufgabe der Erwachsenen (besonders der Eltern und der Lehrer) herauszufinden, was zu der Reaktion des Kindes führte. Nur so können sie das Verhalten des Kindes verstehen und den Hindernissen, die dazu geführt haben, auf die Spur kommen.

3. *Finden Sie heraus, welche Exekutivfunktionen für die Erfüllung der anstehenden Aufgabe erforderlich sind. Fragen Sie sich, ob Ihr Kind diese Funktionen besitzt.* Natürlich brauchen Sie nicht jede Aufgabe, häusliche Pflicht oder Schularbeit, die Ihr Kind erledigen muss, zu hinterfragen. Verweigert sich Ihr Kind jedoch einer besonderen Aufgabe oder Aktivität, ist es sinnvoll zu überlegen, ob diese Verweigerung zum Teil auf eine schlechte Entsprechung zwischen Aufgabe und den Fähigkeiten Ihres Kindes zurückgeht. Mithilfe des Fragebogens in Kapitel 2 haben Sie herausgefunden, wo die Schwächen Ihres Kindes liegen. Deshalb können Sie nun feststellen, ob die Aufgabe, vor der Ihr Kind scheut, mit einer dieser schwachen Funktionen zusammenhängt. Alternativ könnten Sie die Liste der Exekutivfunktionen durchgehen und alle ankreuzen, die bei der vorliegenden Aufgabe eine Rolle spielen.

Nehmen wir als Beispiel das Aufräumen des Kinderzimmers – eine Tätigkeit, die so gut wie alle Eltern von ihren Kindern erwarten. Schaut man sich jedoch die dafür nötigen Fertigkeiten an, wird schnell klar, dass es viele Möglichkeiten gibt, wie ein Kind mit schwachen Exekutivfunktionen dabei ins Stolpern geraten kann. Damit Kinder selbstständig aufräumen können, sind mindestens folgende Exekutivfunktionen erforderlich:

- Initiieren von Handlungen – das Kind muss in der Lage sein, die Aufgabe ohne Ermahnung zu beginnen.
- Aufmerksamkeitssteuerung – das Kind muss in der Lage sein, lang genug bei der Aufgabe zu bleiben, um sie auch fertig zu stellen.
- Planen/Setzen von Prioritäten – das Kind muss einen Plan entwerfen und Entscheidungen darüber treffen, was wichtig ist und was nicht (zum Beispiel was aufgehoben und was weggeworfen werden soll).
- Organisation – das Kind muss sein Zimmer so eingerichtet haben, dass alles einen Platz hat, wo es hingehört.

Erfordert eine Aufgabe mehrere Exekutivfunktionen, können Sie davon ausgehen, dass die «Sollbruchstelle» bei einer schwachen Funktion liegt. Aufgrund dieser Erkenntnis könnten Sie überlegen, wie sich die schwache Funktion umgehen ließe. Ist das Initiieren von Handlungen das Problem, einigen Sie sich mit Ihrem Kind auf einen Zeitpunkt, zu dem das Zimmer aufgeräumt werden soll. Außerdem legen Sie eine Gedächtnisstütze fest, die Ihrem Kind helfen wird, rechtzeitig daran zu denken. Liegt die Schwierigkeit bei der Aufmerksamkeitssteuerung, könnten Sie das Aufräumen des Zimmers gemeinsam mit Ihrem Kind in kleinere Teilaufgaben unterteilen. Sie könnten gemeinsam einen Plan aufstellen, wann welche Teilaufgabe erledigt werden soll. Fällt Ihrem Kind das Planen schwer, könnten Sie sich mit Ihrem Kind zusammensetzen, alle nötigen Schritte aufschreiben und daraus eine Checkliste machen. Wirft schließlich die Organisation Probleme auf, könnten Sie Ihrem Kind helfen, sein Zimmer in verschiedene Bereiche aufzuteilen. Auf diese Weise fällt es ihm leichter, seine Sachen an den richtigen Platz zu räumen. Diese Beispiele gehören genau zu den Dingen, die Sie in Teil III dieses Buches lernen werden.

4. Überlegen Sie, ob irgendein Aspekt des Umfelds die Aufgabe für Ihr Kind schwieriger macht. Bei Kindern und Jugendlichen mit schwachen oder sich gerade erst entwickelnden Exekutivfunktionen können schon relativ kleine Störungen im Umfeld hemmend wirken. Dazu gehören beispielsweise Ablenkungen durch einen im Hintergrund laufenden Fernseher oder ein interessantes Gespräch, dem man lauschen könnte. Auf manche Kinder wirkt es auch äußerst störend, wenn sie beim Ausführen einer schwierigen Aufgabe beobachtet werden – besonders, wenn sie das Gefühl haben, dass dies mit einer Beurteilung verbunden ist. Bei einem Kind, das ohnehin nur schwer zum Klavierüben zu bekommen ist, sollten Sie sich deshalb während des Übens in jedem Fall mit «guten Ratschlägen» zurückhalten.

Andererseits kann es auch nachteilig sein, ein Kind bei der Ausführung einer Aufgabe komplett allein zu lassen. Kinder mit schwacher Aufmerksamkeitssteuerung sind zum Beispiel anfällig für (innere wie äußere) Ablenkungen. Kinder mit Problemen beim Planen oder unflexible Kinder wissen allein möglicherweise nicht, wie sie mit einer Aufgabe beginnen oder nach einer Pause fortfahren sollen. Vor allem bei offenen Aufgaben, bei denen eine Vielzahl möglicher Wege und Lösungen zur Auswahl steht, kann dies zum Problem werden. Beim Erledigen einer Aufgabe allein gelassen zu werden, lässt die Anforderungen bei vielen Kindern überwältigend groß erscheinen. Ihrem Eindruck nach besteht die Aufgabe aus zu vielen unübersichtlichen Schritten. Oder sie denken, sie würde zu lange dauern. Wenn sie niemand bestärkt oder ihnen ein positives Feedback gibt, werden sie rasch mutlos und geben auf.

Möglicherweise sind Sie auch verblüfft, dass Ihr Kind eine bestimmte Fertigkeit in einer Situation effektiv einsetzen kann, dies in einer anderen aber nicht schafft. Manchmal sorgt das Ausmaß der vorgegebenen Struktur für den entscheidenden Unterschied. So könnte es zum Beispiel sein, dass ein Kind eine Schreibaufgabe in der Schule gut erledigen kann. Dort ist es von anderen Kindern umgeben, die ebenfalls schreiben. Es weiß, dass der Lehrer ein Auge auf es hat. Der schaut nämlich gelegentlich nach, wie weit es gekommen ist, oder hilft mit einem Vorschlag, wenn es nicht weiter weiß. Zuhause ist es womöglich nicht in der Lage, eine ähnliche Schreibaufgabe zu erledigen. Denn dort wird es weniger intensiv beaufsichtigt. Es hat das Gefühl, sich nicht unbedingt darauf verlassen zu können, dass seine Mutter oder sein Vater ihm helfen kann, wenn es mit dem Schreiben mal nicht weiter geht. Wenn Sie herausfinden, welche Faktoren in einer Situation zum Erfolg oder in einer anderen zum Misserfolg beitragen, könnten Sie die Umgebung so gestalten, dass der Erfolg wahrscheinlicher wird.

Ein sehr wichtiger Faktor, der mit darüber bestimmt, wie gut ein Kind seine speziellen Fähigkeiten einsetzen kann, ist das Ausmaß des Interesses, das es der gestellten Aufgabe entgegenbringt. Wie stark das Kind motiviert ist, die Aufgabe mit Erfolg zum Ende zu bringen, spielt keine geringe Rolle. Kinder, die regelmäßig vergessen, ihre Hausaufgaben mit in die Schule zu nehmen, haben vielleicht keine Probleme damit, eine CD mitzubringen. Nur ist die CD nicht für die Schule gedacht, sondern einem Freund im Tausch gegen eine andere CD versprochen worden. Es gibt Kinder, die vergessen, sich in der letzten Stunde vor einer Klassenarbeit im Matheunterricht noch einmal die Aufgaben erklären zu lassen, die sie nicht verstanden haben. Dieselben Kinder können sich problemlos daran erinnern, für welchen Tag ein Elternteil ihnen versprochen hat, nach der Schule zu einem Einkaufszentrum zu fahren. Denn die Eltern haben ihnen versprochen, einen Gutschein einzulösen, den sie geschenkt bekommen haben. Falls Sie Ihr Kind in diesen Beschreibungen wiedererkennen, bedeutet dies nicht unbedingt, dass sein Arbeitsgedächtnis schlecht ausgebildet ist. Es bedeutet lediglich, dass ihm die Extraportion Motivation fehlt, um sein Arbeitsgedächtnis zu aktivieren. Wenn Sie wissen, dass Ihr Kind bestimmte Fähigkeiten bei ausreichender Motivation durchaus effektiv einsetzen kann, könnten Sie nach Möglichkeiten suchen, anstehende Aufgaben mit motivierenden Faktoren zu verbinden. Auf diese Weise könnten Sie Ihr Kind dazu verlocken, die für eine schwierigere Aufgabe nötige Mühe auch tatsächlich aufzubringen. So setzt es auch diejenigen Fähigkeiten ein, die ihm in der Regel nicht so leicht von der Hand gehen.

In Kapitel 6 werden wir all die Umweltfaktoren noch ausführlicher beschreiben, die Kinder davon abhalten können, bestimmte Fähigkeiten einzusetzen. Wir werden Vorschläge machen, wie Sie diese Faktoren so verändern können, dass sie Ihrem Kind zum Erfolg verhelfen. In Kapitel 8 wird es darum gehen, wie sich Kinder motivieren lassen, schwache Funktionen einzusetzen und weiterzuentwickeln.

5. *Wenn Ihr Kind eine Aufgabe manchmal, aber nicht immer ausführen kann, deutet dies meist darauf hin, dass Sie eine Schwäche bei den Exekutivfunktionen aufgespürt haben.* Es macht einen großen Unterschied, ob man eine Aufgabe nur einmal oder auch kontinuierlich bewältigen kann. Wenn Sie selbst Probleme mit der Funktion «Organisation» haben, wird Ihnen dies sofort einleuchten, wenn es darum geht, den eigenen Schreibtisch sauber und ordentlich zu halten. Natürlich sind Sie in der Lage, Ihren Schreibtisch aufzuräumen. *Sie wissen, wie das geht.* Sie brauchen nur zu entscheiden, welche Gegenstände Sie auf Ihrem Schreibtisch lassen wollen. Alles andere räumen Sie nach und nach ab und überlegen, was Sie sinnvollerweise damit tun könnten (wegwerfen, abheften, zur Erledigung vormerken, es jemand anderem zur Erledigung geben und so weiter). Stellen Sie sich nun aber einmal vor, wie viel schwieriger es ist, den Schreibtisch tagein tagaus *in einem ordentlichen Zustand zu halten.* Dies ist es, was Kindern so oft zu schaffen macht, wenn sie es mit Aufgaben zu tun haben, die ihre Schwächen bei bestimmten Fertigkeiten offenbaren: Sie wissen möglicherweise durchaus, was sie tun müssten – dies jedoch ständig zu tun, Tag für Tag, solange ihre Eltern oder ihre Lehrer dies von ihnen verlangen, das ist eine ganz andere Geschichte!

Wenn Sie mit Ihrem Kind Situationen wie diesen begegnen, stehen Ihnen mehrere Optionen offen. Sie können versuchen, den Überblick zu behalten, damit das

Ganze nicht aus dem Ruder läuft. Bei einem Kind mit Problemen bei der «Organisation» könnte dies zum Beispiel bedeuten, jeden Abend zehn Minuten damit zu verbringen, Spielsachen zur Seite zu räumen. Denn wenn Sie bis zum Wochenende warten, ist das Chaos noch viel größer. Nehmen wir als weiteres Beispiel ein Kind mit Zeitmanagement-Problemen. Das Kind meint, ein Projekt in 30 Minuten erledigen zu können. Sie aber wissen, dass es mehrere Stunden dauern wird. Solch einem Kind könnten Sie einen festen Plan auferlegen.

In manchen Fällen jedoch könnte es für Sie am besten sein, sich auf das «Wesentliche» zu beschränken. Dies kann bedeuten, dass Sie die Dinge auch einmal schleifen lassen. Sie können zum Beispiel erlauben, das Aufräumen an einem Abend einfach einmal auszulassen, wenn Ihr Kind von den vielen Hausaufgaben erschöpft ist oder ein besonders anstrengendes Sporttraining hinter sich hat. Kinder, die Probleme mit der emotionalen Regulation haben, sind besonders anfällig für Stress. Dieser erschwert nicht nur den Umgang mit ihren Emotionen, sondern wirkt sich insgesamt auf ihre Fähigkeit, Exekutivfunktionen einzusetzen, hemmend aus. Müdigkeit, Hunger, Überreizung, ein schlechter Tag in der Schule, eine unerwartete Planänderung oder andere Stressfaktoren können ihre Fähigkeit, Ressourcen zu mobilisieren und Exekutivfunktionen zum Einsatz zu bringen, stark beeinträchtigen. Ein spontanes Eingreifen der Eltern kann erforderlich sein, um ihnen zu helfen, ihr Verhalten zu regulieren. Wenn Sie allerdings merken, dass Sie die Dinge allzu häufig schleifen lassen, sollten Sie überlegen, ob Sie die «Auslöser», die Ihr Kind aus der Bahn werfen, irgendwie reduzieren können. Es ist wahrscheinlich besser, die Anforderungen zu reduzieren als das Kind ganz aus der Verantwortung zu nehmen. Anstatt das Zimmer zehn Minuten lang aufzuräumen, könnte dies zum Beispiel bedeuten, nur die Legosteine einzupacken und die anderen Sachen für den nächsten Tag liegen zu lassen.

6. *Wenn Ihr Kind eine Aufgabe gut geschafft hat, überlegen Sie, was den Erfolg ermöglicht hat.* Vielleicht erinnern Sie sich an Situationen, in denen Sie etwas gesagt haben wie: «Du hast doch letztes Mal auch schon geklagt, als du das machen musstest. Dann hast du es aber doch geschafft. Also hör auf zu jammern und mach dich an die Arbeit.» Bei einer solchen Aussage haben Sie möglicherweise einige wichtige Faktoren übersehen: Wie viel und welche Art von Unterstützung haben Sie Ihrem Kind beim letzten Mal gegeben, sodass es die Aufgabe erfolgreich bewältigen konnte? Möglicherweise haben Sie einiges unternommen, um die Aufgabe für Ihr Kind einfacher zu machen, ohne es bewusst zu merken:

- Haben Sie mit dem Kind durchgesprochen, was zu tun ist, ehe es mit der Aufgabe begann? (Wir nennen dies «Starthilfe geben».)
- Haben Sie die Aufgabe für Ihr Kind in mehrere Teilaufgaben unterteilt?

- Haben Sie Ihrem Kind erlaubt, jeweils fünf Minuten zu arbeiten und dann eine Pause einzulegen?

Dies sind nur einige Möglichkeiten. Wenn es Sie verwirrt, dass Ihr Kind eine bestimmte Aufgabe nicht kontinuierlich bewältigen kann, schauen Sie sich genau an, unter welchen Bedingungen es erfolgreich war oder gescheitert ist. Möglicherweise hilft es Ihnen, die jeweils beteiligten Umweltfaktoren in zwei Spalten zu notieren, um durch einen Vergleich herauszufinden, wo der Schlüssel zum Erfolg liegen könnte.

7. *Wenn das Kind über alle speziellen Fähigkeiten zu verfügen scheint, die es für die Bewältigung einer Aufgabe braucht, liegt das Problem vielleicht darin, dass es sich den Erfolg nicht zutraut.* Es gibt noch eine weitere wichtige Variable, die dafür maßgeblich ist, ob es zu einer guten Entsprechung kommt: die eigene Einschätzung des Kindes von seiner Fähigkeit, die anstehende Aufgabe erfolgreich zu meistern. Sie haben die Aufgabe eingehend geprüft. Außerdem haben Sie sich die dafür erforderlichen Funktionen angesehen und mit den Stärken und Schwächen Ihres Kindes verglichen. Schließlich haben Sie sich auch das Umfeld angeschaut, in der die Aufgabe ausgeführt werden muss. Dennoch wissen Sie noch immer nicht, warum Ihr Kind mit der anstehenden Aufgabe nicht zurechtkommt. Könnte schlicht ein Mangel an Selbstvertrauen seitens des Kindes verantwortlich sein? Kindern kann es aus einer ganzen Reihe von Gründen an Selbstvertrauen fehlen:

- Die Aufgabe erscheint ihnen zu groß und unübersichtlich. Sie können deshalb nicht einschätzen, ob sie die zur Bewältigung nötigen Einzelschritte auch wirklich vollbringen können.
- Sie haben bereits so viel anderes versucht und dabei versagt, dass sie die anstehende Aufgabe in dieselbe Kategorie einordnen und davon ausgehen, dass sie auch hier scheitern werden.
- Ihre Bemühungen sind in der Vergangenheit auf Kritik gestoßen und sie wollen nicht riskieren, dass dies wieder geschieht. Dies gilt in besonderem Maße für Kinder mit perfektionistischen Tendenzen (die häufig wiederum perfektionistische Eltern haben). Denn unabhängig davon, wie gut sie eine Aufgabe ausführen – die eigenen Ansprüche oder vermeintlichen Erwartungen der Menschen, die sie zufrieden stellen oder beeindrucken möchten, wird dies nie erfüllen.
- Irgendjemand ist immer für sie eingesprungen und hat sie gerettet, sobald ihnen eine Schwierigkeit begegnete. Deshalb haben sie nie gelernt, dass sie Hindernisse auch aus eigener Kraft (oder mit nur geringer Hilfe) überwinden können.

Manchmal liegt eine Aufgabe eindeutig im Kompetenzbereich eines Kindes und trotzdem gibt es Probleme. Denn das Kind glaubt nicht, dass es die Aufgabe erfolgreich ausführen kann. Daher greift es aller Wahrscheinlichkeit nach zu den gleichen Ausweichmanövern, zu denen es bei einer Aufgabe Zuflucht nehmen würde, die tatsächlich zu schwer für es wäre. Zum Glück können Sie beides auf die gleiche Weise umgehen: Sie können die Aufgabe gerade so weit verändern, dass das Kind, sofern dessen Kompetenzen die Aufgabe tatsächlich abdecken, ein rasches Erfolgserlebnis hat. Die Probleme geben sich schneller, solange das Kind seine Fortschritte sieht und positives Feedback von anderen bekommt.

Eine gute Möglichkeit des Umgangs mit solchen Situationen besteht in vielen Fällen darin, dem Kind dabei zu helfen, mit der Aufgabe erst einmal anzufangen. Sie sollten ihm versichern, dass Sie *nicht zulassen werden, dass es damit scheitern wird*. Bei Bedarf würden Sie ihm unterstützend zur Seite stehen. Der Vergleich mit dem ersten Fahrradfahren nach dem Abmontieren der Stützräder hat sich hier als hilfreich erwiesen. Erklären Sie Ihrem Kind, dass Sie ihm genauso helfen werden wie damals. Sie haben hinten das Fahrrad festgehalten, um ihm dabei zu helfen, das Gleichgewicht zu halten. Das haben Sie solange getan, bis es Ihnen gesagt hat, Sie könnten jetzt loslassen. Ist die Aufgabe tatsächlich lösbar für Ihr Kind, müsste diese Versicherung ausreichen. Ihr Kind wird Ihnen bald sagen, dass Sie «loslassen» können. Dieser Ansatz kann besonders nützlich sein, wenn Kinder Hausaufgaben bekommen haben, von denen sie meinen, dass sie für sie nicht lösbar sind. Geben Sie «Starthilfe», bringen Sie bei Bedarf kleine Hinweise ein, ermutigen Sie es hin und wieder freundlich und loben Sie es dafür, dabei zu bleiben und sich Mühe zu geben. Größere Unterstützung brauchen Sie nur zu geben, wenn das Kind entmutigt wirkt oder auf ein vermeintlich unüberwindliches Hindernis stößt.

Das Angebot, eine als problematisch empfundene Situation gemeinsam durchzuspielen und praktisch zu üben, ist eine weitere Hilfestellung, durch die Ihr Kind Selbstvertrauen gewinnen kann. Vielleicht will Ihr Sohn zum Beispiel einen Freund anrufen und zu sich einladen. Er weiß aber nicht so recht, wie er dies anstellen soll. Überlegen Sie vorher ein paar Stichwörter und gehen Sie die Situation in einem kleinen Rollenspiel gemeinsam durch. Das Rollenspiel proben Sie solange, bis Ihr Sohn sich sicher genug fühlt, um den Anruf zu tätigen. Beziehen Sie auch verschiedene Eventualitäten in Ihre Übung ein (zum Beispiel, wie Ihr Sohn reagieren kann, wenn der Freund die Einladung aus verschiedenen Gründen ablehnt), so dass Ihr Kind auf möglichst viele Alternativen vorbereitet ist.

Wie auch immer es im Detail aussehen mag – besteht eine schlechte Entsprechung zwischen Aufgabe, Umfeld und dem Profil des Kindes bei den Exekutivfunktionen, versucht das Kind, Kontrolle über die Situation zu gewinnen. Das heißt, es entzieht sich der Situation oder vermeidet sie tunlichst. In den oben beschriebenen Fällen reagierten Carmen und Roger mit einem Rückzug aus der Situation. Ein Kind mit Asperger-Syndrom[1], das unflexibel ist und Probleme mit lockeren Gesprächen hat, gestaltet die Situation so um, dass sie zu seinen Fähigkeiten passt. Es dominiert das Gespräch mit Ausführungen zu seinen eigenen Interessensgebieten. Unflexible Kinder ohne Asperger-Syndrom haben manchmal ebenfalls dieses Problem. Sie versuchen, es auf die gleiche Weise für sich zu lösen. Kinder mit einer schwachen emotionalen Regulation oder Impulskontrolle wiederum haben oft Schwierigkeiten mit Situationen, in denen um sie herum zu viel los ist. Sie gehen dann einfach hinaus oder ziehen sich in eine stille Ecke zurück. Pegs jüngster Sohn hat sich im Vorschulalter stets komplett daneben benommen, wenn seine Freunde zum Spielen kamen und zu lange blieben. Er wusste nicht, wie er ihnen sagen sollte, dass sie jetzt gehen sollten. Aber er war sich sicher, dass sie sein Verhalten richtig deuten und sie nach Hause schicken würde. In Teil II erläutern wir eine Reihe von Bedingungen, die Sie verstehen müssen, um Anpassungen im Sinne einer verbesserten Entsprechung zwischen Ihrem Kind und den von ihm zu lösenden Aufgaben vornehmen zu können.

---

1 «Asperger-Störung» ist die von der American Psychiatric Association im Diagnostischen und Statistischen Manual Psychischer Störungen (DSM-IV) bevorzugte Bezeichnung. «Asperger-Syndrom» ist jedoch gebräuchlicher, deshalb benutzen wir diesen Begriff auch hier.

Teil II
Hilfreiche Grundlagen schaffen

5 Wie Sie die Exekutivfunktionen Ihres Kindes verbessern können: zehn Prinzipien

Inzwischen sollten Sie eine ziemlich gute Vorstellung davon gewonnen haben, wie wichtig Exekutivfunktionen für die Fähigkeit eines Kindes sind, den für sein Alter typischen Anforderungen gerecht zu werden. Wahrscheinlich haben Sie ein klareres Bild davon, wo die Stärken und Schwächen Ihres Kindes liegen und warum Ihr Kind mit bestimmten Aufgaben Probleme hat, andere dagegen mit Bravour besteht. Sie haben vielleicht auch schon einige Ideen, wie Sie die Stärken Ihres Kindes nutzen können, damit es sich so klug verhält, wie es tatsächlich ist – und weniger chaotisch wirkt. Und wir machen jede Wette, dass der Konfliktpegel auch schon ein wenig gesunken ist. Sie wissen jetzt, wie Sie die Entsprechung zwischen Ihnen und Ihrem Kind vergrößern und die unvermeidliche Kluft überbrücken können.

In diesem Kapitel haben wir all dies in zehn Prinzipien zusammengefasst. Sie sollen Ihnen als Anleitungen dienen, wie Sie Ihrem Kind helfen können, zu wachsen und sich weiter zu entwickeln. Sie können sie verwenden, um die in Teil III dargelegten Strategien auf Ihre ganz besonderen Lebensumstände und die Charakteristika Ihres Kindes anzuwenden. Sie können sie aber auch nutzen, um eigene Strategien zu entwerfen. Es sind die «Regeln», die Ihrem Kind helfen Aufgaben zu bewältigen, die ihm derzeit noch unlösbar erscheinen. Sie stärken die Exekutivfunktionen, in denen Ihr Kind noch Defizite aufweist. Außerdem ermutigen sie Ihr Kind, spezielle Fähigkeiten bewusst einzusetzen und zu üben, um sein Potenzial in diesen Bereichen besser zu entfalten. Nach einer ersten Zusammenfassung werden die wichtigsten Prinzipien in weiteren Kapiteln dann noch ausführlicher erklärt.

1. *Lehren* Sie Ihr Kind unzureichend ausgeprägte Funktionen, anstatt darauf zu warten, dass es sie durch Beobachtung oder Osmose von selbst entwickelt.

Allem Anschein nach besitzen manche Kinder eine natürliche Fähigkeit, Exekutivfunktionen effektiv einzusetzen. Andere hingegen geraten ins Stolpern und haben sehr zu kämpfen, wenn sie auf sich allein gestellt sind. Offenbar ist dies nicht viel anders als beim Erwerb anderer Fähigkeiten, wie beispielsweise dem Lesen lernen. Ein kleiner Prozentsatz von Kindern bringt sich selbst das Lesen bei, während die große Mehrheit regelrechten Unterricht braucht. Ein weiterer kleiner Prozentsatz erlernt das Lesen trotz Schulunterricht nur langsam und mit großer Mühe. Viele Eltern und Lehrkräfte fördern die Entwicklung exekutiver Funktionen durch das, was die Psychologie «beiläufiges Lernen» nennt. Da heißt: Sie bieten lockere Strukturen, Vorbilder und nur gelegentliche gezielte Hinweise an. In vielen Fällen ist das auch alles, was für das Lernen nötig ist. Das *war* jedenfalls alles, was dafür nötig war, als die Zeiten einfacher, die Anforderungen an die Kinder geringer und das Maß an Aufsicht und Unterstützung durch Eltern und Lehrkräfte noch größer war.

In der heutigen Zeit haben die meisten Kinder an dem einen oder anderen Punkt ihrer Entwicklung mit einer Aufgabe zu kämpfen, deren Anforderungen ihre speziellen Fähigkeiten übersteigen. Angesichts unserer so viel komplexer gewordenen Welt können wir die Entwicklung wichtiger Fertigkeiten nicht dem Zufall überlassen. Wir müssen unseren Kindern konkrete Richtlinien geben. Deshalb sollten wir ein mögliches Problemverhalten definieren, das angestrebte Zielverhalten beschreiben und eine Folge von erzieherischen Anweisungen entwickeln, deren Befolgung wir anfangs genau überwachen, bis wir uns nach und nach immer mehr zurückziehen und unsere Anleitung und unterstützenden Maßnahmen allmählich ausklingen lassen. Diesen Prozess, der darauf abzielt, spezifische Aufgaben anzupacken, werden wir in Kapitel 7 eingehend beschreiben. Doch gibt es auch andere, natürlichere Methoden, Exekutivfunktionen zu lehren. Dazu gehören das Schaffen eines Grundgerüsts und gezielt eingesetzte Spiele. Die Spiele sollen entweder die Entwicklung exekutiver Funktionen insgesamt voranbringen oder anhand spezifischer Aufgaben eine bestimmte Funktion fördern. Auch diesen Ansatz werden wir in Kapitel 7 ausführlich vorstellen. Achten Sie außerdem darauf, wie dieses Prinzip sich zu Prinzip Nr. 3 verhält. Wenn Sie Funktionen lehren, indem Sie eine Aufgabe so verändern, dass sie leichter handhabbar wird, beginnen Sie stets mit dem *Äußerlichen*. Vergessen Sie dabei nie, dass das Ziel die *Verinnerlichung* der fraglichen Funktion ist. Die speziellen Fähigkeiten sollen am Ende fest zum Repertoire des Kindes gehören, so dass es sie frei sowohl auf gegenwärtige als auch auf zukünftige Aufgaben anwenden kann.

2. Beachten Sie den Entwicklungsstand Ihres Kindes

Wir erwarten nicht von 5-Jährigen, dass sie für den Inhalt ihrer Brotdose sorgen und ihn selbst zubereiten, ehe sie morgens zum Kindergarten gehen. Von 10-Jährigen erwarten wir nicht, dass sie sich allein für ein Jugendcamp anmelden. Bei 14-Jährigen gehen wir nicht davon aus, dass sie in einer eigenen Wohnung leben. Und doch erleben wir in unserer klinischen Praxis immer wieder Eltern, deren Erwartungen an den Grad der Unabhängigkeit ihrer Kinder unrealistisch sind. So arbeiteten wir zum Beispiel einmal mit Eltern, die meinten, ihre 8-jährige Tochter müsse jeden Morgen ganz allein an die Einnahme ihres Medikaments gegen Asthma denken. Eine Aufgabe, bei deren Bewältigung die meisten Kinder mindestens bis zum Ende der Grundschulzeit, wenn nicht noch länger, Erinnerungshilfen brauchen. Regelmäßig treffen wir auf Eltern von Kindern auf weiterführenden Schulen, die gereizt reagieren, weil ihre Kinder noch keine klare Vorstellung davon haben, was sie nach der Schule tun wollen. Sie werfen ihren Kindern darüber hinaus vor, noch nicht recherchiert zu haben, welche Voraussetzungen sie erfüllen müssen, um die gewünschte Ausbildung oder das angestrebte Studium anfangen zu können. Nach unserer Erfahrung ist es jedoch nicht ungewöhnlich, dass Jugendliche selbst am Ende ihrer Schulzeit bei der Suche nach der passenden Ausbildung Hilfe von ihren Eltern und speziellen Beratungsstellen benötigen.

Das Verständnis dafür, was in einem bestimmten Alter normal ist, ist der erste Schritt im Umgang mit Schwächen bei speziellen Fähigkeiten. Aufgrund dieses Verständnisses erwarten Sie von Ihrem Kind nicht zu viel. In Kapitel 2 haben wir auf Exekutivfunktionen gestützte Aufgaben aufgelistet und jeweils angegeben, in welcher Altersstufe wir deren Bewältigung von Kindern erwarten können. In Kapitel 3 gibt es eine dazu passende detailliertere Checkliste. Sie können diese nutzen, um herauszufinden, wo Ihr Kind in der Entwicklung gerade steht.

Zu wissen, was für ein bestimmtes Alter typisch ist, stellt jedoch nur einen Teil des Prozesses dar. Sind die fraglichen Fähigkeiten Ihres Kindes für ein bestimmtes Alter verzögert oder unzureichend entwickelt, müssen Sie eingreifen. Jedoch müssen Sie Ihr Kind nun dort abholen, wo es sich in diesem Moment in seiner Entwicklung befindet. Während zum Beispiel ein 12-jähriges Kind normalerweise durchaus in der Lage ist, mithilfe eines Wochenplans und zwei (oder drei!) Ermahnungen sein Zimmer allein aufzuräumen, werden bei Ihrem Kind diese Strategien noch nicht greifen. Die Strukturen, die bei den meisten 12-jährigen funktionieren, versagen, wenn Ihr Kind in den bisherigen zwölf Jahren seines Lebens sein Zimmer noch nie allein aufgeräumt hat. Sie werden die mit der Aufgabe verbundenen Anforderungen an den tatsächlichen Entwicklungsstand Ihres Kindes anpassen müssen. Das gilt in besonderem Maße, wenn dieser sich von dem Gleichaltriger oder dem, was Sie sich wünschen, unterscheidet. Die Tabelle in Kapitel 2 kann Ihnen helfen eine Vorstellung davon zu bekommen, welchem Alter die Entwicklung spezifischer Fähigkeiten Ihres Kindes entspricht. So können Sie feststellen, wo Ihr Kind altersmäßig in seiner Entwicklung derjenigen Fähigkeiten, um die Sie sich Sorgen machen, stehen geblieben ist.

3. Kommen Sie vom Äußeren zum Inneren

Wie bereits erwähnt, agierten Sie vor allem in den ersten Lebensjahren Ihres Kindes als dessen Frontallappen. Das Training exekutiver Funktionen beginnt immer mit etwas, das *außerhalb* des Kindes liegt. Ehe Sie Ihrem Kind beibrachten, nicht einfach so auf die Straße zu laufen, standen Sie neben ihm. Sie hielten seine Hand, wenn Sie gemeinsam eine Straßenecke erreichten. So sorgten Sie dafür, dass Ihr Kind nicht überfahren wurde. Zugleich wiederholten Sie die Regel, erst in beide Richtungen zu schauen, ehe man über die Straße geht, immer wieder. So hat Ihr Kind sie mit der Zeit verinnerlicht. Nach einer Weile mussten Sie dann nur noch aufpassen, dass es die Regel auch befolgte. So konnte es das Überqueren der Straße schließlich allein bewerkstelligen. In vielerlei Hinsicht organisieren und strukturieren Sie also die Umwelt Ihres Kindes so, dass das Fehlen spezieller Fähigkeiten, die Ihr Kind noch nicht entwickelt hat, ausgeglichen wird. Der Entschluss, Ihrem Kind bei der Entwicklung effektiver exekutiver Funktionen zu helfen, bedeutet also, erst einmal etwas außerhalb des Kindes zu verändern. Erst dann gehen Sie zu Strategien über, die eine innerliche Veränderung des Kindes selbst erforderlich machen. Einige Beispiele:

- Ein Kind daran erinnern, vor dem Zubettgehen die Zähne zu putzen anstatt zu erwarten, dass es dies von selbst tut.
- Kurze Aufgaben erteilen anstatt von einem kleinen Kind zu erwarten, dass es längere Zeit an einer Sache arbeitet.
- Lieber weniger Gäste zum Kindergeburtstag einladen. So wird bei einem Kind, das mit emotionaler Regulation zu kämpfen hat, eine Überreizung vermieden.
- Ein Kleinkind dazu anhalten, beim Gang über einen vollen Parkplatz die Hand eines Erwachsenen festzuhalten.

4. Denken Sie daran, dass zum Äußeren auch Veränderungen des Umfelds, der Aufgabe oder der Interaktion zwischen Ihnen und Ihrem Kind gehören

Beziehen Sie alle drei Aspekte mit ein, wenn Sie versuchen, etwas außerhalb des Kindes zu verändern. Ihr Ziel ist, eine Aufgabe handhabbarer zu machen und die Entwicklung bestimmter Fertigkeiten voranzubringen. Sowohl im materiellen als auch im sozialen Umfeld können Sie zielgerichtet kleine Veränderungen vornehmen. Dies kann etwas so Einfaches sein wie die Entscheidung, ein Kind mit ADHS die Hausaufgaben zukünftig in der Küche machen zu lassen. Dort bekommt es von Ihnen Erinnerungshilfen und wird immer wieder ermutigt, am Ball zu bleiben. Für ein Kind mit schwacher emotionaler Regulation könnten mögliche Veränderungen darin bestehen, jüngere Spielkameraden zu finden, sich jeweils immer nur mit einem Kind zum Spielen zu verabreden oder ein Elternteil beziehungsweise einen Babysitter auch über das dafür typische Alter hinaus im Hintergrund aufpassen zu lassen. Sie können auch die Aufgabe so abändern, dass das Resultat auf einem anderen Weg erreicht wird als auf dem, der sie bisher nicht weiter gebracht hat. In Teil III wird genau erklärt, wie Sie dies bewerkstelligen können. Schließlich können Sie auch die eigene Interaktion (oder die anderer Erwachsene wie Lehrer) mit dem Kind verändern. Möglicherweise sind Sie schon dazu übergegangen, als Sie erkannt haben, wie Ihre eigenen Exekutivfunktionen sich zu denen Ihres Kindes verhalten. In Kapitel 6 werden noch konkretere Ideen zu einer veränderten Interaktion und einem veränderten Umfeld vorgestellt.

5. Nutzen Sie den angeborenen Trieb Ihres Kindes, Kontrolle über sein Leben zu erlangen, anstatt dagegen anzukämpfen

Wie alle Eltern 2-jähriger Kinder wissen, arbeiten Kinder schon im frühesten Alter beharrlich daran, Kontrolle über ihr Leben zu erlangen. Sie wollen Herr über ihr Leben sein. Vor allem wollen sie möglichst immer genau das bekommen, was sie gerade haben wollen. Diesen Trieb zu beobachten ist für Eltern nicht immer die reinste Freude. Das Kleinkind übt beharrlich, sich selbst hochzuziehen oder eine Stufe zu erklimmen. Diese Beharrlichkeit richtet sich nur wenige Jahre später darauf, das Fahrradfahren und noch später das Autofahren zu erlenen. Eltern haben oft eine zwiespältige Haltung gegenüber der Energie, mit der ihre Kinder darauf hinarbeiten, das zu bekommen, was sie haben wollen. Denn das, *was* Kinder wollen, steht immer wieder einmal im Widerspruch zu dem, was die Eltern sich wünschen.

Sie können den Plan Ihres Kindes jedoch unterstützen und trotzdem die Kontrolle behalten. Dazu gehört:

- Tägliche Abläufe und Zeitpläne zu vereinbaren. So weiß das Kind, was wann geschehen wird und kann es als Teil seines Alltags akzeptieren. Dies gilt besonders für wiederkehrende Aktivitäten wie die Mahlzeiten, das Zubettgehen, die Mithilfe im Haushalt oder das Erstellen der Hausaufgaben. Auf diese Weise ergibt sich eine festgelegte Gestaltung bestimmter Teile des Tages, bei denen das

Kind genau weiß, dass die Eltern das Sagen haben. Wenn Sie diesen «Raum» von Vornherein für sich reklamieren, wird Ihr Kind mit geringer Wahrscheinlichkeit Anspruch darauf anmelden. Es wird daher weniger Widerstand gegen die von Ihnen gefassten Pläne leisten.

- Wahlmöglichkeiten anzubieten. Die Vorgabe mehrerer Wahlmöglichkeiten gibt Ihrem Kind ein gewisses Maß an Kontrolle. Dazu könnte gehören, dass das Kind selbst entscheidet, welche Aufgaben im Haushalt es übernimmt. Es könne auch selbst bestimmen, wann und in welcher Reihenfolge es seine Aufgaben im Haushalt erledigen wird.
- Schwierige Aufgaben in kleinen Schritten zu üben und die Anforderungen
- ganz allmählich zu steigern.
- Mit dem Kind zu verhandeln. Das Ziel solcher Verhandlungen ist, vom «automatischen Nein» wegzukommen. Das Kind muss laut Verhandlung erst ein «Müssen» durchlaufen, ehe es beim «Wollen» ankommen kann. Diese «Vom Müssen zum Wollen»-Methode ist auch als «Omagesetz» bekannt. Großeltern waren nämlich schon immer sehr geschickt darin, Kinder zu etwas zu bekommen: Die Kinder müssen eine Pflicht erledigen, ehe sie einen ihrer köstlichen, selbstgebackenen Chocolate Chip Cookies naschen dürfen.

6. Verändern Sie Aufgaben so, dass die aufzubringende Mühe zu den Fähigkeiten Ihres Kindes passt

Einige Aufgaben erfordern mehr Mühe als andere. Dies gilt für Erwachsene ebenso wie für Kinder. Denken Sie an die lästige Aufgabe bei Ihrer Arbeit, die Sie schon seit einiger Zeit immer wieder vor sich her schieben. Sie wissen schon: die Aufgabe, vor deren Erledigung Ihnen immer Millionen von Sachen einfallen, die Sie noch viel dringender machen müssten. Oder denken Sie an den Gefallen, um den Sie Ihren Partner schon seit Wochen bitten. Es ist ja nicht so, dass er oder Sie selbst die Sachen nicht erledigen könnten. Aber sie erfordern Mühe. Deshalb ist es so schwierig, sich dazu aufzuraffen.

Grundsätzlich gibt es zwei Arten mühsamer Aufgaben: die, die man nicht meistern kann und die, die man meistern könnte, aber einfach nicht gern ausführt. Weil das auch für Kinder gilt, muss man mit Blick auf die jeweilige Art der Aufgabe unterschiedliche Strategien wählen.

Nehmen wir an, es geht um eine Aufgabe, die das Kind tatsächlich nur schwer oder gar nicht meistern kann. Wir können versuchen, sie in kleine Schritte aufzuteilen. Dabei können wir mit dem ersten Schritt anfangen und das Kind Schritt für Schritt weitermachen lassen, bis es beim letzten angekommen ist. Wir können aber auch beim letzten Schritt beginnen und das Kind sich nach vorn vorarbeiten lassen. Wichtig ist, ausreichend lange bei einem Schritt zu bleiben und erst dann weiter voranzuschreiten, wenn das Kind alle bisherigen Schritte vollständig beherrscht. Nehmen wir das Machen eines Bettes als Beispiel. Am Ende zu beginnen hieße, dass Sie alles übernehmen und nur den letzten Schritt (das Auflegen der Kissen) Ihrem Kind überlassen. Von vorn zu beginnen hieße, das Kind lediglich zu bitten, das Laken glatt zu ziehen. Wichtig ist zum einen, das Kind für alles zu loben, was es gut gemacht hat. Zum anderen ist ausschlaggebend für den Erfolg, seine Verantwortung tatsächlich auf diesen einen Schritt zu beschränken, bis dieser dem Kind in Fleisch und Blut übergegangen ist und es ihn mit geschlossenen Augen ausführen könnte. Erst dann gehen Sie zum nächsten Schritt über.

Was ist mit Aufgaben, die Kinder nur ungern erledigen, obwohl sie die Aufgaben meistern könnten? Auf Probleme mit solchen Aufgaben reagieren die Eltern gewöhnlich heftig. Sie werfen dem Kind vor, einfach «keine Lust» zu haben, etwas zu erledigen und sich deshalb «anzustellen». Ist eine Aufgabe zwischen Ihnen und Ihrem Kind zu einem ewigen Zankapfel geworden, steckt unserer Erfahrung nach jedoch mehr dahinter als eine bloße «Unlust» des Kindes. Unser Ratschlag lautet: Wenn Sie mehrfach wegen dieser Sache mit Ihrem Kind gestritten und den Kampf nicht gewonnen haben, ist es besser, das Ganze anders anzugehen. Das Ziel besteht darin, dem Kind beizubringen, sich Mühe zu geben anstatt dem Wunsch, lieber etwas anderes zu tun, nachzugeben. Am besten gelingt dies, wenn man den ersten Schritt *einfach genug* gestaltet. Er darf dem Kind nicht besonders mühsam vorkommen. Außerdem erhält es von Ihnen sofort eine Belohnung. Die Belohnung soll sicherstellen, dass es sich für das Kind lohnt, das kleine Maß an Mühe aufzubringen, die der erste Schritt erfordert. Anschließend steigern Sie ganz allmählich die Mühe, die das Kind sich geben muss, um die Belohnung zu erlangen. Dies kann man erreichen, indem man entweder die Anforderungen der Aufgabe erhöht oder die Zeit verlängert, die das Kind der Aufgabe widmen muss, ehe es die Belohnung verdient hat.

Wenn wir mit Eltern von Kindern arbeiten, die mühsame Aufgaben scheuen, empfehlen wir ihnen, mithilfe einer Skala von 1 bis 10 einzuschätzen, als wie schwer das Kind eine bestimmte Aufgabe empfindet. Die Punktzahl 10 auf dieser Skala entspricht einer Aufgabe, die das Kind zwar bewältigen kann, aber als *sehr, sehr schwer* empfindet. Die Punktzahl 1 passt hingegen zu einer Aufgabe, die *praktisch überhaupt keine Mühe* erfordert. Versuchen Sie, die Aufgabe so anzulegen oder abzuwandeln, dass sie der Punktzahl 3 entspricht.

Mein Arbeitszimmer aufzuräumen und sauberzumachen fühlt sich für mich (Peg) zum Beispiel an wie eine Besteigung des Mount McKinley (und ich bin keine Bergsteigerin!). Ich habe das Gefühl, es würde ewig dauern und unendlich mühsam sein. Das gesamte Arbeitszimmer auf Vordermann zu bringen bekäme deshalb bei mir eine 10. Könnte ich jeden Tag eine Minute damit verbringen, es aufzuräumen und sauberzumachen? Natürlich, das wäre ein Kinderspiel – also die Punktzahl 1. Wie lange müsste ich arbeiten, um auf die Punktzahl 3 zu kommen? Zehn oder 15 Minuten vielleicht. Natürlich würde es auf diese Art und Weise länger dauern, bis mein Arbeitszimmer sauber und ordentlich wäre. Trotzdem würde es schneller gehen, als wenn ich niemals damit anfangen würde!

Auf ähnliche Weise können Sie Ihrem Kind helfen, diese Skala einzusetzen, wenn es um Arbeiten geht, die getan werden müssen, aber Mühe kosten. Nehmen wir an, Sie möchten, dass Ihr 13-jähriger Sohn den Sommer über den Rasen mäht. Nehmen wir weiter an, Sie müssten ihn Woche für Woche unzählige Male ermahnen, damit er es auch wirklich macht. Ihnen wird klar, dass er die Aufgabe scheut, weil er sie schrecklich langweilig findet. Deshalb kostet sie ihn unglaublich viel Mühe. Erklären Sie ihm die 10-Punkte-Skala. Fragen Sie ihn im Anschluss, wo auf der Skala er das Rasenmähen ansiedeln würde. Bitten Sie ihn dann um einen Vorschlag, wie man die Punktzahl von 10 auf 3 drücken könnte. Vielleicht sagt er: «Besorgt mir einen Aufsitzmäher mit coolen Extras.» Dann müssen Sie ihm erst einmal erklären, warum das nicht infrage kommt. Im Anschluss können Sie ihn fragen, wie viel Zeit er mit dem Rasenmähen verbringen könnte, damit es sich wie eine 3 anfühlt. Sie könnten auch fragen, ob es eine Belohnung gibt, für die er gern arbeiten würde. Denn eine Belohnung vermag die Aufgabe auf der Skala ebenfalls herunterzudrücken.

Auch auf lästige Hausaufgaben lässt sich die Skala anwenden. Lassen Sie Ihre Tochter die Hausaufgaben planen, bevor sie mit ihnen beginnt. Als Erstes soll sie jede Aufgabe daraufhin bewerten, wie schwer sie ihrer Meinung nach zu bewältigen ist. Auf der Grundlage dieser Einschätzungen kann sie entscheiden, in welcher Reihenfolge sie die Aufgaben erledigen möchte. Sie könnten sie ermutigen, bei den Schularbeiten mit höherer Punktzahl öfter kleine Pausen einzulegen. Eine andere Möglichkeit wäre, sie grundsätzlich zwischen leichten und schwierigen Aufgaben wechseln zu lassen.

7. Anreize geben

Anreize sind nichts weiter als Belohnungen. Sie können ganz einfach aus einem Wort des Lobes bestehen. Sie können aber auch ein ausgefeiltes Punktsystem darstellen, mit dem sich das Kind auf täglicher, wöchentlicher oder monatlicher Basis Gegenleistungen verdienen kann.

Für einige Aufgaben – und für einige Kinder – ist das erfolgreiche Meistern Anreiz genug. Kinder wollen lernen, sich hochzuziehen, Treppen zu steigen, Fahrrad oder Auto zu fahren. Doch vielem, was wir von Kindern erwarten, mangelt es an solchen «eingebauten» Anreizen. Das kann jedoch von Kind zu Kind variieren. Wir haben Kinder kennen gelernt, die gern helfen, im Haus sauber zu machen oder die Garage aufzuräumen. Die Belohnung besteht entweder in der Zeit, die sie mit einem Elternteil verbringen, oder in der Chance, genauso zupacken zu dürfen «wie die Erwachsenen». Seltener ist es die Befriedigung, das Resultat der eigenen Mühen (ein sauberes Haus, eine aufgeräumte Garage) betrachten zu können, die ein Kind als Belohnung empfindet. Vielen anderen Kindern sind solche Aufgaben jedoch so unangenehm, dass sie große Verrenkungen machen, um darum herumzukommen. Hausaufgaben sind ein weiteres Beispiel. Nur selten gibt es Kinder, die es kaum erwarten können, nachhause zu kommen und sich auf ihre Schularbeiten zu stürzen. Manchen reicht jedoch die gute Note, die sie für eine ordentliche Hausaufgabe bekommen werden (oder die Vermeidung einer schlechten Note für eine nicht erledigte Hausaufgabe), um sie anzutreiben. Sie erledigen ihre Hausaufgaben pünktlich und gut. Vielen der Kinder, mit denen wir arbeiten, ist die Note allerdings nicht Anreiz genug, um sich bereitwillig an ihre Schularbeiten zu setzen. Ohne Streit fangen sie gar nicht erst an. Wenn das auch auf Ihr Kind zutrifft, sollten Sie überlegen, welche zusätzlichen Anreize Sie schaffen könnten. Womit könnten Sie Ihr Kind an den Schreibtisch bekommen, ohne dass jedes Mal ein großer Kampf vorausgehen muss?

Anreize haben den Effekt, der Mühe die Spitze zu nehmen. In Kapitel 8 werden wir noch ausführlicher darüber sprechen. Darüber hinaus können sie einen echten Energieschub erzeugen. Sie verheißen etwas, auf das wir uns freuen können. Die Vorfreude motiviert uns, bei einer schwierigen Aufgabe am Ball zu bleiben und negative Gedanken oder Gefühle zur Seite zu schieben. So habe ich (Peg) sehr schöne Erinnerungen an die hausgemachte Eiscreme, die mein Vater als besondere Belohnung an heißen Sommertagen für uns Kinder machte. Meine Brüder und ich mussten uns dafür an der Handkurbel abwechseln. Und das, obwohl ich ziemlich schwache Armmuskeln hatte! Doch die Belohnung, die am Ende der harten Arbeit auf mich wartete, war jede Mühe wert.

Eine Belohnung, die erst nach getaner Mühe erfolgt, lehrt das Kind, seine Wünsche nicht sofort, sondern später zu befriedigen. Eine Fähigkeit, die an sich schon äußerst wertvoll ist. In Kapitel 8 beschreiben wir, wie Sie Belohnungssysteme schaffen, die das Lehren bestimmter Fertigkeiten begleiten können.

8. Unterstützen Sie das Kind gerade so weit, dass es erfolgreich sein kann

Dieser Rat erscheint auf den ersten Blick ebenso einfach wie offenkundig. Die tatsächliche Anwendung dieses Prinzip ist jedoch tückischer, als man denkt. Das Prinzip umfasst zwei Komponenten, die beide gleich wichtig sind: (1) *das gerade richtige Maß an Unterstützung* zu geben, damit (2) das Kind *Erfolg* haben kann.

Eltern und andere Erwachsene, die mit Kindern arbeiten, neigen dazu, zwei Fehler zu machen: Die einen geben dem Kind zu viel Unterstützung. Das bedeutet, dass es zwar erfolgreich ist, aber nicht fähig, die Aufgabe selbstständig zu meistern. Die anderen geben zu wenig Unterstützung. Das Ergebnis ist, dass das Kind scheitert.

Ein einfaches Beispiel: Stellen wir uns vor, ein kleines Kind versucht, eine Tür mit Drehknauf selbst zu öffnen. Die Mutter, steht im Hintergrund bereit, um erst in dem Moment einzugreifen, in dem das Kind allein nicht mehr weiterkommt. Möglicherweise legt das Kind seine Hand auf den Knauf, weiß aber nicht, wie es ihn drehen soll. Die Mutter legt dann sanft ihre Hand über seine und dreht Hand und Knauf vorsichtig um, bis die Tür aufgeht. Das nächste Mal wenn das Kind eine solche Tür öffnen will, beginnt es vielleicht schon von sich aus zu drehen. Es kommt aber nicht weit genug. Wieder legt die Mutter die Hand auf seine. Doch erst, nachdem es erfolglos versucht hat, den Knauf selbst umzudrehen. Durch mehrfache Wiederholungen lernt das Kind schließlich, die Tür selbst zu öffnen. Wenn Sie jedoch die Tür auch weiterhin für Ihr Kind öffnen, wird es nie lernen, dies allein zu tun. Ebensowenig wird es das, wenn Sie einfach nur dastehen. Ihrem Kind zuzusehen, wie es vergeblich versucht, die Tür zu öffnen, bringt es nicht weiter. Außer vielleicht dahin, dass es das Öffnen mit einem äußerst unangenehmen Maß an Mühe verbindet. Eine Mühe, die es daher von nun an um jeden Preis meiden wird.

Das gleiche Prinzip trifft auf jede Aufgabe zu, die ein Kind meistern soll. Wichtig ist, möglichst genau zu bestimmen, wie weit es die Aufgabe selbst erledigen kann. Denn Sie dürfen erst dann intervenieren, wenn es das tatsächlich nicht mehr kann. Erledigen Sie die Aufgabe nicht für Ihr Kind, sondern geben Sie ihm gerade genug (körperliche oder verbale) Unterstützung, um ihm über die entscheidende Schwelle hinweg zu helfen. Dies mag etwas Übung und genaues Beobachten erfordern. Aber nach einer Weile werden Sie wissen, worauf es ankommt.

9. Unterstützen und überwachen Sie Ihr Kind so lange, bis es selbst zurechtkommt

Wir haben Eltern kennen gelernt, die wissen, wie man eine Aufgabe unterteilt und Exekutivfunktionen lehrt. Trotzdem gelingt es den Kindern nicht, die Fähigkeiten zu erwerben, die sie ihnen doch so gern beibringen möchten. In der Mehrzahl der Fälle liegt dies daran, dass sie Prinzip 9 und/oder 10 nicht zur Anwendung bringen. Sie setzen einen Prozess in Gang und achten darauf, dass alles wie vorgesehen funktioniert. Dann ziehen sie sich zurück und erwarten von dem Kind, dass es von nun an alles alleine schafft. Ein typisches Beispiel dafür sind Systeme, mit denen Eltern ihren Kindern helfen wollen, Ordnung zu halten. Sie zeigen Ihnen, wie sie ihren Schreibtisch aufräumen können, kaufen ihnen Ordner, Mappen und

Ablagen für ihre Schulsachen und helfen ihnen vielleicht auch noch dabei, alles aufzustellen und einzurichten. Anschließend aber erwarten sie, dass ihre Kinder die Ordnungssysteme allein weiterführen.

In einer bekannten Werbung für Aktenordner heißt es, man bräuchte drei Wochen, um neue Gewohnheiten zu übernehmen. Wir wissen nicht, ob sich diese Aussage auf gesicherte wissenschaftliche Daten stützt. Uns ist auch unklar, ob sie nur auf Erwachsene zutreffen soll. Für Kinder, besonders solche mit Defiziten bei speziellen Fähigkeiten, ist sie auf jeden Fall zu kurz gedacht. Wir ermutigen Eltern stets, für kleine Anzeichen des Fortschritts wachsam zu sein. Je genauer sie anfangs das Problem beim Namen nennen, desto wahrscheinlicher ist es, dass sie solche Anzeichen auch wahrnehmen. Ehe man eine in diesem Buch beschriebene – oder gar eine selbst ausgedachte – Intervention einsetzt, lohnt es sich, ein paar Minuten innezuhalten und aufzuschreiben, wie genau das Problem in diesem Moment aussieht – oder sich (wie im Fall von Wutanfällen) anhört. Man sollte das Verhalten in möglichst präzise Worte fassen (zum Beispiel *vergisst seine Hausaufgaben abzugeben, weint bei unerwarteten Planänderungen*), Außerdem sollte man einschätzen, wie oft es auftritt, wie lange es dauert und wie intensiv es ist. In regelmäßigen Abständen, zum Beispiel alle paar Wochen, kann man die eigenen Aufzeichnungen dann wieder zur Hand nehmen. Man kann sich das vorher Geschriebene noch einmal durchlesen. Auf diese Weise läßt sich ein Fortschritt erkennen. Mithilfe der am Ende dieses Kapitels abgedruckten Tabelle können Sie die Entwicklung Ihres Kindes noch systematischer verfolgen.

Allerdings sollten wir darauf hinweisen, dass eine Verhaltensweise, die man zu verändern versucht, erst einmal schlechter werden kann, bevor sie besser wird. Nehmen wir einmal an, Ihr Kind weint beim Zubettgehen, bis Sie nachgeben. Sie versprechen ihm, sich zu ihm zu legen, bis es eingeschlafen ist. Wenn Sie ihm dieses Verhalten abgewöhnen wollen, wird das Weinen an Dauer oder Intensität wahrscheinlich zunächst einmal zunehmen. Mit der Zeit wird es sich dann jedoch legen. Jedes Eingreifen, das Probleme mit der emotionalen Regulation oder Reaktionshemmung anspricht, führt mit großer Wahrscheinlichkeit zunächst einmal zu einer Verschlimmerung. Das ist vor allem der Fall, wenn es gerade darum geht, bestimmte Verhaltensweisen zu ignorieren, um andere zu verstärken. Erst danach kann sich dann eine Verbesserung zeigen.

Je sorgfältiger Sie eine Intervention planen (und überwachen), desto rascher werden Sie Fortschritte verzeichnen. Unserer Erfahrung nach gelingt dies manchen Eltern besser als anderen. Allen Eltern, die nicht gern so präzise vorgehen, können regelmäßige «Checkups» helfen zu erkennen, dass es tatsächlich Fortschritte gibt.

10. Lassen Sie unterstützende Maßnahmen immer allmählich ausklingen und nie abrupt zu Ende gehen

Sie haben Ihre Unterstützung lang genug aufrecht erhalten, so dass Ihr Kind lernen konnte, eine Aufgabe eigenständig zu meistern. Es ist vielleicht sogar bereits fähig, eine spezifische Fertigkeit unabhängig von Ihnen einzusetzen. Nun könnten Sie versucht sein, alle Maßnahmen auf einmal fallen zu lassen. Widerstehen Sie der Versuchung! Stattdessen blenden Sie sich ganz allmählich aus. Auf diese Weise kann Ihr Kind nach und nach Unabhängigkeit erreichen. Kommen wir noch einmal auf den Vergleich mit dem Fahrradfahren aus Kapitel 2 zurück. Mag sein, dass Sie einem Kind schon einmal beigebracht haben, Fahrrad zu fahren. Dann wissen Sie, dass man damit beginnt, das Fahrrad hinten festzuhalten und zu stabilisieren. So übt das Kind eine Weile weiter. Nun lässt man vorsichtig immer wieder einmal ein paar Sekunden lang los. Auf diese Art testet man, ob das Kind ohne allzu großes Wackeln das Gleichgewicht halten kann. Ist dies der Fall, lässt man allmählich immer länger los. Wer hingegen erst ständig festhält und dann plötzlich ganz loslässt, wird keinen Erfolg haben. Wenn er erwartet, dass das Kind einfach allein weiterfahren kann, dann irrt er sich.

Denken Sie an Prinzip Nr. 8: Unterstützen Sie das Kind gerade so weit, dass es erfolgreich sein kann. Geben Sie dem Kind keine Hilfestellung, wenn es diese nicht mehr braucht. Aber stellen Sie auch nicht abrupt alle Hilfestellungen ein!

In den nächsten drei Kapiteln werden wir noch ausführlicher über die allmählichen «Rückzugsmanöver» sprechen. In Teil III werden wir das Prinzip dann mit konkreten Beispielen illustrieren.

Stützen Sie sich auf die zehn Prinzipien, wann immer Sie eine problematische Aufgabe mit Ihrem Kind angehen oder eine übergreifende Funktion verbessern wollen. Vielleicht sind Sie beim Einsatz der in Teil III beschriebenen Strategien einmal ratlos oder geraten ins Stocken. Auch dann könnte es hilfreich sein, die Prinzipien noch einmal durchzugehen. Manchmal vergessen wir, wie wichtig es ist, sich an die Grundregeln zu halten. Oft gerade dann, wenn das Leben und seine Anforderungen – an uns und an unsere Kinder – komplizierter werden.

Drei Möglichkeiten, Exekutivfunktionen zu vermitteln

Die Prinzipien verdanken sich einer bestimmten Sichtweise auf die Veränderung von Verhaltensweisen, also auch auf den Erwerb und Einsatz exekutiver Funktionen. Experten sprechen vom ABC-Modell. A steht in diesem Modell für alles Vorausgehende (engl. «Antecedent»), B für Verhalten (engl. «Behavior») und C für die Konsequenzen (engl. «Consequences»). Gemäß dem Modell gibt es drei

Ansatzpunkte für verhaltensverändernde Maßnahmen: Man verändert das Vorausgehende (die äußeren Faktoren oder das Umfeld), man wirkt auf das Verhalten selbst ein (durch direkte Anweisungen) oder man stellt bestimmte Konsequenzen (Belohnungen oder Bestrafungen) in Aussicht. In Kapitel 6 werden wir darüber sprechen, wie sich das Umfeld so verändern lässt, dass die Probleme mit den benötigten Fähigkeiten nachlassen. Man konzentriert sich dabei auf das, was dem Verhalten vorausgeht. Das heißt auf die äußeren Bedingungen, die die Probleme mit bestimmten Verhaltensweisen verbessern oder verschlimmern können. In Kapitel 7 werden wir uns dann dem Verhalten selbst zuwenden. Wir werden Ihnen zeigen, wie Kinder ganz direkt dazu angeleitet werden können, Exekutivfunktionen einzusetzen. In Kapitel 8 schließlich werden wir darüber sprechen, welche motivationsfördernden Maßnahmen man ergreifen kann, um Kinder dazu zu ermutigen, spezielle Fähigkeiten zu nutzen. Nach der Lektüre dieser Kapitel besitzen Sie das nötige Handwerkszeug, um Ihre eigenen Interventionen zu planen und dadurch die Exekutivfunktionen Ihres Kindes zu verbessern. Das tiefgehende Verständnis der beteiligten Faktoren wird Ihnen auch helfen, aus den von uns für Sie entworfenen und in Teil III präsentierten Interventionen das Beste zu machen.

Wie viel Fortschritt machen wir?					
Datum	Exekutive Funktion	Genaue Beschreibung des Verhaltens (Wie sieht es aus? Wie hört es sich an?)	Häufigkeit (Wie oft tritt es pro Tag/ pro Woche und so weiter auf?)	Dauer (Wie lang hält es an?)	Intensität (Wie intensiv ist das Verhalten auf einer Skala von 1–5?)
Verlaufskontrolle		Sieht das Verhalten noch genauso aus? Klingt es genauso?	Wie oft tritt es jetzt auf?	Wie lange dauert es jetzt an?	Wie intensiv ist es jetzt?
Verlaufskontrolle Nr. 2					

6 Das Umfeld verändern

Der 4-jährige Jonas war von Geburt an ein forderndes Kind. Als Kleinkind hatte er Koliken, schlief nur unregelmäßig und war sehr wählerisch beim Essen. Sobald er sich mitteilen konnte, beschwerte er sich über störende Etiketten in seiner Kleidung, zu eng sitzende Hosen und die Säume in seinen Socken. Bei Familientreffen verlor er regelmäßig die Fassung. Ja, seine Eltern konnten bald bis auf die Minute vorhersagen, wann seine Lunte endgültig durchgeschmort war. Seine Wut- und Trotzanfälle schienen aus dem Nichts zu kommen. Immerhin stellten seine Eltern fest, dass sie mit größerer Wahrscheinlichkeit auftraten, wenn er hungrig, müde oder überreizt war. Offenbar wusste Jonas nicht, wie er sonst mit seinen Emotionen umgehen sollte. Im Laufe der Zeit fanden seine Eltern heraus, wie sich die Probleme in Maßen halten ließen. Soweit irgend möglich verordneten sie ihm einen regelmäßigen Tagesablauf mit festen Schlaf- und Wachzeiten. Auch das Essen und Baden setzten sie jeden Tag zur gleichen Zeit an. Sie begrenzten seine Fernsehzeit und verboten alle Zeichentrickfilme, in denen auch nur eine Andeutung von Gewalt vorkam. Außerdem führten sie ein festes Ritual für das Zubettgehen ein. Spieltreffen wurden auf ein Kind und anderthalb Stunden pro Verabredung begrenzt. Wenn sie zu einem Familientreffen eingeladen waren, kamen sie ein wenig später und gingen früher. Wenn es notwendig war, ging einer von ihnen während des Treffens mit Jonas hinaus an die frische Luft. Infolge dieser Veränderungen ging die Anzahl von Jonas' Wut- und Trotzanfällen stark zurück.

Inzwischen wissen Sie vielleicht schon genug über die einzelnen Exekutivfunktionen, um zu erkennen, dass Jonas Probleme mit der emotionalen Regulation hatte. Die Methoden, die Jonas Eltern einsetzten, um seinen emotionalen Ausbrüchen entgegenzuwirken, entsprechen denen, die wir in diesem Kapitel besprechen wollen. Anstatt direkt auf eine Verhaltensänderung hinzuwirken, arbeiteten sie an den äußeren Faktoren. Sie strukturierten diese stark. Auf diese Weise nahm die Wahrscheinlichkeit ab, dass es bei Jonas zu einer Überreizung kam. Erinnern Sie sich an Prinzip Nr. 3 aus Kapitel 5? Für Jonas' Eltern erwies sie sich als «goldene Regel». Sie wussten, dass es unrealistisch war zu erwarten, dass Jonas in einem so jungen Alter lernte, seine Emotionen bewusst zu beherrschen. Deshalb gestalteten sie seinen Tag so, dass seine Emotionen mit geringerer Wahrscheinlichkeit außer Kontrolle gerieten. Sie achteten auf alle drei in Prinzip Nr. 4 aufgeführten äußeren Faktoren, Umwelt, Aufgabe und Interaktion, richteten ihr Augenmerk vor allem aber auf das physische und soziale Umfeld.

Das Prinzip, mit dem Äußeren anzufangen, ist so wichtig – und so effektiv –, weil es dem Kind die Last der Entscheidung abnimmt. Man bittet das Kind nicht, sein eigenes Verhalten zu regulieren. Ebenso wenig versucht man ihm beizubringen, wie es das eigene Verhalten regulieren könnte (Ausnahme: durch das eigene Beispiel). Der Ansatz ist für Eltern außerdem leicht umzusetzen. An unreife Verhaltensweisen des Kindes sind sie gewöhnt. Daher sind sie im Umgang mit ihrem Kind bereits damit vertraut, Veränderungen im Umfeld vorzunehmen. Sie haben Gatter montiert, damit das Kind, das gerade erst laufen gelernt hat, nicht die Treppe hinunterfällt. Sie haben zerbrechliche Gegenstände außer Reichweite gebracht. Jetzt führen sie Abläufe ein, die dafür sorgen, dass das Kind genug Schlaf bekommt, gesunde Dinge isst, sich an feste Mahlzeiten gewöhnt, nicht zu viel fern sieht und so weiter. So schaffen sie einen Ausgleich für die Schwächen, die Jonas bei den Exekutivfunktionen hat.

Wie bereits erklärt, agieren Eltern als Frontallappen ihres kleinen Kindes. Sie tun das solange, bis dessen Gehirn sich weiter entwickelt hat. Nun ist das Kind in der Lage, selbst fundierte Entscheidungen zu treffen. Während das Kind heranreift (wobei die Geschwindigkeit seines Reifungsprozesses nicht unbedingt mit dem anderer Kinder zusammenfällt), übertragen sie nötige Entscheidungsfindungsprozesse nach und nach auf das Kind. In Kapitel 5 haben wir beschrieben, was als Erstes geschieht, wenn ein Kind Schwächen bei bestimmten Fähigkeiten aufweist. Die ersten Bemühungen betreffen immer die Faktoren, die *außerhalb* des Kindes angesiedelt sind. Man beginnt damit, *das Umfeld* zu verändern, *nicht das Kind*. Im Laufe der Zeit überträgt man dann seine Aufmerksamkeit auf das Kind, das nun selbst zum Ziel passender Interventionen wird. Man tut dies, indem man dem Kind beibringt, wie es die speziellen Fähigkeiten entwickelt und aktiviert. Im Rahmen dieses Lernprozesses bewegt man sich allmählich vom Äußeren zum Inneren.

Zurück zu Jonas: Seine Eltern reagierten auf seine schwache emotionale Regulation mit Maßnahmen, die voll und ganz auf äußere Faktoren abzielten. Regelmäßige Tagesabläufe, die Begrenzung von Fernsehzeit und Stimulation – keine dieser Interventionen zielte darauf ab, Jonas beizubringen, sein Verhalten oder seine

Emotionen zu regulieren. Dennoch sorgten sie für ein harmonischeres Miteinander in der Familie. Denn sie reduzierten deutlich die Wahrscheinlichkeit, dass es bei Jonas zu Wut- und Trotzanfällen kam. Wenn Jonas älter wird, können seine Eltern mit ihm darüber sprechen, welche Dinge ihn aufregen. Sie können herausfinden, was er tun kann, um sie zu vermeiden oder bewusst mit ihnen umzugehen. Ein tieferes Verständnis für sein eigenes Verhalten wird Jonas erlauben, sich besser an seine Umwelt anzupassen. Mit der Zeit kann er selbst dafür sorgen, dass seine Bedürfnisse besser befriedigt werden. Er muss jedoch von seiner Entwicklung her dafür bereit sein. Dann kann er sich zum Beispiel von sich aus von einem lauten Familientreffen zurückziehen. Indem er in sein Zimmer geht, ist es ihm möglich, eine Weile allein zu spielen. Darüber hinaus wird er lernen, sich mit geeigneten Techniken selbst zu beruhigen oder einen Erwachsenen um Hilfe zu bitten. Das alles wird ihm helfen, mit schwierigen Situationen zurechtzukommen.

Es geht also zunächst darum, äußere Faktoren so zu strukturieren oder zu verändern, dass sie bestimmten, noch nicht oder unzureichend entwickelten Fähigkeiten entgegenwirken. Dazu steht Ihnen eine große Bandbreite unterschiedlicher Möglichkeiten zur Verfügung. Sie alle fallen jedoch in die im Prinzip Nr. 4 in Kapitel 5 genannten drei Kategorien. Manche der folgenden Ideen mögen Ihnen bekannt vorkommen. Vielleicht haben Sie einige davon bereits eingesetzt. Oder Sie haben sie gelegentlich, aber nicht durchgehend angewandt. Wenn Ihr Kind ADHS hat, haben Sie möglicherweise auch bereits einige Techniken zur Verhaltensmodifikation kennen gelernt. Bitte ziehen Sie daraus jedoch nicht den Schluss, dass es für Sie hier nichts mehr zu lernen gibt. Wir werden Ihnen erklären, wie Sie die empfohlenen Strategien systematisch einsetzen können. Hinzu kommt, dass wir Ihnen helfen werden, Methoden auszuprobieren, die Sie bisher noch nicht ausprobiert haben. Und wir werden Ihre Aufmerksamkeit auf die individuellen Schwächen Ihres Kindes lenken. Wir werden Ihnen Methoden zeigen, die bei diesen besonders angezeigt sind. Sie können sich dann auf diese Methoden stützen, anstatt nach dem Schrotflintenprinzip wild um sich zu schießen. Bei manchen Kindern muss das Umfeld ziemlich grundlegend optimiert werden, um die Entwicklung exekutiver Funktionen in Gang zu bringen. Gehen Sie deshalb nicht davon aus, dass Sie alles schon ausprobiert haben und es eh nichts gebracht hat. Über das Planen individueller Interventionen für Ihr Kind werden Sie in Teil III dann noch mehr erfahren.

Das physische oder soziale Umfeld verändern

Die ins Auge gefassten Veränderungen können jede denkbare Form annehmen. Das hängt zum einen von den jeweiligen Schwächen bei den Exekutivfunktionen ab, zum anderen von den besonderen Problembereichen. Denken wir zum Beispiel einmal an Kinder, die ihre Hausaufgaben nicht auf die Reihe bekommen. Das kann daran liegen, dass sie Schwächen mit dem Initiieren von Handlungen, mit der Aufmerksamkeitssteuerung oder mit dem Zeitmanagement haben. Die Kinder profitieren häufig davon, ihre Hausaufgaben in der Küche zu machen. Dort gibt es weniger Ablenkung durch Spielmöglichkeiten. Außerdem können ihre Eltern sie dort intensiver beaufsichtigen. Kindern, deren Zimmer eine permanente Geröllhalde ist, kann es helfen, die Anzahl der im Zimmer aufbewahrten Spielzeuge zu beschränken. Eine weitere Hilfe sind Kisten für verschiedene Spielzeugarten mit gut sichtbaren Etiketten. Impulsive Kinder sollten bewusst weniger Situationen ausgesetzt werden, in denen die Gefühlswellen hoch schlagen können. Ein Kind, das auf eine Straße laufen könnte, um einen Ball zurückzuholen, darf nicht am Straßenrand spielen. Und bei einem Kind, das vor Wut mit Gegenständen schmeißt, sollte man teure oder zerbrechliche Gegenstände außer Reichweite bringen. Sind sie mit Kindern unterwegs, die schlecht warten können, sollten Eltern Restaurants wählen, die das Essen schnell servieren. Sie sollten den wartenden Kindern Beschäftigung bieten oder sie frei herumlaufen lassen.

Manche Kinder profitieren auch von Veränderungen im sozialen Umfeld. Bei Kindern mit schwacher emotionaler Regulation könnte dies bedeuten, die Anzahl der Spielkameraden zu reduzieren, die zum Spielen eingeladen werden dürfen. Auch die Dauer eines solchen Spieltreffs wäre in diesem Falle zu beschränken. Für Kinder, die Schwierigkeiten mit der Flexibilität oder Impulskontrolle haben, sollte man soziale Aktivitäten stärker strukturieren. Organisierte Spiele oder ein Kinobesuch funktionieren häufig besser als eine unstrukturierte Verabredung zum Spielen. Hier einige Vorschläge, wie Sie das physische oder soziale Umfeld verändern können:

- *Barrieren anbringen und Tabuzonen einrichten.* Besonders bei Kindern mit Problemen bei der Reaktionshemmung kann es wirksam sein, einen Zaun um den Garten zu ziehen oder ein Schutzgatter an der Treppe anzubringen. Es bringt bereits etwas, zerbrechliche Gegenstände außer Reichweite zu bringen, Zimmer (zum Beispiel den Hobbyraum) abzuschließen und die Fernbedienungen von Fernsehern und Spielkonsolen sicher zu verwahren. Von Eltern impulsiver Teenager haben wir gehört, dass sie die Autoschlüssel verstecken. Sie verhindern damit, dass ihre Kinder nachts auf Spritztour gehen. Das kann allerdings nur als extreme, nicht immer notwendige Maßnahme gelten.
  Denken Sie auch an elektronische Barrieren. Dazu gehören beispielsweise Kontrollschalter bei Kabelfernsehen und Zeitlimits bei Videospielen. (Xbox zum Beispiel bietet Eltern die Möglichkeit, eine maximale Spielzeit pro Tag oder Woche einzustellen. Ist das Limit erreicht, schaltet sich die Spielkonsole von

selbst ab.) Der Zugang zu Computern und/oder zum Internet kann durch den Einsatz von Passwörtern beschränkt werden. Mithilfe von Filtern lässt sich kontrollieren, welche Webseiten Ihr Kind besuchen kann. Wollen Sie Ihrem Kind erlauben, an sozialen Netzwerken wie Myspace oder Facebook teilzunehmen, sorgen Sie dafür, dass Sie das Passwort kennen. Kontrollieren Sie die Seiten Ihres Kindes regelmäßig. Kündigen Sie solche Kontrollen jedoch an. Schauen Sie sich dabei auch die Verlaufslisten an, um zu sehen, welche Webseiten Ihr Kind besucht hat.

- *Ablenkungen reduzieren.* Mittelstufenschüler erzählten uns, eines der größten Hindernisse beim Erledigen ihrer Hausaufgaben sei der Lärm, der um sie herum zuhause herrschen würde. So müssten sie damit rechnen, dass sich ein kleiner Bruder am Nachmittag im Fernsehen Cartoons anschaue oder dass ein älterer Bruder seine Stereoanlage auf volle Lautstärke stelle. Die Einrichtung einer «stillen Zeitzone» hilft ihren Kindern, sich auf die Schularbeiten zu konzentrieren und sie effizient zu Ende zu führen. Es gibt weitere Zeiten, zu denen es sich lohnt, mögliche Ablenkungen zu reduzieren. Denken Sie beispielsweise an die Stunden, die für das Zubettgehen und die Erledigung häuslicher Pflichten vorgesehen sind. Viele junge Menschen nutzen Musik (zum Beispiel mit iPods) als Möglichkeit, Ablenkungen auszuschalten. Auch lärmreduzierende Kopfhörer haben sich bewährt.

- *Ordnungsstrukturen vorgeben.* Erinnern Sie sich an die alte Weisheit, dass man, wenn alles sein Platz hat, auch alles an seinem Platz wiederfindet? Ganz bestimmt ist es für ein Kind einfacher Ordnung zu halten, wenn es bereits Ordnungssysteme vorfindet. Stellen Sie Garderobenhaken, Kisten für Sportsachen, Behälter für Spielzeuge und in jedem Kinderzimmer einen Korb für schmutzige Wäsche bereit. Ermahnen Sie Ihr Kind zudem regelmäßig, alles an seinem Platz zu verstauen. Nun können Sie damit rechnen, dass es irgendwann (wenn es 21 oder 25 ist …!) das Ordnungsprinzip verinnerlicht hat. Sinnvoll ist auch, das Kind von Anfang an wissen zu lassen, welcher Grad an Ordentlichkeit von ihm erwartet wird. Es sollte außerdem wissen, wie Sie es daran erinnern werden. Machen Sie zum Beispiel ein Foto von dem erwünschten Endprodukt (dem sauberen Zimmer, dem aufgeräumten Spielzeugregal und so weiter). Auf diese Weise können Sie und Ihr Kind den jeweiligen Zustand mit dem Foto vergleichen. Älteren Kindern kann die Kalenderfunktion eines Handys helfen, längerfristige Aufgaben zu planen und einen Terminkalender zu führen.

- *Die soziale Komplexität reduzieren.* Kinder mit Schwächen bei der emotionalen Regulation, der Flexibilität oder der Reaktionshemmung haben in komplexen sozialen Situationen oft zu kämpfen. Das liegt zum einen daran, dass an solchen Situationen meist viele verschiedene Menschen beteiligt sind. Zum anderen herrschen in solchen Situationen oft nur lockere Regeln. Die Komplexität zu reduzieren heißt, weniger Menschen zu beteiligen oder die geplanten Aktivitäten stärker zu strukturieren. So kann eine Geburtstagsparty Ihres Kindes, die ohne Intervention im Chaos geendet wäre, zum unvergesslichen Erlebnis werden. Voraussetzung ist, dass Sie die Gästeschar klein halten und die gemeinsame Zeit schon im Vorhinein gut durchplanen. Verabredungen mit offenem Ende sind für inflexible Kinder besonders schwierig. Von dieser Last kann man sie ganz leicht befreien, indem man sie die Dauer von der geplanten Aktivität bestimmen lässt (zum Beispiel von dem gemeinsamen Besuch eines Fußballspiels, eines Kinofilms, eines Museums oder eines Schwimmbads). Zusätzlich hilft es, für soziale Situationen klare Regeln aufzustellen und das Kind vor dem Ereignis an diese Regeln zu erinnern. Regeln für ein Spieltreffen könnten zum Beispiel sein: *Immer nur ein Spiel auf einmal spielen, sich bei den Spielzeugen abwechseln und nicht aufeinander einschlagen.* Indem Sie Ihr Kind und seine Spielkameraden vor dem Spielen an die Regeln erinnern, speisen Sie diese in das Arbeitsgedächtnis der Kinder ein. Sie werden sich deshalb mit größerer Wahrscheinlichkeit an die Regeln erinnern und sie auch tatsächlich befolgen.

- *Die soziale Mischung ändern.* Mit allen möglichen Menschen auskommen zu können ist eine wichtige Lektion fürs Leben. Dennoch gibt es Zeiten, in denen es Sinn macht, dass die Eltern eingreifen und die soziale Dynamik verändern. So kann es Kinder geben, mit denen zu spielen Ihrem Kind weniger gut tut. Oder Sie haben festgestellt, dass Ihr Kind sehr gut mit mehreren Kindern gleichzeitig spielen kann, solange eines davon nicht ausgerechnet Joey ist. Mit Joey kommt es wiederum zu zweit sehr gut zurecht. Es ist nichts Verwerfliches dabei, Spieltreffen oder andere soziale Situationen so zu strukturieren, dass explosive Mischungen vermieden werden. Wenn dies (wie zum Beispiel bei Familientreffen) nicht möglich ist, planen Sie von Vornherein, die Kinder stärker zu beaufsichtigen. So vermeiden Sie Probleme. Wir empfehlen Ihnen auch, Ihrem Kind schon vorher zu sagen, worin «Plan B» besteht. Sie könnten beispielsweise sagen: «Wenn ich merke, dass du dich unwohl fühlst, machen wir Folgendes ….» Überlegen Sie sich auch einen «Fluchtort», an den Sie beide sich vorübergehend zurückziehen können. Falls es dann tatsächlich Probleme gibt, ist das für keinen der Beteiligten peinlich.

Die Aufgabe verändern, die das Kind erledigen soll

Viele Kinder mit Problemen bei den Exekutivfunktionen kommen gut zurecht, solange sie selbst darüber entscheiden können, wie sie ihre Zeit verbringen. Sie lassen sich auf Aufgaben ein, die ihnen vom Wesen her entsprechen, und bleiben so lange dabei, wie es ihnen Spaß macht. Wird es ihnen langweilig, gehen sie zu etwas anderem über, das mehr Spaß verspricht. Das erklärt, warum Feriencamps für Kinder viel weniger stressreich sind als der Schulunterricht. Der Spaßfaktor hat dort einfach viel mehr Gewicht.

Als Eltern wissen wir jedoch alle, dass es nur sehr wenige Menschen gibt, die in ihrem Leben nur die Sachen machen können, die ihnen Spaß machen. Um Kinder auf die erwachsene Welt der Arbeit und der Pflichten vorzubereiten, erwarten wir von ihnen, dass sie auch Aufgaben übernehmen, die ihnen nicht unbedingt zusagen. Das können zum Beispiel Pflichten im Haushalt sein, Schularbeiten, das Befolgen vorgegebener Zeitpläne oder der Besuch langweiliger Familientreffen. Viele Kinder können die eigenen Vorlieben für eine Weile zurückstellen und etwas erledigen, das ihnen nicht gerade besonders viel Spaß macht. Kindern mit Schwächen bei den Exekutivfunktionen gelingt dies eventuell nicht so ohne weiteres.

Vieles lässt sich erleichtern, indem man die Aufgaben verändert, die das Kind erledigen soll:

- *Die Aufgabe verkürzen.* Kinder, die Probleme mit dem Initiieren von Handlungen und der Aufmerksamkeitssteuerung haben, sollten schon zu Beginn das *Ende absehen* können. Gerade im Umgang mit diesen Kindern zahlt es sich aus, ihnen lieber mehrere kleinere Aufträge zu geben als eine große Aufgabe zu stellen. Die Bitte, in einem Garten, der an den Sherwood Forest erinnert, das Laub zu harken, führt bei ihnen rasch zu völliger Entmutigung.
- *Für langwierige Aufgaben häufige Pausen vorsehen.* Wenn der Sherwood Forest unbedingt vom Laub freigeharkt werden muss und es keinen anderen Ausweg gibt, als Ihr Kind damit zu beauftragen, unterteilen Sie die Aufgabe und planen Sie spätestens alle 15 Minuten eine Pause ein.
- *Etwas in Aussicht stellen, worauf sich das Kind freuen kann, wenn die Arbeit vorüber ist.* In Kapitel 8 werden wir noch ausführlicher auf Anreize und Belohnungssysteme zu sprechen kommen. Doch können wir jetzt schon sagen, dass sich die Einstellung von Kindern zu einer Aufgabe am wirksamsten verändern lässt, wenn wir Ihnen für die Zeit nach deren Erledigung etwas Schönes in Aussicht stellen.
- *Ganz konkrete Aufträge geben.* Anstatt sie mit dem globalen Auftrag, «alles aufzuräumen», in ihr Zimmer zu schicken, sollten Kinder Teilaufgaben gestellt bekommen. Die Erledigung dieser Teilaufgaben können dann beide Seiten viel leichter kontrollieren. Stellen Sie eine Checkliste auf, zum Beispiel:

1. Schmutzige Kleider in den Wäschekorb legen.
2. Saubere Kleider in Schubladen verstauen oder auf Bügel hängen.
3. Bücher ins Regal stellen.
4. Spielzeug in der Spielzeugkiste verstauen.

Ähnliche Listen können für die Körperpflege am Morgen oder vor dem Schlafengehen, aber auch für Aufgaben im Haushalt aufgestellt werden. In Kapitel 10 zeigen wir dafür zahlreiche Beispiele.

- *Einen Zeitplan aufstellen.* Auch dies kann viel dazu beitragen, dass der Tag harmonisch verläuft. Setzen Sie feste Zeiten für Mahlzeiten, Schlafengehen, Erledigung häuslicher Pflichten und Schularbeiten fest. Die Kinder wissen dann, was auf sie zukommt. Es fällt Ihnen leichter, ein Gefühl für Regelmäßigkeit zu entwickeln. Alles gute Voraussetzungen dafür, Fähigkeiten wie Planen/Setzen von Prioritäten, Organisation und Zeitmanagement zu stärken.

- *Auswahlmöglichkeiten und Abwechslung vorsehen.* Anstatt einem Kind tagein tagaus die gleichen Aufgaben zu geben, kann man eine Liste der zu erledigenden Pflichten anlegen. Das Kind soll selbst entscheiden, welche es übernehmen will. Das erhöht die Akzeptanz. Vielleicht können Sie das Kind auch selbst bestimmen lassen, *wann* es eine Aufgabe erledigen will. Das kann sich jedoch durchaus als tückisch erweisen. Das gilt besonders für Kinder (oder Eltern!) mit schwachem Arbeitsgedächtnis, die später an ihre Zusagen erinnert werden müssen.

- *Die Aufgabe attraktiver machen.* Dies kann vielleicht schon dadurch geschehen, dass die Kinder die Aufgabe mit jemandem zusammen erledigen. Oder Sie könnten Ihnen erlauben, dabei Radio oder eine Lieblings-CD zu hören. Manche Eltern haben großes Geschick darin, Aufgaben in Spiele umzuwandeln. «Schau mal, ob du es schaffst, dein Zimmer aufzuräumen, ehe der Timer piept». «Komm, wir wetten, wie viele Lego-Teile auf deinem Fußboden liegen. Ich wette 100 – was meinst du?» Auf diese Weise verbinden die Eltern die zu erledigenden Aufgaben mit einem spielerischen Moment. Andere Möglichkeiten, Aufgaben in Spiele zu verwandeln, sind:

- Fordern Sie Ihr Kind auf, zehn Gegenstände in einer Minute wegzuräumen.

- «Blitz-Aufräumen»: Eine Lehrerin in unserem Bekanntenkreis lässt bei einem 15-minütigem Blitz-Aufräumen im Klassenzimmer mithelfen. Anschließend gibt es dann 15 Minuten freies Spiel.

- Spielen Sie beim Aufräumen so etwas wie «Die Reise nach Jerusalem». Legen Sie Musik auf und lassen Sie die Kinder durchs Zimmer wandern. Wenn die Musik plötzlich aufhört, müssen die Kinder stehen bleiben, alle Gegenstände im engen Umkreis aufheben und am richtigen Platz verstauen. Danach geht es wieder mit der Musik weiter.

- Schreiben Sie alle Aufgaben, die erledigt werden müssen, auf Zettel, die Sie anschließend zusammenfalten und in einen hübschen Behälter stecken. Das Kind zieht dann jeweils einen Zettel und führt die darauf stehende Aufgabe aus.

Die Interaktion mit dem Kind verändern

Je mehr Sie darüber wissen, wie Sie Kindern helfen können, unabhängig zu werden, desto klarer wird auch, wie Sie Ihre Interaktion mit Ihrem Kind so verändern können, dass es seinen Exekutivfunktionen nützt. Dies gilt insbesondere für die Interaktion *vor, während und nach* Situationen, in denen spezielle Fähigkeiten erforderlich sind. Sie sorgen auf diese Weise dafür, dass solche Situationen jetzt oder in der Zukunft besser verlaufen werden.

Was Sie *vor* einer problematischen Situation tun können

- *Mit dem Kind durchspielen, was geschehen kann und wie es damit umgehen wird.*
  Sara will am Nachmittag zu ihrer Großmutter gehen. Saras Mutter weiß, dass die Großmutter eine große Verfechterin der Methode ist, immer nur mit einem Spielzeug zu spielen. Ehe das nächste Spielzeug ausgewählt wird, soll Sara das vorherige wieder wegräumen. Auf der Autofahrt zur Großmutter spricht die Mutter mit Sara darüber, wie der Nachmittag verlaufen wird. Sie kommt mit Sara überein, dass diese sich daran erinnern wird, immer nur mit einem Spielzeug zu spielen. Sara weiß, wie wichtig die Regel für die Großmutter ist. Saras Mutter sagt ihr, wie zufrieden sie sein wird, wenn es Sara gelingt, die Regel aus diesem Grund tatsächlich auch zu befolgen.

Problematische Situationen im Vorhinein durchzuspielen oder zu proben kann auf jede exekutive Schwäche angewendet werden. Bei Kindern mit Problemen bei der Flexibilität, emotionalen Regulation oder Reaktionshemmung ist die Methode allerdings besonders hilfreich.

- *Verbale Erinnerungshilfen nutzen.* Dies ist im Grunde eine verkürzte Version des vorher erwähnten Durchspielens problematischer Situationen. Der Satz: «Denk daran, was wir besprochen haben», erinnert ein Kind an ein vorheriges Gespräch. Zugleich erinnert es sich an die Regel, die festgelegt wurde oder an ein Verhalten, das für eine bestimmte Situation vorausgeplant wurde.
  Andere Beispiele wären: «Wie lautet die Regel für das Spielen vorm Haus?» «Was sollst du tun, ehe du Mike anrufst und ihn zu dir einlädst?» «Was musst du als Erstes tun, wenn du von der Schule nachhause kommst?» Alle diese Fragen haben eine gemeinsame Eigenschaft: Sie bringen das Kind dazu, Informa-

tionen aus seinem Gedächtnis abzurufen. Sie könnten einwenden: «Was ist schon der Unterschied, ob ich meinem Sohn sage, er soll sein Zimmer aufräumen, ehe er Mike anruft, oder ob ich ihn frage, was er tun soll, ehe er seinen Freund einlädt?» Der Unterschied ist: Indem Sie Ihr Kind auffordern, die notwendigen Informationen selbst abzurufen, ermutigen Sie es dazu, seine eigenen Exekutivfunktionen zu aktivieren. Das heißt in diesem Fall: sein *Arbeitsgedächtnis*. Auf diese Weise bringen Sie das Kind der Unabhängigkeit ein kleines Stückchen näher. Falls es wirklich nicht mehr weiß, was es tun soll, können Sie ihm immer noch auf die Sprünge helfen. Sagen Sie aber nicht einfach: «Räum dein Zimmer auf.» Geben Sie ihm stattdessen nur gerade so viele Informationen, wie es braucht, um die Frage selbst beantworten zu können. Sagen Sie zum Beispiel: «Wir haben gestern Abend darüber gesprochen, bevor du ins Bett gegangen bist.» Oder fragen Sie: «Räum dein … *was?* … auf?»

- *Andere Erinnerungshilfen wie Symbole, Zettel, Listen, Wecksignale oder SMS einsetzen.* Ein Zettel auf dem Küchentisch mit dem kurzen Hinweis: «Bitte mit dem Hund rausgehen, ehe du spielen gehst» hilft einem Kind mit schwachem Arbeitsgedächtnis sich zu erinnern. Kommt es aus der Schule vor den Eltern nachhause, weiß es wieder, was getan werden muss. Manchmal können auch noch konkretere Erinnerungshilfen nützlich sein. Ein Beispiel dafür ist, dass das Kind seine Sporttasche vor die Tür legen soll. Es stolpert auf dem Weg zum Bus darüber und nimmt die Tasche mit. Einkaufs-, Erledigungs- und Packlisten werden von Erwachsenen genutzt, um sich an größere Informationsmengen erinnern zu können. Wir haben festgestellt, dass Kinder – insbesondere solche mit Problemen bei bestimmten Fähigkeiten – oft eine echte Abneigung dagegen haben, solche Listen anzulegen oder sich danach zu richten. Um Ihr Kind daran zu gewöhnen, könnten zunächst Sie die Listen aufstellen. Sie müssen Ihr Kind nur immer wieder erinnern: «Schau auf deine Liste.» Früher oder später wird Ihr Kind merken, wie hilfreich diese Strategie ist. Es wird dann ganz von selbst Listen anlegen. Dank der modernen Technologie sind Timer und Handys überall verfügbar und relativ preiswert. Kinder und Jugendliche mit Problemen beim Arbeitsgedächtnis, dem Initiieren von Handlungen, dem Zeitmanagement und dem Planen können solche Geräte nutzen, um sich an verabredete Aufgaben erinnern zu lassen. Ganz gleich, ob es sich um Aufgaben im Haushalt, Schularbeiten, Termine oder versprochene Anrufe handelt. Zur komplexen Welt eines Heranwachsenden im 21. Jahrhundert gehören viele Dinge, an die er sich erinnern muss. Nützlich sind auch Hilfsmittel wie ein «TimeTimer», der das Gefühl für die abgelaufene Zeit verstärkt, indem er die noch übrig bleibende Zeit deutlich sichtbar macht. Auch in viele Armbanduhren lassen sich über den Tag verteilt mehrere Erinnerungsstützen einprogrammieren.

Was Sie *während* einer problematischen Situation tun können

- *Dem Kind helfen, eine vorher eingeübte Verhaltensweise auch einzusetzen.* Ein gut platziertes: «Denk daran, was wir besprochen haben» kann einem Kind mit schlechtem Arbeitsgedächtnis oder schwacher Impulskontrolle enorm auf die Sprünge helfen. Wichtig ist, dass es möglichst in dem Moment gesagt wird, in dem sich ein bestimmtes Problem abzeichnet. Im Notfall können Sie auch «Time Out!» rufen und das Kind kurz aus der Situation herausnehmen, um das Besprochene noch einmal durchzugehen. Hilfreich kann auch sein, Kindern Stichwortkarten zu geben, die sie bei sich tragen und im entscheidenden Moment herausziehen können. Ein Beispiel für eine solche Stichwortkarte in Tabellenform zeigt die folgende Seite. (In die freien Felder lässt sich eintragen, wann und wo das Kind die eingeübte Verhaltensweise einsetzen sollte).

- *Das Kind erinnern, auf seine Liste oder seinen Zeitplan zu schauen.* Wenn sie neue Verhaltensweisen erlernen, vergessen Kinder anfangs nicht nur leicht, dass es diese neue Verhaltensweise gibt. Sie vergessen auch, dass dazu etwas aufge-schrieben wurde. Eine sanfte Erinnerung daran, auf ihre Liste zu schauen, kann sie wieder auf den richtigen Kurs bringen. Sie könnten ihnen sagen, bei wel-chem Schritt sie sind und was genau sie tun sollen. Doch auch hier ist es besser, sie aufzufordern, selbst auf die Liste zu schauen und die benötigten Informatio-nen abzurufen. Auf diese Weise fördert man den Übergang der Verantwortung vom Elternteil zum Kind.

- *Die Situation beobachten, um besser verstehen zu können, welche Auslöser und anderen Faktoren die Fähigkeit des Kindes zum erfolgreichen Einsatz exekutiver Funktionen beeinflussen.* Es kann sein, dass Sie nicht rasch genug eingreifen kön-nen. Es ist auch möglich, dass es nichts gibt, was Sie in einem bestimmten Moment tun könnten, um das Problem abzuwenden. Dennoch sollten Sie auch in solchen Situationen Ihre Beobachtungsgabe nutzen. Sie sollten in jeder Situation versu-chen zu bestimmen, welche Faktoren zu den Schwierigkeiten beitragen. Bei einer problematischen Situation zugegen zu sein, hilft Ihnen vieles besser zu verstehen. Zum Beispiel könnten Sie mitbekommen, wie Ihre ältere Tochter die jüngere so lange traktiert, bis diese die Beherrschung verliert. Oder Sie sehen, wie Ihr Sohn von älteren Kindern gehänselt wird und seine Wut anschließend an seiner kleinen Schwester auslässt. Natürlich kann man nicht immer so klar erkennen, was hinter bestimmten Problemen steckt. Doch wenn man eine schwierige Situation miter-lebt, lohnt es sich, darüber nachzudenken. Sie sollten dann mental einen Schritt zurücktreten und so objektiv wie möglich festhalten, was dort gerade geschieht. Durch solche Beobachtungen kann man viel darüber erfahren, wie sich die glei-che Situation in Zukunft besser bewältigen ließe.

Stichwortkarte für «Gutes Zuhören»

Woche:	Montag	Dienstag	Mittwoch	Donnerstag	Freitag
Wer? Wann?					
Die andere Person anschauen					
Aufmerksam sein und Interesse zeigen					
Körper stillhalten					
Nicht unterbrechen					
Bewertung: Einsatz exekutiver Funktionen					

+ = gleich unabhängig/erfolgreich; H = mit Hilfe; – = Funktionen nicht oder falsch eingesetzt.

Was sie *nach* einer problematischen Situation tun können, damit Ihr Kind beim nächsten Mal seine Exekutivfunktionen noch besser einsetzen kann

- *Das Kind für den Einsatz der Funktionen loben.* «Ich finde es gut, dass du nach nur einer Ermahnung mit den Hausaufgaben angefangen hast.» «Danke, dass du dich so gut beherrscht hast, als dein Bruder dich gehänselt hat.» «Ich war beeindruckt, dass du ohne Murren mit dem Videospiel aufhören konntest, um deine Pflichten zu erledigen.» All dies sind Beispiele dafür, wie Sie den effektiven Einsatz exekutiver Funktionen positiv verstärken können. In Kapitel 8 werden wir darauf noch näher eingehen.

- *Die Situation nachbesprechen.* Gehen Sie die Situation gemeinsam noch einmal durch. Schauen Sie, ob sich daraus etwas lernen lässt. Sprechen Sie mit Ihrem Kind darüber, was geschehen ist, was funktioniert hat, was eher nicht so gut war und was beim nächsten Mal vielleicht anders gemacht werden könnte. Gehen Sie dabei jedoch umsichtig vor. Es sollte Distanz zur problematischen Situation entstanden sein. Sonst kommen nur wieder die gleichen schlechten Gefühle hoch. Darüber hinaus sollte nicht übertrieben werden. Wir haben Eltern kennen gelernt, die sich über die Schwierigkeiten ihrer Kinder, neue Freunde kennenzulernen, extreme Sorgen machten. Das führte dazu, dass sie jede Begegnung mit anderen im anschließenden Gespräch bis ins Detail auseinandernahmen. Das hatte jedoch nur den Effekt, dass die Angst der Kinder vor sozialen Kontakten noch größer wurde. Sparsam eingesetzt kann die Methode jedoch zu wertvollen Einsichten verhelfen.

- *Sich mit anderen Beteiligten absprechen.* Dazu könnte gehören, andere, die das Ereignis ebenfalls beobachtet haben, um Rückmeldung zu bitten. So ist es möglich, neue Sichtweisen auf das Geschehene hinzuzugewinnen. Aber auch Hinweise an Babysitter und andere Betreuungspersonen, wie in bestimmten Situationen zu verfahren ist, fallen in diese Rubrik. Jede Absprache sollte dem Zweck dienen, die fragliche Situation beim nächsten Mal besser zu gestalten.

Wie wir schon anfangs gesagt haben, können wir das Umfeld verändern, ohne dass sich das Kind verändern muss. Wie viele der Strategien, die wir beschrieben haben, wird auch diese den Kindern im Laufe der Zeit helfen, Vorgehensweisen zu verinnerlichen, die ihre Exekutivfunktionen verbessern werden. In manchen Fällen werden viel Zeit und Geduld nötig sein. Die Frage ist, wie lange Sie warten können. Vielleicht droht Ihr Kind in der Schule zurückzufallen oder es leidet in anderer Hinsicht massiv an dem Mangel bestimmter Fähigkeiten. In diesem Fall kann es sein, dass Sie die Veränderung des Umfelds mit direkten Anweisungen an das Kind kombinieren möchten. Solche Anweisungen werden im nächsten Kapitel beschrieben. Sie können äußere Faktoren verändern, besonders problematische Aufgaben mithilfe spezieller Interventionen in Angriff nehmen oder einige Exekutivfunktionen in allen Lebensbereichen des Kindes ansprechen. Sie können aber auch die «Gerüsttechnik» und Spiele einsetzen, um Ihrem Kind eine «organischere» Art der Förderung zukommen zu lassen. Es gibt darüber hinaus die Möglichkeit, Anreize (oder, weniger empfehlenswert, Strafen) für den Einsatz exekutiver Funktionen in Aussicht zu stellen. Es ist Ihnen freigestellt, jede beliebige Kombination dieser Interventionen zu wählen. Alles hängt davon ab, wie gravierend die Probleme Ihres Kindes sind und wie viel Zeit Sie investieren können. Die nächsten Kapitel und der gesamte Teil III dieses Buches werden Sie über all diese Optionen informieren.

7 Exekutivfunktionen direkt vermitteln

Die 8-jährige Noriko tat sich schwer damit, sich morgens für die Schule fertig zu machen. Sie brauchte Ewigkeiten zum Anziehen, trödelte beim Frühstück und blieb vor dem Fernseher hängen, obwohl sie sich die Zähne putzen und das Haar kämmen sollte. Ihre Mutter kam sich vor wie eine gesprungene Schallplatte, weil sie ständig wiederholen musste: «Noriko, such deine Schuhe.» «Noriko, wasch dir das Gesicht.» «Noriko, hol deinen Ranzen, damit ich deine Pausendose hineintun kann.» Norikos Mutter mochte den nörgeligen Klang ihrer Stimme selbst nicht mehr hören. Aber sie wusste genau: Ohne ständige Antreiberei würde Noriko den Bus verpassen. Die Mutter beschloss, dass sich etwas ändern musste. Sie setzte sich nach dem Abendessen mit Noriko zusammen. Beide stellten eine Liste all der Dinge auf, die Noriko morgens zu erledigen hatte, um sich für die Schule fertig zu machen. Noriko war eine talentierte Künstlerin. Deshalb ließ ihre Mutter sie für jeden Schritt ein kleines Bildchen zeichnen. Ihre Mutter nahm die Bilder mit zu ihrer Arbeit und zog sie durch ein Laminiergerät. Anschließend kaufte sie Klettband und ein großes Stück Pappe. Sie klebte gemeinsam mit Noriko kleine Streifen auf die Rückseite der Bilder und auf die Pappe. Dann unterteilten sie die Pappe in zwei Spalten mit den Überschriften «NOCH TUN» und «SCHON GETAN». Die Mutter erklärte Noriko, dass sie ihr von nun an morgens nicht mehr sagen würde, was sie zu tun hätte. Stattdessen würde sie Noriko nur noch daran erinnern, auf ihren Plan zu schauen. Immer wenn sie mit einer Aufgabe fertig war, sollte sie die Karte aus der «NOCH TUN»-Spalte abziehen und in die «SCHON GETAN»-Spalte kleben. Wenn alle Bilder bis mindestens 15 Minuten vor der Abfahrtszeit des Busses in der «SCHON GETAN»-Spalte wären, dürfte sie den Fernseher einschalten und sich Cartoons ansehen, bis es Zeit war, zur Bushaltestelle zu gehen. Mehrere Wochen lang musste die Mutter Noriko noch daran erinnern, auf ihren Plan zu schauen, dann begann Noriko, die morgendlichen Aufgaben eigenständig zu erledigen. Ihre Mutter staunte, wie glatt jetzt alles lief. Sie hatte sogar Zeit, noch eine Tasse Kaffee zu genießen, während Noriko vorm Fernseher saß.

Im vorherigen Kapitel ging es darum, wie wir das Umfeld unseres Kindes so verändern können, dass die negativen Auswirkungen schwach entwickelter Fähigkeiten möglichst abgefangen werden. Tatsächlich ist dies oft die einfachste Methode im Umgang mit Problemen, die durch schwache Exekutivfunktionen entstehen. Am besten eignet sie sich natürlich bei jüngeren Kindern. Deshalb haben wir Kapitel 6 mit dem Beispiel eines 4-jährigen Jungen begonnen. Das Problem ist, dass sich Veränderungen des Umfelds nicht von einer Situation auf die andere übertragen lassen. Wenn Eltern in ihrem Repertoire allein auf diese Methode setzen, müssen sie dafür sorgen, dass sich *alle Umfelder* verändern, in denen ihr Kind agiert. Das ist schon schwierig genug, wenn sie mit ihrem Kind zusammen sind. Zu erwarten, dass all die anderen erwachsenen Bezugspersonen in der Schule, beim Reitunterricht, im Sportverein oder in der Nachbarschaft sich die gleiche Mühe geben, ist schlichtweg unrealistisch.

Die Alternative besteht darin, Kindern zu helfen, ihre Exekutivfunktionen weiter zu entwickeln und in wechselnden Umfeldern auch tatsächlich anzuwenden. Dafür stehen uns zwei Ansätze zur Verfügung: Wir können ihnen bisher unzureichend entwickelte Funktionen ganz direkt beibringen. Oder wir können sie dazu motivieren, den Einsatz vorhandener, aber zu wenig genutzter Funktionen stärker zu üben. Wir raten Eltern meist, beide Ansätze zu verfolgen. Deshalb sollten Sie nach diesem Kapitel gleich auch Kapitel 8 lesen. Denn erst dann können Sie entscheiden, wie Sie vorgehen möchten. Norikos Mutter nutzte sowohl die direkte Anweisung als auch die gezielte Motivation, um ihrer Tochter dabei zu helfen, die kritische Zeit am Morgen eigenständig zu bewältigen. Sie brachte ihr einerseits bei, welche Schritte sie zu befolgen hatte. Andererseits setzte sie eine Belohnung (Fernsehen) fest. Sobald Noriko es schaffte, die notwendigen Schritte effizient abzuhaken, wurde die Belohnung eingelöst. Im nächsten Kapitel werden wir erklären, wie man Kinder dazu motiviert, spezielle Fertigkeiten einzuüben und auch einzusetzen. In diesem Kapitel wollen wir uns auf die Frage konzentrieren, wie wir diese Fertigkeiten direkt vermitteln können.

Dafür gibt es zwei Möglichkeiten:

1. Natürlich und informell. Das heißt: Dadurch, wie Sie auf das Verhalten Ihres Kindes reagieren. Indem Sie von der allerersten Kleinkindzeit an mit ihm sprechen oder Spiele einsetzen, die zur Entwicklung verschiedener exekutiver Funktionen beitragen können.
2. Konkret und zielgerichtet. Das heißt: Indem Sie Ihrem Kind beibringen, wie man Aufgaben meistert, die den Einsatz von Exekutivfunktionen erfordern, mit denen es Probleme hat.

In diesem Kapitel werden wir Ihnen erklären, wie Sie diese Möglichkeiten für sich nutzen können. Viele Eltern entscheiden sich tatsächlich für beide. Überlegen Sie sich einmal, wie Eltern für gesunde Nährstoffe im Speiseplan ihres Kindes sorgen. Sie bereiten «Milch-Shakes» mit viel Jogurt und Obst zu. Mit «Gerüsttechnik» und gezielt eingesetzten Spielen lassen sich Gebrauchsanweisungen für Exekutivfunktionen ebenso geschickt in den Alltag «mogeln». Das Kind erhält so wertvolle Lektionen, wie sich spezielle Fertigkeiten entwickeln und einsetzen lassen. Und das jenseits so konfliktträchtiger Bereiche wie häuslicher Pflichten oder Schularbeiten! Gleichzeitig können Sie sich ein, zwei Problemfelder vornehmen, die alle Beteiligten stets aufs Neue frustrieren. Für diese entwerfen Sie ganz gezielte Interventionen. Sie sollten so angelegt sein, dass Ihr Kind alle wichtigen Fähigkeiten erwerben kann, die es benötigt, um die fraglichen Situationen zu meistern. (Alternativ können Sie eine der Interventionen einsetzen, die wir für typische Problemfelder bereits entwickelt haben; siehe Kapitel 10.)

Informelle Vermittlung exekutiver Funktionen

Die Forschung zeigt, dass Kinder von Müttern, die die «Gerüsttechnik» nutzen, im Vorteil sind. Haben Mütter die Technik bereits bei ihren Dreijährigen eingesetzt, lösen ihre Kinder mit 6 Jahren Probleme besser als Kinder von Müttern, die diese Technik nicht verwenden. Das heißt auch: Kinder, die diese Technik bereits als Kleinkinder kennen gelernt haben, sind in der Lage, Verhaltensweisen stärker zielgerichtet einzusetzen. Was meinen wir mit «Gerüsttechnik»? Es ist eine Technik, die dem Kind Erklärungen und Anleitungen gibt, die dem Entwicklungsgrad des Kindes angemessen sind. Auch sie beruht auf dem bereits bekannten Prinzip, *gerade so viel Unterstützung zu geben, dass das Kind erfolgreich sein kann.* Im Mittelpunkt steht der Versuch, dem Kind zu helfen, Beziehungen zu verstehen, Verbindungen zwischen Konzepten zu ziehen und neues Lernen mit altem Wissen zu verbinden. Je geschickter Kinder all dies einsetzen können – also Muster erkennen, Verbindungen ziehen und auf altes Wissen zurückgreifen –, desto einfacher ist es für sie, Pläne zu schmieden und organisatorische Grundlagen für diese zu schaffen. Gleichzeitig untermauern all diese Fertigkeiten die Metakognition. Das heißt: eine noch komplexere exekutive Funktion! Sie erlaubt, das eigene Denken gezielt zu nutzen, um ein Problem zu lösen.

Das Hintergrundwissen der Kinder zu vergrößern lohnt sich. Doch ebenso wichtig ist, dass Kinder üben, dieses Wissen auch auszubauen und neue Informationen mit bereits bekannten Fakten zu verbinden. Denn je größer ihr Hintergrundwissen ist und je öfter sie üben, desto leichter fällt es ihnen, die Informationen abzurufen und für verschiedene Zwecke einzusetzen. Auf diese Weise gelingt es ihnen beispielsweise immer besser, Pläne zu erstellen, Materialien zu organisieren oder Probleme zu lösen.

Verbale «Gerüsttechnik»

Es handelt sich hierbei um eine äußerst wirksame Strategie, die Eltern häufig schon instinktiv bei kleinen Kindern zum Einsatz bringen. Vielleicht, weil der Erfolg so rasch zu sehen ist. Denken Sie zum Beispiel daran, wie eine 2-Jährige auf Bilder von Tieren zeigt, während Sie deren Namen nennen. Oder daran, wie sie die korrekte Anzahl von Fingern hochhält, wenn Sie sie fragen, wie alt sie ist. Der Stolz auf dem Gesicht des Kindes schafft eine natürliche Motivation zum weiteren Einsatz der «Gerüsttechnik». Die Vorbereitung einer Mahlzeit und andere Haushaltspflichten in ein Spiel zu verwandeln, macht das Ganze für beide Seiten zu einem angenehmen Zeitvertreib. Leider sind viele Eltern heutzutage mit ihren Kindern gar nicht mehr so oft im Gespräch. Sie verlassen sich eher auf den Fernseher und andere Medien, wenn es darum geht, ihre Kinder zu beschäftigen. Denn sie meinen, auf diese Weise selbst in immer weniger Zeit immer mehr schaffen zu können. Falls auch Sie unter großem Zeitdruck stehen, denken Sie daran, dass sich die verbale «Gerüsttechnik» ganz problemlos in den Alltag einbauen lässt. Gute Gelegenheiten sind beispielsweise das Anziehen am Morgen, das gemeinsame Essen am Abend, das Anschauen von Fernsehsendungen, Situationen, in denen das Kind spielt, sowie die Fahrt zur Schule oder zum Kindergarten. Die folgende Tabelle gibt für derartige Situationen eine Reihe von Beispielen. Sie werden freudig überrascht sein, wie sehr Sie mit dieser Technik zum Aufbau exekutiver Funktionen beitragen können. Das wird Sie dann sicherlich motivieren, sie noch häufiger zum Einsatz zu bringen.

Es geht also zum einen darum, Kindern zu helfen darüber nachzudenken, was sie tun und warum. Zum anderen sollen sie an die Gefahren denken, die mit manchen Situationen und Verhaltensweisen verbunden sind. Je mehr sie das tun, desto stärker werden sie in der Lage sein, diese Art des Denkens zu nutzen, wenn es um das Lösen von Problemen geht. Bestimmte Ereignisse lösen bestimmte Gefühle aus. Kinder, die das verstehen, haben eine sehr viel größere Chance, Kontrolle über ihre Emotionen zu gewinnen. Zugleich können sie ihre Impulse besser regulieren. Je klarer sie den Zusammenhang von Ursache und Wirkung sehen, desto besser können sie planen. Wenn Sie Kindern erklären, warum etwas wichtig ist, werden diese sich mit größerer Wahrscheinlichkeit im entscheidenden Moment daran erinnern. Natürlich reichen Erklärungen allein nicht aus, um Kindern bei der Entwicklung besser funktionierender exekutiver Funktionen zu helfen. Ohne Erklärungen wird die Hilfe aber kaum wirksam sein.

Einsatz der «Gerüsttechnik» im Gespräch mit Vorschulkindern	
Kategorie	**Beispiel**
Fragen zur Zugehörigkeit von Gegenständen stellen	«Welches Teil gehört hierher?» (Dabei auf die freie Stelle eines Puzzles zeigen).
	«Wo ist das Hemd, das zu diesen Shorts gehört?»
Aktuelle Aktivitäten, Gegenstände oder Gesprächsthemen auf eine vorherige Erfahrung beziehen	«Das ist eine Giraffe. So eine hast du im Zoo gesehen.»
	«Das ist wie Kekse backen» (Beim Spielen mit Knete).
Wörter benutzen, um Sinneseindrücke zu beschreiben	«Das schmeckt scharf.»
	«Das klingt wie ein Kuckuck.»
Eigenschaften, Funktionen oder Merkmale eines Objekts beschreiben, die zur Problemlösung genutzt werden können	«Das ist nicht die gleiche Farbe» (Wenn es um die Entsprechung von Farben geht).
	«Schlag auf den Nagel. Er ist oben rund.»
Aktivitäten benennen, die mit einem Gegenstand durchgeführt werden können	«Miss dem Baby die Temperatur» (Beim Reichen eines Thermometers).
	«Damit putzt man sich die Nase» (Das Kind hält ein Taschentuch).
Mit Wörtern beschreiben, was man gerade tut	«So schiebt man das Auto.»
	«So öffnet man die Dose.»
Emotionen mit einer Ursache verbinden	«Dein Bruder weint, weil er den Ball haben will.»
	«Deine Schwester wird wütend, wenn du ihr das wegnimmst.»
Ursache und Wirkung erklären: Was man tun muss, damit etwas funktioniert	«Es ist zu kalt, um barfuß zu gehen. Deshalb musst Du Schuhe tragen, wenn du nach draußen gehst.»
	«Wenn du zu stark drückst, bricht die Bleistiftspitze.»
Einzelne Gegenstände mit übergreifenden Kategorien verbinden	«Schau dir all die Tiere an – ein Hund, eine Katze, ein Bär.»
	«In dem Puppenhaus sind Möbel. Hier ist ein Stuhl, da ist ein Tisch.»
Zwei Aspekte einer Aktivität miteinander verbinden	«Wenn wir Geburtstag feiern wollen, brauchen wir einen Kuchen.»
	«Komm, wir spielen Ringelreihe. Gib mir deine Hand.»

Nach: Landry, S. H. et al. (2002).

Andere Möglichkeiten, Exekutivfunktionen mithilfe der «Gerüsttechnik» in den Alltag einzubringen, sind zum Beispiel:

- *Fragen statt sagen.* Beispiele: «Warum bitte ich dich, vor dem Abendessen die Hände zu waschen?» «Was würde passieren, wenn ich dich so lange aufbleiben lassen würde, wie du willst?» «Hast du eine Idee, wie du dich besser daran erinnern könntest, deinem Lehrer den Genehmigungszettel zu geben?»
- *Erklären statt befehlen.* Manchmal verlassen wir Eltern uns auf Befehle und Anweisungen, die unsere Macht betonen: «Mach jetzt, was ich dir gesagt habe!» Oder: «Du machst das, weil ich es gesagt habe!» Das ist verständlich. Wir werden müde. Unser Kopf ist mit anderen Dingen beschäftigt. Daher haben wir das Gefühl, weder die Zeit noch die Energie zu haben, jede Kleinigkeit zu erklären und dabei auch noch auf das Alter und den Kenntnisstand unseres Kindes Rücksicht zu nehmen. Könnte die Frage nach dem Warum außerdem nicht nur eine Taktik des Kindes sein, um uns den Wind aus den Segeln zu nehmen? Ein Verdacht, der manchmal durchaus berechtigt sein mag. Doch selbst wenn dies der Fall sein sollte: Durch Befehle lässt sich die Entwicklung exekutiver Funktionen viel weniger fördern als durch Erklärungen. Erinnern Sie sich: Exekutivfunktionen sind die Fertigkeiten, die wir einsetzen, um Aufgaben auszuführen. Je mehr wir über eine bestimmte Situation wissen, desto effizienter können wir diese Informationen nutzen. Wer beispielsweise weiß, welche Ursachen und Wirkungen vorliegen, warum etwas wichtig ist oder warum etwas auf eine bestimmte Art und Weise getan werden muss, kann eine eigene Problemlösung finden. Er kann auch besser der Lösung einer anderen Person (zum Beispiel eines Elternteils) folgen. «Wenn du deine Medikament nicht nimmst, wirst du wieder Halsschmerzen bekommen», oder: «Wenn du dein Fahrrad im Regen stehen lässt, wird es rostig». Erklärungen unterstützen den Ausbau der Metakognition, verbessern aber auch das Arbeitsgedächtnis. Wir erinnern uns besser an etwas, wenn wir einen Grund haben, uns daran zu erinnern. Stellen Sie sich vor, jemand sagt zu Ihnen: «Vergessen Sie nicht, Ihren Reisepass mit zum Flughafen zu nehmen! Ohne wird man Sie nicht ins Flugzeug lassen und Sie können nicht mit nach Kanada in den Urlaub fliegen». Sie werden den Pass sicher mitnehmen.» Sagt jemand hingegen lediglich: «Vergessen Sie nicht, Ihren Pass mit zum Flughafen zu nehmen», ist keinesfalls sicher, dass Sie an den Pass denken. Das Gleiche gilt für Ihr Kind. Natürlich sollten Ihre Erklärungen umsichtig eingesetzt werden. Manche Kinder neigen dazu, Aufgaben abzuwehren, indem sie endlos nach den Gründen fragen. Antworten Sie in einem solchen Fall einmal ruhig und sachlich darauf und gehen Sie dann nicht mehr weiter darauf ein.

- *Zeigen Sie Ihrem Kind, dass Sie verstehen, wie es sich fühlt und warum es sich so fühlt.* «Du bist enttäuscht, weil du dich darauf eingestellt hast, zu deiner Freundin zu gehen, und jetzt klappt es heute nicht.» «Du machst dir Sorgen, weil du denkst, dass du dich bei deiner Rede versprichst und von den anderen ausgelacht wirst.»

- *Regen Sie bei Ihrem Kind eigene Überlegungen an.* Wenn Sie ständig Lösungen aufzeigen, Urteile abgeben oder Ihrem Kind sagen, was es das nächste Mal anders machen soll, nehmen Sie ihm die Chance, diese Denkprozesse selbst zu vollziehen. Fragen Sie lieber: «Was könntest du tun, um aus diesem Schlamassel wieder herauszukommen?» «Was meinst du, wie du dieses Referat hinbekommen hast?» «Was könntest du beim nächsten Mal anders machen, damit dein Freund nicht wieder früher nachhause gehen will?»

Spiele

Spiele bieten eine weitere Chance, Kindern auf informelle Weise dabei zu helfen, spezielle Fertigkeiten weiter zu entwickeln. Klassische Spiele wie Halma, Mühle, Dame oder Schach erfordern Fertigkeiten wie Planen, Aufmerksamkeitssteuerung, Reaktionshemmung, Arbeitsgedächtnis und Metakognition. Schon bei einem einfachen Brettspiel wie «Mensch ärgere dich nicht» braucht man Aufmerksamkeitssteuerung, Reaktionshemmung und zielgerichtete Beharrlichkeit. Bei komplizierteren Spielen wie Monopoly benötigt das Kind zusätzlich die Fähigkeit zum Planen und Setzen von Prioritäten sowie ein gutes Arbeitsgedächtnis. «Schiffe versenken» erfordert Aufmerksamkeitssteuerung, Planung und Organisation, Reaktionshemmung und Metakognition. Neue Spiele auf dem Markt sind ebenfalls oft unterhaltsam und zugleich anspruchsvoll. Orientierung geben zum Beispiel die Empfehlungen rund um den Kritikerpreis «Spiel des Jahres». Kurz: Spielen macht Spaß und es gibt dabei viel zu lernen. Setzen Sie sich auch deshalb immer wieder einmal zum gemeinsamen Spiel an den Familientisch. Ermutigen Sie Ihr Kind, mit seinen Geschwistern und Freunden Gesellschafts- und Brettspiele zu spielen.

Ab einem bestimmten Alter werden Videospiele für viele Kinder attraktiv. Auch in diesem Bereich gibt es Spiele, die den Aufbau exekutiver Funktionen unterstützen können. Jüngere Kinder können zum Beispiel bei «Webkinz» ein Haustier versorgen. Älteren Kindern bieten Strategiespiele eine Chance. Bei «Civilization» führen sie ein ganzes Volk durch die gesamte Menschheitsgeschichte, von der Steinzeit bis zur Gegenwart oder sogar zur Besiedlung eines neuen Planeten. Folgende Funktionen sind bei derartigen Spielen besonders gefragt: Aufmerksamkeitssteuerung, Reaktionshemmung, Planen/Setzen von Prioritäten, Organisation und Metakognition sowie zielgerichtete Beharrlichkeit. Sehr beliebt sind auch Manager-Spiele, bei denen zum Beispiel Sportmannschaften geführt werden müssen. Zeitmanagement und das Initiieren von Handlungen spielen dabei zusätzlich eine große Rolle.

Der Umgang mit Videospielen ist ein besonders heikler Bereich der Kindererziehung. Informieren Sie sich auf der Webseite der USK (Unterhaltungssoftware Selbstkontrolle, www.usk.de), der verantwortlichen Stelle für die Prüfung von Computerspielen in Deutschland. Dort finden Sie Beschreibungen, Hintergrundinformationen, Bewertungen und Altersempfehlungen für Computerspiele. Ebenfalls sehr informativ ist das «Internet ABC» der Bundesprüfstelle (www.bundespruefstelle.de). Es bietet eine Auswahl an Computerspielen, «die Kinder, unter Berücksichtigung des Alters bedenkenlos spielen können und die eine gewisse Qualität vorweisen können». Hilfreich ist auch der pädagogische Ratgeber für Computer und Konsolenspiele (www.spieleratgeber-nrw.de) des Vereins für Medien, Bildung und Kultur. Er verbindet umfassende Ratschläge zum Umgang mit Medien in der Familie mit einer ausführlichen Datenbank der getesteten und beurteilten Spiele.

Es sind aber nicht gleich modernste Spielideen nötig. Exekutivfunktionen lassen sich auch mit uralten Spielen wie «Drei gewinnt», «Galgenmännchen», «Käsekästchen» und diversen Fragespielen ausbauen – Spiele, die sich gut eignen, wenn man im Wartezimmer sitzt, sich auf einer längeren Autofahrt befindet oder im Restaurant auf das Essen wartet.

Alle diese Aktivitäten können Exekutivfunktionen verbessern. Wir sollten aber erwähnen, dass es bisher nur wenig Forschungsarbeiten darüber gibt, wie gut sich die so erlernten Fertigkeiten auf reale Situationen übertragen lassen. Dies ist derzeit noch eine offene Frage. Sie können die Wahrscheinlichkeit der Übertragung jedoch erhöhen. Weisen Sie Ihr Kind bei passender Gelegenheit darauf hin, welche spielerisch erlernte Fertigkeit in einer bestimmten realen Situation hilfreich sein könnte. Zum Beispiel: «Ehe wir uns ein Haustier anschaffen, sollten wir uns überlegen, was dabei alles zu bedenken ist. Wie war das gleich nochmal in deinem Computerspiel?»

Familienalltag

Eine andere Möglichkeit der Vermittlung spezieller Fertigkeiten bieten gemeinsame Aktivitäten wie Mahlzeiten planen, Lebensmittel einkaufen, kochen und backen, Kleider einkaufen, Urlaube planen oder zur Bank gehen. Derartige Aktivitäten bringen viel Spaß und Motivation für alle mit sich. Wohlgemerkt sprechen wir hier nicht davon, Aufgaben zu verteilen, sondern Kinder bewusst in Aktivitäten einzubeziehen, die für die Familie wichtig sind. Zum Lernen sind solche Aktivitäten ideal, weil sie von sich aus mit Anreizen verbunden sind: Eltern und Kinder kaufen oder essen etwas Schönes, bringen Geld auf die Bank oder unternehmen etwas Spaßiges im Urlaub. Darüber hinaus regen die gemeinsamen Aktionen zu vielfältigen Möglichkeiten der aktiven Teilhabe an. So kann das Kind zum Beispiel beim Kochen vom Hinzufügen einzelner Zutaten bis zum Vorbereiten einer ganzen Mahlzeit für ganz verschiedene Tätigkeiten zuständig sein. Auf diese Weise fördern gemeinsame Aktivitäten auch ein gewisses Maß an Unabhängigkeit. Zudem sind sie für jedes Alter geeignet, wobei wir empfehlen, möglichst früh anzufangen, denn kleinere Kinder sind von den verschiedenen Auswahlmöglichkeiten erfahrungsmäßig besonders begeistert. Sie begreifen die geplanten Aktivitäten weniger als Pflichtübungen als ältere Kinder.

Einige wichtige Überlegungen sollte man im Kopf behalten, wenn die Förderung exekutiver Funktionen auf diesem Wege effektiv sein soll:

- *Sie selbst müssen aktiv teilnehmen, als Vorbild dienen, Schlüsselfragen stellen und das Kind ermutigen.* Mit anderen Worten: Sie müssen sich als guter Frontallappen erweisen. Es hat wenig Zweck, das Kind an der Planung einer Aktivität zu beteiligen und dann mit der Ausführung allein zu lassen.
- *Das Kind muss echte Entscheidungs- und Wahlmöglichkeiten haben.* Stellen Sie sich folgende Situationen vor: Eine Mahlzeit, an deren Planung das Kind mitgewirkt hat, wird gar nicht gekocht. Die Lebensmittel auf der gemeinsam erstellten Einkaufsliste werden nicht gekauft. Sie sagen Ihrem Kind, es dürfe mitbestimmen, wohin sie im Urlaub fahren und was sie dort unternehmen. Dann lehnen sie jedoch alle Ideen Ihres Kindes ab. Ganz klar, dass das Kind rasch das Interesse verlieren wird. Ehe Sie Ihr Kind einbeziehen, müssen Sie deshalb überlegen, mit welchen Entscheidungen Sie leben können. Wenn Süßigkeiten auf der Einkaufsliste nicht vorkommen sollen, sagen Sie dies von vornherein. Schreiben Sie auf, was nicht in Frage kommt, ehe Sie mit der Ideensammlung beginnen. Oder machen Sie Ihrem Kind klar, dass es zwar nicht den Urlaubsort bestimmen, sich aber einen Tagesausflug wünschen darf.
- *Schätzen Sie die Interessen, die Aufmerksamkeitsspanne und das Durchhaltevermögen Ihres Kindes möglichst genau ein. Nur so können Sie ihm die Unterstützung geben, die es braucht, um erfolgreich zu sein und für seinen Beitrag wertgeschätzt zu werden.* Es ist wichtig, für Aufmerksamkeit und Interesse günstige Voraussetzungen zu schaffen. Sagen Sie Ihrem Kind rechtzeitig, wobei Sie seine Hilfe zu schätzen wüssten. Ganz gleich, ob es sich um eine Entscheidung über eine Mahlzeit, um die Erstellung einer Einkaufsliste oder um die Planung einen Urlaubs handelt. Sie sollten Ihr Kind bereits einige Zeit vorher fragen. «Ashley, wenn du

mit Spielen fertig bist, könntest du mir dann beim … helfen?» Wählen Sie eine
Zeit, in der das Kind nicht mit anderen interessanten Aktivitäten beschäftigt ist
und fragen Sie, ob es jetzt passt. Halten Sie das Gespräch vor allem bei jüngeren
Kindern kurz und stellen Sie ganz konkrete Alternativen zur Wahl. Beim ersten
Anzeichen nachlassender Aufmerksamkeit oder mangelnden Interesses danken
Sie dem Kind und beenden Sie das Gespräch. Wenn die von dem Kind gewählte
oder vorbereitete Aktivität ausgeführt wird, erwähnen Sie dies gegenüber den
Anwesenden: «Ashley hat heute die Speisefolge bestimmt». Ältere Kinder kön-
nen umfassendere Beiträge leisten, zum Beispiel Rezepte heraussuchen, bei der
Zubereitung helfen, nach Urlaubsangeboten suchen. Solange klar ist, welche
Optionen zur Verfügung stehen, sollten Sie sie ermutigen, sich im Rahmen ihrer
Möglichkeiten jederzeit mit ihren Wünschen einzubringen.

Direkte Vermittlung exekutiver Funktionen

Alle bisher besprochenen informellen Ansätze können für ein Kind sehr hilfreich
sein. Wenn Sie dieses Buch ausgewählt und bis hierhin gelesen haben, ist die
Chance allerdings groß, dass Sie ein Kind mit einem ganz bestimmten Defizit
haben, das eine direkte Intervention nötig macht. Wir stellen Ihnen deshalb eine
feste Abfolge von Schritten vor, die für das Vermitteln aller möglichen Verhaltensweisen eingesetzt werden kann. Das heißt: nicht nur für die in diesem Buch ange-
sprochenen! Diese Abfolge bildet sowohl die Grundlage für Interventionen, die
auf Routinehandlungen abzielen (Kapitel 10) als auch für individuelle Interventionen, die auf die Förderung bestimmter exekutiver Funktionen abgestimmt sind
(Kapitel 11–21).

Schritt 1: Problemverhalten beschreiben

Dies mag einfacher klingen als es tatsächlich ist. Je frustrierter Sie im Umgang mit
Ihrem Kind sind, desto wahrscheinlicher ist es, dass Sie das Problemverhalten in
ganz allgemeinen Begriffen beschreiben. Aussagen wie: «Mein Kind ist faul», «verantwortungslos» oder ein «Chaot», mit dem «nichts anzufangen» ist, bieten keinen wirklichen Handlungsansatz. Für die Vermittlung exekutiver Funktionen sind
Beschreibungen von Verhaltensweisen hilfreich, die man sehen oder hören kann.
Wichtig ist auch der Zusatz, wann oder unter welchen Umständen die Probleme
auftreten. Hier einige Beispiele:

- Mein Kind jammert und schimpft, wenn es Zeit für die Schularbeiten ist.
- Mein Kind macht Aufgaben nicht zu Ende, wenn es nicht ständig daran erinnert wird.

- Mein Kind lässt überall im Haus seine Sachen herumliegen.
- Mein Kind will seine Hausaufgaben schnell hinter sich bringen, macht sie unordentlich und voller Flüchtigkeitsfehler.

Warum ist es wichtig, das Problemverhalten zu definieren? Weil es Ihnen hilft herauszufinden, was genau Sie Ihrem Kind vermitteln wollen. Jemandem beizubringen, kein «Chaot» zu sein, ist eine undankbare, wenn nicht gar unmöglich zu bewältigende Aufgabe. Ein Kind dazu zu bringen, dass es seine Sachen nicht auf den Wohnzimmerfußboden schmeißt, ist dagegen ein erreichbares Ziel. Das ist unser Stichwort für den nächsten Schritt.

Schritt 2: Ein Ziel setzen

Das Ziel besteht oft in einer positiven Neuformulierung des Problemverhaltens. Es sagt aus, was von dem Kind erwartet wird. Diese Erwartungen sollten sich ebenfalls möglichst auf Verhaltensweisen beziehen, die man sehen oder hören kann. Mit Blick auf die oben beschriebenen problematischen Verhaltensweisen wären dies zum Beispiel:

- Mein Kind beginnt ohne Murren mit den Schularbeiten.
- Mein Kind führt Aufgaben ohne Ermahnung pünktlich zu Ende.
- Mein Kind holt seine Sachen vor dem Zubettgehen aus dem Wohnzimmer.
- Mein Kind macht Hausaufgaben ordentlich und mit nur wenigen Fehlern.

Manchmal kann es ausreichen, ein Ziel still für sich zu formulieren und im Hinterkopf zu behalten. Eine Mutter könnte zum Beispiel folgende Erwartung festhalten: «Wenn mein Sohn mit der Schule fertig ist, wird er hoffentlich in der Lage sein, sein Zimmer selbstständig aufzuräumen». Bei hartnäckigen – und wichtigen – Defiziten bei bestimmten Fähigkeiten kann es jedoch hilfreich sein, die Ziele offen und ausdrücklich zu benennen. Dass ein Kind daran denkt, seine Sportsachen mit nachhause zu bringen und sein Hausaufgabenheft mit in die Schule zu nehmen, sind Beispiele für Ziele, an denen wir ganz direkt arbeiten sollten.

Kinder einbeziehen

Es empfiehlt sich, die Kinder in die Formulierung der Ziele einzubeziehen, anstatt Ihnen nur mitzuteilen, was von ihnen erwartet wird. Dieser Ansatz passt zu dem, was wir in den Abschnitten zur «Gerüsttechnik» in diesem Kapitel bereits betont haben: Alles, was die aktive Teilhabe und ein unabhängiges, kritisches Denken fördert, stärkt auch die Exekutivfunktionen. In dem am Anfang dieses Kapitels geschilderten Fall setzte sich Norikos Mutter mit ihrer Tochter zusammen und besprach das Problem. Sie kamen überein, dass es ein wirkliches Problem war, das ihnen beiden den Start in den Tag vermieste. Die Mutter könnte gefragt haben: «Noriko, wie geht es dir damit, dass ich dich morgens andauernd antreibe?» Noriko könnte darauf geantwortet haben: «Meine Laune wird dadurch immer schlechter.» An diesem Punkt hätte die Mutter einhaken können: «Was hältst du davon, wenn wir versuchen, gemeinsam einen Plan aufzustellen, wie wir das morgens besser hinbekommen?»

Zwischenziele setzen

Für den Vermittlungsprozess ist es wichtig, das angestrebte Endergebnis zu bestimmen. Klar ist aber auch, dass Sie nicht sofort dort hingelangen werden. Deshalb müssen Sie sich Zwischenziele setzen und diese als wichtige Fortschritte auf dem Weg akzeptieren. «Ohne Ermahnungen mit den Hausaufgaben beginnen» kann ein gutes Ziel sein. Trotzdem müssen Sie am Anfang eventuell damit leben, dass «nach nicht mehr als drei Ermahnungen» mit den Hausaufgaben begonnen wird.

Woher können Sie wissen, was ein vernünftiges Zwischenziel ist? Am besten bestimmen Sie den Ist-Zustand als Vergleichsgröße und wählen eine leichte Verbesserung dieses Ist-Zustands als Zwischenziel. Vielleicht ermahnen Sie derzeit Ihre Tochter fünf- bis sechsmal, bis sie endlich mit den Hausaufgaben beginnt. Dann könnte ein Rückgang auf nicht mehr als drei oder vier Ermahnungen ein angemessener erster Schritt sein.

Um den Ist-Zustand möglichst genau zu bestimmen, brauchen wir eine messbare Größe, mit der wir Fortschritte vergleichen können. Im obigen Beispiel war dies die Anzahl der nötigen Ermahnungen. Andere messbare Größen sind zum Beispiel:

- *Die Zeitspanne zwischen der vereinbarten Zeit und dem Zeitpunkt, an dem das Kind tatsächlich mit einer Tätigkeit beginnt.* Beispiel: Sarah hat sich bereit erklärt, täglich um 15 Uhr mit den Hausaufgaben zu beginnen. Ihre Mutter schaut eine Woche lang auf die Uhr und schreibt auf, um wie viel später als 15 Uhr Sarah sich tatsächlich an ihre Schularbeiten setzt.
- *Die Dauer einer Aktivität.* Beispiel: Joey sagt, er würde jeden Tag 30 Minuten Trompete üben. Seine Mutter glaubt nicht, dass er so lange spielt. Sie stoppt, wie lange er tatsächlich übt. Auf diese Weise hat sie eine objektive Grundlage, wenn sie mit ihm über das Problem spricht.
- *Häufigkeit einer Verhaltensweise.* Es wird gezählt, wie oft ein Verhalten auftritt. Dabei kann es sich um positive Verhaltensweisen (zum Beispiel pünktlich fertig

gestellte Schularbeiten pro Woche) oder um problematische Verhaltensweisen (zum Beispiel Wutausbrüche pro Tag) drehen.

- *Anzahl der nötigen Ermahnungen, bis das Kind tut, was es tun soll.*
- *Bewertung mithilfe einer 5-Punkte-Skala.* Hat Ihr Sohn beispielsweise ein Problem im Umgang mit Stress oder Angst, könnte er zur Einschätzung des jeweiligen Schweregrads die folgende Skala benutzen:
  1 – Es geht mir gut.
  2 – Ich mache mir ein bisschen Sorgen.
  3 – Ich bin schon nervös.
  4 – Ich fühle mich aufgeregt.
  5 – Ich könnte ausrasten!

Solche 5-Punkte-Skalen lassen sich zur Einschätzung vieler Probleme sehr variabel einsetzen.

Besonders anschaulich wird es, wenn Sie die Entwicklung mithilfe einer Kurve darstellen. Ein Beispiel dafür sehen Sie in der nächsten Abbildung.

Es kann sein, dass es Ihnen zu umständlich oder schwierig erscheint, präzise Zwischenziele zu formulieren. Dann können Sie sich natürlich auch einfach «irgendeine Verbesserung» als Zwischenziel nehmen. Sie schauen, wie sich die Sache entwickelt. Zeigt sich kein spürbarer Fortschritt, können Sie den Ist-Zustand immer noch genauer bestimmen und sich ein realistisches Zwischenziel setzen.

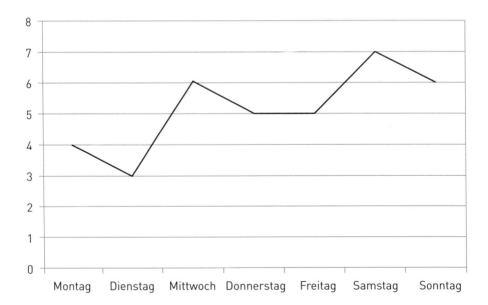

Anzahl der nötigen Ermahnungen

Schritt 3: Überlegen, welche Schritte nötig sind, um das Ziel zu erreichen

In Teil III werden wir dafür viele Beispiele bringen. Dabei werden wir vor allem auf Situationen eingehen, die uns von vielen Eltern als besonders frustrierend geschildert wurden.

Um auf Noriko zurückzukommen: Sie und ihre Mutter hatten eine Liste der Aufgaben zusammengestellt, die sie erledigen musste, ehe sie morgens zum Schulbus ging. Andere Ziele wie eine verbesserte Impulskontrolle oder emotionale Regulation lassen sich möglicherweise nicht so leicht in überschaubare Aufgaben fassen. Doch geben wir Ihnen auch dafür in Teil III anschauliche Beispiele.

Schritt 4: Nötige Schritte in einer Checkliste oder einem kurzen Regelwerk zusammenfassen

Mit diesem Vorgehen werden verschiedene Dinge erreicht: Erstens zwingt es Sie, klar und logisch zu denken. Zweitens entsteht eine dauerhafte Erinnerungshilfe, auf die Sie und Ihr Kind sich immer wieder beziehen können. Drittens vermittelt das schrittweise Abhaken der Punkte auf der Liste Ihrem Kind ein Gefühl der Befriedigung. Die erfolgreiche Erledigung von Teilaufgaben dient als unmittelbare Verstärkung auf dem Weg zum höheren Ziel. Und schließlich stärkt es die Verlässlichkeit. Die Liste dokumentiert, dass das Kind tatsächlich tut, was es zugesagt hat.

Noriko und ihre Mutter bastelten einen Plan mit beweglichen Bildern. Aber auch eine dreispaltige Checkliste (siehe nächste Abbildung) hätte hier gute Dienste getan. Während in der ersten Spalte die jeweilige Aufgabe genannt wird, kann in der zweiten mit Hilfe einer Strichliste vermerkt werden, wie viele Ermahnungen für ihre Ausführung nötig waren. Das ist besonders dann hilfreich, wenn die ständigen Ermahnungen für die Beteiligten äußerst nervig sind. In der letzten Spalte werden schließlich die erledigten Aufgaben abgehakt.

Nach einer Woche Arbeit mit einer solchen Checkliste sind oft schon erste Fortschritte zu sehen. Gleichzeitig zeigen sich auch die Problembereiche (in diesem Fall die Aufgaben, für die besonders viele Ermahnungen nötig sind). Am Ende des Kapitels finden Sie eine Blanko-Checkliste, die Sie kopieren und für Ihre Zwecke abwandeln können.

Ehe wir zum nächsten Schritt übergehen, wollen wir noch eine andere Fertigkeit ansprechen, die wir Kindern vermitteln wollen. Sagen wir, der 12-jährige Todd hätte ein Problem mit der emotionalen Regulation, das auf unterschiedlichste Weise zum Ausdruck kommt. Seinem Vater macht am meisten Sorgen, wie rasch er in Wut gerät, wenn er bei seinen Schularbeiten auf ein Hindernis stößt.

Checkliste «Morgens für die Schule fertig machen»		
Aufgabe	Anzahl Ermahnungen (卌)	Erledigt (✔)
Aufstehen		
Anziehen		
Frühstücken		
Zähne putzen		
Haare kämmen		
Ranzen packen		

Grundsätzlich kann es in jedem Fach vorkommen, bei den Matheaufgaben ist es nach den Beobachtungen von Todds Vater jedoch am schlimmsten. Er beschließt, mit Todd darüber zu sprechen, ob es nicht bessere Methoden gibt, mit solchen Schwierigkeiten umzugehen. Ein solches Gespräch kann nicht gut gehen, wenn Todd gerade wütend ist. Todds Vater ist klug genug, sich das klar zu machen. Deshalb wartet er auf eine Situation, in der Todd eine Matheaufgabe ohne Probleme gelöst hat. Er beginnt das Gespräch mit der Bemerkung, wie gut es heute im Vergleich zu manch anderen Tagen gelaufen sei. Dann fragt er Todd, woran dies liegen könne. Todd sagt: «Tja, ich wusste ja auch genau, was ich tun soll. Ich habe mich daran erinnert, was Mr. Frank gesagt hat, als er uns diese Art von Aufgaben erklärte. Ich werde wütend, wenn ich mich nicht daran erinnern kann – oder wenn ich denke, ich könnte mich erinnern, und trotzdem funktioniert es nicht.»

Der Vater fragt Todd, ob er schon vorher wüsste, dass es mit bestimmten Aufgaben ein Problem geben würde oder ob sich das erst beim Rechnen selbst herausstellen würde. Todd sagt: «Beides – aber am wütendsten werde ich, wenn ich dachte, ich würde es schaffen, und dann schaffe ich es doch nicht.»

Todds Vater begegnet Todd mit viel Mitgefühl. Außerdem nutzt er eine Methode, die man in der Psychologie «spiegelndes Zuhören» nennt. Er benennt Todds Reaktion noch einmal:«Das macht dich so wütend, dass du dein Mathebuch am liebsten gegen die Wand schmeißen würdest, hm?» So bringt der Vater Todd dazu, darüber nachzudenken, was ihm den Umgang mit der Frustration erleichtern könnte. Schließlich vereinbaren sie, dass Todd vom Schreibtisch aufstehen wird, sobald er merkt, dass bei den Matheaufgaben Wut in ihm aufsteigt. Er wird aus seinem Zimmer und hinunter ins Wohnzimmer gehen. Dort sitzt um diese Tageszeit meist sein Vater und liest Zeitung. Todd weiß aus Erfahrung, dass dies manchmal schon ausreicht, um den Kopf freizubekommen. Auf einmal erinnert er sich dann wieder, wie die Matheaufgaben gehen. Für den Fall, dass dies einmal nicht zutreffen sollte, vereinbaren sie, dass er seinen Vater um Hilfe bitten wird. Die Regeln für den Umgang mit seinen Matheaufgaben lassen sich also in zwei Wörtern zusammenfassen: «gehen» und «reden». Sein Vater nimmt eine Karteikarte und schreibt darauf:

Mathe-Rettungsanker

1. Gehen

2. Reden

Damit Todd sich jederzeit daran erinnern kann, klebt er die Karteikarte auf Todds Schreibtisch.

Schritt 5: Üben und unterstützen

Erwarten Sie nicht, dass Ihr Kind neue Verhaltensweisen an den Tag legt, sobald Sie ihm die dafür notwendigen Schritte erklärt haben. Machen Sie sich klar, dass neue Verhaltensweisen Übung brauchen. Sie würden ja auch nicht davon ausgehen, dass es alle Regeln eines komplizierten Sports wie Baseball beherrscht, nachdem es einmal den Abschlag mit dem Baseballschläger geübt hat. Kinder brauchen Aufsicht und fortlaufende Unterstützung, wenn sie neue Fertigkeiten erlernen sollen. Diese Unterstützung müssen Eltern dem Kind ganz selbstverständlich und ohne jeden Groll zukommen lassen.

Wir empfehlen, das neue Verhalten in einer Art «Trockenübung» erst einmal spielerisch auszuprobieren. Als Noriko und ihre Mutter den neuen Plan aufgehängt hatten, sagte die Mutter: «Lass uns das gleich mal ausprobieren.» Sie gingen in Norikos Zimmer und spielten die einzelnen Schritte durch. Noriko legte sich aufs Bett und tat so, als würde sie schlafen. Ihre Mutter kam herein und rief: «Aus den Federn, Noriko!» Noriko sprang aus dem Bett, lief zu dem Plan und klebte das «Aufstehen»-Schild in die «SCHON GETAN»- Spalte. Dann tat sie so, als würde sie sich anziehen, und klebte das zweite Bild um. So machten sie weiter, bis die ganze Liste abgearbeitet war.

Noriko und ihre Mutter waren nun für den realen Einsatz ihres Planes bereit. In der ersten Woche musste die Mutter Noriko noch daran erinnern, an den Plan zu denken. Bald stellte sie aber fest, dass Noriko, wenn sie ein Bild in die «SCHON GETAN»-Spalte klebte, gleich auf das nächste Bild schaute. So führte die Belohnung (das Umsetzen des Bildes) auf ganz natürliche Weise zum nächsten Schritt in der Abfolge. Es dauerte gar nicht lange, bis die Mutter Noriko gar nicht mehr erinnern musste.

Für Todds Vater war es ein bisschen schwerer, seinen Sohn von einer «Trockenübung» zu überzeugen. Schließlich stand Todd kurz vor der Pubertät und hielt jede Art von Rollenspiel für «Kinderkram». Sein Vater beschloss kurzerhand, das neue Verhalten selbst vorzuführen und dabei so zu tun, als wäre er Todd. Er besann sich auf seine komödiantische Ader und hoffte, auf diese Weise Todd doch noch in das Geschehen hineinziehen zu können. Er raunte dem Mathebuch ein paar erfundene Schimpfwörter zu, holte aus, als ob er es an die Wand werfen wollte, und hielt dann plötzlich in der Bewegung inne. «Moment!», rief er mit ironischer Stimme. «Mein Vater will unbedingt, dass ich nach unten gehe. Also mache ich das jetzt mal. Was soll's, dass ich nicht die geringste Lust dazu habe?» Todd musste lachen und war nun bereit, seine eigene Parodie auf die Situation vorzuspielen. Am Ende spielten sie beide Versionen durch. Das heißt: eine, bei der das bloße Weggehen zur Beruhigung führte und Todd selbst wieder einfiel, wie er die Aufgaben lösen konnte, und eine, bei der er seinen Vater um Hilfe bitten musste. Nachdem sie diese Probeaufnahmen «im Kasten» hatten, fühlte es sich nicht mehr ganz so verrückt an, als die Situation dann zum ersten Mal tatsächlich auftrat. Damit er die Vereinbarung nicht vergaß, sagte der Vater in den ersten Wochen, ehe Todd sich an die Matheaufgaben setzte: «Okay, Todd, wie lautet der Plan, wenn du merkst, dass du wütend wirst?» Nach einer Weile beobachtete der Vater, dass Todd die gleiche Methode von sich aus auch bei anderen Schularbeiten einsetzte, bei denen er nicht vorankam.

Schritt 6: Unterstützung zurücknehmen

Hier haben wir es erneut mit den letzten beiden Prinzipien aus Kapitel 5 zu tun. Häufig wird der Fehler gemacht, dass Eltern bereits aufhören, ihre Kinder zu unterstützen, bevor sie die gewünschten Funktionen erlernt haben. Ebenso oft wird die Unterstützung aber auch nicht rechtzeitig genug zurückgenommen.

Hier ein Beispiel dafür, wie dieser Prozess gelingen kann: Die 13-jährige Molly ist im 7. Schuljahr. Sie hat auf eine neue Schule gewechselt, an der es deutlich mehr Hausaufgaben gibt als im 6. Schuljahr. Das liegt zum Teil daran, dass die vielen verschiedenen Fachlehrer sich nicht absprechen. Beim ersten Elternsprechtag kam heraus, dass Molly ihre Hausaufgaben öfter nicht erledigt und deshalb in einigen Fächern schlechtere Noten bekommen hatte. Als die Eltern Molly darauf ansprachen, sagte sie: «Ich kann mir einfach nicht merken, was ich alles machen muss. Immer vergesse ich was!» Der Klassenlehrer hatte Mollys Eltern erklärt, alle Lehrer seien angehalten, ihre Hausaufgaben auf die Webseite der Schule zu stellen. Die Eltern vereinbarten mit Molly, dass sie die täglichen Schularbeiten von nun an damit beginnen würde, auf die Webseite zu schauen und sich einen Plan zu machen. Gemeinsam zeichneten sie eine Tabelle, in die Molly alle Fächer eintragen konnte, in denen sie Hausaufgaben hatte. Mithilfe einer eigenen Spalte konnte sie auch gleich planen, wann sie die einzelnen Aufgaben erledigen wollte. In einer letzten Spalte konnte Molly alle Aufgaben abhaken, die sie erledigt hatte. (Ein solcher «Täglicher Hausaufgabenplaner» findet sich in Kapitel 10 sowie am Ende dieses Kapitels.) Anfangs füllte Molly den Planer gemeinsam mit ihrer Mutter aus, wenn diese nachmittags von der Arbeit nachhause kam. Sie musste daran erinnert werden, zur verabredeten Zeit mit den Schularbeiten zu beginnen und die erledigten Aufgaben abzuhaken. Mit der Zeit stellte die Mutter jedoch fest, dass sie sich ein wenig zurücknehmen konnte. Im folgenden Kasten sehen Sie, wie sie ihre Unterstützung an Mollys Bedürfnisse anpasste und allmählich zurückfuhr. Am Ende des 7. Schuljahres schaute Molly weiterhin täglich auf die Webseite der Schule, um sicherzugehen, dass sie keine Aufgaben vergessen hatte. Die Erledigung der Hausaufgaben war bei ihr inzwischen jedoch zur Routine geworden. Sie brauchte daher über eine kurze Liste der anstehenden Aufgaben hinaus keinen ausführlicheren Plan mehr zu führen.

Allmähliches Zurückfahren der Unterstützung

Erreichte Unabhängigkeit beim Planen von Hausaufgaben
- Das Kind füllt Tabelle mit Unterstützung aus; braucht Erinnerungshilfen, um die Tabelle einzusetzen.
- Das Kind braucht Erinnerungshilfen, um die Tabelle einzusetzen und gelegentliche Hilfestellung beim Planen der Hausaufgaben
- Das Kind braucht Erinnerungshilfen, um die Tabelle einzusetzen sowie eine Überprüfung am Ende
- Das Kind braucht Erinnerungshilfen, um die Tabelle einzusetzen, aber keine Überprüfung am Ende.
- Das Kind benutzt Tabellen eigenständig und ohne Erinnerungshilfen.

Der Vermittlungsprozess: Zusammenfassung

Lassen Sie uns nun den gesamten Vermittlungsprozess noch einmal zusammenfassen. Dazu wählen wir einen weiteren, sehr häufigen Problembereich: das Aufräumen des Kinderzimmers. Ebenso wie der Spracherwerb benötigt auch das selbstständige Aufräumen eines Zimmers seine Zeit. Eltern, die ihren Kindern beibringen wollen, wie sie ihr Zimmer aufräumen, müssen, wie wir gesehen haben, anfangs als Frontallappen ihrer Kinder agieren. Und was machen die Frontallappen?

- Sie stellen einen Plan, ein Organisationsschema und eine Reihe konkreter Anweisungen auf.
- Sie überwachen die Fortschritte.
- Sie sorgen für Ermutigung, Motivation und Rückmeldung.
- Sie lösen Probleme, wenn etwas nicht funktioniert.
- Sie bestimmen, wann eine Aufgabe erledigt ist.

In *Phase 1* wird der Ablauf stark von den Eltern bestimmt. Hier einige Aussagen, die Eltern in dieser Phase treffen könnten:

- «Lass uns jetzt anfangen.»
- «Räume deine Autos in diese Kiste.»
- «Bring deine schmutzigen Kleider in den Wäschekorb.»
- «Stell deine Bücher ins Regal.»
- «Unter dem Bett liegt noch Spielzeug.»
- «Es sieht nicht so aus, als würde das ganze Spielzeug in die eine Kiste passen. Wir müssen eine zweite Kiste holen.»
- «Wenn du fertig bist, kannst du mit deinen Freunden spielen.»
- «Ich weiß, du hast keine Lust dazu. Aber du bist schon fast fertig und danach wirst du dich toll fühlen!»
- «Ist das nicht ein schönes Gefühl, für heute mit der Arbeit fertig zu sein?»

Schritte bei der direkten Vermittlung exekutiver Funktionen

1. Das Problemverhalten, an dem man arbeiten will, möglichst genau beschreiben.
2. Ein Ziel setzen.
   - Das Kind dabei einbeziehen.
   - Zwischenziele formulieren.
3. Aufzeigen, welche Schritte nötig sind, um das Ziel zu erreichen.
4. Die Schritte in einer Checkliste oder einem kurzen Regelwerk zusammenfassen.
5. Üben und unterstützen.
6. Unterstützung allmählich zurücknehmen.

In *Phase 2* bieten die Eltern Informationen an, ohne selbst Ausführende zu sein. Gemeinsam mit dem Kind legen sie eine Liste, einen bebilderten Plan oder eine andere dauerhafte Erinnerungsstütze an. So geben sie dem Kind die richtigen

Signale. In diesem Stadium sagen die Eltern dem Kind nicht mehr, was es tun soll, sondern erinnern nur daran: «Schau auf deine Liste.»

In *Phase 3* treten die Eltern ein weiteres Stück zurück. Fragen ersetzen nun die Anweisungen der Eltern. Anstatt das Kind daran zu erinnern, auf die Liste zu schauen, fragen sie: «Was musst du jetzt tun?» Die bewusst offen formulierten Fragen der Eltern zwingen das Kind zur eigenständigen Problemlösung oder zumindest dazu, aus dem Gedächtnis die Informationen über den nächsten notwendigen Schritt abzurufen.

In *Phase 4* ist die Übertragung abgeschlossen. Das Kind kann an einem Samstagmorgen aufwachen, sich in seinem unordentlichen Zimmer umsehen und sich sagen: «Was muss ich jetzt tun?» Gut möglich, dass das Kind inzwischen ein Teenager oder ein junger Erwachsener ist! Manchmal dauert es eben ein bisschen länger, bis Kinder bestimmte Verhaltensweisen voll und ganz verinnerlicht haben.

Verzweifeln Sie nicht. Kinder können lernen. Der Lernprozess vollzieht sich in jedem Falle schneller (oder geht zumindest weiter voran), wenn Sie dafür sorgen, dass sie motiviert bleiben. Das ist das Thema des nächsten Kapitels.

Checkliste		
Aufgabe	Anzahl Ermah-nungen (卌)	Erledigt (✔)

Täglicher Hausaufgabenplaner

Datum:

Fach/Aufgabe	Habe ich alle notwendigen Materialien?		Brauche ich Hilfe?		Wer kann mir helfen?	Wie lange wird es dauern?	Wann werde ich anfangen?	Erledigt (✔)
	Ja	Nein	Ja	Nein				

8 Ihr Kind zum Lernen motivieren

Die Eltern der 3-jährigen Melissa fangen gerade damit an der Tochter beizubringen, hinter sich aufzuräumen. Als Teil des Abendrituals helfen Mutter und Vater ihr, in ihrem Kinderzimmer Ordnung zu schaffen. Dabei ermutigen sie die Tochter und leiten sie freundlich an: «Jetzt räumen wir die Puzzles ein», «Jetzt müssen wir nur noch deine Puppen wegräumen». Sie loben sie fürs Mithelfen, wenn alles fertig ist. Wie gut diese Methode funktioniert, merken sie, als Melissa anfängt, sich selbst zu loben. «Ich arbeite gut mit, oder, Papa?», fragt Melissa eines Abends, ehe ihr Vater noch die Chance hat, ihr dasselbe zu sagen.

Der 9-jährige Raj liebt Videospiele. Er könnte Stunden damit verbringen. Seinen Eltern wird klar, dass sie seine Spielzeit begrenzen müssen, damit er körperliche Bewegung und frische Luft bekommt. Als er nach den Sommerferien zurück in die Schule geht, reden Rajs Eltern mit ihm. Sie würden sich Sorgen machen, weil er so viel Zeit mit Videospielen verbringt und zu wenig körperliche Bewegung hätte. Sie fragen ihn, was sie daran ändern könnten. Zusammen einigen sie sich auf eine neue Regel: Raj spielt nur noch eine Stunde am Tag. Er darf dies auch nur, wenn er sich vorher ebenso lange draußen bewegt hat. Als Raj später herausfindet, dass es ein Videospiel gibt, das die körperliche Fitness trainiert, verändern sie die Regel. Er kann sich nun das Fitnessspiel an jedem zweiten Tag als eine Stunde Bewegung anrechnen.

Logan ist 13 und seit langem schon ein begeisterter Skiläufer. In letzter Zeit haben viele seiner Freunde jedoch damit angefangen, Snowboard zu fahren. Das möchte er jetzt auch gern lernen. Den ganzen letzten Winter über hat er seinen Eltern damit in den Ohren gelegen, ihm nicht nur einfach irgendein, sondern ein echtes Spitzen-Snowboard zu kaufen. Nur so könne er wettkampfmäßig Snowboard fahren.

Logans Eltern machen sich seit einigen Jahren Sorgen wegen seiner Einstellung zur Schule. Sie haben den Eindruck, dass er sich nicht genug anstrengt, obwohl er klug ist und später studieren will. Sie sind ohnehin auf der Suche nach etwas, das ihn motivieren kann, mehr für die Schule zu tun. Am Beginn des 8. Schuljahrs sprechen sie mit Logan. Sie sagen ihm, sie wüssten, dass er ein aktives Kind ist, das ungern still am Schreibtisch sitzt und lernt. Deshalb seien sie bereit, mit ihm einen Handel abzuschließen. Sie fragen ihn, ob es etwas gäbe, wofür er sich anstrengen würde. Logan erinnert sie an das Snowboard, dass er gern im nächsten Winter hätte. Zusammen arbeiten sie einen Vertrag aus: Logan nimmt sich vor, in Tests und Arbeiten nach Möglichkeit mindestens eine 2- zu schreiben. Für jede Woche, in der er nicht mehr als eine 3 bekommt, werden 20 Punkte gutgeschrieben. Für jede 2 oder 1 kommen fünf weitere Punkte hinzu. Wenn er bis Ende des Jahres 300 Punkte gesammelt hat, werden seine Eltern ihm das gewünschte Snowboard zu Weihnachten schenken. Logans Eltern bitten seine Lehrer, sich kurz per E-Mail bei ihnen zu melden, wenn Logan eine 3 oder eine schlechtere Note bekommt. Um die Extrapunkte zu verdienen, wird Logan seinen Eltern den Test oder die Arbeit als Beweis vorlegen. Nach dieser Übereinkunft bessern sich Logans Noten rasch.

Die drei Beispiele beschreiben verschiedene Möglichkeiten, Kinder zum Erlernen spezieller Fähigkeiten zu motivieren. Manchmal, wie im Fall von Melissa, reicht es schon aus, sich positiv zum Verhalten des Kindes zu äußern. In anderen Fällen, wie bei Raj, geht es vor allem darum, die Pflicht vor die Kür zu setzen. Wie der mit Logan geschlossene Vertrag zeigt, müssen die Strategien gelegentlich aber auch schon etwas ausgefeilter sein, um dem gewünschten Ziel näher zu kommen.

Motivation ist wichtig – ganz egal, ob Sie versuchen, Ihr Kind dazu zu bekommen, neue Fertigkeiten zu entwickeln, oder ob es in erster Linie darum geht, bereits vorhandene auch einzusetzen. Einige Eltern arbeiten mit Strafen. Wir dagegen plädieren für einen ausgeglichenen Ansatz, der so viel Betonung wie möglich auf das Positive legt. Ein echter Mangel eines auf Strafen gestützten Ansatzes ist, dass den Kindern dabei nicht gesagt wird, was sie tun sollen. Stattdessen wird nur betont, welches Verhalten *nicht* erwünscht ist. Außerdem kann die Konzentration auf das Negative die Beziehung zwischen Eltern und Kind nachhaltig beschädigen. Allzu häufig sagen uns Eltern, die einen auf Strafen gestützten Ansatz verfolgten: «Ich habe nichts mehr, was ich ihm wegnehmen könnte», und das Kind sagt: «Ich habe nichts mehr zu verlieren.»

Exekutivfunktionen mit Lob verstärken

Wie im ersten Beispiel beschrieben, ist es eigentlich ganz einfach, Lob und Anerkennung auszusprechen. So können Eltern zu ihrem 5-jährigen Kind sagen: «Du hast von selbst daran gedacht, dir nach dem Frühstück die Zähne zu putzen Ich musste dich gar nicht daran erinnern. Das ist toll!» Vielleicht meinen Sie, die Tugend sei sich selbst der Preis. Dann denken Sie daran, dass wir es mit Kindern zu tun haben, die unsere Zustimmung suchen. Wenn sie diese Zustimmung bekommen, ermutigt sie das. Sie werden das gelobte Verhalten wiederholen, um das Lob noch einmal zu hören. (Und welcher Erwachsene, den Sie kennen, braucht nicht wenigstens hin und wieder ebenfalls ein wenig Lob?)

Unserer Meinung nach ist das Lob eine der am meist unterschätzten (und am seltensten benutzten) Mittel zur Förderung von Verhaltensänderungen, das Eltern zur Verfügung steht. Erfahrene Erziehungsexperten empfehlen, für jede Kritik an dem Kind drei positive Aussagen zu treffen, mit denen man das Kind lobt. In der Praxis ist dies nicht immer zu realisieren. Trotzdem ist es ein Ziel, auf das hinzuarbeiten sich lohnt.

Wir sollten auch darauf hinweisen, dass bestimmte Arten von Lob wirksamer sind als andere. So sind zum Beispiel globale Aussagen («Braves Mädchen!», «Gut gemacht!) in der Regel weniger wirkungsvoll als ein ganz konkretes Lob, das darüber hinaus noch individuell auf das jeweilige Kind und das zu verstärkende Verhalten zugeschnitten ist. Im nächsten Kasten sehen Sie die Grundregeln für ein besonders effektives Lob.

Effektives Lob

1. Es wird unmittelbar nach dem positiven Verhalten ausgesprochen.
2. Es benennt die Besonderheiten des positiven Verhaltens («Danke, dass du dein Spielzeug aufgeräumt hast, gleich nachdem ich dich darum gebeten hatte»).
3. Es sagt dem Kind, welcher Vorteil durch das positive Verhalten entstanden ist («Wenn du dich zügig für die Schule fertig machst, verläuft der Morgen für uns alle viel entspannter!»).
4. Es erkennt an, dass sich das Kind angestrengt hat («Ich habe gesehen, dass du dir ganz viel Mühe gegeben hast, dich zu beherrschen!»).
5. Es motiviert das Kind, das eigene positive Verhalten wertzuschätzen und an Problemlösungen zu arbeiten («Es gefällt mir, wie du darüber nachgedacht und eine gute Lösung für das Problem gefunden hast).

Die Lockvogel-Methode

Etwas, worauf sich das Kind freuen kann, wenn es eine bestimmte Fertigkeit eingesetzt oder eine Aufgabe erledigt hat, ist gleich nach dem Lob das zweitstärkste Mittel der Motivation. Tatsächlich wird diese Methode von vielen Eltern genutzt, die ihre Kinder dazu bewegen wollen, etwas zu tun, worauf diese nicht so viel Lust haben. Die jahrelange Arbeit mit Familien (ebenso wie die Beobachtung unseres eigenen Verhaltens) hat eine Einsicht immer wieder bestätigt: Die Aussicht auf etwas Schönes, auf das man sich freuen kann, wenn eine lästige Aufgabe erledigt ist, kann regelrechte Energieschübe freisetzen. Sie wirkt wie der Zündfunke bei einem Motor, der ihn sofort anspringen lässt. Negative Gedanken oder Gefühle, die wir eventuell mit der vor uns liegenden Aufgabe verbinden, treten in den Hintergrund. Die Lockvogel-Methode kann bei Erwachsenen ebenso wirksam sein wie bei Kindern. Selbst kleine Belohnungen können uns ein großes Stück voranbringen. Ich (Peg) belohne mich zum Beispiel selbst öfter mit ein, zwei Spielen Solitär, wenn ich einen besonders schwierigen Abschnitt in einem psychologischen Text abgeschlossen habe. Und wenn ich abends eine Pflicht zu erledigen habe, die mir besonders mühevoll erscheint (zum Beispiel wenn ich Anrufe tätigen muss, was ich wirklich hasse), verabrede ich mit mir selbst, den Nachtisch vom Abendessen erst zu essen, wenn die Aufgabe erledigt ist.

Anreize positiv statt negativ formulieren

Kindern wird oft gesagt: «Solange dein Zimmer nicht aufgeräumt ist, wird nicht am Computer gespielt», oder: «Du darfst nicht rausgehen, bis du nicht die Spülmaschine eingeräumt hast.» Wir empfehlen unbedingt, die Betonung vom Negativen auf das Positive zu verlegen: «Sobald du dein Zimmer aufgeräumt hast, darfst du am Computer spielen», oder: «Du darfst rausgehen, sobald du die Spülmaschine eingeräumt hast.» Der Unterschied mag auf den ersten Blick geringfügig erscheinen. Trotzdem glauben wir, dass er äußerst wichtig ist. Wenn Sie den Zugang zu einer erwünschten Aktivität positiv in Aussicht stellen, lenken Sie den Blick Ihres Kindes auf die Belohnung. Wenn Sie ihm den Zugang hingegen durch Bedingungen verwehren, hat es vor allem die Mühe im Blick. Erst, wenn es diese aufbringt, gelangt es zur Belohnung. Alles, was wir in unserer Forschung an Daten über den Wechsel von einer negativen zu einer positiven Betonung gesammelt haben, spricht für die Wirksamkeit positiver Formulierungen: Regeln werden bereitwilliger befolgt und Verweigerungsverhalten und Machtkämpfe nehmen deutlich ab, wenn Eltern gegenüber ihren Kindern eher positive als negative Aussagen treffen.

Formellere Anreize schaffen

Lob und Vorfreude auf eine schöne Belohnung reichen allerdings nicht immer aus, um Kinder für schwierige Aufgaben zu motivieren. In diesem Fall könnte ein formelleres Vorgehen ratsam sein. Hat Ihr Kind ADHS, könnten Sie mit diesem Vorgehen bereits vertraut sein. Falls nicht, folgen Sie den nachstehenden Schritten:

Schritt 1: Problemverhalten beschreiben und ein Ziel setzen

Dies mag Ihnen bekannt vorkommen, weil es mit den ersten beiden Schritten im vorherigen Kapitel über die Vermittlung exekutiver Funktionen identisch ist. Wie Sie sicher noch wissen, ist es äußerst wichtig, das Problemverhalten ebenso wie das letztlich erwünschte Zielverhalten so genau wie möglich zu beschreiben. Geht es zum Beispiel um das Erledigen häuslicher Pflichten nach der Schule, könnte das Ziel lauten: «Joe erledigt seine Pflichten im Haushalt ohne Ermahnungen bis 16 Uhr 30.»

Schritt 2: Belohnungen vereinbaren

Wird ein Plan aufgestellt, was erledigt werden muss, damit eine Belohnung «ausgezahlt» wird, ist wichtig, dass eher lästige Aufgaben immer vor den beliebteren Aufgaben kommen (denken Sie an das in Kapitel 5 beschriebene «Omagesetz»). In manchen Fällen reicht dies schon völlig aus. Um das Ganze etwas abwechslungsreicher zu gestalten, hat es sich bewährt, eine ganze «Auswahlliste» von Belohnungen anzubieten. Das Kind kann sich wie von einer Speisekarte etwas auswählen. Man kann sich ein System ausdenken, nach dem das Kind für das Zielverhalten Punkte bekommt. Die Punkte kann es dann gegen die gewünschte Belohnung umtauschen. Je höher die Belohnung, desto mehr Punkte sind dafür notwendig. Auf der Auswahlliste sollten zum einen größere Belohnungen stehen, die zu verdienen eine Woche oder einen Monat dauert. Auf der anderen Seite sollte die Liste aber auch kleinere Belohnungen enthalten. Diese können dann schon mal nach einem Tag abgerufen werden. Es können materielle Belohnungen (ein Lieblingsessen, ein Spielzeug, ein Buch), aber auch gemeinsame Unternehmungen (ein gemeinsames Spiel, ein besonderer Ausflug, ein Kinobesuch) sein. Auch was nach der Erledigung der Aufgaben («Pflicht») getan werden darf («Kür»), lässt sich in einem solchen Plan festlegen (zum Beispiel mit Freunden spielen, fernsehen, lesen). Ein Beispiel für ein solches System findet sich im nächsten Kasten.

In diesem Buch geht es in erster Linie um das Verhalten zu Hause. Doch lässt sich die gleiche Methode auch so anwenden, dass ein erwünschtes Zielverhalten in der Schule mit einer Belohnung zuhause verbunden wird. Dies kann aus einer ganzen Reihe von Gründen effektiv sein. Erstens bietet es eine gute Gelegenheit für die Zusammenarbeit von Schule und Elternhaus bei der Lösung von Verhaltensproblemen. Zweitens wird die Grundlage für eine positive Kommunikation zwischen Elternhaus und Schule geschaffen. Und drittens steht den Eltern oft eine größere Bandbreite möglicher Belohnungen zur Verfügung als den Lehrkräften. In eine gemeinsam abgesprochene Tabelle können die Lehrer eintragen, wie viele Punkte das Kind an einem Tag verdient hat.

Muster für einen Belohnungsplan

Problemverhalten
Die nach der Schule im Haushalt zu erledigenden Pflichten werden vergessen.

Ziel
Die Pflichten im Haushalt werden bis 16 Uhr 30 ohne Ermahnungen erledigt.

Mögliche Belohnungen (2 Punkte für jede erledigte Aufgabe)

Täglich (1 Punkt)	**Wöchentlich (5 Punkte)**	**Langfristig**
• Eine zusätzliche Sendung im Fernsehen anschauen	• Videospiel ausleihen	• Videospiel kaufen (20 Punkte)
• Zusätzliche Zeit für Videospiele	• Am Wochenende Freund zum Übernachten einladen	• CD kaufen (12 Punkte)
• Mit dem Vater Fußball spielen	• Mutter macht Lieblingsnachtisch	• Essen gehen (15 Punkte)
• Eine halbe Stunde länger aufbleiben	• Darf bestimmen, was es zu essen gibt	

Wenn die Aufgaben erledigt sind:
• Darf mit Freunden spielen
• Darf tägliche Fernseh- oder Videospielzeit nutzen

Schritt 3: Einen Vertrag abschließen

Im Vertrag sollte genau festgehalten werden, wozu das Kind sich bereit erklärt und welche Rolle die Eltern spielen werden. Vergeben Sie aber nicht nur Punkte und Belohnungen, sondern loben Sie Ihr Kind grundsätzlich immer dafür, dass es sich an den Vertrag hält. Schließen Sie außerdem grundsätzlich nur einen Vertrag, mit dem Sie selbst leben können. Kündigen Sie keine Kontrollen oder Strafen an, die Sie nicht ausführen wollen oder können (zum Beispiel weil beide Elternteile noch bei der Arbeit sind, wenn das Kind von der Schule nach Hause kommt, Sie also gar nicht überwachen können, ob das Kind gleich nach dem Essen mit den Hausaufgaben anfängt). Suchen Sie in einem solchen Fall lieber nach Alternativen. Ein Beispiel für einen Verhaltensvertrag finden Sie im nächsten Kasten, je einen Blankoplan und -vertrag am Ende dieses Kapitels.

> ## Muster für einen Verhaltensvertrag
>
> **Kind erklärt sich bereit:** Häusliche Pflichten ohne Ermahnungen bis 4 Uhr 30 erledigen.
>
> **Die Eltern helfen dem Kind, indem sie:** Eine Liste der Aufgaben auf den Küchentisch legen.
>
> **Das Kind bekommt:** 5 Punkte für jeden Tag, an dem es die Aufgaben ohne Ermahnungen erledigt. Die Punkte können gegen die Belohnungen auf der Belohnungsliste eingetauscht werden.
>
> **Wenn das Kind sich nicht an die Abmachung hält:** Bekommt es keine Punkte.

Schritt 4: Auswerten und – falls notwendig – verändern

Wir müssen Sie vorwarnen, dass unserer Erfahrung nach nur selten ein Belohnungssystem gleich auf Anhieb reibungslos funktioniert. Erstens sind Kinder erstaunlich geschickt darin, die Schlupflöcher in einem Vertrag zu finden («Du hast nur gesagt, ich müsste meine Hausaufgaben bis 18 Uhr 30 fertig machen. Du hast nicht gesagt, dass sie auch richtig sein müssen!»). Zweitens muss an den Regeln, den in Aussicht gestellten Punkten und den vereinbarten Belohnungen oft noch ein wenig gebastelt werden, bis alles so funktioniert, wie Sie es sich gedacht haben.

Oft werden wir von Eltern gefragt, wie sie es hinbekommen sollen, nur für ein Kind und nicht für alle Geschwister ein solches System zu installieren. Denn das System scheint Kinder mit Problemen gegenüber denen ohne Probleme zu «belohnen». Wir haben jedoch die Erfahrung gemacht, dass die meisten Geschwisterkinder die Sache verstehen, wenn man sie ihnen ausdrücklich erklärt. Falls es trotzdem Probleme gibt, haben Sie mehrere Möglichkeiten:

1. Sie könnten für die Geschwister ein ähnliches System mit anderen Zielen einführen. *Jedes* Kind hat einen Bereich, in dem es sich noch verbessern könnte.
2. Sie könnten verabreden, mit den anderen Kindern von Zeit zu Zeit etwas Besonderes zu machen, damit diese sich nicht zurückgesetzt fühlen.
3. Sie könnten Belohnungen ausschreiben, die der ganzen Familie zugutekommen (zum Beispiel in ein chinesisches Restaurant essen gehen).

Exekutivfunktionen insgesamt durch Motivation verstärken

Alle bisherigen Beispiele kreisten um ein ganz konkretes Zielverhalten, das verbessert werden sollte: an die Erledigung häuslicher Pflichten denken, bessere Noten bekommen, Zimmer aufräumen und so weiter. Die gleichen Strategien können Sie aber natürlich auch nutzen, um Ihrem Kind zu helfen, seine Exekutivfunktionen insgesamt zu verbessern. Wollen Sie zum Beispiel das Initiieren von Handlungen verstärken, können Sie Ihr Kind jedes Mal, wenn es ohne Ermahnungen mit einer Aufgabe beginnt, dafür loben. Folgende Beispiele für ein konkretes Lob beziehen sich auf das Initiieren von Handlungen: «Danke, dass du den Geschirrspüler ausgeräumt hast, gleich nachdem du von der Schule nachhause gekommen bist», und: «Es gefällt mir, dass du um fünf mit deinen Hausaufgaben angefangen hast, genau wie wir es besprochen hatten». Vielleicht haben Sie das Gefühl, eine gewichtigere Verstärkung einsetzen zu müssen. Dann können Sie jedes Mal, wenn Ihr Kind etwas zur vereinbarten Zeit und nach höchstens einer Ermahnung beginnt, einen Chip in ein Glas tun. Wenn das Glas voll ist (oder das Kind eine vorher vereinbarte Anzahl von Chips verdient hat), wird eine Belohnung ausgegeben.

Wenn Sie bis hierhin gelesen haben, besitzen Sie jetzt ein tiefgehendes Verständnis davon, wie man kindliche Schwächen bei den Exekutivfunktionen ausgleichen kann. In Teil III wollen wir deshalb von den allgemeinen Grundlagen zur praktischen Anwendung übergehen. Anhand zahlreicher Beispiele sowohl aus unserer Erfahrung als Eltern als auch aus unserer klinischen Erfahrung werden Sie dort nachlesen können, wie Sie das Gelernte umsetzen können. Wir werden Ihnen zeigen, wie sie all die Probleme lösen können, die sich im Alltag stellen, weil es bei den Exekutivfunktionen Ihrer Kinder Schwächen gibt.

Muster für einen Belohnungsplan

Problemverhalten

_____

_____

_____

_____

_____

Ziel

_____

_____

_____

_____

_____

Mögliche Belohnungen

Täglich	Wöchentlich	Langfristig

Wenn die Aufgaben erledigt sind:

_____

_____

_____

_____

_____

Muster für einen Verhaltensvertrag

Kind erklärt sich bereit:

_____

_____

_____

_____

_____

Die Eltern helfen dem Kind, indem sie:

_____

_____

_____

_____

_____

Das Kind bekommt:

_____

_____

_____

_____

_____

Wenn das Kind sich nicht an die Abmachung hält:

_____

_____

_____

_____

_____

Teil III
Das Erlernte
in die Praxis umsetzen

9 Praktische Schritte richtig organisieren

In Kapitel 6–8 haben Sie die drei wesentlichen Ansatzpunkte für die Stärkung exekutiver Funktionen kennen gelernt. Sie können

1. das Umfeld Ihres Kindes verändern,
2. ihm die fehlende oder unzureichend ausgeprägte exekutive Funktion direkt vermitteln und
3. Ihr Kind durch angemessene Anreize motivieren.

Das klingt einleuchtend, aber wo soll man beginnen? Und wie viel muss man tun, um eine positive Veränderung im Leben des Kindes bewirken zu können?

Wie schon am Anfang dieses Buches versprochen, werden wir Ihnen die Sache so einfach wie möglich machen. Wir werden Ihnen eine große Vielfalt verschiedener Lösungsmöglichkeiten anbieten. Wie viel Sie selbst dann aktiv tun, bleibt Ihrer eigenen Entscheidung überlassen. Auch innerhalb der Grenzen der Ihnen zu Verfügung stehenden Zeit und Energie haben Sie eine große Chance, messbare Verbesserungen zu erreichen.

Dem Ziel, alle Maßnahmen möglichst einfach zu halten, fühlen wir uns derart verpflichtet, dass unsere erste und wichtigste Faustregel lautet:

1. Tun Sie als Erstes immer nur gerade so viel, wie für den Erfolg Ihres Kindes nötig ist

Natürlich können Sie alles einsetzen, was wir in Kapitel 5–8 erklärt haben. Dazu können Sie mehrere der in Kapitel 9–21 beschriebenen Interventionen auswählen. So können Sie einen wahrhaft ausgefeilten, aus vielen verschiedenen Komponenten bestehenden Handlungsplan entwerfen. Gehen wir einmal davon aus, dass Sie dieses Buch lesen, weil Sie sich wünschen, dass Ihr Leben einfacher wird. Gleichzeitig wollen Sie Ihrem Kind den richtigen Schub geben, damit es die Fähigkeiten entwickelt, die es braucht, um im Leben zu bestehen. Probieren Sie es deshalb zuerst immer mit dem geringsten Interventionsaufwand:

- *Können Sie Ihr Ziel durch eine einfache Veränderung des Umfelds erreichen, die Ihr Kind im Laufe der Zeit verinnerlichen kann? Wenn das der Fall ist, sollten Sie sich auf jeden Fall dafür entscheiden.* Ein Zettel auf dem Küchentisch mit der Nachricht: «Bitte gleich nach der Schule mit dem Hund rausgehen», ist ein gutes Beispiel dafür. Was passiert, wenn Sie den Zettel drei Wochen lang hinlegen und ihn dann weglassen? Erinnert sich Ihr Kind trotzdem daran, mit dem Hund rauszugehen? Falls ja, ist sein eigenes Arbeitsgedächtnis angesprungen und hat den Fall übernommen. Sie fragen Ihr Kind, wie lange es für seine Matheaufgaben brauchen wird. Wenn dessen Angaben immer häufiger mit der Zeit übereinstimmen, die es dann tatsächlich mit den Aufgaben verbringt, wissen Sie, dass sich sein Zeitmanagement bessert. (In Kapitel 6 wird ausführlich beschrieben, wie man das Umfeld verändern kann, um die Entwicklung exekutiver Funktionen zu fördern.)

- *Sie meinen, dass Ihr Kind bereits eine bestimmte Fertigkeit besitzt. Es muss eigentlich nur noch ermutigt werden, sie auch tatsächlich einzusetzen. Ist das der Fall, könnte es bereits völlig ausreichen, Ihr Kind mit passenden Anreizen zu motivieren.* Vielleicht haben Sie Ihrer Tochter eine Mappe besorgt, in der sie lose Arbeitsblätter mit Hausaufgaben sammeln kann. Trotzdem stopft sie ihre Arbeitsblätter weiter willkürlich in alle möglichen Bücher und Hefte und kann sie später dann nicht mehr wiederfinden. Ihre Motivation könnten Sie zum Beispiel dadurch steigern, dass sie an jedem Tag, an dem sie Ihnen die gesammelten Arbeitsblätter mit den fertigen Hausaufgaben in der Mappe zeigt, 5 Punkte bekommt. Sobald 25 Punkte erreicht sind, darf sie sich dann bei iTunes ein Lied für Ihren iPod herunterladen. Oder vielleicht braucht Ihr Sohn Hilfe dabei zu lernen, seinen kleinen Bruder nicht ständig aufzuziehen. Ihn könnten Sie beispielsweise motivieren, indem Sie in der Stunde vor dem Abendessen für alle zehn Minuten, in denen er seinen Bruder in Ruhe lässt, einen Chip in ein Glas stecken. Hat er bis zum Abendessen sechs Chips verdient, bekommt er seinen Lieblingsnachtisch (siehe Kapitel 8 für weitere Hinweise zum gezielten Motivieren).

- *Wenn Sie das Gefühl haben, dass Ihr Kind von der «Gerüsttechnik» und bestimmten Spielen profitieren könnte, probieren Sie diese Methode als Erstes aus.* Beim Spielen lässt sich vieles lernen. Ein Kind, das versucht, ein «würdiger Gewinner» oder ein «würdiger Verlierer» zu sein, übt sich im Regulieren seiner Emotionen. Das Kind lernt darüber hinaus zu warten, bis es dran ist oder ein schwächeres Mitglied des eigenen Teams zu tolerieren (siehe Kapitel 7).

Aller Wahrscheinlichkeit nach gibt es trotzdem einige Funktionen, die direkt vermittelt werden müssen oder einen mehrgleisigen Ansatz verlangen. Nehmen wir zum Beispiel langfristige Schularbeiten wie längere Aufsätze oder Referate. Ein solches Projekt muss in Teilaufgaben unterteilt werden, für die dann ein Zeitplan aufgestellt wird. Das sind Fertigkeiten, die man vielen Kindern erst einmal beibringen muss. Vielleicht reicht es aber auch bei solch langfristigen Aufgaben völlig aus, das Vorgehen (wie in Kapitel 10 beschrieben) gründlich zu erklären und einige Male praktisch durchzuexerzieren. Oder denken Sie an das Zeitmanagement. Vielleicht hat Ihr Kind kein rechtes Zeitgefühl. Es weiß einfach nicht, wie lange es braucht, um bestimmte Aufgaben zu erledigen. In diesem Falle kann es völlig genügen ihm zunächst beizubringen, wie man die benötigte Zeit realistischer einschätzen kann, und dann das Vorgehen ein paar Mal gemeinsam durchzuspielen. Besteht das Problem darin, dass das Kind einfach nicht weiß, wie es geht, helfen Ihnen die Kapitel 9–21 weiter. In ihnen wird erklärt, wie Sie Ihrem Kind die benötigten Fertigkeiten direkt vermitteln können.

Doch was, wenn das nicht genügt? Sie haben Ihrem Kind eine Funktion beigebracht und es hat sie eingeübt. Dennoch nimmt das Kind weiterhin zu Verzögerungstaktiken und Ausweichmanövern Zuflucht, sobald es bestimmte Aufgaben erledigen soll. Ein solches Verhalten ist ein deutliches Anzeichen dafür, dass Sie einen mehrgleisigen Ansatz brauchen. Manchmal reicht das Verständnis, wie etwas funktioniert, nicht aus. Das Kind hat nach wie vor das Gefühl, dass die Erledigung bestimmter Aufgaben ihm unverhältnismäßig viel Mühe abverlangt. Daher tut es alles, um derartige Aufgaben zu vermeiden. Für solche Fälle zeigen Kapitel 9–21, wie sich Motivation und Fehlersuche so kombinieren lassen, dass Aufgaben, die Ihrem Kind «unlösbar» erscheinen, bald leichter zu handhaben sind.

Falls der allereinfachste Ansatz nicht greift, haben Sie immer noch zahlreiche Möglichkeiten:

2. Machen Sie sich anschließend mit den wichtigsten Prinzipien vertraut

In diesem Kapitel finden Sie Richtlinien für die Intervention bei bestimmten unzureichend entwickelten Fähigkeiten. Sie bilden die Grundlage für alle Strategien, die Sie in diesem Buch kennenlernen werden. Lesen Sie deshalb dieses Kapitel gründlich durch, ehe Sie irgendwelche Interventionen anwenden. Blättern Sie hierhin zurück, wenn Sie eine Strategie ausprobieren und diese nicht funktioniert. Es könnte daran liegen, dass Sie ein wichtiges Prinzip vergessen haben und Ihr Vorgehen ändern müssen, um es stärker berücksichtigen zu können.

3. Beginnen Sie dann mit dem Üben alltäglicher Aufgaben

In unserer Sprechstunde nennen Eltern häufig die gleichen alltäglichen Aufgaben, die bei ihren Kindern mit Schwächen bei den Exekutivfunktionen verbunden sind. Eltern von Vorschul- und jüngeren Grundschulkindern klagen beispielsweise oft darüber, dass die Kinder morgens nicht rechtzeitig fertig werden, abends nicht ins Bett zu bekommen sind, ihr Zimmer nicht aufräumen oder sich nicht beherrschen können. Eltern von älteren Grundschul- und Mittelstufenkindern führen dagegen oft an, dass die Kinder mit ihren Hausaufgaben nicht zurande kommen, ihre Hefte unordentlich führen oder mit langfristigen Schularbeiten nicht fertig werden. Wir wissen, dass innerfamiliäre Kämpfe über diese täglich anstehenden Aufgaben den Eltern (und auch den Kindern) das Leben schwer machen. Sie erleichtern sich das Leben binnen kurzem, wenn Sie solche Aufgaben direkt mit den von uns bereits vorbereiteten Interventionen angehen. Deshalb empfehlen wir Ihnen dringend, gleich nach den oben genannten Minimallösungen diese fertigen Vorschläge auszuprobieren. In Kapitel 10 finden Sie detaillierte Pläne, Tabellen und Checklisten für die bessere Bewältigung von 20 verschiedenen alltäglichen Aufgaben, die bei Kindern mit schwachen Exekutivfunktionen häufig zu Problemen führen.

Eine alltägliche Aufgabe auswählen und mit dieser beginnen

Besonders leicht wird es für Sie, wenn Sie sich die Liste der alltäglichen Handlungen am Anfang des Kapitels anschauen und sofort eine entdecken, die Sie schon häufig verflucht haben. Vielleicht ist es der allmorgendliche Kampf, bis sich Ihr Kind endlich für die Schule fertig gemacht hat. Dieser bringt Ihr Kind so durcheinander, dass es sich in den ersten Unterrichtsstunden gar nicht konzentrieren kann. Auf diese Weise bekommt es immer schlechtere Noten. Oder ist es der vergebliche Versuch, Ihr Kind abends einigermaßen frühzeitig ins Bett zu bekommen? Der lässt Sie so erschöpft zurück, dass Sie selbst nachts nicht schlafen können. In solchen Fällen werden Sie sofort wissen, welche Aufgabe Sie als Erstes anzugehen haben.

Doch was, wenn Sie sich die Liste anschauen und gleich ein Dutzend Aufgaben finden, die Ihnen und Ihrem Kind alltäglich Probleme bereiten? Woher wissen Sie, wo Sie anfangen sollen? Hier ein paar Ideen:

- *Beginnen Sie mit einem Problem, dessen Lösung das Leben Ihres Kindes – und Ihr eigenes Leben! – sofort einfacher machen würde.* Weil eine bessere Lebensqualität das Ziel all unserer Bemühungen ist, erweist sich dies oft als bester Ausgangspunkt. Maggie war sich nicht sicher, ob der ständige Kampf ums Zubettgehen ihrer 6-jährigen Tochter Cindy ebenfalls zusetzte. Ja, in ihren schwärzesten Stunden hatte sie sogar gedacht, Cindy würde diese Machtkämpfe regelrecht genießen. Sie selbst war danach immer völlig erschöpft, konnte nicht einschlafen und empfand sich als schlechte Mutter. Und sie vermisste das Kuscheln beim Vorlesen von Gutenachtgeschichten aus früheren Jahren. Also beschloss sie, das Zubettgehen als Erstes anzugehen.

- *Beginnen Sie mit einem eher kleinen Problem, das sich verhältnismäßig leicht lösen lässt.* Der Vorteil besteht darin, dass Sie schnell Erfolge sehen. Das stärkt Ihr Selbstvertrauen, bevor Sie schwierigere Aufgaben angehen. Brad half seinen Sohn Trey, abends die Hunde zu füttern. Es war eine einfache Aufgabe, die nur wenig Zeit erforderte. Trotzdem vergaß Trey es ständig. Es trieb seinen Vater zum Wahnsinn, dass er auf alle Ermahnungen stets das Gleiche antwortete: «Ich mach's ja gleich.» Eine schwierigere Aufgabe können Sie aber auch in mehrere kleine unterteilen, sodass es auch hier zu schnellen Erfolgen kommen kann.

- *Lassen Sie Ihrem Kind die Wahl.* Dieser Ansatz sagt uns zu, weil er klarmacht, dass es um Ihr Kind geht und nicht um Sie. Es ist das Kind, das ein Problem hat und daher eine Lösung finden muss. In diesem Sinne erkennt der Ansatz das Bedürfnis des Kindes nach Selbstbestimmung an. Jessie zum Beispiel meinte, sie bräuchte Hilfe beim Klavier üben. Ihre Großeltern kamen daher extra zu Besuch, um einen Auftritt von ihr mitzuerleben. Ihr Wunsch, ihre Sache gut zu machen, diente als natürlicher Anreiz.

- *Wählen Sie eine Intervention, deren Umsetzung sich die Eltern teilen können.* Wenn beide Elternteile sich über Problem- und Zielverhalten einig sind und sich die Mühe der Intervention teilen können, wird ihr Erfolg wahrscheinlicher. Lesen Sie sich gemeinsam die Beschreibung durch und einigen Sie sich, wer welche Aufgabe übernehmen wird. Denken Sie daran, sich in allen Einzelheiten abzustimmen. Wie wir alle wissen, steckt der Teufel oft im Detail. Für Familie Gonzalez zum Beispiel war die Erledigung der Hausaufgaben die perfekte Übungsaufgabe. Ein Elternteil half dem Sohn bei den Matheaufgaben, während der andere Essen machte. Anschließend half der, der gekocht hatte, dem Sohn beim Lesen, während der andere abräumte und abwusch.

- *Denken Sie an langfristige Ziele.* Dies ist besonders bei älteren Kindern wichtig, wo das Erwachsenenalter sich schon am Horizont abzuzeichnen beginnt. Als mir (Peg) klar wurde, dass mein damals 13-jähriger Sohn bei einigen Fähigkeiten deutliche Defizite hatte, wusste ich nicht, worauf ich mich als Erstes konzentrieren sollte. Schließlich fragte ich mich: *Welche Fähigkeit wird für seinen Erfolg im Studium und im Beruf wichtig sein?* Ein aufgeräumtes Zimmer erschien mir angesichts dieser Frage weniger wichtig. Das Einhalten von Abgabeterminen und die pünktliche Erledigung aller Hausaufgaben hielt ich dagegen für wesentlich. Ich begann damit, ihm jeden Tag, wenn er von der Schule nachhause kam, zwei Fragen zu stellen: *Was hast du zu tun? Und wann wirst du es tun?*

Welche Exekutivfunktionen wollen Sie bei Ihrem Kind stärken?

Bei jeder der in Kapitel 10 aufgeführten alltäglichen Aufgaben werden als Erstes die dafür erforderlichen Exekutivfunktionen genannt. Es werden also nicht nur diverse Probleme im Alltag gelöst, sondern gleichzeitig auch eine ganze Reihe exekutiver Funktionen gestärkt. Kinder, die Probleme damit haben, morgens rechtzeitig fertig zu werden, kämpfen beispielsweise oft mit dem Initiieren von Handlungen (sie finden keinen Anfang), der Aufmerksamkeitssteuerung (es fällt ihnen schwer, lang genug durchzuhalten, um etwas fertig zu bekommen) und dem Arbeitsgedächtnis (sie verlieren aus den Augen, was sie tun sollen). Indem man mit ihnen übt, die Zeit am Morgen besser zu nutzen, arbeitet man daher gleichzeitig an der Verbesserung verschiedener exekutiver Funktionen. Das bedeutet auch, dass nach einer Weile andere alltägliche Aufgaben, die ähnliche Fertigkeiten erfordern, besser erledigt werden, ohne dass Sie diese direkt angehen müssten. Allerdings sollten Sie nicht erwarten, dass dies über Nacht oder auch nur innerhalb eines Monats geschieht. Manche Kinder brauchen noch sehr lange Hilfestellung, bis die fraglichen Funktionen verinnerlicht sind.

4. Sprechen Sie bei Bedarf gezielt einzelne exekutive Schwächen an

Es kann nun aber auch sein, dass einer von folgenden Fällen auf Sie zutrifft: Die Probleme Ihres Kindes sind tiefgreifend. Sie konnten im Rahmen von Kapitel 2 nur ein oder zwei exekutive Schwächen als Ursachen seiner Probleme erkennen. Die alltäglichen Aufgaben, die Ihrem Kind besonders schwer fallen, sind nicht in Kapitel 10 aufgeführt. In allen diesen Fällen werden Sie über unsere Vorschläge hinausgehen und eigene Strategien entwerfen wollen. Natürlich können Sie auch unsere Vorschläge umsetzen *und* eigene Pläne aufstellen. Jedes der Kapitel 11–21 geht auf eine einzelne exekutive Funktion ein, gibt ausführliche Informationen und hilft Ihnen, die individuellen Defizite Ihres Kindes genauer einzuschätzen. Anschließend zeigt es Ihnen, wie andere Eltern die Interventionen effektiv angewendet haben. Greifen Sie ein beliebiges Problem heraus, mit dem Ihr Kind zu kämpfen hat, und planen Sie Maßnahmen, die entweder die jeweilige spezielle Fähigkeit stärken oder deren Einsatz fördern. Jedes der Kapitel gibt Ihnen außerdem allgemeine Hinweise für die Stärkung der jeweiligen Funktion mithilfe individueller Interventionen.

Wie entscheidet man, welche Exekutivfunktionen man angehen will?

Sobald Sie beginnen, die in Kapitel 10 aufgestellten Pläne umzusetzen, werden Sie wahrscheinlich Folgendes feststellen: Die alltäglichen Aufgaben, bei denen Ihr Kind am meisten Hilfe braucht, erfordern alle die gleichen Exekutivfunktionen. Auch auf diese Weise lässt sich leicht bestimmen, bei welchen speziellen Fähigkeiten Nachholbedarf besteht. Sie können aber auch die Fragebögen aus Kapitel 2 heranziehen. Auf diese Weise können Sie die anfängliche Einschätzung mithilfe der kurzen Fragebögen zu Beginn der nun folgenden Kapitel noch einmal überprüfen. Dabei empfiehlt es sich, Fragebögen vor allem dort auszufüllen, wo Sie bei Ihrem Kind Defizite vermuten.

Die Fragebögen erinnern an die in Kapitel 2. Doch wird diesmal gefragt, wie gut oder wie oft Ihr Kind Ihrer Einschätzung nach die jeweiligen Verhaltensweisen zeigt. Auf diese Weise werden Sie am Ende wissen, ob Sie sich auf die allgemeinen Vorschläge stützen oder eigene Pläne entwerfen sollten. Beim Planen eigener Interventionen können Sie auf die Ideen aus Kapitel 5–8 zurückgreifen.

Weil wir so viel von Checklisten halten, haben wir eine für das Planen eigener Interventionen zusammengestellt. Sie soll Ihnen helfen, sich an all die verschiedenen Elemente zu erinnern, die Sie in diesem Falle zumindest erwägen sollten. Falls Sie noch einmal nachlesen möchten, worum es bei den einzelnen Punkten geht, haben wir in der rechten Spalte die entsprechenden Seitenzahlen aufgeführt.

Wie man erfolgreich eigene Programme plant

Ob Sie unsere Vorschläge in Kapitel 10 nutzen, lieber eigene Programme planen oder vielleicht sogar beides umsetzen – Sie werden mehr Erfolg haben, wenn Sie die folgenden Punkte beherzigen:

- *Sorgen Sie dafür, dass Ihr Kind das Programm als seines ansieht.* Beziehen Sie Ihr Kind soweit wie möglich in Ihre Planungen ein. Hören Sie auf seine Äußerungen, berücksichtigen Sie seine Vorschläge und entsprechen Sie seinen Bitten, wann immer dies möglich ist. Zeigen Sie sich kompromissbereit, um die Identifikation des Kindes mit dem Programm zu stärken. Wie in Kapitel 5 erwähnt, ist das Bedürfnis des Kindes nach Selbstbestimmung groß. Nutzen Sie dies zu Ihrem Vorteil, wann immer Sie können.
- *Denken Sie daran, wie wichtig es ist, Entsprechungen zu finden.* Was für Sie funktionieren könnte, braucht für Ihr Kind nicht unbedingt gut zu sein. Vor allem organisatorische Pläne kommen individuell sehr unterschiedlich an. Fragen Sie Ihr Kind, was für es das Beste wäre.

Eigene Interventionen planen	
Nötige Schritte	**Seite/n im Buch**

1. Ziel formulieren.

   Problemverhalten: _____   131 f.

   _____

   Zielverhalten: _____   132

   _____

2. Welche Unterstützung aus dem Umfeld wird es geben?
   (Zutreffendes ankreuzen.)

   ☐ Veränderungen im physischen oder sozialen Umfeld   110–113
   (zum Beispiel Barrieren anbringen, Ablenkungen reduzieren,
   stärkere Strukturen schaffen, soziale Komplexität reduzieren)

   ☐ Veränderungen bei der Aufgabe (zum Beispiel Aufgabe verkür-   114–116
   zen, Pausen einbauen, Vorfreude auf die Kür nach der Pflicht
   verstärken, Zeitplan aufstellen, Auswahlmöglichkeiten bieten,
   Aufgabe kurzweiliger gestalten)

   ☐ Veränderungen bei der Interaktion zwischen Erwachsenem   116–121
   und Kind (zum Beispiel Zielverhalten im Rollenspiel üben,
   Stichwörter geben, Gedächtnisstützen anbringen, Hinweise
   geben, Erlebnisse nachbesprechen, loben, Feedback geben)

3. Wie sollen die nötigen Fertigkeiten vermittelt werden?   135–141

   Wer wird sie vermitteln? _____

   _____

   Welche Schritte soll das Kind befolgen?

   1. _____

   2. _____

   3. _____

   4. _____

   5. _____

   6. _____

Eigene Interventionen planen	
Nötige Schritte	**Seite/n im Buch**
4. Welche Anreize sollen das Kind ermutigen, Fertigkeiten zu erlernen und/oder einzusetzen? (Zutreffendes ankreuzen.)	144–153
☐ Konkretes Lob	145 f.
☐ Etwas, worauf sich das Kind freuen kann, wenn die Aufgabe (oder ein Teil der Aufgabe) getan ist	146 f.
☐ Auswahlliste von Belohnungen	148 f.

Täglich: _____

_____

Wöchentlich: _____

_____

Langfristig: _____

_____

- *Nutzen Sie die Gelegenheit zum gemeinsamen Brainstorming.* Schon allein das gemeinsame Brainstorming fördert Exekutivfunktionen. Wenn Ihrem Kind zu irgendeinem Punkt zunächst nichts einfällt, sammeln Sie erst einmal die unterschiedlichsten Ideen und lassen es dann entscheiden, was sich richtig anfühlt.
- *Stellen Sie sich darauf ein, Ihre Strategie noch optimieren zu müssen.* Dass der erste Plan auf Anhieb klappt, kommt eher selten vor. In Kapitel 10 sind Änderungen aufgeführt, die Sie erwägen können. In Kapitel 11–21 wird deutlich, dass viele der von uns entwickelten Strategien anfangs Erfolge brachten, dann aber noch optimiert werden mussten, um den größtmöglichen Nutzen zu erbringen.
- *Proben Sie das Zielverhalten vor dem ersten Praxistest wenn irgend möglich im Rollenspiel.* Im Hinblick auf die Reaktionshemmung oder die emotionale Regulation ist dies besonders wichtig. Im realen Leben geht vieles rasend schnell und das Problemverhalten tritt bevorzugt in emotional aufgeladenen Situationen auf. Je öfter das Kind das Zielverhalten in ruhigen Situationen bereits ausprobiert hat, desto größer ist die Wahrscheinlichkeit, dass es sich auch in der Hitze des Gefechts daran erinnern wird.

- *Setzen Sie immer viel Lob und positives Feedback ein.* Auch wenn Sie andere Anreize nutzen, das Loben sollten Sie nie vergessen. Das Ziel eines jeden Programms besteht letztlich darin, den Wunsch nach konkreten Belohnungen in den Hintergrund treten zu lassen. Mit sozialen Verstärkern (Lob und positivem Feedback) helfen Sie Ihrem Kind, von den konkreten Belohnungen wegzukommen.
- *Setzen Sie so oft wie möglich visuelle Gedächtnisstützen ein.* Verbale Ermahnungen gehen allzu oft «zum einen Ohr hinein und zum anderen wieder heraus». Erinnern Sie Ihr Kind mit Worten lieber nur daran, seine visuellen Gedächtnisstützen (Bilder, Pläne, Checklisten, Sprüche oder Slogans) einzusetzen: «Schau auf deine Liste.» «Was kommt als nächstes auf deinem Plan?»
- *Beginnen Sie klein(er)!* Beschäftigen Sie sich als Erstes mit einem Verhalten, das nur ein kleines Ärgernis bedeutet. Legen Sie die Latte so niedrig an, dass Sie und Ihr Kind gleich von Anfang an Erfolgserlebnisse haben werden. Gehen Sie erst dann zu größeren Problemen über. Indem Sie die ersten Ziele bewusst klein halten, machen Sie auch bei größeren Zielen Erfolge möglich. Stellen wir uns vor, dass Sie langfristig darauf abzielen, dass Ihr Sohn alle seine Hausaufgaben selbstständig erledigt. Dann könnte ein vernünftiger erster Schritt darin bestehen, dass er zwei Minuten lang selbstständig arbeitet. Wenn Sie wissen, dass Sie dazu neigen, sich zu übernehmen, halbieren Sie Ihr Ziel. Sie können sich auf die Hälfte der zunächst angepeilten Zeit, Arbeit, Mühe oder Verbesserung einigen.
- *Machen Sie den Erfolg messbar und zeichnen Sie eine Erfolgskurve.* Wählen Sie Aufgaben, bei denen sich der Erfolg messen lässt. Dann zeichnen Sie eine Kurve der Ergebnisse. Suchen Sie nach einer Möglichkeit, Daten zu sammeln, die zeigen, ob Ihr Kind Erfolg hat oder nicht. Kinder (sowie eigentlich Menschen aller Altersstufen) sind mit Kurven besonders zu beeindrucken. Wenn Sie ein Punktesystem vereinbart haben, ist es ganz einfach, die erreichten Punkte in eine Kurve zu übertragen. Zählen und als Kurve zeichnen lassen sich zum Beispiel: fehlende Hausaufgaben pro Woche; Wutausbrüche pro Tag; Schultage pro Woche, an denen das Kind alles Nötige in die Schule mitgenommen und wieder mit nach Hause gebracht hat; unerwartete Planänderungen, die das Kind ohne Weinen toleriert hat; Abende pro Woche, an denen die Hausaufgaben zur vereinbarten Zeit vollständig fertig waren.

Was, wenn das Kind nicht mitmachen will?

Sie sind nach all diesen Vorbereitungen wild entschlossen, das Gelernte in die Praxis umzusetzen. Ihr Kind hat aber gar keine Lust darauf. Was nun? Folgendes könnten Sie ausprobieren:

- *Verhandeln.* Seien Sie kompromissbereit. Machen Sie Zugeständnisse, damit Ihr Kind Ihnen ebenfalls entgegenkommen kann. Achten Sie in jedem Fall darauf, dass beide Seiten dabei etwas gewinnen.
- *Bieten Sie attraktivere Belohnungen an.* Wir haben festgestellt, dass Eltern und Lehrkräfte häufig nicht freigiebig genug sind. Denken Sie daran, dass Sie von einem Kind mit exekutiven Schwächen etwas verlangen, das ihm enorme Mühe abverlangt. Wenn ihm die Anstrengung ungleich größer erscheint als die in Aussicht gestellte Belohnung, wird es sich weiter dagegen sträuben.
- Wenn Ihr Kind sich allen Ihren Bemühungen widersetzt (was in der Pubertät am wahrscheinlichsten ist), können Sie immer noch auf logische oder natürliche Konsequenzen setzen. Arrangieren Sie es zum Beispiel so, dass Sie Leistungen gegeneinander tauschen können:«Ich fahre dich gern in die Stadt, damit du dich mit deinen Freunden treffen kannst. Aber erst musst du dein Zimmer aufräumen».
- Wenn nichts zu helfen scheint und Sie die Probleme als unüberwindbar empfinden, suchen Sie Hilfe von außen. Kapitel 22 gibt dafür hilfreiche Hinweise.

Die wichtigsten Prinzipien auf einen Blick

1. Versuchen Sie als Erstes, das Umfeld zu verändern (Kapitel 6), die «Gerüsttechnik» und Spiele einzusetzen (Kapitel 7) oder attraktive Anreize zu bieten.
2. Wenn dies nicht ausreicht, machen Sie sich mit den Prinzipien vertraut, die effektiven Strategien zur Förderung exekutiver Funktionen zugrundeliegen (Kapitel 9).
3. Beginnen Sie Ihre Interventionen und wenden Sie die von uns vorbereiteten Pläne auf die Bewältigung besonders problematischer alltäglicher Aufgaben an (Kapitel 10).
4. Fördern Sie bei Bedarf einzelne Exekutivfunktionen (Kapitel 11–21).
   - Folgen Sie den allgemeinen Tipps, wie Sie Ihrem Kind helfen können, bisher schwach ausgeprägte Funktionen effektiver und konsequenter anzuwenden.
   - Fehlt eine Funktion vollkommen, planen Sie eigene Interventionen und folgen Sie dabei der Checkliste in diesem Kapitel.

10 Fertige Pläne für das Einüben alltäglicher Aufgaben umsetzen

Die folgenden 20 alltäglichen Aufgaben sind diejenigen, mit denen Kinder unserer Erfahrung nach am meisten zu kämpfen haben. Wir haben sie in mehrere Gruppen aufgeteilt. Am Anfang stehen Aufgaben, die zuhause anfallen. Es folgen solche, die mit der Schule zusammenhängen. Zuletzt kommen Aufgaben, für deren Bewältigung emotionale Regulation, Flexibilität und Reaktionshemmung nötig sind. Wenn Sie die Liste durchschauen, werden Sie sicher sofort die Bereiche erkennen, in denen Sie und Ihr Kind Hilfe brauchen. Blättern Sie zurück zu Kapitel 9, falls Sie nicht wissen, wo Sie beginnen sollen. Zu Beginn jedes Plans haben wir die dafür nötigen Exekutivfunktionen aufgeführt. Wenn Sie an einzelnen Funktionen gezielter arbeiten möchten, können Sie aus den Kapiteln 11–21 das Passende auswählen.

Aufgabe	Seite
1. Morgens rechtzeitig für die Schule fertig machen	170
2. Zimmer aufräumen	174
3. Im Haus herumliegende Sachen wegräumen	177
4. Pflichten im Haushalt erledigen	180
5. Regelmäßig üben (Musikinstrument, Sport und Ähnliches)	182
6. Rechtzeitig schlafen gehen	185
7. Schreibtisch aufräumen	188
8. Hausaufgaben machen	190
9. «Offene Aufgaben» bewältigen	193

Aufgabe	Seite
10. Langfristige Projekte für die Schule fertigstellen	194
11. Einen eigenen Text schreiben	198
12. Für Klassenarbeiten lernen	202
13. Aufgaben bewältigen, die viel Mühe erfordern	206
14. Schulhefte und -mappen organisieren	207
15. Sich beherrschen	210
16. Impulsives und unbeherrschtes Verhalten regulieren	213
17. Mit Angst umgehen	216
18. Planänderungen tolerieren	220
19. Nicht bei jeder Kleinigkeit weinen	223
20. Probleme lösen	226

Die Interventionen auf das Alter Ihres Kindes abstimmen

In manchen Fällen wird das für die Interventionen passende Alter durch die jeweilige Entwicklungsaufgabe oder den schulischen Lehrplan vorgegeben. Von Erstklässlern erwarten wir nicht, dass sie für Klassenarbeiten lernen, an langfristigen Projekten arbeiten oder Referate schreiben. Solche Aufgaben sind eindeutig nicht für diese Altersgruppe gedacht. Andere Pläne können in verschiedenen Altersstufen angewendet werden. Viele sind am mittleren Grundschulalter orientiert. Hier einige Vorschläge dafür, wie sie sich für jüngere und ältere Kinder abwandeln lassen, wenn dies angebracht erscheint.

Allgemeine Richtlinien für Interventionen bei jüngeren Kindern:

- Sie sollten kürzer sein als bei älteren Kindern.
- Die Anzahl der erforderlichen Schritte sollte geringer sein als bei älteren Kindern.
- Statt geschriebener Listen oder Anweisungen sollten Bilder als Erinnerungshilfen dienen.
- Stichwörter, Hinweise, Aufsicht und manchmal auch Ihre direkte Mithilfe können notwendig sein.

Allgemeine Richtlinien für Interventionen bei älteren Kindern:

- Ältere Kinder sollten an der Problemsuche, der Planung der Interventionen und der Auswahl der Belohnungen beteiligt werden.
- Mit älteren Kindern sollte man eher verhandeln als über sie zu bestimmen.
- Es sollten eher visuelle als verbale Erinnerungshilfen eingesetzt werden (weil letztere von älteren Kinder oft als «Meckern» wahrgenommen werden).

1. Morgens rechtzeitig für die Schule fertig machen

Erforderliche Exekutivfunktionen: Initiieren von Handlungen (Kapitel 15), Aufmerksamkeitssteuerung (Kapitel 14), Arbeitsgedächtnis (Kapitel 12).

Alter: Der Plan richtet sich an Kinder im Alter von 7–10 Jahren, lässt sich aber auch sehr leicht für jüngere oder ältere Kinder abwandeln.

1. Setzen Sie sich mit Ihrem Kind zusammen. Erstellen Sie gemeinsam eine Liste all der Dinge, die getan werden müssen, ehe es morgens zur Schule geht.
2. Entscheiden Sie über die Reihenfolge, in der die einzelnen Punkte erledigt werden sollen.
3. Machen Sie daraus eine Checkliste. (Die folgenden Tabellen sind Muster, die Sie entweder direkt oder als Vorbild nutzen können. In die linke Spalte können eigene Punkte eingetragen werden.)
4. Machen Sie mehrere Kopien und bringen Sie diese gut sichtbar an.
5. Sprechen Sie mit Ihrem Kind darüber, wie der Morgen nach dem Aufwachen verlaufen soll. Erklären Sie ihm, dass Sie es anfangs auf den jeweils nächstfolgenden Schritt hinweisen werden. Es könne diesen in der Checkliste abhaken, sobald er erfolgt sei.
6. Üben Sie den Ablauf im Rollenspiel, bis Ihr Kind ihn voll und ganz verstanden hat. Gehen Sie dabei jeden Schritt durch. Lassen Sie das Kind so tun, als würde es die Aufgabe erledigen und anschließend abhaken.
7. Bestimmen Sie, zu welcher Uhrzeit alles abgehakt sein soll, damit das Kind rechtzeitig zur Schule kommt (oder vor der Schule noch Zeit zum Spielen hat oder tun kann, was es gern tun möchte).
8. Setzen Sie das Ganze in die Praxis um. Anfangs sollten Sie Ihr Kind daran erinnern, mit dem ersten Schritt zu beginnen und diesen anschließend auf der Checkliste abzuhaken. Loben Sie das Kind für jede erledigte Aufgaben und ermutigen Sie es, zum nächsten Schritt überzugehen. Bleiben Sie am Ball, bis die ganze Checkliste abgehakt ist.
9. Im Laufe der Zeit können Sie sich dann ganz allmählich immer weiter zurückziehen. Sobald das Kind den Vorgang verinnerlicht hat, bringt es ihn in einem

festgelegten zeitlichen Rahmen eigenständig zu Ende. In diesem Moment kann auch die Checkliste immer mehr in den Hintergrund treten.

Kontrolle Schritt für Schritt zurücknehmen

1. Erinnern Sie Ihr Kind daran, mit der Checkliste zu beginnen. Initiieren und überwachen Sie die einzelnen Schritte, loben Sie es häufig, ermutigen Sie es und geben Sie, wenn nötig, konstruktives Feedback.
2. Erinnern Sie Ihr Kind daran, mit der Checkliste zu beginnen, und achten Sie darauf, dass es die einzelnen Schritte in Angriff nimmt. Gehen Sie dann weg und kommen Sie erst wieder, wenn es Zeit für den nächsten Schritt ist.
3. Erinnern Sie Ihr Kind daran, mit der Checkliste zu beginnen. Gehen Sie dann weg und schauen Sie in Abständen nach, ob alles nach Plan verläuft (anfangs bei jedem zweiten Schritt, dann bei jedem dritten Schritt und so weiter).
4. Erinnern Sie Ihr Kind daran, mit der Checkliste zu beginnen. Gehen Sie dann weg und lassen Sie sich von dem Kind berichten, dass alles abgehakt ist.

Änderungen/Anpassungen

1. Stellen Sie – wenn nötig – eine Belohnung in Aussicht, wenn die Checkliste mit nur wenigen Ermahnungen abgearbeitet wird. Geben Sie dem Kind für jede abgehakte Aufgabe einen Punkt. (Einigen Sie sich vorher darauf, wie viele Ermahnungen es höchstens geben darf, damit ein Punkt verliehen werden kann.)
2. Stellen Sie zu Beginn eines jeden Schrittes eine Küchenuhr ein (oder lassen Sie sie von dem Kind einstellen) und wetten Sie, ob das Kind es schafft, die Aufgabe abzuhaken, ehe die Küchenuhr klingelt.
3. Passen Sie Ihren Zeitplan entsprechend an. Wecken Sie zum Beispiel das Kind früher oder überlegen Sie, ob es auf der Liste irgendwelche Punkte gibt, die ganz fallen gelassen oder am Abend vorher erledigt werden können.
4. Schreiben Sie die einzelnen Schritte nicht auf eine Liste, sondern auf separate Karteikarten. Lassen Sie das Kind die jeweilige Karte abgeben und eine neue holen, wenn eine Aufgabe erledigt ist.
5. Wählen Sie bei jüngeren Kindern Bilder statt Wörter. Kürzen Sie die Liste und stellen Sie sich darauf ein, dem Kind auch weiterhin Erinnerungshilfen geben zu müssen.
6. Ein ähnlicher Plan lässt sich mit Kindern umsetzen, die erst noch lernen müssen, auch wirklich alles mitzunehmen, was sie in der Schule brauchen. Auch dafür gibt es eine entsprechende Muster-Checkliste.

Morgendliche Checkliste		
Aufgabe	Anzahl Ermahnungen (⊮⊩)	Erledigt (✔)
Aufstehen		
Anziehen		
Frühstücken		
Geschirr in Geschirrspüler stellen		
Zähneputzen		
Haare kämmen		
Ranzen packen		

Checkliste vor der Schule	
Aufgabe	**Erledigt (✔)**
Alle Hausaufgaben gemacht	
Alle Hausaufgaben am richtigen Ort (Heft, Mappe oder Ähnliches)	

Was alles mit in die Schule muss	**In den Ranzen gesteckt (✔)**
Hausaufgaben	
Hefte/Mappen	
Bücher	
Buch für Stillbeschäftigung	
Genehmigungszettel	
Essensgeld	
Sportsachen	
Mitteilungen für Lehrer	
Hausaufgabenheft	
Sonstiges:	
Sonstiges:	

2. Zimmer aufräumen

Erforderliche Exekutivfunktionen: Initiieren von Handlungen (Kapitel 15), Aufmerksamkeitssteuerung (Kapitel 14), Arbeitsgedächtnis (Kapitel 12), Organisation (Kapitel 17).

Alter: Der Plan richtet sich an Kinder im Alter von 7–10 Jahren, lässt sich aber durch eine entsprechende Veränderung der Aufgaben auch sehr leicht für jüngere oder ältere Kinder abwandeln.

1. Setzen Sie sich mit Ihrem Kind zusammen. Erstellen Sie eine Liste der für das Aufräumen des Kinderzimmers nötigen Schritte. Diese Liste könnte wie folgt aussehen:
   - Schmutzige Kleider in Wäschekorb tun
   - Saubere Kleider in Schrank/Kommode tun
   - Spielzeug in Spielzeugregal oder Kästen verstauen
   - Bücher ins Regal stellen
   - Schreibtisch aufräumen
   - Müll entsorgen
   - Alles wegbringen, was in andere Zimmer gehört (schmutziges Geschirr in die Küche, Handtücher ins Badezimmer und so weiter)
2. Machen Sie daraus eine Checkliste. (Eine auf den obigen Schritten basierende Muster-Checkliste folgt. Nutzen Sie sie direkt oder als Vorbild und tragen Sie eigene Punkte in die linke Spalte ein.)
3. Entscheiden Sie, wann das Zimmer aufgeräumt werden soll.
4. Entscheiden Sie, welche Erinnerungshilfen das Kind vor und während des Aufräumens bekommen soll.
5. Entscheiden Sie, wie viel Hilfe das Kind am Anfang bekommen soll. (Das langfristige Ziel sollte sein, dass das Kind sein Zimmer allein aufräumt).
6. Entscheiden Sie, wie die Erledigung der Aufgabe beurteilt werden soll.
7. Setzen Sie das Ganze mit den vereinbarten Hilfestellungen in die Praxis um.

Kontrolle Schritt für Schritt zurücknehmen

1. Erinnern Sie Ihr Kind daran, mit der Checkliste zu beginnen. Initiieren und überwachen Sie die einzelnen Schritte, loben Sie das Kind häufig, ermutigen Sie es und geben Sie ihm, wenn nötig, konstruktives Feedback.
2. Erinnern Sie Ihr Kind daran, mit der Checkliste zu beginnen. Achten Sie darauf, dass es die einzelnen Schritte in Angriff nimmt. Gehen Sie dann weg und kommen Sie erst wieder, wenn es Zeit für den nächsten Schritt ist.

3. Erinnern Sie Ihr Kind daran, mit der Checkliste zu beginnen. Gehen Sie dann weg und schauen Sie in Abständen nach, ob alles nach Plan verläuft (anfangs bei jedem zweiten Schritt, dann bei jedem dritten Schritt und so weiter).
4. Erinnern Sie Ihr Kind daran, mit der Checkliste zu beginnen. Gehen Sie dann weg und lassen Sie sich von dem Kind rufen, wenn alles erledigt ist.

Veränderungen/Anpassungen

1. Stellen Sie – wenn nötig – eine Belohnung in Aussicht. Dies könnte etwas sein, worauf sich das Kind nach der Erledigung der Aufgabe freuen kann. Sie können aber auch für das Abhaken einzelner Schritte Punkte verteilen und das Kind dann aus einer Auswahlliste von Belohnungen wählen lassen. Auch die Anzahl der benötigten Ermahnungen kann für das Belohnungssystem wichtig sein.
2. Wenn Ihr Kind die Aufgabe trotz ständiger Ermutigung nicht allein bewältigen kann, helfen Sie anfangs mit und gehen Sie alle Schritte gemeinsam an.
3. Falls selbst dies zu viel ist, probieren Sie es mit dem «Rückwärts-Trick»: Räumen Sie fast das gesamte Zimmer auf und lassen Sie nur einen kleinen Bereich übrig. Diesen bringt das Kind unter Ihrer Aufsicht selbstständig in Ordnung. Loben Sie es ausdrücklich für seinen Beitrag. Lassen Sie die nächsten Male immer größere Bereiche von dem Kind aufräumen, bis es die Aufgabe schließlich ganz übernimmt.
4. Machen Sie das Kinderzimmer leichter «aufräumbar»: Sorgen Sie für eine übersichtliche Einrichtung, stellen Sie Kisten bereit, in denen das Kind sein Spielzeug leicht verstauen kann, und kleben Sie bunte Etiketten auf, die zeigen, was in welche Kiste gehört.
5. Knipsen Sie ein Foto von dem aufgeräumten Zimmer. Auf diese Weise kann Ihr Kind in Zukunft durch einen Vergleich mit diesem Foto selbst beurteilen, ob es gut gearbeitet hat.
6. Setzen Sie bei jüngeren Kindern eine bebilderte Checkliste in, verringern Sie die Anzahl der Schritte und gehen Sie davon aus, dass das Kind beim Aufräumen noch längere Zeit Ihre Hilfe benötigen wird.

Checkliste – Zimmer aufräumen		
Aufgabe	Anzahl Ermah-nungen (ɪɪɪ̶ɪ̶ɪ̶)	Erledigt (✔)
Schmutzige Kleider in Wäschekorb tun		
Saubere Kleider in Schrank/ Kommode tun		
Spielzeug in Spielzeugregal oder Kästen verstauen		
Bücher ins Regal stellen		
Schreibtisch aufräumen		
Müll entsorgen		
Alles wegbringen, was in andere Zimmer gehört (schmutziges Geschirr in die Küche, Handtücher ins Badezimmer und so weiter)		
Sonstiges:		
Sonstiges:		

3. Im Haus herumliegende Sachen wegräumen

Erforderliche Exekutivfunktionen: Organisation (Kapitel 17), Initiieren von Handlungen (Kapitel 15), Aufmerksamkeitssteuerung (Kapitel 14), Arbeitsgedächtnis (Kapitel 12).

Alter: Der Plan richtet sich an Kinder im Alter von 7–10 Jahren, lässt sich aber auch sehr leicht für jüngere oder ältere Kinder abwandeln, indem man die Liste der wegzuräumenden Sachen verlängert oder verkürzt.

1. Setzen Sie sich mit Ihrem Kind zusammen. Erstellen Sie eine Liste all der Dinge, die es häufig irgendwo im Haus liegen lässt.
2. Schreiben Sie auf, wo diese hingehören.
3. Entscheiden Sie, wann die Sachen weggeräumt werden sollen (zum Beispiel: gleich, wenn das Kind von der Schule nach Hause kommt, nach der Schule, nach den Hausaufgaben, vor dem Zugebettgehen, gleich nachdem es die Sachen benutzt hat).
4. Einigen Sie sich auf eine «Regel» für die Erinnerungshilfen: Wie viele Ermahnungen dürfen nötig sein, ehe es eine Strafe gibt (wie zum Beispiel, dass die fragliche Sache über einen bestimmten Zeitraum nicht mehr benutzt werden darf). Eine Muster-Checkliste folgt.
5. Überlegen Sie gemeinsam, wo die Checkliste aufbewahrt werden soll.

Kontrolle Schritt für Schritt zurücknehmen

1. Erinnern Sie Ihr Kind daran, dass es darum geht zu lernen, Sachen dort zu verstauen, wo sie hingehören.
2. Bringen Sie die Checkliste gut sichtbar an. Erinnern Sie das Kind daran, sie immer zu benutzen, wenn es Sachen wegräumt.
3. Loben Sie Ihr Kind oder danken Sie ihm jedes Mal, wenn es etwas wegräumt.
4. Ihr Kind hat es über mehrere Wochen mit viel Lob und zahlreichen Erinnerungshilfen geschafft, seine Sachen wegzuräumen. Nun schrauben Sie allmählich die Anzahl der Ermahnungen zurück. Gleichzeitig könnten Sie jetzt auch Strafen fürs «Vergessen» einführen. Wurde beispielsweise ein Spielzeug, ein anderer Gegenstand oder ein Kleidungsstück nicht zur verabredeten Zeit weggeräumt, können Sie dessen Benutzung für einen bestimmten Zeitraum verbieten. Handelt es sich um etwas, das nicht so leicht aus dem Verkehr gezogen werden kann (wie zum Beispiel um den Schulranzen), setzen Sie eine andere Strafe fest.

Änderungen/Anpassungen

1. Stellen Sie – wenn nötig – eine Belohnung in Aussicht. Eine Möglichkeit wäre, eine bestimmte Anzahl von Chips in ein Glas zu tun und jeweils einen Chip herauszunehmen, wenn das Kind etwas rechtzeitig weggeräumt hat. Ist das Glas leer, können die Chips gegen eine kleine Belohnung eingetauscht werden.

2. Dem Kind fällt es extrem schwer, seine Sachen gleich nach deren Benutzung oder zu verschiedenen Tageszeiten aufzuräumen. In diesem Falle vereinbaren Sie eine tägliche Aufräumzeit (zum Beispiel vor dem Zubettgehen), zu der alles an seinen richtigen Ort zurückgebracht werden muss.

3. Wählen Sie bei jüngeren Kindern Bilder statt Wörter. Kürzen Sie die Liste und stellen Sie sich darauf ein, dem Kind über längere Zeit Hilfestellung geben zu müssen.

Checkliste – Im Haus herumliegende Sachen wegräumen				
Herum-liegende Sachen	Wo gehören sie hin?	Wann räume ich sie weg?	Benötigte Ermahnungen (ⵏⵏⵏ)	Erledigt! (✔)
Sportsachen				
Kleidung für draußen (Jacken, Handschuhe und so weiter)				
Andere Klei-dungsstücke				
Schuhe				
Hausauf-gaben				
Rucksack				
Sonstiges:				
Sonstiges:				

4. Pflichten im Haushalt erledigen

Erforderliche Exekutivfunktionen: Initiieren von Handlungen (Kapitel 15), Aufmerksamkeitssteuerung (Kapitel 14), Arbeitsgedächtnis (Kapitel 12).

Alter: Jedes Alter; schon Vorschulkinder können einfache Pflichten übernehmen.

1. Setzen Sie sich mit Ihrem Kind zusammen. Erstellen Sie eine Liste all der Pflichten, die es im Haushalt übernehmen soll.
2. Überlegen Sie, wie viel Zeit die einzelnen Pflichten in Anspruch nehmen werden.
3. Entscheiden Sie, wann (Tag und/oder Uhrzeit) die Pflichten erledigt werden sollen.
4. Erstellen Sie einen Übersichtsplan (ein Muster folgt).
5. Überlegen Sie, wo Sie die Checkliste anbringen wollen (Muster-Checkliste folgt).

Kontrolle Schritt für Schritt zurücknehmen

1. Erinnern Sie Ihr Kind daran, mit den einzelnen Pflichten zu beginnen und überwachen Sie die einzelnen Schritte. Loben Sie Ihr Kind häufig, ermutigen Sie es und geben Sie ihm, wenn nötig, konstruktives Feedback.
2. Erinnern Sie Ihr Kind daran, mit den Pflichten zu beginnen. Achten Sie darauf, dass es die einzelnen Schritten in Angriff nimmt. Gehen Sie dann weg und kommen Sie erst wieder, wenn es Zeit für den nächsten Schritt ist.
3. Erinnern Sie Ihr Kind daran, mit den Pflichten zu beginnen. Gehen Sie dann weg und schauen Sie in Abständen nach, ob alles nach Plan verläuft (anfangs bei jedem zweiten Schritt, dann bei jedem dritten Schritt und so weiter).
4. Erinnern Sie Ihr Kind daran, mit den Pflichten zu beginnen. Gehen Sie dann weg und lassen Sie sich von dem Kind rufen, wenn alles erledigt ist.

Änderungen/Anpassungen

1. Stellen Sie – wenn nötig – eine Belohnung in Aussicht, wenn die Pflichten pünktlich oder mit wenigen Ermahnungen erledigt werden. Oder geben Sie dem Kind für jede mit nur wenigen Ermahnungen erledigte Pflicht einen Punkt (einigen Sie sich darauf, wie viele Ermahnungen nötig sein dürfen, damit das Kind einen Punkt bekommt).
2. Stellen Sie zu Beginn eines jeden Schrittes eine Küchenuhr ein (oder lassen Sie sie von dem Kind einstellen) und wetten Sie, ob das Kind es schafft, die Aufgabe abzuhaken, ehe die Küchenuhr klingelt.

3. Passen Sie Ihren Zeitplan bedarfsgerecht an. Wecken Sie zum Beispiel das Kind früher oder überlegen Sie, ob es auf der Liste irgendwelche Punkte gibt, die ganz fallen gelassen oder am Abend vorher erledigt werden können.

4. Schreiben Sie die einzelnen Schritte nicht auf eine Liste, sondern auf separate Karteikarten. Lassen Sie das Kind die jeweilige Karte abgeben und eine neue holen, wenn eine Aufgabe erledigt ist.

5. Wählen Sie bei jüngeren Kindern Bilder statt Wörter. Verständigen Sie sich auf wenige einfache Aufgaben und stellen Sie sich darauf ein, dem Kind bei der Erledigung seiner Pflichten über längere Zeit Hilfestellung geben zu müssen.

Pflichten im Haushalt erledigen		Wann erledige ich sie?	
Pflicht	Wie lange wird sie dauern?	Tag	Uhrzeit
1.			
2.			
3.			
4.			

	Sonntag	Montag	Dienstag	Mittwoch	Donnerstag	Freitag	Samstag
	Aufgabe erledigt ✔	Aufgabe erledigt ✔	Aufgabe erledigt ✔	Aufgabe erledigt ✔	Aufgabe erledigt ✔	Aufgabe erledigt ✔	Aufgabe erledigt ✔
1							
2							
3							
4							

5. Regelmäßig üben (Musikinstrument, Sport oder Ähnliches)

Erforderliche Exekutivfunktionen: Initiieren von Handlungen (Kapitel 15), Aufmerksamkeitssteuerung (Kapitel 14), Planen (Kapitel 16).

Alter: 8–14 Jahre; kleinere Kinder sollten allein aus Spaß tanzen, Musik spielen und Sport treiben dürfen, obwohl natürlich auch sie beim Ballett, Kinderturnen, Fußballspielen und so weiter schon Fertigkeiten erwerben.

1. Idealerweise sollte der Plan sofort in Kraft treten, wenn Ihr Kind sich für eine Aktivität entscheidet, die regelmäßiger Übung bedarf. Sprechen Sie schon im Vorfeld darüber, was erforderlich sein wird, um die damit verbundenen Fertigkeiten zu erlernen (und darin so gut zu werden, dass es Spaß macht, sie auszuüben!). Überlegen Sie gemeinsam, wie oft und wie lange das Kind üben sollte, welche anderen Verpflichtungen es hat und ob für ein kontinuierliches Übungsprogramm auch genügend Zeit zur Verfügung steht.
2. Stellen Sie einen Wochenplan auf, in den Sie eintragen, wann das Kind üben wird (ein Muster folgt).
3. Sprechen Sie darüber, welche Erinnerungshilfen Ihr Kind brauchen könnte, um an das Üben zu denken.
4. Sprechen Sie auch darüber, aufgrund welcher Kriterien Sie und Ihr Kind entscheiden werden, ob das Ganze funktioniert und ob es weitermachen oder besser aufhören soll.
5. Vereinbaren Sie, wie lange das Kind auf jeden Fall bei der Stange bleiben sollte, ehe Sie gemeinsam entscheiden, ob es weitermacht oder besser aufhört. Die Entscheidung für ein Musikinstrument oder eine bestimmte Sportart ist meist mit finanziellen Ausgaben für Unterricht/Training und Instrument/Ausrüstung verbunden. Viele Eltern sind daher der Auffassung, dass sich ihr Kind für einen bestimmten Zeitraum verpflichten sollte. Denn nur so lohne sich der Aufwand. Die Erfahrung zeigt, dass viele Kinder nach relativ kurzer Zeit ermüden. Wenn sie regelmäßig üben sollen, macht es Sinn, sich im Vorhinein auf einen Mindestzeitraum zu einigen, nach dessen Ablauf diskutiert wird, ob das Kind aufhört oder weitermacht.

Kontrolle Schritt für Schritt zurücknehmen

1. Erinnern Sie Ihr Kind daran, zur vereinbarten Zeit mit dem Üben zu beginnen und das entsprechende Kästchen auf der Checkliste abzuhaken. Bringen Sie die Checkliste gut sichtbar an, so dass auch sie als Erinnerungshilfe dienen kann.

2. Setzen Sie zusätzlich eine schriftliche Erinnerungshilfe ein. Beginnt Ihr Kind nicht spätestens fünf Minuten nach der vereinbarten Zeit zu üben, ermahnen Sie es mündlich. Beginnt es pünktlich, loben Sie es dafür.

Änderungen/Anpassungen

1. Wählen Sie eine Startzeit, die man sich leicht merken kann, zum Beispiel direkt nach dem Fertigstellen der Hausaufgaben oder nach dem Abendessen. Auf diese Weise dient die vorhergehende Aktivität bereits als Erinnerungshilfe, mit dem Üben zu beginnen.
2. Hat Ihr Kind Probleme, ohne Ermahnung mit dem Üben zu beginnen, stellen Sie einen Timer als Erinnerungshilfe.
3. Wenn Ihr Kind nicht so viel üben mag, wie Sie ursprünglich vereinbart haben, erwägen Sie immer erst, den Zeitplan zu ändern, ehe Sie ganz aufgeben. Kürzen Sie die Übungszeiten, planen Sie mehr «übungsfreie» Tage ein, teilen Sie die Übungszeit in zwei Teile mit einer kurzen Pause dazwischen oder schaffen Sie einen Anreiz, auf den sich das Kind freuen kann, wenn es mit dem Üben fertig ist (legen Sie das Üben zum Beispiel vor eine Aktivität, die dem Kind besonderen Spaß macht).
4. Wenn Sie meinen, Belohnungen anbieten zu müssen, um das Kind zum Üben zu bringen, könnte es an der Zeit sein, das ganze Vorhaben zu überdenken. Legt Ihr Kind möglicherweise doch nicht so viel Wert darauf, die fragliche Fähigkeit zu erwerben? Ein Anzeichen dafür könnte sein, dass es nur widerstrebend so viel übt, wie es üben müsste, um weiterzukommen. Oft ist gar nicht das Kind die treibende Kraft, sondern es sind die Eltern. Sie wollen, dass Ihr Kind etwas lernt (insbesondere ein Musikinstrument). Sollte dies auch bei Ihnen der Fall sein, sprechen Sie offen und ehrlich mit Ihrem Kind. Probieren Sie es erst dann mit einem Belohnungssystem, um Ihr Kind zum Üben zu bringen.

Etwas Neues lernen und dafür üben

Schon im Vorfeld die folgenden Fragen beantworten:

1. Was will ich lernen?

2. Warum will ich es lernen?

3. Was muss ich tun, um es zu lernen (Unterrichtsstunden, Übungszeiten und so weiter), und wie viel Zeit werde ich dafür aufbringen müssen?

Was nötig ist	Wann soll es geschehen?	Wie lange wird es dauern?
Unterrichtsstunden		
Übungszeiten		
Anderes (zum Beispiel Turniere, Ausstellungen, Vorspiele)		

4. Werde ich etwas anderes aufgeben müssen, um das Üben in meinem Zeitplan unterzubringen?

Im Fall einer positiven Entscheidung können Uhrzeit und Dauer der Übungszeiten in den folgenden Wochenplan eingetragen und entsprechend abgehakt werden.

	Montag	Dienstag	Mittwoch	Donnerstag	Freitag	Samstag	Sonntag
Unterrichtsstunden							
Übungszeiten							
Turniere, Ausstellungen, Vorspiele							

6. Rechtzeitig schlafen gehen

Erforderliche Exekutivfunktionen: Initiieren von Handlungen (Kapitel 15), Aufmerksamkeitssteuerung (Kapitel 14), Arbeitsgedächtnis (Kapitel 12).

Alter: Der Plan richtet sich an Kinder von 7–10 Jahren, ist jedoch für jüngere oder ältere Kinder sehr leicht abzuwandeln, indem man entsprechend leichtere oder schwierigere Aufgaben wählt.

1. Sprechen Sie mit Ihrem Kind darüber, um welche Zeit es ins Bett gehen soll. Erstellen Sie eine Liste all der Dinge, die vor dem Zubettgehen erledigt werden müssen. Dazu könnten zum Beispiel gehören: Spielzeug aufräumen, Kleider für den nächsten Tag herauslegen, Ranzen für den nächsten Schultag packen (siehe «Hausaufgaben machen»), Schlafanzug anziehen, Zähne putzen und waschen oder baden.
2. Machen Sie daraus eine Checkliste oder einen Plan mit entsprechenden Bildern (ein Muster folgt).
3. Sprechen Sie darüber, wie lange die einzelnen Schritte dauern werden. Wenn Sie und Ihr Kind es ganz genau wissen wollen, messen Sie die Zeit mit einer Stoppuhr.
4. Zählen Sie alle Zeiten zusammen und subtrahieren Sie die Summe von der Zubettgehzeit. So wissen Sie, wann Ihr Kind damit beginnen muss, sich fertig zu machen. (Soll das Kind zum Beispiel um 20 Uhr ins Bett gehen und braucht es für die Vorbereitungen eine halbe Stunde, sollte es um 19 Uhr 30 damit beginnen.)
5. Erinnern Sie Ihr Kind daran, zur vereinbarten Zeit mit der ersten Aufgabe anzufangen.
6. Überwachen Sie die einzelnen Schritte. Ermutigen Sie das Kind, auf der Checkliste nachzuschauen, was als Nächstes kommt, und loben Sie es für die Erledigung jeder einzelnen Aufgabe.

Kontrolle Schritt für Schritt zurücknehmen

1. Erinnern Sie Ihr Kind daran, mit der Checkliste zu beginnen. Überwachen Sie die einzelnen Schritte, loben Sie das Kind häufig, ermutigen Sie es und geben Sie ihm, wenn nötig, konstruktives Feedback.
2. Erinnern Sie Ihr Kind daran, mit der Checkliste zu beginnen. Achten Sie darauf, dass es die einzelnen Schritte in Angriff nimmt. Gehen Sie dann weg und kommen Sie erst wieder, wenn es Zeit für den nächsten Schritt ist.

3. Erinnern Sie Ihr Kind daran, mit der Checkliste zu beginnen. Gehen Sie dann weg und schauen Sie in Abständen nach, ob alles nach Plan verläuft (anfangs bei jedem zweiten Schritt, dann bei jedem dritten Schritt und so weiter).

4. Erinnern Sie Ihr Kind daran, mit der Checkliste zu beginnen. Gehen Sie dann weg und lassen Sie sich von dem Kind rufen, wenn alles abgehakt ist.

Änderungen/Anpassungen

1. Sehen Sie Belohnungen oder Strafen vor. Ist Ihr Kind zum Beispiel zur vereinbarten Zeit oder sogar schon vorher fertig, verdient es sich damit ein wenig Extrazeit, ehe das Licht ausgemacht wird. Wird es nicht zur vereinbarten Zeit fertig, muss es am nächsten Tag 15 Minuten früher beginnen.

2. Stellen Sie die Küchenuhr oder geben Sie dem Kind eine Stoppuhr, damit es selbst schauen kann, wie lange jeder einzelne Schritt dauert.

3. Schreiben Sie die einzelnen Schritte nicht auf eine Liste, sondern auf separate Karteikarten. Lassen Sie das Kind die jeweilige Karte abgeben und eine neue holen, wenn eine Aufgabe erledigt ist.

4. Wählen Sie bei jüngeren Kindern Bilder statt Wörter. Kürzen Sie die Liste und stellen Sie sich darauf ein, dem Kind über längere Zeit Erinnerungshilfen geben zu müssen.

Checkliste – Rechtzeitig schlafen gehen		
Aufgabe	**Anzahl Ermahnungen (卌)**	**Erledigt (✔)**
Spielzeug aufräumen		
Ranzen für nächsten Schultag packen		
Liste schreiben, was am nächsten Tag zu bedenken ist		
Kleider für nächsten Morgen herauslegen		
Schlafanzug anziehen		
Waschen oder baden		
Zähneputzen		

7. Schreibtisch aufräumen

Erforderliche Exekutivfunktionen: Initiieren von Handlungen (Kapitel 15), Aufmerksamkeitssteuerung (Kapitel 14), Organisation (Kapitel 17), Planen (Kapitel 16).

Alter: Der folgende Plan ist für Kinder von 7–10 Jahren gedacht. Jüngere Kinder verbringen noch nicht viel Zeit am Schreibtisch. Eine Anpassung käme also eher für ältere Kinder in Betracht. Wählen Sie in dem Fall schwierigere Aufgaben.

Erste Schritte: Schreibtisch gründlich aufräumen

1. Alles aus den Schubladen herausnehmen und entscheiden, was behalten werden soll.
2. Entscheiden, was in welche Schublade kommt. Etiketten auf die Schubladen kleben.
3. Alles in die richtigen Schubladen räumen.
4. Neben dem Schreibtisch einen Papierkorb bereitstellen und ein Pinnbrett für Erinnerungszettel und Andenken aufhängen.
5. Entscheiden, was auf der Arbeitsplatte stehen beziehungsweise liegen soll (zum Beispiel Stifthalter, Tacker, Ablagen).
6. Auf der Arbeitsplatte alles so anordnen, wie das Kind es haben will.
7. Knipsen Sie ein Foto von dem aufgeräumten Schreibtisch, um dies als Vorbild benutzen zu können. Heften Sie das Bild an die Wand oder Pinnwand neben dem Schreibtisch.

Langfristige Schritte: Schreibtisch ordentlich halten

1. Vor dem Beginn der Hausaufgaben oder einer anderen Arbeit am Schreibtisch dafür sorgen, dass der Schreibtisch aussieht wie auf dem Foto. Falls nicht, entsprechend aufräumen.
2. Nach der Erledigung der Hausaufgaben alles so aufräumen, dass der Schreibtisch wieder aussieht wie auf dem Foto. Dies könnte auch vor dem Zubettgehen eingeplant werden.
3. Einmal in der Woche Ablagen durchgehen und entscheiden, was dort bleiben soll und was abgeheftet oder entsorgt werden kann.

Kontrolle Schritt für Schritt zurücknehmen

1. Erinnern Sie Ihr Kind daran, mit den «langfristigen Schritten» zu beginnen. Überwachen Sie das Ganze, loben und ermutigen Sie Ihr Kind und geben Sie ihm konstruktives Feedback
2. Erinnern Sie Ihr Kind, mit dem ersten Schritt zu beginnen. Gehen Sie dann weg und kommen Sie wieder, um sich zu überzeugen, dass die Aufgabe erledigt wurde. Verfahren Sie auf gleiche Weise mit dem zweiten Schritt. Beim dritten Schritt bleiben Sie dabei und helfen dem Kind beim Durchsortieren seiner Papiere.
3. Erklären Sie noch einmal alle Schritte. Gehen Sie dann weg und kommen Sie erst am Ende wieder, um sich zu überzeugen, dass alles erledigt wurde.
4. Erinnern Sie Ihr Kind an das Aufräumen des Schreibtisches. Prüfen Sie zu einem späteren Zeitpunkt (zum Beispiel vor dem Zubettgehen), ob der Schreibtisch ordentlich ist. Loben Sie das Kind oder geben Sie ihm konstruktives Feedback.

Änderungen/Anpassungen

1. Verfeinern Sie das Verfahren. Vielleicht gibt es noch bessere Ordnungsprinzipien für Schubladen oder Arbeitsplatte?
2. Schauen Sie sich in einem Schreibwarenladen um. Gibt es praktische Hilfsmittel, die Ihrem Kind gefallen und es dabei unterstützen könnten, seinen Schreibtisch ordentlich zu halten?
3. Stellen Sie bei Bedarf Belohnungen in Aussicht.

Checkliste – Schreibtisch aufräumen							
Aufgabe	Montag	Dienstag	Mittwoch	Donnerstag	Freitag	Samstag	Sonntag
Schreib-tischplatte aufgeräumt							
Ablagen durch-sortiert							
Schreib-tisch ent-spricht Foto							

8. Hausaufgaben machen

Erforderliche Exekutivfunktionen: Initiieren von Handlungen (Kapitel 15), Aufmerksamkeitssteuerung (Kapitel 14), Planen (Kapitel 16), Zeitmanagement (Kapitel 18), Metakognition (Kapitel 21).

Alter: 7–14 Jahre.

1. Erklären Sie Ihrem Kind, dass sich anhand eines Hausaufgabenplans gut lernen lässt, wie man Pläne aufstellt und anstehende Arbeiten organisiert. Leiten Sie es dazu an, täglich nach der Rückkehr von der Schule einen Hausaufgabenplan aufzustellen (Musterplan folgt).
2. Dabei sollte das Kind wie folgt vorgehen:
   a. Alle Aufgaben aufschreiben (Stichwörter genügen).
   b. Dafür sorgen, dass alle nötigen Materialien und Hilfsmittel zur Verfügung stehen.
   c. Überlegen, ob es Hilfe braucht, um bestimmte Aufgaben zu lösen, und wer ihm helfen kann.
   d. Einschätzen, wie lange die einzelnen Aufgaben dauern werden.
   e. Aufschreiben, wann es mit jeder einzelnen Aufgabe beginnen wird.
   f. Ihnen den Plan zeigen, damit Sie ihm helfen können, bei Bedarf noch etwas zu verändern (zum Beispiel bei der Schätzung, wie viel Zeit für die einzelnen Aufgaben benötigt wird).
3. Erinnern Sie Ihr Kind daran, zu der im Plan festgelegten Zeit mit den Hausaufgaben zu beginnen.
4. Überwachen Sie die Ausführung des Plans. Je nach Kind kann dies bedeuten, von Anfang bis zum Ende dabei zu bleiben oder nur gelegentlich nachzuschauen.

Kontrolle Schritt für Schritt zurücknehmen

1. Erinnern Sie Ihr Kind daran, den Plan zu erstellen und abzuarbeiten. Loben und ermutigen Sie Ihr Kind und geben Sie ihm konstruktives Feedback. Falls notwendig, setzen Sie sich zu dem Kind, während es seine Hausaufgaben macht.
2. Erinnern Sie Ihr Kind daran, den Plan zu erstellen und zur vereinbarten Zeit mit den Hausaufgaben zu beginnen. Schauen Sic regelmäßig vorbei und spenden Sie Lob und Ermutigung.
3. Bitten Sie das Kind, Ihnen Bescheid zu geben, wenn die Hausaufgaben fertig sind.

Veränderungen/Anpassungen

1. Sträubt sich Ihr Kind gegen die zusätzliche Mühe, den Plan auszufüllen, übernehmen Sie die Schreibarbeit. Lassen Sie sich aber in jedem Fall von dem Kind diktieren, was Sie schreiben sollen.

2. Neigt Ihr Kind dazu, Schularbeiten zu vergessen, gehen Sie alle Fächer durch und fragen Sie nach möglichen Hausaufgaben, um seinem Gedächtnis auf die Sprünge zu helfen.

3. Legen Sie einen extra Kalender für langfristige Projekte an (siehe «Langfristige Projekte für die Schule fertigstellen»).

4. Stellen Sie Belohnungen in Aussicht, wenn das Kind pünktlich und ohne Ermahnungen mit den Hausaufgaben beginnt und sie auch zu Ende führt.

5. Bei jüngeren Kindern kann es ausreichen, eine feste Zeit für die Hausaufgaben festzulegen. Denn sie haben ohnehin pro Tag nur ein oder zwei Aufgaben zu erledigen. Es könnte aber auch bei ihnen nützlich sein, sie um eine Einschätzung zu bitten, wie lange die Aufgaben jeweils dauern werden. Eine solche Einschätzung bereitet sie aufs Zeitmanagement vor.

Täglicher Hausaufgabenplaner

Datum:

Fach/Aufgabe	Habe ich alle Materialien?		Brauche ich Hilfe?		Wer kann mir helfen?	Wie lange wird es dauern?	Wann fange ich an?	Erledigt (✔)
	Ja	Nein	Ja	Nein				

9. «Offene Aufgaben» bewältigen

Erforderliche Exekutivfunktionen: Emotionale Regulation (Kapitel 13), Flexibilität (Kapitel 19), Metakognition (Kapitel 21).

Alter: 7–14 Jahre.

«Offene Aufgaben» fallen vielen Kindern ganz besonders schwer. Man versteht darunter Aufgaben, bei denen

- mehrere richtige Antworten möglich sind,
- verschiedene Lösungswege zur richtigen Antwort oder zum gewünschten Ergebnis führen können,
- kein vorgegebenes Ende erkennbar ist – das Kind also selbst entscheiden muss, ob sie erledigt sind, oder
- kein vorgegebener Anfang existiert – das Kind also selbst entscheiden muss, wie und womit es beginnt.

Beispiele für offene Aufgaben sind:

- Beispielwörter oder –sätze ausdenken
- Eigene Texte schreiben
- Mehrere Lösungswege für Rechenaufgaben aufzeigen (zum Beispiel: «Auf welche verschiedenen Weisen kannst du die Zahl 24 in gerade Zahlen teilen?»)
- Eine Strategie finden, um in Mathe eine komplizierte Textaufgabe zu lösen
- «Warum?»-Fragen beantworten
- Fragen zu einem Text beantworten, wenn die Antworten darin nicht wörtlich enthalten sind

Bei der Bewältigung offener Aufgaben kann man Kindern helfen, indem man die Aufgaben so verändert, dass sie «weniger offen» sind. Man kann ihnen aber auch zeigen, wie sie mit solchen Aufgaben umgehen können. Weil Probleme mit offenen Aufgaben am deutlichsten bei den häuslichen Schularbeiten zutage treten, ist es wichtig, mit den Lehrern des Kindes zusammenzuarbeiten. So wird auch ihnen klar, mit welchen Schwierigkeiten die betroffenen Kinder zu kämpfen haben.

Offene Aufgaben leichter machen:

1. Führen Sie Ihr Kind durch die Aufgabe. Helfen Sie ihm, einen Anfang zu finden, sprechen Sie über jeden Einzelschritt oder bleiben Sie bei dem Kind, während es die einzelnen Schritte ausführt.

2. Hat das Kind Probleme damit, eigene Ideen zu entwickeln, stellen Sie ihm eine Reihe von Ideen zur Auswahl. Engen Sie diese Auswahl bei Bedarf weiter ein. (Hierbei werden Sie sich mit den Lehrern Ihres Kindes absprechen müssen, damit diese verstehen, wie und warum die Aufgabe verändert wurde.) Im Laufe der Zeit können Sie die Anzahl der Auswahlmöglichkeiten erweitern oder das Kind ermutigen, den von Ihnen kommenden Ideen eigene hinzuzufügen.

3. Geben Sie dem Kind «Spickzettel» (zum Beispiel mit den aufeinander folgenden Schritten bei einer komplizierten Division).

4. Lassen Sie das Kind bei Übungen zum Buchstabieren keine Beispielwörter ausdenken, sondern vorgegebene Wörter zehnmal schreiben. Oder geben Sie Ihrem Kind Sätze, in denen die zu buchstabierenden Wörter fehlen. (Auch hier müssen Sie natürlich die Zustimmung der Lehrer einholen.)

5. Erstellen Sie Mustervorlagen, denen das Kind beim Durchführen der Aufgaben folgen kann.

6. Bieten Sie schon vor dem Schreiben reichlich Unterstützung an, vor allem beim Eingrenzen und Ordnen von Ideen (siehe «Einen eigenen Text schreiben).

7. Lassen Sie sich von den Lehrern genau erklären, was von Ihrem Kind erwartet wird.

Die einfachste Möglichkeit, Ihr Kind bei der Bewältigung offener Aufgaben zu unterstützen besteht darin, es mündlich durch die einzelnen Arbeitsschritte zu führen und es aufzufordern, bei der Ausführung laut zu denken. Zeigen Sie ihm auf diese Weise, welche Gedanken und Strategien bei solchen Aufgaben zielführend sind. Geben Sie am Anfang viel Hilfestellung und nehmen Sie diese allmählich zurück. So können Sie das Planen mehr und mehr dem Kind überlassen. Bei Kindern mit Problemen bei der Flexibilität kann es viele Jahre dauern, bis sie mit offenen Aufgaben souverän umgehen können. Stellen Sie sich darauf ein, für sie noch länger Aufgaben vereinfachen zu müssen und ihnen gemeinsam mit den Lehrern viel Unterstützung zu geben.

10. Langfristige Projekte für die Schule fertigstellen

Erforderliche Exekutivfunktionen: Initiieren von Handlungen (Kapitel 15), Aufmerksamkeitssteuerung (Kapitel 14), Planen (Kapitel 16), Zeitmanagement (Kapitel 18), Metakognition (Kapitel 21).

Alter: 8–14 Jahre. Manchmal bekommen auch schon 7-jährige Kinder solche Aufgaben (wenn auch in einfacherer Form). In einem solchen Fall brauchen Sie die Intervention nur entsprechend zu vereinfachen.

1. Schauen Sie sich die Aufgabenstellung gemeinsam mit Ihrem Kind ganz genau an. Wichtig ist, dass Sie beide verstehen, was vom Kind erwartet wird. Soll Ihr Kind selbst ein Thema wählen, besteht der erste Schritt in dieser Wahl. Viele Kinder haben Probleme damit, sich Themen auszudenken. In einem solchen Fall sollten Sie zunächst mögliche Vorschläge sammeln. Dabei sollten Sie mit Themen aus den persönlichen Interessensbereichen Ihres Kindes beginnen.

2. Nutzen Sie das Planungsblatt (Muster folgt) und schreiben Sie drei bis fünf mögliche Themen auf. Anschließend gehen Sie diese noch einmal durch und fragen Sie Ihr Kind, was ihm an den einzelnen Möglichkeiten gefällt oder nicht gefällt.

3. Helfen Sie dem Kind, sich für eine der Möglichkeiten zu entscheiden. Denken Sie nicht nur daran, welches Thema das Kind am meisten interessiert. Andere Kriterien, die vor der Wahl zu bedenken sind:
   - Das Thema sollte weder zu eng gefasst noch zu breit gefächert sein.
   - Wichtig ist, dass zu dem Thema leicht Informationen zu finden sind.
   - Ideal ist ein Thema mit einem interessanten «Dreh», der dem Kind Spaß macht und auch dem Lehrer gefallen wird.

4. Entscheiden Sie mithilfe des Planungsblattes, welche Materialien oder Quellen gebraucht werden und wo das Kind diese besorgen kann. Mögliche Quellen sind: Internet-Webseiten, Bücher aus der Bibliothek, Prospekte und Infoblätter (zum Beispiel Reiseprospekte), Interviewpartner, Museen, historische Stätten. Erwägen Sie auch, welche Materialien benötigt werden, falls etwas konstruiert oder hergestellt werden soll.

5. Listen Sie mithilfe des Planungsblattes alle Schritte auf, die nötig sein werden, um das Projekt zu verwirklichen. Entwickeln Sie dann eine Zeitleiste, damit Ihr Kind weiß, wann die einzelnen Schritte unternommen werden müssen. Tragen Sie diese Informationen in einen Kalender ein, den Sie an der Wand oder an einem Pinnbrett in der Nähe des Schreibtisches aufhängen. So kann Ihr Kind jederzeit nachvollziehen, wie weit es gekommen ist und was als Nächstes geschehen muss.

6. Erinnern Sie Ihr Kind daran, der Zeitleiste zu folgen. Vor jedem Schritt könnten Sie darüber sprechen, was genau mit dessen Erledigung verbunden ist. (Auch dafür lassen sich natürlich Checklisten anlegen.) Am Ende einer jeden Teilaufgabe kann dann der nächste Schritt geplant werden. Auf diese Weise bekommt das Kind eine Vorstellung davon, was als Nächstes folgt. Es fällt ihm daher leichter, mit der folgenden Teilaufgabe zu beginnen.

Kontrolle Schritt für Schritt zurücknehmen

Kinder, die Probleme mit der Planung und der Metakognition haben, brauchen bei der Bewältigung offener Aufgaben über längere Zeit viel Unterstützung. Füllen Sie das Planungsblatt anfangs gemeinsam aus. Später können Sie dies nach und nach der Verantwortung Ihres Kindes überlassen, bis es das Blatt am Ende ganz allein ausfüllen kann. Sobald Sie merken, dass Ihr Kind selbstständiger wird, gehen Sie das Planungsblatt gemeinsam an. Sie lassen sich zeigen, welche Teile es der eigenen Einschätzung nach schon allein bearbeiten kann und bei welchen es noch Hilfe braucht. Wahrscheinlich müssen Sie Ihr Kind auch weiterhin daran erinnern, die einzelnen Schritte rechtzeitig auszuführen. Es wird länger dauern, bis es auch in dieser Hinsicht unabhängig wird.

Veränderungen/Anpassungen

Stellen Sie, falls nötig, Belohnungen in Aussicht, wenn der Zeitplan eingehalten und das Projekt zum Abgabetermin fertig gestellt wird. Für die Erledigung von Einzelschritten ohne Ermahnungen (oder mit einer vorher vereinbarten Höchstzahl von Ermahnungen) können Sie Bonuspunkte vergeben.

Planungsblatt für langfristige Projekte

Schritt 1: Thema wählen

Was sind mögliche Themen?	Was mir daran gefällt:	Was mir daran nicht gefällt:
1.		
2.		
3.		
4.		
5.		

Gewähltes Thema:

Schritt 2: Benötigte Informationen und Materialien

Welche Informationen oder Materialen brauche ich?	Wo kann ich sie finden?	Wann werde ich sie besorgen?
1.		
2.		
3.		
4.		
5.		

Schritt 3: Einzelschritte und deren Fertigstellung

Was muss ich machen? (Einzelschritte in richtiger Reihenfolge aufführen)	Wann werde ich es tun?	Erledigt (✔)
Schritt 1:		
Schritt 2:		
Schritt 3:		
Schritt 4:		
Schritt 5:		
Schritt 6:		
Schritt 7:		
Schritt 8:		
Schritt 9:		
Schritt 10:		

11. Einen eigenen Text schreiben

Erforderliche Exekutivfunktionen: Initiieren von Handlungen (Kapitel 15), Aufmerksamkeitssteuerung (Kapitel 14), Planen (Kapitel 16), Organisation (Kapitel 17), Zeitmanagement (Kapitel 18), Metakognition (Kapitel 21).

Alter: 8–14 Jahre. Jüngere Kinder müssen in der Regel noch keine über wenige Sätze hinausgehenden eigenen Texte schreiben. Die Mustervorlage können Sie jederzeit verlängern oder verkürzen.

Schritt 1: Brainstorming zur Themenwahl

Soll Ihr Kind sich das Thema für seinen Text selbst ausdenken, sollten Sie gleich anfangs dafür sorgen, dass Sie beide die genaue Aufgabenstellung kennen und verstanden haben. (Möglicherweise wird dafür ein Anruf bei dem Lehrer oder bei einem Klassenkameraden Ihres Kindes notwendig sein.) Beim Brainstorming gilt die Regel, dass in der ersten Phase grundsätzlich jede Idee akzeptiert und aufgeschrieben wird – je wilder und verrückter, desto besser. Gerade solch verrückte Ideen können zu guten und nützlichen Lösungen führen. Kritisches Hinterfragen ist zu diesem Zeitpunkt also noch nicht erwünscht. Hat Ihr Kind Probleme damit, sich mögliche Themen auszudenken, schlagen Sie selbst ein paar Ideen vor. So bringen Sie die Sache «ins Rollen». Haben Sie alles aufgeschrieben, was Ihrem Kind und/oder Ihnen einfällt, gehen Sie die Liste noch einmal gemeinsam durch. Sie kreuzen die vielversprechendsten Vorschläge an. Natürlich kann es auch vorkommen, dass Ihr Kind von Anfang an weiß, worüber es schreiben will. Falls nicht, sprechen Sie darüber, was es an den gesammelten Themenvorschlägen mag oder nicht mag. Auf diese Weise können Sie die beste Idee nach und nach immer stärker einkreisen.

Schritt 2: Brainstorming zum Inhalt

Ist das Thema gewählt, beginnt das Brainstorming erneut. Fragen Sie Ihr Kind: «Sag mir alles, was du über das Thema weißt oder erfahren willst.» Schreiben Sie alle Ideen oder Fragen auf, ohne sie zu bewerten. Auch hier gilt: Je verrückter, desto besser.

Schritt 3: Den Inhalt organisieren.

Schauen Sie sich alle Ideen an, die Sie gesammelt haben. Überlegen Sie gemeinsam mit Ihrem Kind, ob sich die verschiedenen Punkte irgendwie zu Gruppen zusammenfassen lassen. Stellen wir uns einmal vor, die Aufgabe bestünde darin, etwas über Erdferkel zu schreiben. Die inhaltlichen Ideen könnten danach gruppiert werden, wie diese Tiere aussehen, wo sie leben, was sie essen, wer ihre Feinde sind und wie sie sich schützen. Legen Sie inhaltliche Überschriften fest und verteilen Sie die Ideen auf diese Überschriften. Manche verwenden zu diesem Zweck gern Haftnotizen. In der Brainstorming-Phase wird jede Idee auf eine Haftnotiz geschrieben. Diese Notizen lassen sich dann unter die auf einem Tisch verteilten Überschriften kleben, so dass sich schon ein erster Umriss des Textes abzeichnet. Der Text kann dann nach diesem Umriss geschrieben (oder diktiert) werden.

Schritt 4: Den ersten Absatz verfassen

Der erste Absatz ist häufig der schwierigste. Am besten überwindet man diese Schwelle, wenn man sich klar macht, dass er ganz grundsätzlich in das Thema einführen soll. Das heißt, er soll in möglichst klaren, einfachen Worten beschreiben, worum es in dem Text geht. Der einleitende Absatz eines Berichts über Erdferkel könnte zum Beispiel lauten:

> Dieser Bericht handelt von einem ungewöhnlichen Tier namens «Erdferkel». Wenn du ihn gelesen hast, wirst du wissen, wie Erdferkel aussehen, wo sie leben, was sie essen, wer ihre Feinde sind und wie sie sich schützen.

Im ersten Absatz sollte man darüber hinaus versuchen, den Leser zu «packen». Man kann ihm beispielsweise eine Information geben, die seine Neugier weckt. Auf die obigen Sätze könnten zum Beispiel zwei weitere folgen:

> Außerdem wirst du etwas darüber erfahren, wie es zu seinem Namen «Erdferkel» gekommen ist. Um ein Ferkel handelt es sich bei dem Tier jedenfalls nicht. Und du wirst lesen, warum es eine klebrige Zunge hat. Auch wenn du das vielleicht lieber gar nicht so genau wissen willst!

Kindern mit Schreibproblemen wird es schwer fallen, den einleitenden Absatz selbst zu schreiben. Sie können helfen, indem Sie allgemeine Fragen stellen wie: «Was sollen die Leute wissen, wenn sie deinen Text gelesen haben?» Oder: «Warum könnten die Leute deiner Meinung nach an dem Text Interesse haben?» Ist noch mehr Hilfe nötig, könnten Sie einen Mustertext zur Verfügung stellen, an dem sich Ihr Kind orientieren kann. Sie könnten einen einleitenden Absatz über ein ähnliches Thema schreiben oder den obigen Absatz als Muster nutzen. Geben Sie so viel Unterstützung, wie Ihr Kind nötig hat, und schauen Sie dann, ob es vielleicht allein weiterschreiben kann. Denken Sie daran: Den ersten Absatz zu schreiben ist oft das Schwierigste beim Verfassen eines eigenen Textes.

Schritt 5: Den restlichen Text schreiben

Schlagen Sie vor, den Rest des Textes in Abschnitte mit jeweils einer Überschrift zu unterteilen. Helfen Sie Ihrem Kind, diese Überschriften zu finden, und schauen Sie dann, ob es vielleicht allein weiterschreiben kann. Jeder Absatz sollte mit einer Hauptaussage beginnen. Darauf sollten drei bis fünf Sätze folgen, die die Hauptaussage erweitern oder erklären. Mit Bindewörtern lassen sich die Sätze und Absätze leicht verknüpfen. Beispiele für einfache Bindewörter sind *und, oder, weil, ebenfalls, aber, stattdessen*. Beispiele für komplexere Bindewörter sind *obgleich, darüber hinaus, andererseits, schließlich, infolgedessen*.

In der ersten Zeit brauchen Kinder mit Schreibproblemen viel Hilfe und Unterstützung. Möglicherweise haben Sie das Gefühl, die Hälfte des Texts selbst schreiben zu müssen. Dies wird jedoch mit der Zeit deutlich besser. Das ist vor allem der Fall, wenn Sie die gemeinsame Arbeit stets mit positivem Feedback beschließen. Loben Sie Ihr Kind für mindestens eine Sache, die es gut gemacht hat! Gehen Sie dabei besonders auf Verbesserungen seit dem letzten Mal ein. So könnten Sie zum Beispiel sagen: «Es hat mir sehr gefallen, wie du dir die Überschriften diesmal ganz allein ausgedacht hast.»

Vielleicht sehen Sie über längere Zeit keinen Fortschritt. Oder Sie haben das Gefühl, nicht genug Zeit oder Kenntnisse zu haben, um Ihrem Kind beim Schreiben von Texten helfen zu können. Dann sprechen Sie mit dem Lehrer darüber, ob von der Schule aus zusätzliche Hilfen gegeben werden können. Wenden Sie sich in jedem Fall hilfesuchend an die Schule, wenn Sie den Eindruck haben, dass die Schreibfähigkeiten Ihres Kindes deutlich hinter denen gleichaltriger Kinder zurückbleiben.

Mustervorlage für einen Text mit fünf Absätzen

Einleitender Absatz

Satz 1 fasst zusammen, worum es in dem Text geht:

Satz 2 nennt die Hauptaussage des Textes:

Satz 3 fügt ergänzende Einzelheiten hinzu und/oder erklärt, warum das Thema wichtig ist

Weitere Absätze

Absatz 1, Hauptaussage:

    Ergänzende Einzelheit 1:

    Ergänzende Einzelheit 2:

    Ergänzende Einzelheit 3:

Absatz 2, Hauptaussage:

    Ergänzende Einzelheit 1:

    Ergänzende Einzelheit 2:

    Ergänzende Einzelheit 3:

Absatz 3, Hauptaussage:

    Ergänzende Einzelheit 1:

    Ergänzende Einzelheit 2:

    Ergänzende Einzelheit 3:

Abschließender Absatz

Wiederhole die wichtigste Aussage aus dem Text, die der Leser auf jeden Fall verstehen und mitnehmen soll.

12. Für Klassenarbeiten lernen

Erforderliche Exekutivfunktionen: Initiieren von Handlungen (Kapitel 15), Aufmerksamkeitssteuerung (Kapitel 14), Planen (Kapitel 16), Zeitmanagement (Kapitel 18), Metakognition (Kapitel 21).

Alter: 10–14 Jahre. Jüngere Kinder müssen in der Regel noch keine umfangreicheren Klassenarbeiten schreiben. Sie erfahren vor Tests von den Lehrern sehr genau, was sie lernen sollen. Daher ist das hier beschriebene Verfahren für sie weniger nützlich.

1. Führen Sie mit Ihrem Kind einen Wandkalender, in den Sie bevorstehende Klassenarbeiten eintragen.
2. Erstellen Sie mit Ihrem Kind einen Lernplan.
3. Schauen Sie sich eine Woche (oder fünf Tage) vor der Arbeit gemeinsam die «Auswahlliste Lernstrategien» (siehe weiter unten) an und lassen Sie Ihr Kind entscheiden, welche Strategien es anwenden will.
4. Der Lernplan sollte sich über die vier letzten Tage vor der Klassenarbeit erstrecken. Langjährige psychologische Forschung hat gezeigt, dass *ein über die Zeit verteiltes Lernen am besten funktioniert*. Mit anderen Worten, wenn Ihr Kind für eine Arbeit insgesamt zwei Stunden lernen will, ist es besser, sich an vier Tagen jeweils 30 Minuten mit dem Stoff zu beschäftigen als am letzten Tag zwei Stunden lang zu büffeln. Die Forschung hat auch gezeigt, dass das Gelernte durch Schlaf verfestigt wird. Ein guter Nachtschlaf vor einer Prüfung ist deshalb wichtiger, als sich auf den letzten Drücker noch mit Wissen vollzustopfen.
5. Für Kinder mit Problemen bei der Aufmerksamkeitssteuerung kann es einfacher sein, mehrere Strategien jeweils nur für kurze Zeit anzuwenden als eine Strategie über die gesamte Lernzeit zu verfolgen. Man kann vorher überlegen, wie viel Zeit das Kind mit einer Strategie verbringen soll, und dann die Küchenuhr stellen. Klingelt sie, kann das Kind zur nächsten Strategie übergehen (es sei denn, ihm gefällt die Strategie, die es gerade benutzt, so gut, dass es damit weitermachen will).

Kontrolle Schritt für Schritt zurücknehmen

Je nachdem, wie selbstständig es ist, kann es sein, dass Ihr Kind Hilfe dabei braucht, den Lernplan aufzustellen, rechtzeitig mit dem Lernen zu beginnen und über die vereinbarte Zeit hinweg dabei zu bleiben. Ziehen Sie sich vorsichtig zurück und lassen Sie sich von Ihrem Kind berichten, wann es mit den einzelnen Strategien fertig ist. Den Plan gemeinsam zu erstellen und den Beginn des Lernens anzumahnen werden Sie wahrscheinlich noch eine ganze Weile beibehalten müssen.

Veränderungen/Anpassungen

1. Sobald das Kind die Klassenarbeit korrigiert zurückbekommen hat, sollten Sie es bitten, im Rückblick zu beurteilen, wie der Lernplan funktioniert hat. Welche Strategien haben sich als gut erweisen? Welche waren weniger hilfreich? Gibt es andere Strategien, die das Kind beim nächsten Mal probieren könnte? Wie war es mit der auf das Lernen verwandten Zeit? Hat sie ausgereicht? Notieren Sie die Ergebnisse auf dem Lernplan, damit Ihr Kind bei der nächsten Klassenarbeit darauf zurückkommen kann.

2. Vielleicht hat Ihr Kind das Gefühl, gut gelernt zu haben, hat bei der Arbeit aber trotzdem schlecht abgeschnitten. Dann bitten Sie den Lehrer um Rückmeldung, was es hätte anders machen können. Hat Ihr Kind die falschen Inhalte – oder auf die falsche Weise – gelernt? Bitten Sie den Lehrer, den Kindern einen Lernleitfaden an die Hand zu geben (falls nicht schon geschehen).

3. Ihr Kind schneidet bei Klassenarbeiten fortgesetzt schlecht ab, obwohl es lang und intensiv gelernt hat. Ist das der Fall, könnten Sie den Lehrer fragen, ob die Möglichkeit besteht, die Aufgabenstellung zu verändern. So könnte er zum Beispiel für die Lösung der Aufgaben mehr Zeit zur Verfügung stellen, die Chance geben, die Arbeit noch einmal zu schreiben, Sonderaufgaben erteilen, mit denen schlechte Noten wettgemacht werden können, andere Arten von Prüfungen einführen oder bei der Lösung von Aufgaben Hilfsmittel zulassen. Dafür könnte es allerdings nötig sein, dass Ihr Kind getestet wird, um zu sehen, ob solche Sondermaßnahmen gerechtfertigt sind (siehe Kapitel 23).

4. Führen Sie Anreize ein und stellen Sie Belohnungen für ein gutes Abschneiden bei Klassenarbeiten in Aussicht.

Auswahlliste Lernstrategien

Welche Strategien willst du benutzen?

☐ 1. Texte im Buch lesen	☐ 2. Eigene Notizen ordnen und lesen	☐ 3. Zusammenfassung der Fakten lesen und wiedergeben
☐ 4. Texte umschreiben	☐ 5. Wichtige Stellen in Texten markieren	☐ 6. Wichtige Stellen in Notizen markieren
☐ 7. Lernleitplan des Lehrers nutzen	☐ 8. Schaubilder zeichnen	☐ 9. Fakten ordnen und auflisten
☐ 10. Probearbeit schreiben	☐ 11. Selbst abfragen	☐ 12. Von jemandem abfragen lassen
☐ 13. Mit Karteikarten lernen	☐ 14. Auswendig lernen und aufsagen	☐ 15. Alles auf einen Lernzettel schreiben
☐ 16. Mit einem Freund lernen	☐ 17. In einer Gruppe lernen	☐ 18. Mit einem Nachhilfelehrer lernen
☐ 19. Mit einem Elternteil lernen	☐ 20. Eine andere Person um Hilfe bitten	☐ 21. Andere:

Lernplan			
Datum	Tag	Strategie (Nummer aufschreiben)	Zeit pro Strategie
	4 Tage vor der Arbeit	1. _____ 2. _____ 3. _____	1. _____ 2. _____ 3. _____
	3 Tage vor der Arbeit	1. _____ 2. _____ 3. _____	1. _____ 2. _____ 3. _____
	2 Tage vor der Arbeit	1. _____ 2. _____ 3. _____	1. _____ 2. _____ 3. _____
	1 Tag vor der Arbeit	1. _____ 2. _____ 3. _____	1. _____ 2. _____ 3. _____

Auswertung nach Rückgabe der Arbeit

Wie hat sich dein Lernplan bewährt? Beantworte die folgenden Fragen:

1. Welche Strategien haben am besten funktioniert?

2. Welche Strategien waren weniger hilfreich?

3. Hast du genug Zeit mit dem Lernen verbracht?   ☐ Ja   ☐ Nein

4. Falls nicht: Was hättest du noch tun können?

5. Was willst du nächstes Mal anders machen?

13. Aufgaben bewältigen, die viel Mühe erfordern

Erforderliche Exekutivfunktionen: Initiieren von Handlungen (Kapitel 15), Aufmerksamkeitssteuerung (Kapitel 14).

Alter: jedes Alter.

Aufgaben, die von Ihrem Kind als sehr mühsam empfunden werden, lassen sich auf zweierlei Weise entschärfen: Man kann die erforderliche Mühe verringern, indem man die Aufgabe kürzer oder leichter macht. Oder man kann einen Anreiz bieten, der so groß ist, dass das Kind die nötige Mühe auf sich nehmen mag. Beispiele dafür sind:

1. Unterteilen Sie die Aufgabe in kleinere Teilaufgaben, die jeweils nicht mehr als fünf Minuten erfordern. Geben Sie für die Erledigung jeder Teilaufgabe eine kleine Belohnung.
2. Lassen Sie das Kind entscheiden, wie es die Aufgabe unterteilen will. Nach jeder Teilaufgabe darf es dann eine Pause einlegen.
3. Planen Sie etwas, worauf sich das Kind freuen kann, wenn die Aufgabe erledigt ist. Zum Beispiel könnten Sie vereinbaren, dass das Kind 45 Minuten mit Videospielen verbringen darf. Dafür muss es jedoch seine Hausaufgaben (und/oder Pflichten) ohne Murren innerhalb eines bestimmten Zeitraums erledigen und das mit der vorher vereinbarten Qualität (zum Beispiel nicht mehr als X Fehler in den Mathe-Hausaufgaben).
4. Belohnen Sie das Kind dafür, dass es bereit ist, mühevolle Aufgaben auf sich zu nehmen. Schreiben Sie zum Beispiel eine Liste von Aufgaben und Pflichten. Ihr Kind soll nun mithilfe einer Skala von 1 (einfach) bis 10 (schwer) den Schwierigkeitsgrad einschätzen. Anschließend könnten Sie eine größere Belohnung (mehr Zeit für Videospiele) dafür in Aussicht stellen, dass es eine schwerere Aufgabe auf sich nimmt. Hat sich das Kind mit dieser Skala vertraut gemacht, können Sie gemeinsam überlegen, wie sich eine sehr mühsame (8–10) in eine weniger mühsame (3–4) Aufgabe verwandeln ließe.

Veränderungen/Anpassungen

Wenn all dies Ihrem Kind nicht hilft, schwierige Aufgaben ohne Murren, Jammern, Weinen oder Trotzanfälle zu erledigen, bleibt noch der «Rückwärts-Trick». Sie können es zuletzt auch noch mit diesem etwas langwierigeren Ansatz probieren (siehe «Zimmer aufräumen»). Am Anfang übernimmt das Kind nur den allerletzten Teil einer mühevollen Aufgabe und bekommt dafür eine Belohnung. So könnte es zum Beispiel die schmutzigen Kleider in den Wäschekorb bringen, nachdem Sie sein Zimmer aufgeräumt haben. Es könnte den Ranzen packen, nachdem Sie ihm geholfen haben, alle anderen morgendlichen Aufgaben zu erledigen. Dies wiederholen Sie so lange, bis das Kind diesen einen Schritt einfach und mühelos bewältigen kann. Anschließend gehen Sie einen Schritt zurück und bitten das Kind, die letzten *beiden* Teile der Aufgabe zu übernehmen. Dafür gibt es dann wiederum eine Belohnung. Im Laufe der Zeit geht es so immer weiter rückwärts, bis das Kind schließlich die ganze Aufgabe eigenständig übernehmen kann. Viele Eltern sträuben sich gegen diesen Ansatz. Sie denken, dass sie das Kind am Ende doch noch dazu zwingen können, sein Zimmer aufzuräumen. Sie müssten nur lang genug schimpfen. Doch wer möchte schon für den Rest seines Elternlebens schimpfen müssen? Der «Rückwärts-Trick» trainiert das Kind darauf, mühevolle Aufgaben zu tolerieren – und macht das Schimpfen überflüssig!

14. Schulhefte und -mappen organisieren

Erforderliche exekutive Funktionen: Organisation (Kapitel 17), Initiieren von Handlungen (Kapitel 15).

Alter: 6–14 Jahre.

1. Überlegen Sie gemeinsam mit Ihrem Kind, was für ein sinnvolles Ordnungssystem benötigt wird: Eine Mappe für noch nicht fertig gestellte Aufgaben? Eine Mappe für fertige Aufgaben? Eine Ablage für lose Blätter, die noch abgeheftet werden müssen? Hefter oder Mappen zum Aufbewahren von Notizzetteln, Arbeitsblättern, Merkblättern und so weiter? (Eine Checkliste mit Beispielen folgt.)
2. Entscheiden Sie dann, wie Sie die einzelnen Punkte am besten organisieren könnten. Zum Beispiel könnten Sie und Ihr Kind sich dafür entscheiden, ein System aus verschiedenfarbigen Mappen anzulegen (eine Farbe für noch nicht fertig gestellte Aufgaben, eine andere für fertige Aufgaben und so weiter). Oder Sie könnten Schnellhefter wählen, die in einem großen Ringordner abgeheftet werden. Gehen Sie gemeinsam in einen gut sortierten Schreibwarenladen und lassen Sie sich inspirieren.
3. Besorgen Sie zusätzlich alles, was Sie brauchen, um Ordnung zu schaffen. (Was Sie noch nicht zuhause haben, können Sie gleich vom Schreibwarenladen mitbringen.) Unerlässlich sind ein Locher, liniertes und unliniertes Papier, Register für Ringordner und kleine Blöcke mit Haftnotizen, mit denen sich wichtige Papiere markieren lassen.
4. Stellen Sie die Hefte und Mappen zusammen und versehen Sie alles mit klar erkennbaren, aussagekräftigen Etiketten.

5. Lassen Sie das Kind jedes Mal, wenn es mit den Schularbeiten beginnt, die Mappen für fertige und noch nicht fertige Aufgaben herausnehmen sowie alle noch losen Zettel abheften.

6. Am Ende der Schularbeiten lassen Sie das Kind dann alle Papiere in die richtigen Mappen einsortieren und alles abheften, was aufbewahrt werden soll.

Kontrolle Schritt für Schritt zurücknehmen

1. Erinnern Sie Ihr Kind daran, die Schularbeiten mit der «Büroorganisation» zu beginnen. Schauen Sie, ob es alle Anweisungen befolgt, und haken Sie sie auf einer Checkliste ab.

2. Prüfen Sie am Ende der Schularbeiten, ob alle Punkte auf der Checkliste abgehakt und alle Materialien richtig verstaut sind.

3. Erinnern Sie das Kind immer wieder einmal an die «Büroorganisation». Prüfen Sie stichprobenartig Hefte, Mappen und andere Ablagen.

Veränderungen/Anpassungen

1. Beziehen Sie Ihr Kind so stark wie möglich in die Ausgestaltung des Ordnungssystems mit ein. Was bei Ihnen gut funktioniert, kann sich bei Ihrem Kind als katastrophal erweisen, wenn es keine gute Entsprechung gibt.

2. Für alles, was sich in der Praxis nicht bewährt, sollten Sie sich neue Lösungen ausdenken. Beziehen Sie auch hier wieder Ihr Kind mit ein. «Was könnte für dich besser funktionieren?», wäre eine gute Frage.

3. Bei Kindern, die von sich aus eher unordentlich sind, kann es lange dauern, bis die genannten Schritte zur Gewohnheit werden. Stellen Sie sich auf eine längere Zeit der nötigen Kontrolle ein.

Ordnungssystem für Hefte und Mappen installieren		
Was will ich ordnen?	**Was will ich dafür nutzen?**	**Erledigt (✔)**
Noch nicht fertig gestellte Hausaufgaben		
Fertige Aufgaben		
Blätter, die später abgeheftet werden müssen		
Hefte und Mappen für jedes Fach		
Was ich sonst noch brauche: 1. 2. 3. 4.		

Organisationssystem weiter pflegen					
Aufgabe	**Montag**	**Dienstag**	**Mittwoch**	**Donnerstag**	**Wochenende**
Mappe «Zum Abheften» leeren und Blätter abheften					
Hefte und Bücher nach losen Blättern durchsuchen und diese abheften					
Hausaufgaben machen					
Fertige und noch nicht fertige Aufgaben richtig einsortieren					

15. Sich beherrschen

Erforderliche exekutive Funktionen: Emotionale Regulation (Kapitel 13), Reaktionshemmung (Kapitel 11), Flexibilität (Kapitel 19).

Alter: jedes Alter.

1. Stellen Sie gemeinsam mit Ihrem Kind eine Liste aller Ereignisse zusammen, die dazu führen können, dass Ihr Kind die Beherrschung verliert («Auslöser»). Sie können auch überlegen, ob sich die einzelnen Punkte auf der Liste zu größeren Kategorien zusammenfassen lassen (dem Kind wird etwas verboten, das Kind verliert ein Spiel, dem Kind wird etwas versprochen, das dann nicht eintritt, und so weiter).
2. Sprechen Sie mit Ihrem Kind darüber, wie es aussieht oder sich anhört, wenn es die Beherrschung verliert (schreien, fluchen, Gegenstände werfen, um sich treten und so weiter). Entscheiden Sie, welche dieser Punkte auf die «Was gar nicht geht»-Liste kommen sollen. Halten Sie diese Liste kurz und arbeiten Sie immer nur an ein oder zwei Verhaltensweisen gleichzeitig.
3. Erstellen Sie dann eine Liste all der Dinge, die Ihr Kind stattdessen tun könnte («Ersatzverhalten»). Für jeden Punkt auf der «Was gar nicht geht»-Liste sollte es drei oder vier Alternativen geben.
4. Heften Sie diese an die «Notfalltafel» (Beispiel folgt).
5. Üben Sie typische Situationen. Sagen Sie zu Ihrem Kind: «Tun wir mal so, als wärst du wütend, weil Billy gesagt hat, er würde zum Spielen kommen und dann doch nicht gekommen ist. Welche Strategie möchtest du verwenden?» (Detailliertere Übungsleitlinien folgen, siehe unter «Weiter üben»)
6. Nach ein paar Wochen mit «Trockenübungen» setzen Sie das Geübte in realen Situationen um. Beginnen Sie aber in jedem Fall mit kleineren «Störfällen».
7. Klappt dies schon gut, gehen Sie zu schwerwiegenderen Auslösern über.
8. Verbinden Sie das Ganze mit einer Belohnung. Beste Ergebnisse erzielen Sie mit zwei Abstufungen: Eine große Belohnung gibt es, wenn die «Notfalltafel» gar nicht erst zur Anwendung kommen muss. Eine kleine Belohnung vergeben Sie für die erfolgreiche Anwendung eines Ersatzverhaltens von der «Notfalltafel».

Weiter üben

1. Verwenden Sie Beispiele aus dem echten Leben mit einer möglichst großen Bandbreite unterschiedlicher Auslöser.
2. Beim Üben können Sie abkürzen. Wählt das Kind zum Beispiel als Ersatzverhalten «Buch lesen», braucht es das Buch nur aufzuschlagen und die Seite kurz anzulesen. Mehr als 20–30 Sekunden sind nicht notwendig.

3. Lassen Sie Ihr Kind alle Ersatzverhaltensweisen von seiner «Notfalltafel» üben.

4. Üben Sie einige Wochen lang täglich oder mehrmals pro Woche, ehe Sie das Gelernte in realen Situationen umsetzen.

Veränderungen/Anpassungen

1. Für die Anwendung verschiedener Strategien braucht Ihr Kind möglicherweise ein Vorbild, an dem es sich ausrichten kann. Sie könnten vormachen, wie es geht, und dabei «laut denken». Auf diese Weise merkt Ihr Kind, welche Gedankenschritte zielführend sind.

2. Immer wieder einmal kann es Situationen geben, in denen Ihr Kind trotz aller Übung die Beherrschung verliert und sich nicht wieder beruhigen oder auf ein Ersatzverhalten konzentrieren kann. Nehmen Sie das Kind in einem solchen Fall aus der Situation heraus (notfalls indem sie es wegtragen). Sagen Sie dem Kind schon im Vorhinein, dass Sie dies tun werden. So weiß es, womit es zu rechnen hat. Sagen Sie ihm: «Wenn du schlägst oder trittst oder schreist, werden wir sofort gehen.»

3. Ist Ihr Kind auch nach längerer Zeit des regelmäßigen Übens nicht in der Lage, die aufgeführten Strategien wirksam einzusetzen, kann es ratsam sein, professionelle Hilfe zu suchen (siehe Kapitel 22).

Muster für eine Notfalltafel

Auslöser: Was mich wütend macht
1. Wenn ich mit etwas aufhören muss, was mir Spaß macht.
2. Wenn ich etwas machen soll, wozu ich keine Lust habe.
3. Wenn das, was ich mir vorgenommen habe, nicht klappt.

Was gar nicht geht:
1. jemanden schlagen
2. etwas kaputt machen

Wenn ich die Beherrschung verliere, kann ich:
1. ein Bild malen
2. ein Buch lesen
3. Musik hören
4. mit dem Hund spielen

Meine Notfalltafel

Auslöser: Was mich wütend macht

1. _____
2. _____
3. _____

Was gar nicht geht

1. _____
2. _____

Wenn ich die Beherrschung verliere, kann ich:

1. _____
2. _____
3. _____
4. _____

16. Impulsives und unbeherrschtes Verhalten regulieren

Erforderliche exekutive Funktionen: Reaktionshemmung (Kapitel 11), Emotionale Regulation (Kapitel 13).

Alter: jedes Alter.

1. Überlegen Sie gemeinsam mit Ihrem Kind, welche Ereignisse bei ihm das impulsive, unbeherrschte Verhalten auslösen können (zum Beispiel mit Geschwistern fernsehen, ohne zeitliche Begrenzung mit Freunden spielen).
2. Einigen Sie sich auf eine Regel für die auslösenden Situationen. Dazu sollte gehören, was das Kind tun kann, um seine Impulse zu regulieren. Denken Sie sich möglichst mehrere Alternativen aus. Es ist immer günstig, einige Verhaltensweisen zur Auswahl zu haben, mit denen Ihr Kind die unerwünschten impulsiven Reaktionen ersetzen kann.
3. Sprechen Sie darüber, was Sie tun könnten, um Ihrem Kind zu signalisieren, dass es drauf und dran ist, die Beherrschung zu verlieren. Das Signal sollte rechtzeitig erfolgen, sodass sich Ihr Kind noch zurücknehmen oder eine der vereinbarten Bewältigungsstrategien anwenden kann. Am besten funktioniert dies mit einem relativ diskreten visuellen Signal (zum Beispiel mit einer bestimmten Handbewegung), das Ihrem Kind die Botschaft vermittelt: «Vorsicht, Problemsituation!»
4. Üben Sie typische Situationen. Am besten geht dies mit einem Rollenspiel. Sagen Sie Ihrem Kind: «Tun wir mal so, als wärst du draußen mit deinen Freunden und einer von ihnen würde etwas sagen, das dich wütend macht. Ich bin dein Freund und du bist du.» Falls dies Ihrem Kind zu schwer fällt, können Sie das Ganze auch herumdrehen: Das Kind spielt den Freund und Sie spielen Ihr Kind. Sie machen ihm in diesem Fall also vor, wie es sich in einer solchen Situation in den Griff bekommen kann.
5. Wie immer, wenn es um Verhaltensänderungen geht, sollten Sie mehrere Wochen lang täglich oder mehrmals wöchentlich üben.
6. Sie und Ihr Kind sind so weit, das Geübte in realen Situationen umzusetzen. Bevor Ihr Kind nun mit einem möglichen Auslöser in Berührung kommt, sollten Sie es unbedingt noch einmal an die eingeübte Strategie erinnern («Denk an unseren Plan», «Denk daran, was wir besprochen haben»).
7. Besprechen Sie hinterher, wie es funktioniert hat. Zur Beurteilung können Sie sich eine Skala ausdenken (zum Beispiel von 1 = «Das ging ja ohne Probleme!» bis 5 = «Das hat leider nicht geklappt!»).

Veränderungen/Anpassungen

1. Falls Sie meinen, dass eine Belohnung den Lernprozess beschleunigen kann, stellen Sie sie für den erfolgreichen Einsatz eines Ersatzverhaltens in Aussicht. Am einfachsten geht dies mit einem Punktekonto: Zu Beginn jeden Tages werden dem Kind 70 Punkte gutgeschrieben. Jedes Mal, wenn es unbeherrscht reagiert, werden zehn Punkte abgezogen.
Schafft das Kind eine vorher vereinbarte Anzahl von Stunden ohne Abzug, können Sie auch Bonuspunkte vergeben.

2. Stellt das impulsive Verhalten für Ihr Kind ein großes Problem dar, können Sie anfangs eine Tageszeit auswählen, zu der die Strategie zum Einsatz kommen soll. Sie können sich auch zunächst auf eine einzelne unbeherrschte Verhaltensweise konzentrieren. Solche Einschränkungen machen den Erfolg wahrscheinlicher.

3. Denken Sie daran, Ihr Kind zu loben, wenn es sein impulsives Verhalten reguliert. Positive Verstärkung sollte nicht nur aus Belohnungen, sondern immer auch aus persönlichem Lob bestehen.

Selbstbeherrschung wahren

Was ich tue ohne nachzudenken:

Typische Situationen, in denen ich etwas tue ohne nachzudenken:

Was ich tun werde, um beherrscht zu bleiben:

---

17. Mit Angst umgehen

Erforderliche exekutive Funktionen: Emotionale Regulation (Kapitel 13), Flexibilität (Kapitel 19).

Alter: jedes Alter.

1. Stellen Sie gemeinsam mit Ihrem Kind eine Liste der Ereignisse auf, die dazu führen können, dass Ihr Kind sich ängstlich fühlt. Überlegen Sie, ob es dabei Muster gibt und ob sich die einzelnen Ereignisse zu größeren Kategorien zusammenfassen lassen. Zum Beispiel könnte ein Kind, das nervös wird, wenn es etwas tun soll (bei einem Fußballspiel mitspielen, in der Schule etwas vortragen oder bei einem Schülerkonzert etwas auf dem Klavier vorspielen), «Leistungsangst» haben. Das heißt, es wird ängstlich, wenn es vor anderen eine Leistung erbringen soll.

2. Sprechen Sie mit ihrem Kind darüber, wie sich Angst bemerkbar macht. Machen Sie sich und ihm die körperlichen Signale (Ziehen im Bauch, schwitzige Hände, schnellerer Puls) bewusst. Vor allem an diesen kann es das Gefühl schon in einem frühen Stadium erkennen.

3. Erstellen Sie eine Liste all der Dinge, die Ihr Kind tun kann, anstatt an seine Sorgen zu denken («Ersatzverhalten»). Nach Möglichkeit sollte das Kind zwischen drei oder vier Alternativen wählen können, die beruhigend wirken oder seine Aufmerksamkeit von den Sorgen ablenken.

4. Heften Sie diese Liste an eine «Sorgentafel» (Beispiel folgt).

5. Üben Sie typische Situationen. Sagen Sie zu ihrem Kind: «Tun wir mal so, als wärst du nervös, weil du beim Baseball zum Auswahltraining musst. Du bist nicht sicher, ob du es tatsächlich in die erste Mannschaft schaffst. Welche Strategie möchtest du verwenden?» (Detailliertere Übungsleitlinien folgen, siehe unter «Weiter üben»)

6. Nach ein paar Wochen mit «Trockenübungen» setzen Sie das Geübte in realen Situationen um. Beginnen Sie aber in jedem Fall mit kleineren Angstauslösern.

7. Klappt dies schon gut, gehen Sie zu schwerwiegenderen Auslösern über. Ihr Kind kann nun beginnen, das Geübte auch nach solchen anzuwenden.

8. Verbinden Sie das Ganze mit Belohnungen. Beste Ergebnisse erzielen Sie mit zwei Abstufungen: Eine große Belohnung gibt es, wenn die «Sorgentafel» gar nicht erst konsultiert werden muss. Eine kleine Belohnung vergeben Sie für die erfolgreiche Anwendung eines Ersatzverhaltens von der «Sorgentafel».

Weiter üben

1. Verwenden Sie Beispiele aus dem echten Leben mit einer möglichst großen Bandbreite unterschiedlicher Auslöser.
2. Beim Üben können Sie abkürzen. Nehmen wir zum Beispiel an, das Kind wählt als Ersatzverhalten den «Gedankenstopp». Lassen Sie das Kind laut und bestimmt (aber zu sich selbst) «Stopp!» sagen und seinen Gedankengang damit unterbrechen. Lassen Sie es dann an etwas Angenehmes denken. Üben Sie dies ein paarmal täglich. Sobald der angstauslösende Gedanke auftritt, soll Ihr Kind den «Gedankenstopp» wiederholen. Das soll es so lange tun, bis er funktioniert.
3. Lassen Sie Ihr Kind auch alle anderen Ersatzverhaltensweisen von seiner «Sorgentafel» üben.
4. Üben Sie einige Wochen lang täglich oder mehrmals pro Woche, ehe Sie das Gelernte in realen Situationen umsetzen.

Veränderungen/Anpassungen

1. Lassen Sie Ihr Kind verschiedene Entspannungstechniken wie tiefes und langsames Atmen oder ruhiges Zählen bis 20 ausprobieren. Andere nützliche Strategien für den Umgang mit ängstlichen Gefühlen sind: der bereits beschriebene «Gedankenstopp», den ängstlichen Gedanken Widerworte geben, ein Bild von den eigenen Sorgen malen, es anschließend zusammenfalten und in ein Kästchen mit Deckel legen, Musik hören (und vielleicht dazu tanzen), die Logik der Sorgen hinterfragen und so weiter. Empfehlenswert sind Bücher mit Entspannungs-CDs für Kinder wie *Mutig werden mit Til Tiger* von Sabine Ahrens-Eipper und anderen oder *Bleib locker/Stresspräventionstraining für Kinder im Grundschulalter* von Johannes Klein-Heßling und Arnold Lohaus (siehe «Hilfreiche Bücher» am Ende dieses Buches).
2. Zu einem besseren Umgang mit Angstgefühlen verhilft Kindern ein Verfahren, das man «Desensibilisierung» nennt. Dabei wird das Kind vorsichtig und mit viel Unterstützung mit der Quelle seiner Angst konfrontiert. Der Sinn des Verfahrens ist, dass sich das Kind ganz allmählich an den Auslöser der Angst gewöhnt. Es macht auf diese Weise die Erfahrung, dass sich die Angst bewältigen lässt. Die Angst, der das Kind dabei ausgesetzt wird, muss stets so gering sein, dass sie erfolgreich überwunden werden kann. Hat ein Kind zum Beispiel Angst vor Hunden, könnten Sie es anfangs bitten, sich ein Bild von einem Hund anzuschauen. Es soll sich beim Anschauen des Bildes überlegen, was es zu sich selbst sagen könnte, um sich Mut zu machen. (Zum Beispiel: «Ich gucke mir dieses Bild an und mir ist ein bisschen unheimlich, wenn ich daran denke, dass das ein richtiger Hund sein könnte. Aber ich schaffe das schon. Ich werde nicht

zu ängstlich. Ich kann mir das Bild gut anschauen»). Der nächste Schritt könnte darin bestehen, das Kind vom Haus aus einen echten Hund im Garten beobachten und darüber sprechen zu lassen. Ganz allmählich könnten Sie so den Hund näher an das Kind heranbringen. Ein ähnlicher Ansatz lässt sich auch bei anderen Ängsten und Phobien anwenden. Die Konfrontation darf jedoch immer nur ganz allmählich intensiviert werden. Und erst wenn sich das Kind in der aktuellen Situation vollkommen ruhig und sicher fühlt, darf man weitergehen. «Körperliche Distanz» und «Zeit» sind dabei die bestimmenden Größen. Am Anfang ist das Kind von dem Angst einflößenden Objekt noch weit entfernt und die Konfrontation beschränkt sich auf einen sehr kurzen Zeitraum. Schrittweise wird dann die Distanz verringert und die Zeit erhöht. Hilfreich ist auch schon vorher zu besprechen, was sich das Kind in der Situation selbst sagen könnte und welche Taktik (zum Beispiel den «Gedankenstopp») es einsetzen könnte, um sich abzulenken.

3. Dieser Ansatz hilft in der Regel bei
   - Trennungsangst (Trennung von einer wichtigen Bezugsperson, zum Beispiel einem Elternteil),
   - Angst vor neuen Situationen und
   - Katastrophendenken (der Angst, dass etwas Schlimmes passieren könnte).
   - Natürlich sind dafür jeweils unterschiedliche Bewältigungsstrategien notwendig.

Muster für eine Sorgentafel

Ich mache mir Sorgen, wenn ...
1. ich in der Schule eine Klassenarbeit schreibe,
2. ich bei einem Fußballspiel mitspielen muss,
3. ich vor einer Gruppe sprechen soll.

Wenn ich nervös werde ...
1. schlägt mein Herz schneller,
2. habe ich ein mulmiges Gefühl im Bauch,
3. habe ich Probleme, klar zu denken.

Wenn ich ängstlich bin, kann ich ...
1. ein Bild von meinen Sorgen malen und dann zerreißen,
2. eine Entspannungstechnik einsetzen,
3. meinen Sorgen Widerworte geben,
4. Musik hören.

Meine Sorgentafel

Ich mache mir Sorgen, wenn ...
1. _____
2. _____
3. _____

Wenn ich nervös werde ...
1. _____
2. _____
3. _____

Wenn ich ängstlich bin, kann ich ...
1. _____
2. _____
3. _____
4. _____

18. Planänderungen tolerieren

Erforderliche exekutive Funktionen: Emotionale Regulation (Kapitel 13), Flexibilität (Kapitel 19).

Alter: jedes Alter.

Wenn Sie Ihrem Kind helfen wollen, Planänderungen zu tolerieren, ohne gleich in Wut oder Verzweiflung zu geraten, erfordert dies einiges an Vorarbeit und viel Übung. Auf jeden Fall sollten Sie sich angewöhnen, Pläne, die Ihr Kind betreffen, möglichst weit im Vorfeld anzukündigen. Denn Ihr Kind sollte davon erfahren, bevor es für die fragliche Zeit selbst etwas plant. Beginnen Sie gleichzeitig, Ihr Kind an kleine Veränderungen zu gewöhnen und seine Flexibilität auf diese Weise allmählich zu erhöhen.

1. Setzen Sie sich mit Ihrem Kind zusammen und stellen Sie einen Tagesplan auf. Sie können die Einträge aufschreiben oder bildlich darstellen. Fügen Sie alles ein, was für Sie «ein Muss» darstellt (zum Beispiel feste Mahlzeiten, Zubettgehen). Aber auch regelmäßig vorkommende Aktivitäten wie Musikunterricht und Sporttraining sollten natürlich nicht fehlen.
2. Ordnen Sie die Aktivitäten keinen genauen Uhrzeiten zu, wenn dies nicht unbedingt nötig ist. Während Musikunterricht und Sporttraining zum Beispiel pünktlich beginnen müssen, können Sie für die Mahlzeiten flexiblere Zeiten festlegen, für das Abendessen zum Beispiel «zwischen 18:00 und 19:00 Uhr».
3. Sprechen Sie mit Ihrem Kind über die Tatsache, dass es immer «Überraschungen» geben kann, auch wenn man noch so gut im Vorfeld plant. Geben Sie Beispiele: «Statt Gemüseauflauf gibt es Pizza zum Abendessen», «Du darfst 20 Minuten länger draußen spielen», «Wir müssen heute zum Zahnarzt gehen».
4. Hängen Sie mindestens zwei Exemplare des Plans gut sichtbar auf, zum Beispiel in der Küche und im Kinderzimmer. Bereiten Sie eine Karte mit der Aufschrift «Überraschung!» vor. Erklären Sie Ihrem Kind, dass Sie ihm von jetzt an bei jeder Planänderung diese Karte zeigen, alles genau erklären und die Karte auf den Plan heften werden. (Bei Planänderungen, die alle betreffen, können Sie natürlich ebenso vorgehen.)
5. Gehen Sie am Vorabend und/oder am Morgen den jeweils anstehenden Tagesplan gemeinsam durch.
6. Hat sich dies eingespielt, beginnen Sie damit, erste Planänderungen anzukündigen und dabei die Überraschungskarte zu zeigen. Anfangs sollte es sich um angenehme Veränderungen handeln, also zum Beispiel mehr Zeit zum Spielen, ein Eis essen gehen, mit einem Elternteil spielen. Nach einer Weile können Sie dann «neutralere» Planänderungen einführen (zum Beispiel: «Apfelsaft statt

Orangensaft», «Cornflakes statt Müsli»). Später kommen dann weniger angenehme Veränderungen hinzu (zum Beispiel: «Wegen des schlechten Wetters können wir nicht ins Freibad gehen»).

Veränderungen/Anpassungen

Reicht die «Überraschungskarte» und die schrittweise Einführung von Veränderungen nicht aus, können Sie einige andere Methoden erwägen. Weisen Sie vor allem möglichst langfristig auf Änderungen hin. Sie geben Ihrem Kind damit mehr Zeit, sich an die neue Situation anzupassen. Je nachdem, wie es bisher auf weniger angenehme Änderungen reagiert (also zum Beispiel weint, schreit, sich gegen neue Pläne sträubt), können sie mit Ihrem Kind akzeptablere Verhaltensweisen absprechen. Es soll versuchen, seinen Protest durch diese zum Ausdruck zu bringen (zum Beispiel durch das Ausfüllen eines «Beschwerdezettels»). Bei Bedarf können Sie auch Belohnungen in Aussicht stellen. Denken Sie daran, dass die heftigen Reaktionen auf Planänderungen abnehmen, wenn das Kind regelmäßig mit solchen Änderungen konfrontiert wird und im Umgang damit positive Erfahrungen macht. Wichtig ist, dass die Konfrontation kontrolliert und in Maßen erfolgt und anfangs keine von dem Kind als frustrierend oder bedrohlich empfundenen Situationen betrifft. Unter diesen Voraussetzungen kann auch Ihr Kind im Laufe der Zeit flexibler werden.

Bei Planänderungen locker bleiben

Tagesplan   Datum: _____

Zeit	Aktivität

Überraschung:

Beschwerdezettel

                                       Datum: _____

Zeit	Aktivität

Art der Beschwerde:

Warum ich die Situation unfair fand:

Was ich mir stattdessen gewünscht hätte:

19. Nicht bei jeder Kleinigkeit weinen

Erforderliche exekutive Funktionen: Emotionale Regulation (Kapitel 13), Flexibilität (Kapitel 19).

Alter: jedes Alter.

Wenn Kinder auch bei Kleinigkeiten weinen, signalisieren sie damit in der Regel, dass sie sich Mitleid wünschen und es ihnen bisher nicht gelungen ist, dies auf andere Weise zu bekommen. Das Ziel besteht deshalb nicht darin Kindern beizubringen, ihre Gefühle zu unterdrücken. Vielmehr geht es darum ihnen zu helfen, andere Möglichkeiten zu finden, wie sie bekommen können, was sie sich wünschen. Dazu gehört, in Situationen, in denen Weinen unangemessen erscheint, zu Worten statt zu Tränen Zuflucht zu nehmen.

1. Erklären Sie Ihrem Kind, wozu allzu häufiges Weinen führen kann. Es könne passieren, dass andere Menschen nicht mehr so viel Zeit mit ihm verbringen wollen. Sagen Sie ihm, dass Sie ihm helfen wollen, andere Wege des Umgangs mit seinen Gefühlen zu finden, damit dies nicht geschieht.
2. Erklären Sie Ihrem Kind, dass es statt Tränen Worte einsetzen muss, wenn es aufgebracht ist. Überlegen Sie gemeinsam, wie es seine Gefühle in Worte fassen könnte (zum Beispiel: «Ich bin enttäuscht», «Ich bin traurig», «Ich bin wütend»).
3. Sagen Sie Ihrem Kind, dass es darüber hinaus hilfreich wäre zu erklären, was diese Gefühle hervorgebracht hat (zum Beispiel: «Ich bin enttäuscht, weil ich zu Joey zum Spielen gehen wollte. Aber als ich bei ihm angerufen habe, war niemand zu Hause», oder: «Ich bin wütend, weil ich beim Spielen verloren habe»).
4. Wenn es Ihrem Kind gelingt, seine Gefühle in Worte zu fassen, sollten Sie diese Gefühle spiegeln und dadurch anerkennen (zum Beispiel: «Ich verstehe, dass du enttäuscht bist. Du hattest es dir sicher schön vorgestellt, mit Joey zu spielen»). Mit Aussagen wie dieser zeigen Sie Ihrem Kind, dass Sie es verstehen und Mitgefühl mit ihm haben.
5. Überlegen Sie gemeinsam, was das Kind tun kann, wenn es in eine kritische Situation gerät. Probieren Sie auch aus, welche Worte es benutzen kann, wenn es den Drang zu weinen verspürt (zum Beispiel: «Ich bin wütend», «Ich bin traurig», «Ich brauche Hilfe» oder: » Ich brauche eine Auszeit»). Sagen Sie Ihrem Kind: «Wenn du Worte benutzt, werde ich zuhören und versuchen, deine Gefühle zu verstehen. Wenn du jedoch anfängst zu weinen, wirst du alleine sein. Ich werde entweder den Raum verlassen oder dich bitten, in dein Zimmer zu gehen.» Anfangs müssen Sie Ihr Kind vielleicht immer wieder einmal daran erinnern, in kritischen Situationen Worte statt Tränen zu wählen.

6. Sorgen Sie dafür, dass Ihr Kind für seine Tränen von niemandem mehr Aufmerksamkeit bekommt, auch nicht von Geschwistern, Eltern, Großeltern und anderen wichtigen Bezugspersonen. Erklären Sie allen Beteiligten, wie Sie vorgehen wollen und bitten Sie darum, das Kind ebenfalls zu «Worten statt Tränen» zu ermutigen. Wird ihr Kind nicht durch Aufmerksamkeit belohnt, wird es bald weniger Tränen geben (auch wenn es anfangs schlimmer werden kann, ehe es besser wird).

Das Ziel besteht nicht darin, jegliches Weinen zu unterbinden. Natürlich gibt es berechtigte Gründe dafür, dass Kinder weinen. Denken Sie an ein durchschnittliches Kind im gleichen Alter. So können Sie leichter beurteilen, in welchen Situationen es angemessen sein kann zu weinen. Das ist zum Beispiel immer dann der Fall, wenn es um körperliche Schmerzen geht oder dem Kind oder einer ihm nahestehenden Person etwas Schlimmes passiert ist.

Veränderungen/Anpassungen

Vielleicht hat sich Ihr Kind schon allzu sehr daran gewöhnt, bei jeder Kleinigkeit zu weinen. Dann könnten Sie eine Belohnung in Aussicht stellen. Es bekommt sie, sobald es ihm gelingt, in bestimmten Situationen mit Worten statt Tränen zu reagieren oder über einen gewissen Zeitraum ohne Tränen auszukommen. Um diesen Zeitraum genauer zu bestimmen, können Sie mithilfe eines «Tränenprotokolls» den Ist-Zustand ermitteln. Notieren Sie sich einige Tage lang, wie oft das Kind weint, wie lange dies dauert und was den Tränen vorausgegangen ist. Anschließend können Sie mit Ihrem Kind eine Art «Vertrag» schließen, der festhält, wie Sie in Zukunft mit dem Problem umgehen wollen. Abhängig vom Alter des Kindes können Sie dafür Wörter, Bilder oder beides benutzen.

Tränenprotokoll			
Datum	Uhrzeit	Dauer	Vorausgehendes Ereignis

Was ich tun kann, anstatt zu weinen:

Was geschehen wird, wenn ich Worte statt Tränen benutze:

Was geschehen wird, wenn ich bei jeder Kleinigkeit weine:

20. Probleme lösen

Erforderliche exekutive Funktionen: Metakognition (Kapitel 21), Flexibilität (Kapitel 19).

Alter: 7–14 Jahre. Obgleich es sich bei der Metakognition in ihrer fortgeschrittenen Form um die Exekutivfunktion handelt, die sich am spätesten entwickelt, können Sie das Lösen von Problemen auch schon mit jüngeren Kindern üben. Gute Hinweise dafür gibt das Buch *Erziehung zur Selbstständigkeit: Die intelligente Art, mit Kindern umzugehen* von Myrna B. Shure (siehe «Hilfreiche Bücher» am Ende dieses Buches).

1. Sprechen Sie mit Ihrem Kind über das Problem. Dazu gehören in der Regel drei Schritte:
   a. Zeigen Sie dem Kind Verständnis und Mitgefühl («Ich verstehe, dass du wütend bist», oder: «Das muss wirklich ärgerlich für dich sein»).
   b. Entwickeln Sie ein *allgemeines* Gefühl für das Problem («Du bist aufgebracht, weil der Freund, mit dem du spielen wolltest, nicht kommen kann»).
   c. Definieren Sie das Problem genauer, um einen Ausgangspunkt für ein Brainstorming zu möglichen Lösungen zu finden («Du hast den ganzen Nachmittag frei und weißt nicht, was du tun sollst»).
2. Suchen Sie per Brainstorming nach möglichen Lösungen. Schreiben Sie alles auf, was Ihnen und Ihrem Kind einfällt. Dabei kann es sinnvoll sein, sich ein Zeitlimit (zum Beispiel zwei Minuten) zu setzen, weil dies den Prozess manchmal beschleunigen oder weniger schwierig erscheinen lassen kann. Schreiben Sie alle Vorschläge auf. Kritik ist zu diesem Zeitpunkt nicht angebracht und würde den kreativen Denkprozess bloß stören.
3. Bitten Sie Ihr Kind, sich alle Lösungen anzuschauen und die herauszugreifen, die ihm am besten gefallen. Zum Beispiel kann man die drei bis fünf besten Vorschläge ankreuzen. Anschließend lässt sich die Auswahl weiter einengen, indem man über die jeweiligen Vor- und Nachteile spricht.
4. Fragen Sie Ihr Kind, ob es beim Umsetzen der gewählten Lösung Hilfe braucht.
5. Sprechen Sie auch darüber, was Sie tun wollen, wenn der erste Lösungsversuch scheitert. Zum Beispiel könnten Sie eine andere Lösung wählen oder analysieren, was falsch lief, und dies dann korrigieren.
6. Loben Sie Ihr Kind dafür, sich eine gute Lösung ausgedacht zu haben. Loben Sie es erneut, wenn es diese Lösung umgesetzt hat.

Veränderungen/Anpassungen

Das oben geschilderte Vorgehen kann bei allen Arten von Problemen angewendet werden. Dazu gehören zwischenmenschliche Konflikte ebenso wie Hindernisse, die dafür sorgen, dass ein Kind nicht das bekommt, was es will oder braucht. Manchmal geht es darum herauszufinden, wie sich bestehende Hindernisse umgehen oder überwinden lassen. In anderen Situationen müssen Sie Ihrem Kind helfen, sich mit der Tatsache zu arrangieren, dass es nicht haben kann, was es haben will.

Manchmal können «Verhandlungen» nötig sein: Sie und Ihr Kind müssen sich auf Kompromisse einigen, um eine für alle Beteiligten befriedigende Lösung zu finden. Erklären Sie Ihrem Kind, dass es darum geht, eine Situation zu schaffen, mit der Sie beide leben können. Zitieren Sie als Beispiel Arbeitsverträge, die möglichst so ausgehandelt werden müssen, dass sowohl Arbeitgeber als auch Arbeitnehmer etwas davon haben.

Haben Sie das beschriebene Verfahren mehrmals durchexerziert (und auch das «Arbeitsblatt Problemlösung» gemeinsam ausgefüllt, siehe weiter unten), könnte Ihr Kind in der Lage sein, mithilfe des Arbeitsblatts Probleme eigenständig zu lösen. Bieten Sie Ihrem Kind an, jederzeit zu Ihnen zu kommen, wenn es beim Ausfüllen des Arbeitsblatts Hilfe braucht. Nach einer Weile wird Ihr Kind das Verfahren verinnerlicht haben und viele Probleme eigenständig lösen können.

Arbeitsblatt Problemlösung

Was ist mein Problem?

Was könnte ich tun, um mein Problem zu lösen?

Was werde ich als Erstes versuchen?

Wenn es nicht funktioniert, was kann ich dann tun?

Wie ist es gelaufen? War mein Lösungsversuch erfolgreich?

Was könnte ich beim nächsten Mal anders machen?

11 Reaktionshemmung stärken

«Reaktionshemmung» bezeichnet die Fähigkeit zu denken, ehe man handelt. Es geht also darum, dem Drang zu widerstehen etwas zu sagen oder zu tun, ehe man die Chance hatte, die Situation in Ruhe zu überdenken. Bei Erwachsenen ist das *Fehlen* dieser Fähigkeit offensichtlicher als ihr Vorhandensein. Denn die meisten von uns wahren ein gewisses Maß an Selbstbeherrschung. Sie hilft uns, im Alltag zu bestehen. Auf dem langen Weg des Erwachsenwerdens haben wir – oft genug durch schmerzliche Erfahrung – gelernt, erst zu denken und dann zu handeln. Für Menschen, die durch eine mangelnde Reaktionshemmung auffallen, gibt es eine Vielzahl unterschiedlicher Begriffe. Wir sagen, sie würden «sofort aus der Haut fahren», «aus der Hüfte schießen» oder «bei jeder Gelegenheit ins Fettnäpfchen treten».

In der Regel beherrschen wir diese Exekutivfunktion recht gut – bis wir irgendwann in eine emotional aufgeladene Situation geraten und uns selbst bei einer vorschnellen Reaktion ertappen. In der heutigen Zeit der immer schneller werdenden Kommunikation wäre dies eine wütende E-Mail. Wir bereuen sie sofort, nachdem wir auf «Senden» geklickt oder eine ebenso wütende Antwort bekommen haben – ein typisches Beispiel für eine mangelhafte Reaktionshemmung. Unsere Fähigkeit zu denken, ehe wir handeln, leidet auch, wenn wir durch zu viel Alkohol, zu wenig Schlaf oder zu viel Stress körperlich mitgenommen sind. Überlegen Sie einmal, ob es Ihnen vielleicht selbst an Reaktionshemmung mangelt und sie eventuell ähnliche Defizite wie Ihr Kind aufweisen. Das ist anzunehmen, wenn Sie zu vorschnellen Schlussfolgerungen neigen, öfter unüberlegt handeln oder mit allem herausplatzen, was Ihnen gerade durch den Kopf geht. Bevor Sie in diesem Falle Ihrem Kind helfen, derartige Schwächen zu überwinden, sollten Sie die Ratschläge in Kapitel 3 beherzigen.

Wie sich die Reaktionshemmung entwickelt

Wie bereits an früherer Stelle erwähnt, tritt die Reaktionshemmung als erste Exe-kutivfunktion schon in der frühen Kindheit in Erscheinung. In ihrer ursprüng-lichsten Form erlaubt sie dem Kleinkind, sich zu «entscheiden», ob es auf einen Reiz reagiert oder nicht. Bevor es diese Fähigkeit entwickelt, ist es seiner Umwelt ausgeliefert. Gerät ein Gegenstand in sein Blickfeld, muss es ihn fixieren. Zur Reaktionshemmung gehört also die Fähigkeit, Dinge zu ignorieren. Das Kind lernt, sich nicht ablenken oder unterbrechen zu lassen, wenn gerade etwas im Mit-telpunkt seiner Aufmerksamkeit steht. Im Zuge der Sprachentwicklung verfeinert sich dann auch die Reaktionshemmung. Nun können die Kinder Regeln, die sie von anderen gehört haben, verstehen und verinnerlichen (zum Beispiel: «Nicht den heißen Herd anfassen»).

Was am Ende einer langen Entwicklung hin zum reifen Erwachsenen steht, ist die zielgerichtete Beharrlichkeit in ihrer fortgeschrittensten und komplexesten Form. Ohne die Reaktionshemmung wäre diese Entwicklung nicht denkbar gewe-sen. Denn diese ist die erste und grundlegende Exekutivfunktion, die alle anderen Fähigkeiten überhaupt erst möglich macht. Ein Kind, das allen seinen Impulsen ausgeliefert ist, kann nichts initiieren, keine Aufmerksamkeit steuern, nichts pla-nen oder organisieren und auch keine Probleme lösen. Wer eine starke Reaktions-hemmung entwickelt, hat deutliche Vorteile in der Schule, beim Schließen von Freundschaften sowie beim Planen und Erreichen langfristiger Ziele.

Eine berühmte Studie zeigt, dass Kinder sich schon in sehr jungem Alter in ihrer Fähigkeit, Reaktionen zu unterdrücken, unterscheiden. Mehr noch: Diese Unterschiede scheinen Voraussagen über ihre späteren Erfolge zu erlauben. Im Rahmen der Studie wurden 3-Jährige mit einem Bonbon allein in einem Zimmer zurückgelassen. Sie hatten die Wahl, das eine Bonbon zu essen oder zu warten, bis der Untersuchungsleiter wiederkam und ihnen zwei Bonbons gab. Durch einen Einwegspiegel konnten die Forscher die Kinder beobachten. Sie sahen, wie einige der Kinder ihren Impuls, das eine Bonbon zu essen, überwanden, indem sie Selbstgespräche führten, den Blick auf das Bonbon vermieden oder andere Mög-lichkeiten fanden, ihre Aufmerksamkeit von der Süßigkeit abzulenken. Die For-scher untersuchten dieselben Kinder viele Jahre später noch einmal. Sie stellten fest, dass die Kinder, die schon als 3-Jährige eine starke Reaktionshemmung an den Tag gelegt hatten, in vieler Hinsicht erfolgreicher waren. So hatten sie bessere Schulnoten und gerieten mit geringerer Wahrscheinlichkeit mit dem Gesetz in Konflikt.

Während Kinder bei den meisten Exekutivfunktionen im Laufe der Zeit und mit steigendem Alter immer geschickter werden, entwickelt sich die Reaktionshemmung nicht unbedingt ebenso stetig. Vor allem in der Pubertät scheint sie für Unterbrechungen anfällig zu sein. Forschungen über Veränderungen des Gehirns im zweiten Lebensjahrzehnt haben eine Art «Abkoppelung» nachgewiesen. Das heißt, dass sich die unteren Zentren des Gehirns, in denen Emotionen und Impulse verarbeitet werden, von den für rationale Entscheidungen zuständigen Frontallappen «trennen». Nur ganz allmählich entwickeln sich dann im Laufe der Pubertät und im jungen Erwachsenenalter (durch Schrumpfen und Myelinisation, wie in Kapitel 1 beschrieben) zwischen beiden stärkere und schnellere Verbindungen. Das versetzt junge Menschen zunehmend in die Lage, ihre Emotionen durch rationales Denken zu zähmen. Bis diese Verbindungen fest etabliert sind, neigen Jugendliche jedoch dazu, überstürzte Entscheidungen zu treffen. Sie folgen ihrem «Bauchgefühl», ohne dass sich der Einfluss der von den Frontallappen gesteuerten Vernunft geltend machen kann.

Zur gleichen Zeit durchlaufen Teenager andere Entwicklungsphasen, die ihre Impulskontrolle auf eine harte Probe stellen. Autonomie zu gewinnen ist für sie eine wichtige Entwicklungsaufgabe. Sie wird dadurch beschleunigt, dass die Teenager die Autorität ihrer Eltern immer stärker hinterfragen und sich gleichzeitig mehr und mehr von ihren Altersgenossen beeinflussen lassen. Beides hilft Jugendlichen, unabhängiger zu werden, macht sie aber auch impulsiver. Und um es noch komplizierter zu machen, lockert die Gesellschaft als Ganze in dieser Zeit ihre Kontrollen. Sie gewährt Jugendlichen mehr Freiheiten und lässt sie zunehmend selbst entscheiden, wie und mit wem sie ihre Zeit verbringen wollen. So wichtig dies ist – es kann unweigerlich zu schlechten Entscheidungen führen. Wenn wir Glück haben, werden solche schlechten Entscheidungen zu wertvollen Lektionen. Unsere Kinder ziehen aus ihnen die richtigen Lehren und niemand, weder sie selbst noch jemand anders erleidet einen dauerhaften Schaden. Den positiven Verlauf dieser Entwicklungsphase können wir verstärken, wenn wir unseren Kindern aktiv dabei helfen, ihre Impulse zu kontrollieren.

Wie ist es um die Impulskontrolle Ihres Kindes bestellt? Wie verhält es sich im Vergleich zu dem, was von der Entwicklung her angemessen ist? Der folgende Fragebogen kann Ihnen helfen, diese Fragen zu beantworten. Er kann Ihre ursprüngliche Einschätzung aus Kapitel 2 bestätigen oder relativieren. Die Bewertungsskala gibt Ihnen die Chance, sich etwas genauer anzuschauen, wie oft Ihr Kind in der Lage ist, seine Fähigkeiten auch tatsächlich einzusetzen.

Wie gut kann Ihr Kind seine Impulse kontrollieren?

Schätzen Sie mithilfe der folgenden Skala ein, wie gut Ihr Kind bei den einzelnen Aufgaben abschneidet. In der entsprechenden Altersstufe kann erwartet werden, dass Kinder alle Aufgaben gut bis sehr gut ausführen können.

Skala

0 – nie oder selten
1 – nicht gut (in etwa 25 % aller Fälle)
2 – recht gut (in etwa 75 % aller Fälle)
3 – sehr gut (immer oder fast immer)

Kindergarten/Vorschule

__ Verhält sich angemessen in Situationen mit offensichtlicher Gefahr (zum Beispiel in der Nähe eines heißen Ofens).
__ Kann Spielzeuge mit anderen teilen, ohne sie an sich zu reißen.
__ Kann kurze Zeit warten, wenn es von einem Erwachsenen dazu angehalten wird.

Beginn der Grundschule

__ Kann einfache Regeln im Klassenzimmer befolgen.
__ Kann sich ohne Bedürfnis nach Körperkontakt in unmittelbarer Nähe eines anderen Kindes aufhalten.
__ Kann warten, bis ein Elternteil mit Telefonieren fertig ist, ehe es etwas erzählt (eventuell mit Ermahnungen).

Ende der Grundschule

__ Trägt Konflikte mit Gleichaltrigen gewaltfrei aus (verliert eventuell die Beherrschung).
__ Befolgt Regeln zuhause und in der Schule auch ohne unmittelbare Gegenwart eines Erwachsenen.
__ Kann sich in einer emotional aufgeladenen Situation rasch beruhigen, wenn es von einem Erwachsenen dazu aufgefordert wird.

Weiterführende Schule

__ Ist in der Lage, sich aus einer durch Konfrontation oder Provokation eines Gleichaltrigen geprägten Situation zurückzuziehen.
__ Kann eine Aktivität, die ihm Spaß macht, absagen, wenn bereits andere Pläne gemacht wurden.
__ Widersteht der Versuchung, in einer Gruppe von Freunden verletzende Bemerkungen zu machen.

Haben Sie bei den meisten Aufgaben eine 2 oder 3 eingetragen, können Sie davon ausgehen, dass Ihr Kind wahrscheinlich keine ernsthaften Schwächen bei der Reaktionshemmung hat. Es könnte aber von einer Förderung profitieren. Gaben Sie vorwiegend eine 0 oder 1, müssen Sie Ihrem Kind die erwünschten Verhaltensweisen wahrscheinlich direkt vermitteln. Damit Sie besser entscheiden können, was in Ihrem Fall sinnvoll wäre, schildern wir eine Reihe konkreter Situationen, mit denen ratsuchende Eltern häufig zu uns kommen. Wir beschreiben eine Intervention, die wir eingesetzt haben. Anschließend geben wir Hinweise, wie sich die Intervention in die im ersten Teil des Buches besprochenen Elemente unterteilen lässt. Für jedes Beispiel beschreiben wir mögliche Veränderungen des Umfelds. Darüber hinaus erläutern wir, wie sich die erwünschten Verhaltensweisen direkt vermitteln lassen und sprechen über Anreize, die dem Kind helfen können, das Gelernte auch tatsächlich einzusetzen. Vergessen Sie nicht, unsere Vorschläge aus Kapitel 3 zu beherzigen, falls Sie *und* Ihr Kind Probleme mit der Reaktionshemmung haben.

Reaktionshemmung in alltägliche Situationen integrieren

- *Gehen Sie immer davon aus, dass kleine Kinder nur wenig Impulskontrolle besitzen.* Dies mag nach einer Binsenweisheit klingen. Doch wenn man ein 4- bis 5-jähriges Kind hat, das «schlau aber chaotisch» ist (mit der Betonung auf *schlau*), vergisst man leicht, dass die angeborene Intelligenz sich in diesem Alter noch nicht in einer fortgeschrittenen Reaktionshemmung niederschlägt. Obgleich die Reaktionshemmung sich bereits in der Kleinkindzeit entwickelt, haben Kinder starke, mit dieser konkurrierende Triebe und Wünsche: vier Kugeln statt nur eine Kugel Eis zu bekommen, abends länger aufzubleiben, weil sie «überhaupt nicht müde» sind, oder quer über den vollen Schulparkplatz zu laufen, um den besten Freund zu begrüßen. Indem Sie solchen Wünschen Grenzen setzen, erziehen Sie schon die Jüngsten zur Impulskontrolle und fördern damit die Reaktionshemmung. Sie können die Versuchung eindämmen, indem Sie nur wenige Süßigkeiten einkaufen. Sie können regelmäßige Schlafenszeiten einführen und auf die Einhaltung bestimmter Verhaltensregeln (wie gute Tischmanieren) achten. Und in Situationen, in denen plötzliche Impulse Kinder in akute Gefahren bringen können (wie auf dem vollen Parkplatz), sollten Sie Ihr Kind besonders gut beaufsichtigen.

- *Führen Sie für Dinge, die es tun oder haben will, Wartezeiten ein. So helfen Sie Ihrem Kind zu lernen, die Erfüllung von Wünschen aufzuschieben.* Warten zu können ist die Grundlage für die Entwicklung starker Exekutivfunktionen, wie wir sie uns für unsere Kinder wünschen. Hat Ihr Kind Probleme mit dem Warten, stellen Sie eine Küchenuhr. Sagen Sie ihm, dass es das, was es haben möchte, bekommen wird, wenn die Uhr klingelt. Wählen Sie eine kurze Zeitspanne und verlängern Sie diese ganz allmählich. Erst/Dann-Regeln dienen dem gleichen Ziel («Erst machst du deine Deutsch-Hausaufgaben, dann darfst du Computer spielen»).

- *Müssen sich Kinder, was sie haben wollen, erst verdienen, lernen sie ebenfalls die Erfüllung von Wünschen zu verschieben und Impulse zu kontrollieren.* Fällt Ihrem Kind dies schwer, überlegen Sie, wie Sie ihm seinen Fortschritt sichtbar machen können (zum Beispiel mit einer Erfolgskurve oder einer Sticker-Tabelle).

- *Helfen Sie Kindern zu verstehen, dass eine schlechte Impulskontrolle Folgen hat.* In manchen Fällen werden diese Folgen von selbst eintreten (Wenn Ihr Sohn seine Spielkameraden schlägt, werden sie bald nicht mehr mit ihm spielen wollen). In anderen Fällen müssen Sie die Konsequenzen ziehen («Wenn du die Xbox nicht mit deinem Bruder teilen kannst, werde ich sie dir wegnehmen müssen»).

- *Bereiten Sie Ihr Kind auf Situationen vor, in denen Impulskontrolle nötig ist.* Gehen Sie die Situationen gemeinsam durch. Fragen Sie Ihr Kind: «Was sind die Regeln für das Spielen am Computer?», oder: «Was machst du, wenn es im Spaßbad vor der größten Rutsche eine lange Schlange gibt?»

- *Üben Sie die Reaktionshemmung im Rollenspiel.* Kinder (ebenso wie Erwachsene) haben oft mehr Probleme als üblich mit der Impulskontrolle, wenn sie müde oder überreizt sind oder die Situation emotional aufgeladen ist. Überlegen Sie im Vorhinein, welche Situationen brenzlig werden könnten. Proben Sie das Ganze und übernehmen Sie selbst spielerisch die Rolle der Person, die die Impulskontrolle Ihres Kindes ins Wanken bringen könnte.

- *Erinnern Sie Ihr Kind an getroffene Vereinbarungen, wenn eine kritische Situation zu erwarten ist. Belohnen Sie es anschließend für seine Selbstbeherrschung.* Nehmen wir an Sie arbeiteten hart daran, Ihrem Sohn beizubringen, beim Spielen mit den Nachbarskindern keinen Faustkampf anzuzetteln. Fragen Sie ihn, ehe er das Haus verlässt: «An welchem Verhalten arbeiten wir gerade?» Beobachten Sie, wie sich die Situation entwickelt, so dass Sie Ihrem Sohn, wenn er beherrscht bleibt, eine Belohnung geben können. Wichtig ist, dass Sie direkt vor Ort sind oder aus kurzer Entfernung (zum Beispiel durch ein Fenster) zuschauen können. Sie sollten das Verhalten direkt beobachten können und sich nicht auf den Bericht des Kindes verlassen müssen.

- Lesen Sie nochmals Abschnitt 16 in Kapitel 10. Er beschreibt eine bewährte Intervention zur Stärkung der Impulskontrolle.

Traum aller Eltern:
Beim Telefonieren nicht mehr unterbrochen werden

Mekhi, ein aktiver 6-Jähriger, ist das jüngere von zwei Kindern. Er kann kurze Zeit allein spielen, hat es aber viel lieber, wenn ein Freund oder ein Elternteil mit ihm zusammen spielt. Seine 9-jährige Schwester hat für das, was er spielen will, wenig Geduld. Seine Eltern (vor allem die Mutter) ärgert es sehr, dass Mekhi sie ständig unterbricht, wenn sie am Telefon spricht. So kann es zum Beispiel vorkommen, dass Mekhi sich gerade ein Buch anschaut, wenn das Telefon klingelt. Sobald seine Mutter abnimmt, ist Mekhi da und stellt immer wieder die gleiche Frage: «Mama, spielst du mit mir?» Oder er beschwert sich darüber, dass seine Schwester gemein zu ihm sei. Er zieht an ihrem Arm, setzt sich auf ihren Schoß oder fasst ihr ins Gesicht. Mekhis Vater erlebt es ähnlich, lässt sich davon aber weniger stören, weil er nicht so oft zuhause ist wie die Mutter.

Mekhis Eltern haben Verschiedenes ausprobiert, um die vielen Unterbrechungen beim Telefonieren abzuwenden. Handelt es sich um einen kurzen Anruf, versuchen sie abwechselnd, ihn zu ignorieren und ihm durch Zeichen zu signalisieren, er solle still sein. Bei wichtigen, längeren Anrufen haben sie sein Wohlverhalten auch schon gelegentlich zu «erkaufen» versucht, indem sie ihm ein neues Spielzeug versprachen. Oder sie baten den Anrufer darum, später zurückzurufen. Auch mit Strafen haben sie schon gedroht, hatten jedoch mit keinem dieser Versuche sonderlich viel Erfolg. Beide Elternteile würden es gern sehen, wenn Mekhi anfangen würde, sein Verhalten selbst zu regulieren

Mekhis Eltern bitten ihn um Mithilfe bei der Lösung eines Problems. Sie erklären ihm, dass es für sie wichtig ist, ungestört telefonieren zu können. Sie zählen ein paar Beispiele dafür auf, wer alles anruft und was sie mit ihm besprechen wollen. Auch Mekhi berichtet davon, mit wem er gern ungestört telefoniert. Seine Eltern fragen, ob Mekhi eine Idee habe, was er tun könnte, während sie telefonieren. Er sagt, er könnte mit Lastwagen spielen oder fernsehen. Seine Fernsehzeit haben die Eltern bereits auf eine bestimmte Tageszeit begrenzt. Deshalb bitten sie ihn um weitere Vorschläge. Mekhi sagt, er würde gern mit Lego spielen. Auf den Vorschlag der Eltern hin malt Mekhi je ein kleines Bild von einem Lastwagen und von Legosteinen. Gemeinsam kleben sie das Bild auf Pappe und stellen es neben das Telefon. Sie vereinbaren mit Mekhi, dass sie ihm die Karte zeigen werden, wenn das Telefon klingelt, und er sich daraufhin mit einer der beiden Aktivitäten beschäftigen wird. In den ersten zwei Wochen tätigen seine Eltern «Übungsanrufe». Sie bitten darüber hinaus einige Freunde, gelegentlich bei ihnen anzurufen, damit Mekhi sein neues Ersatzverhalten üben kann. Ihnen wird klar, dass sie die Anrufe anfangs kurz halten müssen. Zudem ist es nötig, das erwünschte Verhalten häufig (mindestens zweimal pro Minute) mit einem erhobenen Daumen zu verstärken, der ihm signalisiert, dass er es gut macht. Sobald sie dies in den ersten Tagen versäumen, hört Mekhi auf zu spielen und kommt zu ihnen. Sie ziehen daraus den Schluss, ihn frühzeitig genug loben zu müssen, noch bevor er sie unterbricht. Sie vereinbaren mit ihm, dass er sich, wenn er seine Sache gut macht, Legosteine oder einen neuen Lkw für seine Sammlung auswählen darf.

Schritt 1: Verhaltensziele formulieren

Zielfunktion(en): Reaktionshemmung.
Zielverhalten: Allein spielen und Eltern nicht beim Telefonieren stören.

Schritt 2: Intervention entwerfen

Welche Unterstützung im Umfeld wird dem Kind beim Erreichen des Zielverhaltens helfen?
- Lieblingsspielzeug liegt griffbereit.
- Karte mit Bildern ermöglicht Auswahl zwischen zwei Beschäftigungen.
- Eltern erinnern an die Vereinbarung, wenn das Telefon klingelt.

Welche besonderen Fähigkeiten werden vermittelt? Wer vermittelt sie? Und welche Verfahren werden dabei eingesetzt?

Fähigkeit: Reaktionshemmung (lernen allein zu spielen, anstatt an den Eltern herumzuzerren, während sie telefonieren).

Wer wird die Fähigkeit vermitteln? Eltern.

Verfahren:
- Mekhi sucht sich zwei Lieblingsspielzeuge aus und malt davon Bilder.
- Eltern stellen daraus eine Pappkarte her.
- Wenn die Eltern ans Telefon gehen oder das Telefon klingelt, zeigen Sie Mekhi die Karte und er wählt aus, womit er spielen will.
- Eltern signalisieren ihm während des Telefongesprächs wiederholt mit erhobenem Daumen, dass er seine Sache gut macht.

Welche Anreize können das Kind motivieren, die Fähigkeit auch einzusetzen?
Eltern loben Mekhi für das Einhalten der Vereinbarung.
Eltern ergänzen seine Spielzeugsammlung, wenn er seine Sache gut macht.

Schlüssel zum Erfolg

- *Warten Sie nicht zu lang damit, das erwünschte Verhalten durch Lob zu verstärken.* Manchen Eltern kommt es albern vor, Ihr Kind schon nach einer Minute dafür zu loben, dass es bei der gewählten Beschäftigung bleibt. Doch wie Mekhis Eltern rasch feststellten, gibt man dem Kind durch zu langes Abwarten Gelegenheit, sich von der gewählten Beschäftigung abzuwenden. Statt weiter zu spielen, sucht es nach Aufmerksamkeit. Auf diese Weise kann die ganze Übung leicht scheitern.

- *Rascher Erfolg bedeutet nicht, dass das Problem gelöst ist.* Wenn Sie dem Plan folgen und Ihrem Kind genug Aufmerksamkeit schenken, werden Sie in den meisten Fällen rasch Erfolge sehen. Es kann dann schnell geschehen, dass man allzu zuversichtlich wird. Sie vergessen, das Kind zu loben, wenn Sie beim Telefonieren nicht unterbrochen werden. Lassen Sie das erste Übungsschema jedoch allzu früh hinter sich, kann das alte Verhaltensmuster innerhalb kürzester Zeit zurückkehren, sodass Sie den Plan für gescheitert erklären. Achten Sie darauf, die lobende Rückmeldung nur ganz allmählich zurückzunehmen (zum Beispiel von anfangs alle 30 Sekunden auf alle 45, später alle 60 Sekunden). Das sollte nicht geschehen, bevor sich Ihr Kind fünf bis zehn Minuten lang allein beschäftigen kann, ohne Sie beim Telefonieren zu stören. Auch dies hängt allerdings zum Teil vom Alter ab. Jüngeren Kindern (Kindergarten oder frühe Grundschule) sollten Sie auch weiterhin mindestens alle paar Minuten positive Rückmeldung geben.

Waffenstillstand verhandeln: Kämpfe unter Geschwistern abwenden

Evan ist 13 Jahre alt und geht ins 7. Schuljahr. Er gehört zu den Jungen, die keine Äußerung unkommentiert lassen können. Er ist schlagfertig und kann richtig witzig sein. Auf der anderen Seite haben ihn seine sarkastischen und manchmal auch unangemessenen Kommentare schon des Öfteren in Schwierigkeiten gebracht.

Evan hat zwei jüngere Brüder, 10 und 7 Jahre alt. Er und seine Brüder hatten schon immer Reibereien. Im Laufe des letzten Jahres scheinen die Probleme jedoch größer geworden zu sein. Wie viele ältere Brüder findet Evan seine jüngeren Geschwister nervig. Schon wenn er nur zeitweise mit ihnen zusammen ist, wird er gereizt. Seiner Meinung nach verschlimmern die Brüder das Ganze durch ihre «albernen» Scherze. Ihn stört zudem, dass er mit ihnen in einen Wettbewerb um die Zeit am Fernseher und Computer treten muss. Ebenso wenig gefällt ihm, um die Aufmerksamkeit beim Abendessen mit ihnen konkurrieren zu müssen. Nach Evans Ansicht müsste sein höheres Alter mit Privilegien verbunden sein. Außerdem würde er es begrüßen, wenn seine Brüder nur sprechen würden, wenn sie gefragt würden. Die beiden sehen das natürlich ganz anders.

Die Mutter weiß, dass die jüngeren Brüder manchmal einfach nur Evans Aufmerksamkeit gewinnen möchten. Sie meint, dass er als der Älteste in der Lage sein müsste, «über den Dingen» zu stehen und das Verhalten seiner Brüder zu tolerieren. Gerade dazu aber ist Evan nicht in der Lage. Er springt auf jede Provokation an, schreit herum und droht den Brüdern auch gelegentlich.

Inzwischen ist die Familie an einen Punkt angekommen, wo jedes Zusammensein in Kampf und Streit endet. Die Mutter wird in die Rolle der Schiedsrichterin gedrängt. Oft genug sieht sie sich gezwungen, Evan für seine Überreaktion zu bestrafen. Alles in allem hat sie genug von der aufgeheizten Familienatmosphäre.

Natürlich sieht sie, dass alle drei Jungen daran ihren Anteil haben. Sie meint aber auch, dass sie die jüngeren Brüder besser in den Griff bekäme, wenn Evan weniger heftig reagieren würde.

Die Mutter geht auf Evan zu, um mit ihm über die Situation zu sprechen und gemeinsam mit ihm einen Plan zu entwerfen. Evan gibt zu, dass es auch ihm nicht gefällt, ständig mit seinen Brüdern zu streiten. Er weiß aber nicht, wie er sich selbst davon abhalten soll, auf ihre Provokationen zu reagieren. Er hat das Gefühl, etwas mehr Privatsphäre verdient zu haben. Er glaubt, sich selbst besser kontrollieren zu können, wenn er nicht so oft mit seinen Brüdern zusammen wäre. Gleichzeitig sieht er ein, was seine Mutter sagt. Daher ist er bereit, etwas Zeit mit seinen Brüdern zu verbringen, solange diese begrenzt ist.

Evan und seine Mutter einigen sich darauf, sein Zimmer zu seinem Rückzugsgebiet zu erklären. Seine Brüder dürfen es ab jetzt ohne seine ausdrückliche Erlaubnis nicht mehr betreten. Er stimmt zu, sich anfangs an Wochentagen 20 und an Wochenendtagen 30 Minuten lang mit ihnen zu beschäftigen (Mahlzeiten und geplante Familienunternehmungen nicht mitgerechnet). Evan hat das Gefühl, dass es weniger Streit geben würde, wenn die gemeinsam verbrachte Zeit strukturiert wäre. Seine Mutter gibt ihm Recht. Gemeinsam stellen sie deshalb eine Liste von Spielen und anderen Aktivitäten zusammen, aus der sich die Brüder etwas auswählen können, wenn sie mit Evan zusammen sein wollen. Er ist bereit, auf ihre Auswahl einzugehen. Außerdem nimmt er sich vor, nicht mit ihnen über Regeln zu streiten oder sie ständig zu korrigieren. Er weiß ja nun, dass die Zeit, die er ihnen zur Verfügung stellt, «ihre Zeit» ist. Um seinen Brüdern zu signalisieren, wann er zu gemeinsamen Aktionen bereit ist, wird Evan ein Schild mit Schnur an seine Zimmertür heften. Er kann das Schild (Vorderseite «Herein»/Rückseite «Zutritt verboten») je nach Bedarf umdrehen.

Evans verbale Reaktionen sind etwas schwieriger in den Griff zu bekommen. Die Mutter kündigt an, die Jungen zu bestrafen, wenn sie etwas Provokantes von ihnen hört (Hänseleien, Beleidigungen und so weiter). Auf gegenseitiges Petzen dagegen wird sie nicht reagieren. Darüber hinaus ist ihr klar, dass Evan daran erinnert werden muss, sein Verhalten unter Kontrolle zu bringen. Sie glaubt, dass er dafür einen Anreiz braucht. Nun wünscht sich Evan schon seit längerer Zeit ein Handy. Die Mutter bietet ihm daher ein Belohnungssystem an. Für alle zwei Stunden, die er nicht in seinem Zimmer ist und nicht mit seinen Brüdern in Streit gerät oder auf ihre Provokationen reagiert, wird sie ihm einen Punkt geben. Sie rechnet aus, dass er sich auf diese Weise 2–3 Punkte pro Tag und an den Wochenenden sogar noch mehr Punkte verdienen kann.

Die Mutter sagt Evan, dass sie ihn jeden Tag an ihre Abmachung erinnern wird. Wenn er in dem zweistündigen Zeitraum mit seinen Brüdern streitet, wird die

Uhr wieder auf null gestellt. Sobald Evan 100 Punkte erreicht hat, wird sie ihm ein Handy kaufen und er kann dann mit weiteren Punkten Telefonzeit verdienen. Obgleich das System von der Mutter viel Einsatz erfordert, erscheint ihr dieser Preis für ein friedlicheres Familienleben vergleichsweise niedrig. Evan schafft es, die Kommentare seiner Brüder zu ignorieren. Ja, nach einer Weile macht es ihm sogar Spaß, mit ihnen zu spielen. Seine Mutter ist froh, weil sie merkt, dass die Streitereien abnehmen. Nach etwa fünf Wochen braucht sie nicht mehr die Uhr zu stellen, sondern kann ein vereinfachtes System der Punktvergabe einführen. Sie und Evan setzen sich abends vor dem Zubettgehen zusammen und schätzen gemeinsam ein, wie der Tag gelaufen ist. Sind sie beide der Meinung, dass er sehr gut verlief, verdient Evan die maximale Anzahl von Minuten. Meinen beide, dass er mittelmäßig war, wird Evan eine geringere Anzahl von Minuten gutgeschrieben. Und wenn sie beide zu dem Schluss kommen, dass der Tag eher mies gelaufen ist, werden gar keine Minuten verdient. Sie vereinbaren, dass sie jederzeit wieder die Uhr stellen können, wenn sie merken, dass sie sich bei den täglichen Einschätzungen nicht einig werden.

Schritt 1: Verhaltensziele formulieren

Zielfunktion(en): Reaktionshemmung.
Zielverhalten: Zurückhaltung bei provokativen Äußerungen der jüngeren Brüdern.

Schritt 2: Intervention entwerfen

Welche Unterstützung im Umfeld wird dem Kind beim Erreichen des Zielverhaltens helfen?
* Ungestörte Privatsphäre in Evans Zimmer.
* Mutter wird Brüder bei Provokationen zurechtweisen.
* Begrenzte und durch bestimmte Aktivitäten strukturierte Spielzeit mit den Brüdern.

Welche besonderen Fähigkeiten werden vermittelt? Wer vermittelt sie? Und welche Verfahren werden dabei eingesetzt?

Fähigkeit: Reaktionshemmung (Evan signalisiert seinen Brüdern, wann er zum Spielen bereit ist, und kontrolliert seine Reaktionen auf die Kommentare der Brüder).

Wer wird die Fähigkeit vermitteln? Mutter.

Verfahren:
* Evan zeigt durch Türschild an, wann er zur Verfügung steht und wann nicht.
* Evan ist bereit, eine vorher festgesetzte, strukturierte Zeit mit seinen Brüdern zu verbringen.
* Mutter schützt seine Grenzen und unterbindet inakzeptable Kommentare der Brüder.
* Mutter erinnert Evan täglich daran, seine Reaktionen auf die Brüder im Zaum zu halten.
* Evan geht von sich aus in sein Zimmer, wenn es ihm zu viel wird und er seine Ruhe haben will.

Welche Anreize können das Kind motivieren, die Fähigkeit auch einzusetzen?
- Evan wird Zeit für sich selbst und eine geschützte Privatsphäre garantiert.
- Evan kann erst ein Handy und später Telefonzeit verdienen.

Schlüssel zum Erfolg

- *Es ist wichtig, von Anfang an Konsequenz zu zeigen.* Evan muss sehen, dass seine Mutter einschreitet, wenn seine jüngeren Brüder etwas sagen oder tun, um ihn zu ärgern. Geschieht dies nicht, wird er das System als unfair empfinden und zu seinen alten Reaktionen Zuflucht nehmen. Wenn die Mutter die Provokationen der jüngeren Geschwister als «keine große Sache» abtut und von ihrem älteren Sohn erwartet, dass er diese schlicht ignoriert, ist der Plan zum Scheitern verurteilt. Der Erfolg der Intervention hängt auch davon ab, dass es der Mutter gelingt, das störende Verhalten der Geschwister zu unterbinden.
- *Rechnen Sie damit, dass es auch weiterhin Streit geben wird. Sie können nicht alles mitbekommen, was zwischen den Geschwistern geschieht.* Evans Mutter weigerte sich, gegenseitigem Petzen Gehör zu schenken und Verhaltensweisen zu ahnden, die sie nicht selbst miterlebt hat. Eine Regelung, die durchaus Sinn macht. Sie bedeutet jedoch auch, dass Dinge vorgehen, die Sie als Eltern nicht mitbekommen. Dies kann zum Problem werden, wenn Streit aufkommt. Dann müssen Sie eventuell die Regel aufstellen, dass alle Kinder für mindestens 15 Minuten in ihre jeweiligen Zimmer verschwinden.
- *Funktioniert der Plan nicht, könnte dies daran liegen, dass für das Zusammensein der Kinder anfangs zu viel Zeit vorgesehen war.* 20 Minuten können schon eine zu lange Zeitspanne sein. Probieren Sie es mit einer kürzeren gemeinsamen Spielzeit, die Sie dann nach und verlängern können.
- *Konsequenz ist auch wesentlich, wenn es um eine versprochene Belohnung geht.* Die Intervention wirkte bei Evan nur deshalb so gut, weil seine Mutter große Mühe darauf verwandte, das Punktesystem wie verabredet durchzuziehen. Sie blieb bis zum Ende konsequent und kaufte ihm ein Handy, sobald er die 100 Punkte zusammen hatte.

12 Arbeitsgedächtnis trainieren

Mit dem Begriff «Arbeitsgedächtnis» bezeichnet man die Fähigkeit, Informationen in Erinnerung zu behalten, während man komplexe Aufgaben ausführt. Auf das Arbeitsgedächtnis verlassen wir uns ständig. Wir benutzen es, wenn wir ohne Einkaufsliste ins Geschäft gehen, um noch ein paar Dinge zu kaufen. Wir erinnern uns aus dem Kopf an das, was wir brauchen. Ebenso hilft uns unser Arbeitsgedächtnis, wenn wir daran denken, auf dem Rückweg von der Arbeit noch bei der Reinigung vorbeizugehen. Es erinnert uns daran, die ein paar Tage zuvor dort abgegebenen Kleider abzuholen. Schauen wir eine Telefonnummer im Telefonbuch nach und behalten sie solange im Kopf, bis wir den Anruf getätigt haben, spricht das für ein äußerst gut funktionierendes Arbeitsgedächtnis. Gleiches gilt bei folgendem Beispiel: Ihre Partnerin bittet Sie, etwas Bestimmtes im Haushalt zu erledigen. Sie antworten: «Ich mache das, sobald ich den Geschirrspüler fertig eingeräumt habe». Im Anschluss denken Sie dann tatsächlich daran, es zu tun. Als weniger zuverlässig erweist sich Ihr Arbeitsgedächtnis jedoch, wenn Sie sich die Geburtstage Ihrer Freunde nicht merken können, häufig nur mit der Hälfte Ihrer Besorgungen nach Hause kommen und es tunlichst vermeiden, die Gäste auf einer Party einander vorzustellen, weil sie sich deren Namen einfach nicht merken können. Falls Sie das Arbeitsgedächtnis Ihres Kindes verbessern wollen, aber selbst ein schwaches Arbeitsgedächtnis besitzen, sollten Sie unbedingt unsere Vorschläge aus Kapitel 3 beherzigen.

Wie sich das Arbeitsgedächtnis entwickelt

Das Gedächtnis entwickelt sich in der Kindheit schon recht früh. Stellen Sie sich einmal vor, dass Sie mit einem Baby spielen und sein Lieblingsspielzeug unter einer Decke verstecken. Hebt das Baby die Decke hoch, um das Spielzeug wieder hervorzuziehen? Wenn ja, dann wissen Sie, dass das Baby bereits über ein funktionierendes Arbeitsgedächtnis verfügt. Es hat nicht nur ein Bild von dem Spielzeug gespeichert, sondern sich auch daran erinnert, wo Sie es hingetan haben.

Weil diese Exekutivfunktion noch vor der Sprache entsteht, entwickeln Kinder als Erstes ein nonverbales Arbeitsgedächtnis. Mit dem Spracherwerb erweitert sich dieses dann enorm. Denn die Kinder können nun auf Bilder *und* Sprache zurückgreifen, wenn sie bestimmte Informationen abrufen wollen.

Wie in Kapitel 1 erklärt, verlassen sich Kinder und Jugendliche in erster Linie auf ihre Frontallappen, wenn Sie Aufgaben ausführen, die mit dem Arbeitsgedächtnis zusammenhängen. Erwachsene können bei solchen Aufgaben dagegen auch andere spezialisierte Regionen des Gehirns aktivieren. Der Rückgriff auf das Arbeitsgedächtnis erfordert aus diesem Grund bei Kindern und Jugendlichen mehr bewusste Mühe. Das könnte erklären, warum Kinder und Jugendliche ihr Arbeitsgedächtnis tendenziell weniger nutzen als Erwachsene, wenn es um die Erfüllung täglicher Aufgaben geht.

Vom Arbeitsgedächtnis kleiner Kinder erwarten wir intuitiv nur begrenzte Leistungen. Vor dem 3. Lebensjahr gehen wir davon aus, dass sie sich nur an Dinge in unmittelbarer zeitlicher oder räumlicher Nähe erinnern. Wir sagen nicht: «Würdest du bitte dein Spielzeug aufräumen, nachdem du heute Nachmittag ferngesehen hast?» Es sei denn, wir stellen uns gleich darauf ein, sie noch einmal daran erinnern zu müssen, wenn die Fernsehzeit vorüber ist. Ebensowenig sagen wir zu ihnen: «Geh mal hinauf in dein Zimmer und räume deine Bauklötze weg.» Stattdessen fordern wir sie erst auf, ihre Bauklötze in die Spielzeugkiste zu tun, wenn wir mit ihnen im Kinderzimmer sind.

Ganz allmählich erstreckt sich das Arbeitsgedächtnis dann räumlich und zeitlich über immer größere Entfernungen. Mithilfe des folgenden Fragebogens können Sie einschätzen, an welchem Punkt dieser Entwicklung sich Ihr Kind befindet. Die Vergleichsgrundlage bilden die Aufgaben, die Kinder in den verschiedenen Altersstufen in der Regel selbstständig ausführen können. Die Bewertungsskala gibt Ihnen die Chance, sich noch etwas genauer als bei der Beantwortung des Fragebogens in Kapitel 2 anzuschauen, wie gut Ihr Kind sein Arbeitsgedächtnis einsetzen kann.

Wie gut ist das Arbeitsgedächtnis Ihres Kindes?

Schätzen Sie mithilfe der folgenden Skala ein, wie gut Ihr Kind bei den einzelnen Aufgaben abschneidet. In der entsprechenden Altersstufe kann erwartet werden, dass Kinder alle Aufgaben gut bis sehr gut ausführen können.

Skala

0 – nie oder selten
1 – nicht gut (in etwa 25 % aller Fälle)
2 – recht gut (in etwa 75 % aller Fälle)
3 – sehr gut (immer oder fast immer)

Kindergarten/Vorschule

__ Erledigt einfache Aufträge (zum Beispiel holt Schuhe aus dem Schlafzimmer, wenn es darum gebeten wird).
__ Erinnert sich an kurz zuvor gegebene Anweisungen.
__ Führt eine aus zwei Schritten bestehende Routineaufgabe aus und muss nur einmal pro Schritt daran erinnert werden.

Beginn der Grundschule

__ Ist in der Lage, eine aus zwei bis drei Schritten bestehende Besorgung zu erledigen.
__ Erinnert sich an einige Minuten zuvor gegebene Anweisungen.
__ Führt auf einen Hinweis hin zwei Schritte einer Routineaufgabe durch.

Ende der Grundschule

__ Erinnert sich daran, nach der Schule eine Pflichtaufgabe im Haushalt zu erledigen, ohne daran erinnert werden zu müssen.
__ Bringt Bücher, Zettel, Arbeitsblätter von der Schule nachhause und nimmt sie wieder mit.
__ Erinnert sich an täglich wechselnde Abläufe (zum Beispiel unterschiedliche Aktivitäten nach der Schule).

Weiterführende Schule

__ Ist in der Lage, sich an Arbeitsaufträge und Regeln mehrerer Lehrer zu erinnern und diese zu befolgen.
__ Erinnert sich an vom Üblichen abweichende Ereignisse oder Verantwortlichkeiten (zum Beispiel besondere Anweisungen für Exkursionen, außerschulische Aktivitäten).
__ Erinnert sich an mehrere Schritte umfassende Anweisungen (ausreichende Zeit und Übung vorausgesetzt).

Arbeitsgedächtnis in alltäglichen Situationen fördern

- *Stellen Sie Augenkontakt zu Ihrem Kind her, ehe Sie ihm etwas sagen, von dem Sie möchten, dass es sich daran erinnert.*
- *Reduzieren Sie Ablenkungen auf ein Minimum, wenn Sie die volle Aufmerksamkeit ihres Kindes wünschen.* Schalten Sie zum Beispiel den Fernseher aus oder drehen Sie die Lautstärke herunter.
- *Lassen Sie das Kind wiederholen, was Sie gerade gesagt haben. So wissen Sie, dass es Sie gehört und verstanden hat.*
- *Setzen Sie schriftliche Erinnerungshilfen ein* (abhängig vom jeweiligen Alter des Kindes zum Beispiel Bilder, Tabellen, Listen oder Tagespläne). Erinnern Sie das Kind bei jedem Schritt: «Schau auf den Plan», oder: «Sieh in Deiner Liste nach, was als Nächstes kommt».
- *Gehen Sie unmittelbar vor der fraglichen Situation noch einmal durch, woran sich das Kind erinnern soll* (zum Beispiel: «Was sollst du zu Tante Mary sagen, wenn sie dir dein Geburtstagsgeschenk gegeben hat?»).
- *Helfen Sie dem Kind, eine Methode zu finden, mit der es sich etwas, das es selbst wichtig findet, gut merken kann.*
- *Nutzen Sie bei älteren Kindern Handy-Erinnerungsfunktionen oder SMS, um ihm wichtige Erledigungen ins Gedächtnis zu rufen.*
- *Erwägen Sie, für das Erinnern wichtiger Informationen eine Belohnung (und für das Vergessen eventuell auch eine Strafe) einzuführen.* Zum Beispiel könnten Sie Ihrem Kind erlauben, übers Wochenende ein Videospiel auszuleihen. Dafür muss es zum Beispiel eine ganze Woche lang daran gedacht haben, alle für die Hausaufgaben notwendigen Materialien aus der Schule mit nachhause zu bringen. Belohnungen und Bestrafungen wirken vor allem dann, wenn das Arbeitsgedächtnis des betreffenden Kindes nur leicht unterentwickelt ist.

Schluss mit der Hetzjagd am Morgen: Einem Kind beibringen, sich ohne Trödeln anzuziehen

Annie ist eine intelligente, 8-jährige Zweitklässlerin, die manchmal völlig zerstreut wirkt, aber eine der besten Schülerinnen ihrer Klasse ist. Sie hat viele Interessen und ist bei ihren Klassenkameraden beliebt. Ihre Mutter würde es gern sehen, wenn sie in mancher Hinsicht selbstständiger würde, vor allem was das morgendliche Anziehen betrifft. Weil Annies beste Freundin Sarah diese Aufgabe schon seit fast einem Jahr gut bewältigt, hält die Mutter diesen Wunsch nicht für unrealistisch. Sie und Annie haben schon mehrfach darüber gesprochen. Annie sagte, sie würde sich gern allein ankleiden, vor allem weil sie dann selbst bestimmen könnte, was sie anzieht.

Trotzdem verläuft jeder Morgen nach einem ähnlichen Muster: «Annie, es ist Zeit zum Anziehen», ermahnt die Mutter. «Okay, Mama», antwortet Annie und läuft nach oben in ihr Zimmer. Die Mutter macht sich selbst für die Arbeit fertig und ruft nach zehn Minuten: «Annie, wie kommst du voran?» «Okay, Mama», lautet die Antwort. Nach weiteren fünf Minuten ruft die Mutter: «Annie, du musst dich beeilen!» «Okay», ist auch diesmal die Antwort. Kurz darauf geht die Mutter nach oben. Annie sitzt auf dem Fußboden und malt. Sie trägt noch immer ihren Schlafanzug. «Annie!», schimpft die Mutter aufgebracht und sucht schnell ein paar Kleidungsstücke zusammen. Annie protestiert gegen die Auswahl, doch ihre Mutter will nichts davon hören. Sie bleibt so lange im Kinderzimmer, bis Annie sich tatsächlich angezogen hat. Um die vertrödelte Zeit nachzuholen, beginnt nun eine hektische Hetzjagd, denn beide müssen pünktlich zur Arbeit und zur Schule kommen.

In einem ruhigeren Moment sprechen Annie und ihre Mutter über die Situation. Sie nehmen sich vor, dass die Mutter ein paar Mal dabei bleibt, wenn Annie sich anzieht. Sie soll sehen, woran es liegt, dass Annie nicht vorankommt. Dabei stellt sich heraus, dass Annie zwar ein wenig langsam ist, aber im Grunde sehr wohl in der Lage, sich passende Kleider herauszusuchen und diese anzuziehen. Trotz guter Absichten schafft sie es dennoch nicht, diese Aufgabe allein auszuführen. Ihre Mutter muss sie ständig dazu ermahnen und antreiben.

Sie beschließen, es mit einem anderen Ansatz zu probieren. Sie wollen an einem Plan zur Verbesserung der Situation arbeiten. Die Mutter verspricht Annie, dass sie danach selbst bestimmen darf, was sie anzieht. Sie erstellen eine Liste all der verschiedenen Schritte, die für das Anziehen notwendig sind. Während sie die einzelnen Punkte aufschreibt, sagt Annie, dass es ihr manchmal schwer fällt, sich zu entscheiden, was sie anziehen soll. Sie beschließen, schon am Vorabend zwei Outfits zur Auswahl herauszulegen, und zwar an einem Platz, den Annie selbst bestimmen darf. Anschließend machen sie eine «Trockenübung», bei der Annies Mutter nach jedem Schritt ein digitales Foto macht. Annie kombiniert die Fotos mit den von ihr aufgeschriebenen Schritten. Das Ergebnis hängt sie als Bildertafel an ihren Kleiderschrank. Für den Anfang schlägt Annie vor, dass die Mutter ihr sagen solle, wann es Zeit zum Anziehen sei. Außerdem meint sie, dass es ihr helfen würde, wenn die Mutter heraufkäme. Sie solle zuschauen, wie sie mit dem Anziehen anfange, und erst dann wieder hinuntergehen. Unter der Voraussetzung, dass es sich um eine vorübergehende Regelung handelt, stimmt die Mutter zögernd zu. Zuletzt sprechen sie auch über das Einhalten einer festen Anziehzeit. Beide wünschen sich, am Morgen jede Hektik vermeiden zu können. Sie kaufen einen preiswerten digitalen Timer. Annie meint, zwölf bis 15 Minuten müssten ihr reichen, um sich fertig zu machen. Die Mutter stimmt zu. Weil Annie beim Anziehen jedoch erfahrungsgemäß leicht «den Faden verliert», stellt sie den Timer so ein, dass er alle fünf Minuten klingelt. Auch wenn sie sich zwischendurch von etwas anderem ablenken lässt, kann der Timer Annie so als Erinnerungshilfe dienen. Zusätzlich ruft die Mutter, wenn sie den Timer hört: «Welcher Schritt?» Annie meldet dann zurück, wo sie sich in dem besprochenen Ablauf gerade befindet.

Im Laufe der ersten Wochen kommt es noch ein paar Mal vor, dass die Mutter Annie antreiben muss. Insgesamt sind die beiden jedoch zufrieden. Annie kommt inzwischen mit dem Anziehen zurecht, ohne dass ihre Mutter dabei sein muss. Sie ist aber froh über die verbalen Erinnerungshilfen und das Lob, das sie von ihrer Mutter bekommt, wenn sie ihre Sache gut macht. Weil es so gut läuft, hat die Mutter ihr einen gemeinsamen Shopping-Trip versprochen.

Schritt 1: Verhaltensziele formulieren

Zielfunktion(en): Arbeitsgedächtnis.
Zielverhalten: Annie zieht sich innerhalb von 15 Minuten selbstständig an und braucht dafür nur die vorher vereinbarten Erinnerungshilfen.

Schritt 2: Intervention entwerfen

Welche Unterstützung im Umfeld wird dem Kind beim Erreichen des Zielverhaltens helfen?
- Herauslegen der Kleider am Vorabend.
- Stellen eines Timers.
- Anfangs elterliche Aufsicht, später verbale Erinnerungshilfen.

Welche besonderen Fähigkeiten werden vermittelt? Wer vermittelt sie? Und welche Verfahren werden dabei eingesetzt?

Fähigkeit: Arbeitsgedächtnis (einzelne Schritte beim morgendlichen Anziehen).

Wer wird die Fähigkeit vermitteln? Mutter

Verfahren:
- Mutter und Annie besprechen das Problem und das erwünschte Ergebnis.
- Sie erstellen eine Liste von Schritten, Annie schreibt diese auf.
- Zwei Outfits werden am Vorabend herausgelegt.
- Annie macht eine «Trockenübung», die Mutter macht von jedem Schritt Fotos.
- Annie kombiniert die aufgeschriebenen Schritte mit den Fotos und hängt eine Bildertafel an ihren Kleiderschrank.
- Annie entscheidet selbst, wie viel Zeit sie zum Anziehen braucht. Sie kaufen einen Timer und stellen ihn entsprechend ein.
- Mutter ist bereit, verbale Erinnerungshilfen zu geben und in der ersten Woche dabei zu bleiben, bis Annie mit dem Anziehen angefangen hat.
- Mutter fragt nach, wie weit Annie ist, wenn der Timer alle fünf Minuten klingelt.
- Mutter schreibt auf, wie viele Erinnerungshilfen Annie braucht.

Welche Anreize können das Kind motivieren, die Fähigkeit auch einzusetzen?
- Lob der Mutter.
- Gemeinsamer Shopping-Trip.

Schlüssel zum Erfolg

- *Zeigen Sie sich besonders in der Anfangsphase sowohl begeisterungsfähig als auch konsequent.* Die Intervention ist in der Regel beim ersten Versuch erfolgreich, weil sie neu ist und systematische Erinnerungshilfen ebenso wie attraktive Anreize vorsieht. Wenn sie scheitert, liegt es oft daran, dass die Eltern das System nicht gleich von Anfang an konsequent genug durchziehen.
- *Geizen Sie nicht mit Erinnerungshilfen.* Unserer Erfahrung nach brauchen viele Kinder über längere Zeit Erinnerungshilfen. Gehen die Eltern hier zu zögerlich vor, kehren rasch alte Verhaltensmuster wieder ein. Erleidet Ihr Kind einen «Rückfall», sobald Sie bei den Erinnerungshilfen nachlassen, setzen Sie diese sofort wieder häufiger ein. Fahren Sie die Erinnerungshilfen dann nur ganz allmählich und in winzigen Teilschritten zurück.

Der zerstreute Sportler:
Einem Kind beibringen, seine Sportsachen zusammenzuhalten

Es ist 7 Uhr 30 am Morgen. Jake, ein 14-jähriger Achtklässler sitzt vor dem Familiencomputer und chattet mit seinen Freunden. Er ist vollständig angezogen, hat gegessen und versichert, seine Schulsachen (Ranzen und Fußballtasche) seien fertig gepackt. Deshalb hat sein Vater nichts dagegen, dass er noch am Computer sitzen bleibt, bis um 7 Uhr 45 der Bus kommt. Jake hat heute ein Fußballspiel. Nur um ganz sicher zu gehen, sagt der Vater: «Jake, schau bitte nochmal in deine Fußballtasche, ob du auch wirklich alles dabei hast.» «Kein Problem», antwortet Jake, chattet aber weiter mit seinen Freunden. Einige Minuten vor der Ankunft des Busses fordert der Vater Jake und seine Schwester auf, sich fertig zu machen. Als Jake in den Flur kommt, fragt ihn der Vater, ob er seine Fußballsachen noch einmal überprüft habe. Jake reißt die Sporttasche auf und wühlt wild darin herum. «Was hast du mit meinen Schienbeinschonern gemacht?», fährt er seinen Vater vorwurfsvoll an, Panik in der Stimme. Der Vater fragt gereizt, ob Jake tatsächlich meine, er hätte die Schienbeinschoner zur Arbeit getragen. Jake seufzt frustriert: «Mein Trainer bringt mich um. Bestimmt darf ich nicht mitspielen.» Der Bus kommt. Der Vater sagt Jake, sie würden schon eine Lösung finden, obwohl er im Moment nicht weiß, wie diese aussehen könnte. Beim Treffen vor dem Spiel ist der Trainer verärgert und sagt Jake, dass er nicht mitspielen dürfe. Der Vater spricht andere Eltern an, die zufällig ein zweites Paar Schienbeinschoner dabei haben. Er überlegt, ob er Jake wirklich vor der verdienten Strafe retten soll. Doch hat Jake schon vorher gelegentlich etwas vergessen. Zudem hat der befürchtete und auch erfolgte Ausschluss vom Spiel ersichtlich nichts an dem grundsätzlichen Problem geändert. Der Vater will nicht, dass Jake noch mehr Ärger mit seinem Trainer bekommt. Er gibt seinem Sohn die Schienbeinschoner, sagt aber deutlich, dass dies nun nicht noch einmal vorkommen dürfe.

Am Abend beraten sie, welches System Jake helfen könnte, seine Sportsachen besser zusammenzuhalten und vor einem Spiel vollständig einzupacken. Der Vater schlägt vor, eine Liste zu erstellen, die Jake beim Packen abhaken kann. Auf diese Weise könnte er dafür sorgen, dass er alles, was er braucht, auch wirklich einpackt. Doch wie kann er seine Sachen so übersichtlich aufbewahren, dass er sie bei Bedarf auch sofort findet? Jake kommt auf die Idee, ein Ausschneidemodell von sich selbst zu basteln und die Sportsachen daran zu hängen. Auf diese Weise könnte er seine Ausrüstung gut verstauen und sofort sehen, ob etwas fehlt. Sie vereinbaren, für jedes Ausrüstungsstück ein Etikett auf die Figur zu kleben. Der Vater verspricht Jake, ihn am Vorabend daran zu erinnern, die Figur anzuschauen und seine Sportsachen zu packen. Jake wiederum verspricht, sofort mit dem Packen anzufangen, wenn sein Vater ihn abends daran erinnert, und nicht bis zum Morgen damit zu warten. Wenn er sich nicht an die Abmachung hält und etwas vergisst, wird sein Vater ihn nicht noch einmal retten. Sie basteln das Ausschneidemodell und Jake beklebt es mit Etiketten für die aktuellen Fußballsachen. Er macht Haken, um die Sachen aufhängen zu können. Dann probiert er das Ganze gleich in Gegenwart seines Vaters aus. Beide sind zuversichtlich, dass diese Methode funktionieren wird.

Schritt 1: Verhaltensziele formulieren

Zielfunktion(en): Arbeitsgedächtnis.
Zielverhalten: Jake wird vor jedem Spiel seine Sportsachen mit nur einer Erinnerungshilfe rechtzeitig und vollständig packen.

Schritt 2: Intervention entwerfen

Welche Unterstützung im Umfeld wird dem Kind beim Erreichen des Zielverhaltens helfen?
- Ausschneidemodell wird von Jake etikettiert und mit den Sachen behängt, die er für Training und Spiele braucht.
- Vater erinnert am Vorabend an das Packen der Sportsachen.

Welche besonderen Fähigkeiten werden vermittelt? Wer vermittelt sie? Und welche Verfahren werden dabei eingesetzt?

Fähigkeit: Arbeitsgedächtnis (an alle erforderlichen Sportsachen für Training und Spiele denken).

Wer wird die Fähigkeit vermitteln? Vater.

Verfahren:
- Jake und sein Vater beraten, wie sich die Sachen am übersichtlichsten aufbewahren lassen.
- Mithilfe seines Vaters macht Jake ein Ausschneidemodell.
- Jake macht Etiketten und Haken für alle Sportsachen und hängt sie an das Modell.
- Jake probiert das Ganze aus, während sein Vater zuschaut.
- Vater verpflichtet sich, am Vorabend ans Packen der Sportsachen zu erinnern.
- In den ersten beiden Wochen prüft der Vater, ob Jake sich an die Abmachung gehalten hat.

Welche Anreize können das Kind motivieren, die Fähigkeit auch einzusetzen?
- Trainer wird nicht mehr verärgert sein. Jake wird am Training und allen Spielen teilnehmen können, weil er von jetzt an immer seine vollständige Ausrüstung dabei hat.

Schlüssel zum Erfolg

- *Verlassen Sie sich nicht auf die Aussage Ihres Kindes, es habe Ihre Ermahnung beherzigt.* Im vorliegenden Fall dient das Ausschneidemodell Jake als Erinnerungs- und Ordnungshilfe. In den meisten Fällen kann eine solche Konstruktion völlig ausreichen. Allerdings behaupten Kinder mit Schwächen beim Arbeitsgedächtnis häufig, sie hätten bereits getan, wozu man sie auffordert. Oder sie sagen zu, es gleich zu tun, um es dann letztlich doch zu vergessen. Auf eine Aufforderung muss daher grundsätzlich eine Überprüfung folgen. Das heißt: Ein Elternteil muss sogleich nachsehen, ob das Kind ihr tatsächlich nachgekommen ist. Denn sofort zu handeln, nachdem die Aufforderung erfolgt ist, ist der entscheidende Trick. Prüfen Sie deshalb regelmäßig und zeitnah, bis das erwünschte Verhalten sich eingeschliffen hat.

13 Emotionale Regulation fördern

«Emotionale Regulation» ist die Fähigkeit, Gefühle so unter Kontrolle zu halten, dass man Ziele erreichen, Aufgaben lösen und das eigene Verhalten steuern kann. Wenn diese Fähigkeit bei Ihnen stark ausgeprägt ist, können Sie nicht nur alltägliche Aufgaben leicht bewältigen, sondern auch in emotional aufgeladenen Situationen Ruhe bewahren. Ganz gleich, ob es sich um ein Gespräch mit einem jähzornigen Chef oder mit einem pubertären, gegen die elterliche Autorität aufbegehrenden Sohn handelt. Die eigenen Gefühle regulieren zu können bedeutet nicht nur, Wut und Aggression im Griff zu haben. Es bedeutet ebenso, andere unangenehme Gefühle wie Angst, Frustration und Enttäuschung zu meistern. Gleichzeitig kann auf positive Emotionen zurückgegriffen werden, die helfen, Hindernisse zu überwinden oder in schwierigen Zeiten durchzuhalten. Wie wichtig diese Fähigkeit für den Erfolg in der Kindheit und im späteren Leben ist, leuchtet somit unmittelbar ein.

Einigen von uns fällt die Kontrolle ihrer Gefühle in bestimmten Umgebungen leichter als in anderen. Die meisten Kinder (ebenso wie Erwachsene) haben ein «öffentliches Selbst» und ein «privates Selbst», für die unterschiedliche Regeln zu gelten scheinen. Reißt Ihr Kind sich in der Schule zusammen und benimmt sich zuhause daneben? Bleiben Sie bei der Arbeit äußerlich ruhig, reagieren in der Familie aber bei der kleinsten Störung gereizt? Ein solches Umschalten zwischen zwei Rollen ist nicht selten zu beobachten. Es muss kein Problem sein, kann aber zu einem solchen werden. Vielleicht empfinden Sie oder Ihr Kind die Regulation der eigenen Emotionen als so anstrengend, dass Sie diese Mühe nicht mehr aufbringen können, sobald Sie sich auf vertrautem Terrain befinden. So kann es schnell geschehen, dass Sie Ihre innere Anspannung an der eigenen Familie ablassen. Möglicherweise geraten Sie gerade über die Schwächen Ihres Kindes bei den in diesem Buch beschriebenen Exekutivfunktionen in Wut. Das wäre dann ein deutlicher Hinweis darauf, dass eine verbesserte emotionale Regulation auf Ihrer Prioritätenliste für Sie und Ihr Kind ganz oben stehen sollte. Falls Sie beide damit zu kämpfen haben, Ihre Emotionen im Zaum zu halten, sollten Sie auf jeden Fall die in Kapitel 3 aufgeführten Ratschläge beherzigen. Sie erhöhen so die Erfolgschancen der in diesem Kapitel entworfenen Interventionen. Wenn ein objektiver Blick auf die Situation Ihnen sagt, dass eine mangelnde Kontrolle ihrer Gefühle Ihrerseits zu den Problemen Ihres Kindes beiträgt, könnten Sie erwägen, psychotherapeutische Hilfe in Anspruch zu nehmen.

Wie sich die emotionale Regulation entwickelt

Babys erwarten, dass ihre Eltern sofort auf ihre körperlichen Bedürfnisse (Hunger, Durst, neue Windel) eingehen. Doch selbst wenn sie nicht gleich erfüllt werden, sind sie meist in der Lage, ihre Emotionen innerhalb bestimmter Grenzen zu halten. Natürlich gibt es immer Zeiten, in denen die für sie zuständigen Erwachsenen sie nicht sofort befriedigen können. Deshalb lernen Babys allmählich, sich selbst zu beruhigen. Bei diesem typischen Entwicklungsschritt gibt es Ausnahmen. So können Babys mit Koliken als Kinder mit Schwächen bei der Regulation ihrer Reaktionen beschrieben werden. Die meisten Säuglinge scheinen diese Phase jedoch zu überwinden. Sie lernen Techniken, mit denen sie sich selbst besänftigen können.

In der Kleinkind- und Kindergartenzeit kommen dann individuelle Unterschiede bei der emotionalen Regulation zum Vorschein. Manche Kleinkinder absolvieren die «Trotzphase» mit nur leichten Wutanfällen. Andere steigern sich so in ihre Gefühle hinein, dass selbst unerschütterliche Eltern an ihre Grenzen stoßen. Mit etwa 3 Jahren entwickeln die meisten Kinder Rituale mit einer festen Abfolge immer gleicher Schritte, die sie täglich wiederholen möchten (zum Beispiel vor dem Zubettgehen). Einige können sich Änderungen relativ leicht anpassen, andere reagieren äußerst aufgebracht, wenn ein Ritual in irgendeiner Weise gestört wird. Kinder mit geringer emotionaler Regulation können deshalb sehr rigide erscheinen. Sollte diese Beschreibung auch auf Ihr Kind zutreffen, könnte es für Sie nützlich sein, auch Kapitel 19 zu lesen. Die Exekutivfunktionen «Emotionale Regulation» und «Flexibilität» sind eng miteinander verwandt.

In der Grundschule bekommen Kinder mit schwacher emotionaler Regulation häufig Probleme mit ihren Spielkameraden. Möglicherweise fällt es ihnen schwer, Spielzeug zu teilen, beim Spielen zu verlieren oder bei Rollenspielen nicht ihren Willen zu bekommen. Kinder, die ihre Gefühle gut regulieren können, zeigen sich dagegen kompromissbereit, nehmen den Ausgang eines Spiels eher gleichmütig hin und können bei Streit in der Gruppe auch schon mal als Friedensstifter agieren.

Die Pubertät hält für die emotionale Regulation ebenso wie für viele andere Fertigkeiten neue Herausforderungen bereit. Jugendliche sind insgesamt anfälliger für emotionale Ausbrüche im Umgang mit Stress. Bei der Steuerung ihres Verhaltens verlassen sie sich voll und ganz auf ihre Frontallappen. Wie ein Hirnforscher sagte, stehen in Zeiten von Stress «ihre Frontallappen mächtig unter Strom». Das heißt, der für die Umsetzung von Exekutivfunktionen verantwortliche Teil des Gehirns ist hoffnungslos überlastet. Das ist zum Beispiel der Fall, wenn Jugendliche versuchen, überlegt zu reagieren (siehe Kapitel 11), ihr Arbeitsgedächtnis zu nutzen (Kapitel 12), ihre Emotionen zu regulieren oder am besten alles gleichzeitig einzusetzen. Kein Wunder, dass Teenager oft langsame oder schlechte Entscheidungen treffen (oder, noch schlimmer, schnelle und schlechte). Bei Jugendlichen, die bei der Entwicklung der emotionalen Regulation hinterherhinken, verdoppelt sich nun die damit verbundene Problematik. Sie stecken mitten in einer Lebensphase, die ohnehin durch eine rasche Abfolge heftiger emotionaler Hochs und Tiefs gekennzeichnet ist.

Dieses Wissen vorausgesetzt, täten Sie gut daran, Ihr Kind zu schützen und jeglichen Stress, der zu schlechten Entscheidungen führen könnte, so weit wie möglich zu reduzieren. Gleichzeitig können Sie ihm helfen, seine emotionale Regulation mithilfe der in diesem Kapitel vorgestellten Strategien zu verbessern. Die Mühe lohnt sich: Teenager, die ihre Emotionen im Griff haben, werden mit geringerer Wahrscheinlichkeit mit Lehrern oder Trainern in Streit geraten. Außerdem werden sie Situationen, in denen es um Leistung geht (wie Spiele oder Prüfungen), ohne übermäßige Angst bestehen und sich nach einer Enttäuschung schneller wieder fangen.

Wie gut ist die emotionale Regulation Ihres Kindes?

Schätzen Sie mithilfe der folgenden Skala ein, wie gut Ihr Kind bei den einzelnen Aufgaben abschneidet. In der entsprechenden Altersstufe kann erwartet werden, dass Kinder alle Aufgaben gut bis sehr gut ausführen können.

Skala

0 – nie oder selten
1 – nicht gut (in etwa 25 % aller Fälle)
2 – recht gut (in etwa 75 % aller Fälle)
3 – sehr gut (immer oder fast immer)

Kindergarten/Vorschule

__ Erholt sich relativ schnell von einer Enttäuschung oder Planänderung.
__ Ist in der Lage, ohne körperliche Auseinandersetzung Lösungen zu finden, wenn ein anderes Kind ihm ein Spielzeug wegnimmt.
__ Kann in einer Gruppe spielen, ohne sich allzu sehr aufzuregen.

Beginn der Grundschule

__ Kann Kritik von einem Erwachsenen tolerieren.
__ Kann mit vermeintlicher «Ungerechtigkeit» umgehen, ohne sich allzu sehr darüber aufzuregen.
__ Ist in der Lage, sein Verhalten in einer neuen Situation rasch anzupassen (sich zum Beispiel nach der Schulpause schnell wieder zu beruhigen).

Ende der Grundschule

__ Reagiert nicht über, wenn es ein Spiel verliert oder für eine Auszeichnung nicht ausgewählt wird.
__ Kann akzeptieren, beim Arbeiten oder Spielen in der Gruppe nicht das zu bekommen, was es will.
__ Reagiert zurückhaltend auf Sticheleien.

Weiterführende Schule

__ Ist in der Lage, die Reaktionen von Freunden einzuschätzen und das eigene Verhalten entsprechend anzupassen.
__ Kann beim Spiel oder bei der Arbeit in der Gruppe akzeptieren, nicht das zu bekommen, was es will.
__ Tritt angemessen selbstbewusst auf (fragt zum Beispiel Lehrer um Hilfe, fordert bei der Schuldisco zum Tanz auf).

Emotionale Regulation in alltäglichen Situationen fördern

- *Verändern Sie bei jüngeren Kindern vor allem das Umfeld.* Die Wahrscheinlichkeit, dass die Emotionen eines Kindes außer Kontrolle geraten, reduzieren Sie, indem Sie ritualisierte Abläufe schaffen, vor allem zu den Mahlzeiten und beim Zubettgehen. Setzen Sie Ihr Kind keinen Situationen aus, in denen Überreizung droht. Nicht immer lassen sich solche Situationen jedoch vermeiden. In dem Falle holen Sie Ihr Kind aus der Situation heraus, sobald Sie merken, dass es die Beherrschung zu verlieren droht. Handeln Sie nun möglichst schnell.

- *Bereiten Sie Ihr Kind auf Situationen vor. Sprechen Sie mit ihm über das, was es zu erwarten hat und über das, was es tun kann, wenn es ihm zu viel wird.* Problematische Situationen, die unvermeidbar sind, lassen sich durch ein wenig Vorarbeit gut entschärfen.

- *Vermitteln Sie Ihrem Kind Bewältigungsstrategien.* Welche Auswege können Sie ihm anbieten? Jüngere Kinder könnten sich mit Eltern, Lehrern und anderen Bezugspersonen auf ein diskretes Signal einigen. Mit diesem teilt das Kind ihnen mit, dass es eine Auszeit braucht. Für zuhause kann man verabreden, dass das Kind jederzeit, wenn ihm alles zu viel wird, sagen kann: «Ich gehe jetzt ein paar Minuten in mein Zimmer und will alleine sein.» Kleinere Kinder können sich selbst beruhigen, indem sie ihr Lieblingskuscheltier in den Arm nehmen. Ältere können auf einem iPod ihre Lieblingsmusik hören. Bringen Sie Ihrem Kind Entspannungstechniken wie tiefes Atmen oder progressive Muskelentspannung bei. Geben Sie «Entspannung für Kinder» in eine Suchmaschine ein, um sich zu informieren und inspirieren zu lassen.

- *Überlegen Sie schon im Vorfeld gemeinsam mit Ihrem Kind, was es sich in Problemsituationen selbst sagen könnte.* Dies muss nichts Kompliziertes sein. Schon kurze, positive Sätze können dazu beitragen, mit den eigenen Gefühlen besser zurechtzukommen. Gibt Ihr Kind zum Beispiel schnell auf, wenn ihm eine Hausaufgabe allzu schwierig erscheint, könnten Sie ihm raten: «Ich fände es gut, wenn du dir selbst sagen würdest: ‹Ich weiß, das wird für mich schwierig werden, aber ich werde es versuchen. Wenn ich nicht mehr weiter weiß, obwohl ich es wirklich versucht habe, werde ich um Hilfe bitten.›» Kinder mit schwacher emotionaler Regulation neigen stärker als ihre Altersgenossen dazu, in Tränen auszubrechen oder einen Wutanfall zu bekommen. Wenn sie gezwungen werden, an Aufgaben weiter zu arbeiten, die sie als frustrierend oder allzu schwierig empfinden, gelingt es ihnen nicht, ihre Gefühle zu kontrollieren.

- *Lesen Sie Geschichten vor, in denen die Hauptfiguren Verhaltensweisen zeigen, die Sie Ihrem Kind gern vermitteln möchten.* «Die kleine blaue Lokomotive» von

Watty Piper wäre ein gutes Beispiel für ein Kinderbuch, dass den hilfreichen Rückgriff auf positive Emotionen in den Vordergrund stellt. Lassen Sie sich in einer Buchhandlung oder in der Kinder- und Jugendabteilung Ihrer örtlichen Bibliothek beraten.

● *Sollten all diese Bemühungen nichts fruchten, könnten Sie sich an einen Thera-peuten wenden, der sich mit der Kognitiven Verhaltenstherapie auskennt.*

Klug sein und es auch zeigen: Prüfungsangst besiegen

Courtney ist 14 Jahre alt und geht in die 8. Klasse. Sie war schon immer ein sehr vernünftiges Kind, das älteste von drei Geschwistern, und ihre Eltern setzen hohe Erwartungen in sie. Courtney spielt Feldhockey und ist Teil einer kleinen Clique von Freundinnen, die sich seit der Grundschule kennt. In der Schule hat sie in den meisten Fächern eine «2», muss allerdings viel für Ihre Noten tun. Vor allem in Mathe fällt es ihr schwer, den Stand zu halten.

Nun steht in Mathe eine wichtige Klassenarbeit bevor. Courtney ist ein Nerven-bündel, wenn sie nur daran denkt. Sie hat wirklich gut gelernt und ist alles, was sie bis dahin nicht verstanden hatte, mit einer ihrer Freundinnen durchgegangen. Sie hat das Gefühl, alles zu beherrschen. Trotzdem macht sie sich große Sorgen, wie sie bei der Klassenarbeit abschneiden wird. Ihre Mutter merkt, dass Courtney sehr angespannt ist. Aber ihre Tochter erklärt ihr, sie sei «einfach nur müde». Courtney befürchtet, dass ihre Eltern, wenn sie ihnen die Wahrheit sagt, ihr nur wieder Vor-träge halten. Sie müsste sich anhören, wie wichtig es sei, in der Schule gut abzu-schneiden. Das würde ihre Angst jedoch nur noch vergrößern. In der Nacht vor der Klassenarbeit schläft Courtney schlecht und als sie ins Klassenzimmer geht, hat sie Bauchschmerzen. Die ersten Fragen in der Mathearbeit kann sie noch gut beantworten. Doch dann kommen zwei kompliziertere Aufgaben, zu denen ihr einfach keine Lösungen einfallen wollen. Ihr Kopf ist wie «leer geblasen». Courtney tut, was sie kann. Hinterher ist sie erleichtert, dass die Arbeit endlich vorbei ist. Sie weiß aber auch, dass sie nicht gut abgeschnitten hat. Ihre Befürchtungen werden bestätigt, als sie die Arbeit zurückbekommt: eine «4». Courtney ist frustriert. Sie wusste, wie die Aufgaben zu lösen waren, ist aber in Panik geraten. Sie erzählt es ihren Eltern, die sich sehr aufregen. Ihr Vater sagt: «Wenn dir so etwas in den höheren Klassen passiert, kannst du das mit dem Studium vergessen.» Courtney bricht in Tränen aus. Sie erzählt ihren Eltern, wie hart sie gelernt hat. Ihr Kopf sei aber bei der Arbeit plötzlich völlig leer gewesen. Die Eltern begreifen, dass der Leistungsdruck die Leere im Kopf ausgelöst hat. Die Aufforderung, sich in Zukunft noch mehr anzustrengen, würde den Druck auf Courtney aber nur erhöhen.

Zusammen arbeiten sie einen Plan aus. Nicht alle Anforderungen führen bei Courtney zu Ängsten. Daher überlegen sie, wie sich erkennen lässt, dass Courtneys Sorgen einen Punkt erreichen, der ihre Leistungen beeinträchtigt. Courtney schlägt eine Skala von 1 bis 10 vor und erklärt, dass sie ab 4 Punkten Probleme hätte, ihre Angst zu kontrollieren. Sie meint, die Skala würde ihr helfen, ihren Eltern zu sagen, dass sie etwas belastet. Wenig hilfreich wäre allerdings, wenn die Eltern sie daraufhin mit ihrer Standardlösung unter Druck setzen würden: «Du musst noch mehr lernen!» Ihre Eltern erklären sich bereit, Courtney zuzuhören, wenn sie Sorgen hat. Sie würden sie in dem Falle fragen, ob sie irgendetwas tun können, um ihr zu helfen. Sie nehmen sich fest vor, Courtneys Stress in solchen Situationen nicht noch zu vergrößern. Sollte ihnen das einmal nicht gelingen, bitten sie Courtney, sie an ihre Rolle zu erinnern. Courtney stimmt dem gerne zu.

Aus vergangenen Erfahrungen wissen die Eltern, dass Courtneys Sorgen über Leistungsanforderungen abnehmen, wenn sie schon im Vorfeld einen Plan hat, den sie dagegen halten kann. Sie schlagen die folgenden Maßnahmen vor:

- In jedem Fach, das Courtney als problematisch empfindet, wird sie sich vor den Klassenarbeiten mit dem Lehrer treffen. Sie wird ihm erklären, dass sie manchmal Angst vor Arbeiten hat und ihn fragen, ob er ihr eine bestimmte Lerntechnik empfehlen kann, mit der sich den Stoff leichter meistern lässt.
- Wenn sie wie in Mathe fortgesetzte Schwierigkeiten hat, wird sie den Lehrer bitten, den Stoff regelmäßig mit ihr noch einmal durchzugehen.
- Sie wird sich mit dem Beratungslehrer treffen und ihn fragen, ob er für den Umgang mit Stress und Sorgen irgendwelche Vorschläge hat.

Ihre Eltern halten dies für einen sehr guten Plan und sind beeindruckt von Courtneys Ernsthaftigkeit und Bereitschaft zur Problemlösung. Vor der nächsten Mathearbeit geht Courtney vor wie besprochen. Ihre Eltern versuchen bewusst, keinen Druck auszuüben. Dadurch ist Courtney entspannter als sonst vor Mathearbeiten. Während der Arbeit fühlt sie sich wesentlich ruhiger. Sie ist dann allerdings von ihrer Note, einer «3+», ein wenig enttäuscht. Doch ihr Lehrer, der sieht, wie viel Mühe sich Courtney gibt, bietet ihr an, ihre Mathenote durch Zusatzaufgaben verbessern zu können.

Schritt 1: Verhaltensziele formulieren

Zielfunktion(en): Emotionale Regulation.
Zielverhalten: Courtney wird bei Klassenarbeiten mindestens eine «3» schreiben.

Schritt 2: Intervention entwerfen

Welche Unterstützung aus dem Umfeld wird es geben, um dem Kind beim Erreichen des Zielverhaltens zu helfen?
* Skala zur genaueren Einschätzung der Angstgefühle.
* Unvoreingenommene Unterstützung durch die Eltern.
* Hilfe des Lehrers beim Lernen.
* Unterstützung und Rat für den Umgang mit Prüfungsängsten.

Welche besonderen Fähigkeiten werden vermittelt? Wer wird sie vermitteln? Und welche Verfahren werden dabei eingesetzt?

Fähigkeit: Emotionale Regulation (Umgang mit Angstgefühlen).

Wer wird die Fähigkeit vermitteln? Fachlehrer, Beratungslehrer, Courtney.

Verfahren:
* Courtney wird sich mit Lehrern treffen und nach guten Lernstrategien fragen.
* In den schwierigsten Fächern wird Courtney sich regelmäßig mit den Lehrern treffen.
* Sie wird den Beratungslehrer nach Strategien im Umgang mit Stress und Prüfungsängsten fragen.

Welche Anreize können das Kind motivieren, die Fähigkeit auch einzusetzen?
* Bessere Noten.
* Weniger Angst.

Schlüssel zum Erfolg

* *Geben Sie Ihrem Kind emotionale Unterstützung. Halten Sie sich aber sonst mit Ihren Kommentaren zurück, wenn Sie hinsichtlich des Umgangs mit Prüfungsängsten kein besonderes Fachwissen haben.* Hören Sie lieber zu und bieten Sie die Hilfe an, um die Ihr Kind Sie bittet. Darüber hinaus Ratschläge zu geben wird den Druck, den ein ängstliches Kind ohnehin schon spürt, wahrscheinlich nur vergrößern und deshalb kontraproduktiv sein.
* *Organisieren Sie jede konkrete Hilfe, die Sie von Lehrern, Schulpsychologen und anderen Fachleuten bekommen können.* Courtney fand es hilfreich, dass ihre Lehrer sich ihre Sorgen anhörten, sie ermutigten und ihr konkrete Lerntipps gaben. Schulpsychologen oder Beratungslehrer sollten dem Kind darüber hinaus hilfreiche Strategien gegen Prüfungsängste vermitteln können. Wenn Ihr Kind berichtet, dass die Beratung in der Schule wenig hilfreich war, wenden Sie sich an Ihre örtliche Erziehungsberatungsstelle. Oder bitten Sie Ihren Haus- oder Kinderarzt um eine Überweisung an eine psychologisch geschulte Fachkraft, die mit Ihrem Kind kurzfristig hilfreiche Strategien erarbeiten kann.

Im Spiel bleiben: Unsportliches Verhalten überwinden

Mike ist ein aktiver 7-Jähriger, das jüngste von drei Geschwistern. Schon als Kleinkind hat er sich gern bewegt und ist für einen Jungen in seinem Alter sportlich eindeutig begabt. Er ist begeistert, dass er jetzt in einer «echten» Mannschaft mitspielen darf und freut sich auf die Spiele. Sobald er etwas freie Zeit hat möchte er, dass seine Eltern oder Geschwister mit ihm spielen und trainieren. Zuhause ebenso wie in der Mannschaft will Mike allerdings unbedingt, dass immer alles gut läuft. Spielt er selbst oder seine Mannschaft nicht so gut, wie er es sich vorstellt, flippt er förmlich aus. Er schimpft laut, weint und wirft manchmal mit Gegenständen um sich. In solchen Situationen schickt der Trainer ihn hinaus oder die Eltern müssen ihn abholen. Nach einer Weile beruhigt Mike sich dann wieder. Aber all diese Maßnahmen haben sein Verhalten nicht wirklich ändern können, sodass seine Eltern sich weiter Sorgen machen. Sie haben schon daran gedacht, alle seine sportlichen Aktivitäten abzusagen. Aber sie zögern noch, weil sie für Mike so wichtig sind. Gleichzeitig ist ihnen klar, dass sie kaum eine andere Wahl haben werden, wenn Mike nicht lernen kann, Fehler und verlorene Spiele als Teil des Sports zu tolerieren.

Nachdem sie mit dem Trainer sowie mit Freunden gesprochen haben, die selbst zwei sportlich aktive Söhne haben, fassen sie einen Plan. Die Eltern setzen sich mit Mike zusammen. Sie erklären ihm, dass sie gemeinsam einen Weg finden müssen, wie er sein Verhalten ändern kann, wenn er weiter Sport treiben will. Obgleich er anfangs nicht einsehen will, dass es überhaupt ein Problem gibt, stimmt er zu, weil er den Sport keineswegs aufgeben will. Der Plan der Eltern sieht Folgendes vor:

- *Ist er mit seiner eigenen Leistung unzufrieden, kann Mike seine Frustration durch vorher vereinbarte Verhaltensweisen zum Ausdruck bringen.* Dazu gehört zum Beispiel die Fäuste zu ballen, die Arme zu kreuzen und fest zusammenzudrücken oder stumm einen Satz seiner Wahl mehrfach zu wiederholen.
- *Bezieht sich seine Frustration auf die Mannschaft oder ein Mannschaftsmitglied, muss alles, was er laut sagt, aufmunternd sein.* Er soll zum Beispiel sagen: «Guter Versuch!», «Beim nächsten Mal klappt es besser!».
- *Gemeinsam schreiben Mike und seine Eltern Szenarien für verschiedene Situationen, die sie erlebt haben, auf und ersetzen dabei alte Verhaltensweisen durch neue Strategien.*
- *Mike und seine Eltern proben die neuen Strategien im Rollenspiel.* Mike macht absichtlich einen «Fehler» (trifft einen Korb nicht, lässt den Ball fallen oder Ähnliches). Er versucht dann, eine seiner neuen Strategien anzuwenden. Die Eltern feuern ihn an und loben ihn.
- *Vor jedem Spiel oder Training geht ein Elternteil mit Mike die Regeln und neuen Strategien noch einmal durch. Es lässt ihn erklären, wie er mögliche frustrierende*

Situationen ohne unsportliches Verhalten bestehen will. Anschließend besprechen sie mit Mike, wie er sich geschlagen hat. Gab es keine Wutausbrüche, bekommt er dafür Punkte. Hat eine vorher vereinbarte Anzahl von Punkten erreicht, fahren seine Eltern mit ihm zu einem großen Spiel seiner Lieblings-Profimannschaft.

- *Mike wird versuchen, keinen Wutanfall zu bekommen, nicht zu schreien, keine Schimpfwörter zu benutzen oder mit Sachen um sich zu werfen, wenn er frustriert ist.* Zeigt er dennoch eine dieser Verhaltensweisen, wird dies dazu führen, dass er das Spiel oder das Training sofort verlassen muss und beim darauf folgenden Mal nicht teilnehmen darf.

In den ersten Wochen gelingt es Mike nicht immer, seine Wut zu zügeln. Dennoch bemerken sowohl sein Trainer als auch seine Eltern einen deutlichen Rückgang seiner Ausbrüche. Sie sind zuversichtlich, dass er auf dem richtigen Weg ist.

Schritt 1: Verhaltensziele formulieren

Zielfunktion(en): Emotionale Regulation.
Zielverhalten: Mike bekommt keine Wutanfälle mehr, wenn er oder seine Mannschaft Fehler macht oder beim Sport verliert.

Schritt 2: Intervention entwerfen

Welche Unterstützung aus dem Umfeld wird es geben, um dem Kind beim Erreichen des Zielverhaltens zu helfen?
- Mike und seine Eltern schreiben Szenarien mit akzeptablen Verhaltensweisen auf.
- Eltern formulieren klare, schriftliche Regeln und Erwartungen an Mikes Verhalten.
- Eltern geben vor Training oder Spiel Erinnerungshilfen.

Welche besonderen Fähigkeiten werden vermittelt? Wer wird sie vermitteln? Und welche Verfahren werden dabei eingesetzt?

Fähigkeit: Emotionale Regulation (akzeptable Ausdrucksformen für Wut und Frustration).

Wer wird die Fähigkeit vermitteln? Eltern.

Verfahren:
- Mike und Eltern lesen sich wiederholt die Szenarien mit akzeptablen Verhaltensweisen in problematischen Situationen durch.
- Mike und Eltern gehen die Situationen im Rollenspiel durch und proben den Einsatz neuer Strategien.
- Mike und Eltern gehen Verhaltensregeln vor jedem Spiel oder Training noch einmal durch.
- Mike und Eltern sprechen anschließend über sein Verhalten.

Welche Anreize können das Kind motivieren, die Fähigkeit auch einzusetzen?
- Mike darf weiter Sport treiben.
- Vorher vereinbarte Punktzahl berechtigt zum Besuch eines Spiels von Mikes Lieblingsmannschaft.

Schlüssel zum Erfolg

Halten Sie sich streng an den Plan. Der Erfolg der Intervention hängt von der Konsequenz beim Befolgen folgender Schritte ab:

1. Vermitteln Sie dem Kind eine akzeptable Form, seine Frustration zum Ausdruck zu bringen.
2. Finden Sie gemeinsam heraus, in welchen Situationen das problematische Verhalten am wahrscheinlichsten auftritt.
3. Proben Sie das erwünschte Verhalten im Rollenspiel und geben Sie dem Kind Erinnerungshilfen.
4. Gehen Sie die vereinbarten Regeln unmittelbar vor der problematischen Situation noch einmal durch.
5. Nehmen Sie das Kind, falls es notwendig wird, aus der Situation heraus.

Kleineren Kindern fällt es besonders schwer, in emotional aufgeladenen Situationen den Überblick zu behalten. Wird einer der obigen Schritte ausgelassen, besteht daher die Gefahr, dass sie wieder in alte Muster zurückverfallen.

14 Aufmerksamkeits-steuerung verbessern

«Aufmerksamkeitssteuerung» bezeichnet die Fähigkeit, trotz Ablenkung, Müdigkeit oder Langeweile mit der Konzentration bei einer Situation oder Aufgabe zu bleiben. Für uns Erwachsene bedeutet dies, zuhause oder bei der Arbeit konzentriert an einer Sache zu arbeiten, Ablenkungen tunlichst auszublenden oder so bald wie möglich zu unserer Aufgabe zurückzukehren, wenn eine Unterbrechung unvermeidlich ist. Ist Ihre Aufmerksamkeitssteuerung eher schwach, werden Sie an sich beobachten, dass Sie von Aufgabe zu Aufgabe springen und schon mit der zweiten beginnen, wenn die erste noch gar nicht fertig ist. Möglicherweise suchen Sie auch nach Ausreden, um mit der Arbeit aufhören zu können, checken alle fünf Minuten Ihre E-Mails oder erinnern sich plötzlich an einen Anruf, den Sie unbedingt noch tätigen müssen. Wenn sowohl Sie als auch Ihr Kind mit der Aufmerksamkeitssteuerung Probleme haben, seien Ihnen die Tipps in Kapitel 3 noch einmal besonders ans Herz gelegt.

Wie sich die Aufmerksamkeitssteuerung entwickelt

Denken Sie an ein kleines Kind am Strand. Ist es nicht verblüffend, dass etwas so Einfaches wie ein Steinchen ins Wasser zu werfen oder für die einlaufenden Wellen einen Kanal zu bauen, eine Quelle endlosen Vergnügens sein kann? Etwas, das uns (oder dem Babysitter, den älteren Geschwistern, den Großeltern) bald langweilig wird, kann ein kleines Kind erstaunlich lange fesseln. Seine Fähigkeit, mit seiner Aufmerksamkeit bei einer Sache zu bleiben, hängt vollständig davon ab, wie viel Interesse es an dieser Sache hat. Schon kleine Kinder können sich also längere Zeit unbeirrt auf eine Aufgabe konzentrieren, wenn ihnen diese Spaß macht.

Was die Entwicklung der Exekutivfunktionen betrifft, wird die Aufmerksamkeitssteuerung im Zusammenhang mit Aufgaben interessant, die das Kind als langweilig oder schwierig empfindet. Dazu gehören Pflichten im Haushalt, Schularbeiten oder das Stillsitzen bei längeren, an den Bedürfnissen von Erwachsenen orientierten Ereignissen wie Hochzeiten oder Gottesdiensten. Lehrerorganisationen wie die American Federation of Teachers empfehlen deshalb, Grundschulkindern im 1. Schuljahr Hausaufgaben von nicht mehr als zehn Minuten aufzugeben. Für die sich anschließenden Grundschuljahre raten sie, die Hausaufgabenzeit pro Schuljahr um zehn Minuten zu steigern (das heißt 20 Minuten Hausaufgaben im 2. Schuljahr, 30 Minuten im 3. Schuljahr und so weiter). Gute Lehrer erwarten von ihren Schülern nicht, dass sie im Unterricht längere Zeit an ihren Tischen sitzen und still vor sich hinarbeiten. Und erfahrene Eltern weisen ihren Kindern Pflichten im Haushalt zu, die entweder rasch erledigt sind oder in kleinere Unteraufgaben aufgeteilt werden können.

Kommen die Kinder dann in die weiterführende Schule, wird von ihnen erwartet, im Unterricht über längere Zeit aufmerksam zu bleiben und auch schon mal mehrere Stunden mit Hausaufgaben zu verbringen. Aber auch hier sollten die einzelnen Unterrichtsabschnitte nicht allzu lange dauern. Dies gilt insbesondere für den Frontalunterricht. Denn selbst Jugendlichen fällt es schwer, sich auf längere Vorträge ihrer Lehrer zu konzentrieren.

Wie gut ist die Aufmerksamkeitssteuerung Ihres Kindes?

Schätzen Sie mithilfe der folgenden Skala ein, wie gut Ihr Kind bei den einzelnen Aufgaben abschneidet. In der entsprechenden Altersstufe kann erwartet werden, dass Kinder alle Aufgaben gut bis sehr gut ausführen können.

Skala

0 – nie oder selten
1 – nicht gut (in etwa 25 % aller Fälle)
2 – recht gut (in etwa 75 % aller Fälle)
3 – sehr gut (immer oder fast immer)

Kindergarten/Vorschule

__ Kann eine 5-minütige Arbeit erledigen (eventuell mit Beaufsichtigung).
__ Kann im Stuhlkreis stillsitzen (15–20 Minuten).
__ Kann ohne Pause ein bis zwei Geschichten anhören.

Beginn der Grundschule

__ Kann 20–30 Minuten an seinen Hausaufgaben arbeiten.
__ Kann eine 15–20 Minuten dauernde Arbeit zu Ende bringen.
__ Kann während einer Mahlzeit von normaler Dauer stillsitzen.

Ende der Grundschule

__ Kann 30–60 Minuten an seinen Hausaufgaben arbeiten.
__ Kann eine 30–60 Minuten dauernde Arbeit zu Ende bringen (eventuell mit Pause).
__ Kann an einer 60–90 Minuten dauernden Veranstaltung teilnehmen (zum Beispiel Sporttraining, Gottesdienst).

Weiterführende Schule

__ Kann 60–90 Minuten an Hausaufgaben arbeiten (eventuell mit einer oder mehreren Pausen).
__ Kann an Familientreffen teilnehmen, ohne über Langeweile zu klagen oder zu stören.
__ Kann bis zu zwei Stunden dauernde Arbeiten zu Ende bringen (eventuell mit Pausen).

Aufmerksamkeitssteuerung in alltäglichen Situationen fördern

- *Beaufsichtigen Sie Ihr Kind.* Kinder können länger bei einer Aufgabe bleiben, wenn jemand bei ihnen ist, sie gelegentlich ermutigt oder daran erinnert, was zu tun ist. Vielleicht können Sie lesen oder selbst etwas Schriftliches erledigen, während Ihr Kind Hausaufgaben macht. Auf diese Weise sind Sie zur Stelle, wenn Ihr Kind Hilfe braucht, und können die Zeit trotzdem für sich nutzen.
- *Dehnen Sie allmählich die Aufmerksamkeitsspanne aus.* Messen Sie mit einer Stoppuhr, wie lange Ihr Kind bei einer Aufgabe (Pflicht im Haushalt, Hausaufgaben oder Ähnliches) bleiben kann, ehe es eine Pause braucht. Nehmen Sie diese Zeit als «Grundwert» und stellen Sie eine Küchenuhr zwei oder drei Minuten über diesem Grundwert ein. Wetten Sie mit Ihrem Kind, ob es bis zum Klingeln der Uhr durchhalten kann.
- *Besorgen Sie sich ein Gerät, das die abgelaufene Zeit sichtbar macht («Time Timer»).* Solche Geräte sind in Form von Tisch- oder Armbanduhren, aber auch als Software für den Computerbildschirm erhältlich.
- *Nützlich sind auch Audiotapes, die in willkürlichen Zeitabständen akustische Signale von sich geben.* Bei jedem Signal soll das Kind sich fragen: «War ich aufmerksam?»
- *Versuchen Sie, Aufgaben interessanter zu machen.* Machen Sie daraus eine spannende Herausforderung, ein Spiel, eine Wette oder einen Wettbewerb.
- *Schaffen Sie Anreize.* Besonders bewährt hat sich das System, für vollständig erledigte oder innerhalb einer bestimmten Zeit fertig gestellte Aufgaben Punkte zu vergeben. Wichtig ist dabei, für eine vorher vereinbarte Punktzahl eine Belohnung in Aussicht zu stellen und hinsichtlich Punktvergabe und Belohnung konsequent zu bleiben.
- *Sorgen Sie dafür, dass Ihr Kind etwas hat, worauf es sich freuen kann, wenn die Aufgabe abgeschlossen ist.*
- *Lassen Sie das Kind zwischen beliebten und weniger beliebten Aktivitäten abwechseln.*
- *Loben Sie Ihr Kind, wenn es ihm gelingt, bei einer Aufgabe zu bleiben.* Halten Sie sich mit Kommentaren zurück, wenn das Kind *nicht* mit einer Aufgabe beschäftigt ist. Sie würden doch nur «meckern» und es immer wieder ermahnen, endlich mit der Aufgabe zu beginnen. Schenken Sie ihm lieber Lob und Aufmerksamkeit, wenn es sich auf eine Aufgabe konzentriert.

Heikle Verhandlungen:
Ablenkungen während der Hausaufgaben reduzieren

Andy ist 17 Jahre alt und ein vielbeschäftigter Junge. Er spielt Fußball in der Schule und fährt mit seiner Mannschaft oft zu Auswärtsspielen. Außerdem spielt er Bassgitarre und würde gern mit ein paar Freunden eine Band gründen.

In der Schule hätte Andy gern gute Noten. Verglichen mit seinen anderen Aktivitäten erscheinen ihm die Hausaufgaben jedoch äußerst langweilig. Er hat sich dennoch täglich direkt nach dem Essen Zeit für die Hausaufgaben reserviert und beginnt in der Regel auch rechtzeitig mit den Aufgaben. Er lässt sich aber dann sehr leicht ablenken. Bevor er mit den Hausaufgaben beginnt, schaltet er seinen Computer ein. Wenn seine Freunde sehen, dass er online ist, melden sie sich und wollen chatten. Kehrt er dann zu seinen Hausaufgaben zurück, fällt ihm bald ein, dass er eine Kleinigkeit essen könnte. Oder er möchte kurz nachschauen, was gerade im Fernseher läuft. Am Ende hat er seine Hausaufgaben zwar in den meisten Fällen fertig, aber die Qualität lässt oft zu wünschen übrig. Gleichzeitig kommt er immer später ins Bett. Dass es so spät wird, bis er endlich fertig ist, macht seinen Vater besonders wütend. Für Klassenarbeiten zu lernen ist für Andy am schlimmsten. An dem Abend vor der Klassenarbeit holt er seine Bücher heraus. Er kommt jedoch nach höchstens zehn bis 15 Minuten zu dem Schluss, dass der Stoff ihn anödet. Daher beschließt er, dass das, was er bisher weiß, schon «irgendwie reichen» wird. Er chattet lieber mit seinen Freunden, spielt Computerspiele oder zappt so lange durchs Fernsehprogramm, bis er etwas Spannendes findet. Seine Eltern sind äußerst frustriert. Sie haben erwogen, seine Computerzeit zu reduzieren oder den Gitarrenunterricht zu streichen. Doch wissen sie, dass beides einen Riesenkrach auslösen würde. Sie fürchten sich davor und sind sich nicht sicher, ob es die Lage nicht bloß verschlimmern würde.

Die Eltern treffen sich mit Andys Lehrern und dem Beratungslehrer der Schule und tragen ihre Sorgen vor. Der Beratungslehrer bietet an, sich mit Andy und seinen Eltern zu treffen, um einen Plan auszuarbeiten. Bei dem Treffen erklärt er Andy, dass seine Lehrer das Gefühl hätten, er könnte in der Schule besser sein. Andy stimmt zu. Der Beratungslehrer bittet ihn um eine Liste der Dinge, die ihn am meisten ablenken. Andy schreibt den Computer auf die erste und das Fernsehen an die zweite Stelle. Der Beratungslehrer erinnert Andy und seine Eltern daran, dass die Schule dringend empfiehlt, den Computer zuhause erst dann einzuschalten, wenn alle Hausaufgaben erledigt sind. Das Problem ist, dass Andy für einige seiner Hausaufgaben den Computer benötigt. Er schlägt vor, sich in der für die Hausaufgaben reservierten Zeit bei seinem Chatprogramm abzumelden. Für alles, was er selbst am Computer macht, wird er sich eine feste Zeit setzen und einen Timer auf dem Bildschirm installieren. Vor längeren Hausaufgaben wird er vorher überlegen, wann und wie lange er Pause macht und sich an diesen Plan halten. Vor Klassenarbeiten wird er sich mit seinen Lehrern treffen und eine Checkliste für Lerninhalte und Lernzeiten aufstellen, die er zuhause abhaken kann. Außerdem setzt er sich realistische Notenziele, damit er, seine Eltern und seine Lehrer den Erfolg seiner Strategien abschätzen können. Seine Eltern werden den Lehrern wöchentliche E-Mails schreiben, um sich nach verspäteten oder fehlenden Hausaufgaben zu erkundigen. Andy ist damit einverstanden, dass seine Eltern ihn zweimal pro Tag ermahnen, wenn er sich bei den Hausaufgaben ablenken lässt. Die Eltern wiederum sichern zu, dabei eine Formulierung zu verwenden, die Andy ihnen vorschlägt.

Schritt 1: Verhaltensziele formulieren

Zielfunktion(en): Aufmerksamkeitssteuerung.
Zielverhalten: Andy wird seine Hausaufgaben zügig und vollständig erledigen und er wird für Klassenarbeiten lernen, um seine Notenziele zu erreichen.

Schritt 2: Intervention entwerfen

Welche Unterstützung aus dem Umfeld wird es geben, um dem Kind beim Erreichen des Zielverhaltens zu helfen?
- Zeitlich begrenzter Zugang zum Computer.
- Sichtbarer Timer auf dem Computerbildschirm.
- Plan für das Erledigen von Hausaufgaben.
- Checklisten von Lehrern.
- Zwei Erinnerungshilfen von Eltern.
- Wöchentliches Feedback von Lehrern.

Welche besonderen Fähigkeiten werden vermittelt? Wer wird sie vermitteln? Und welche Verfahren werden dabei eingesetzt?

Fähigkeit: Aufmerksamkeitssteuerung beim Erledigen von Hausaufgaben.

Wer wird die Fähigkeit vermitteln? Eltern und Lehrer.

Verfahren:
- Andy wird seinen Computer erst nach der vollständigen Erledigung aller Hausaufgaben zum Chatten und Spielen benutzen.
- Andy wird einen Arbeitsplan aufstellen.
- Er wird vorher festgelegte, zeitlich begrenzte Pausen einlegen.
- Er wird sich vor Klassenarbeiten mit Lehrern treffen, um Lernzeiten und –methoden abzusprechen und eine Checkliste aufzustellen.
- Eltern dürfen ihn zweimal am Tag ermahnen.
- Lehrer werden wöchentliches Feedback geben.

Welche Anreize können das Kind motivieren, die Fähigkeit auch einzusetzen?
- Positives Feedback von Lehrern.
- Weniger Konflikte mit Eltern.
- Bessere Schulnoten.

Schlüssel zum Erfolg

- *Halten Sie sich ohne größere Veränderungen an diesen Plan, bis Ihr Kind über drei bis vier Monate hinweg bessere Noten bekommen hat.* Es kommt nicht selten vor, dass der Plan anfänglich wirkt und Eltern und Lehrer das Gefühl haben, das Problem sei dauerhaft gelöst. Wird der Plan daraufhin jedoch fallen gelassen oder weniger konsequent befolgt, schleichen sich mit großer Wahrscheinlichkeit die alten Verhaltensmuster wieder ein. Bei den Beteiligten setzt sich dann oft der Eindruck fest, die Intervention hätte nicht funktioniert.
- *Halten Sie über ein ganzes Jahr hinweg eine gewisse Kontrolle aufrecht.* Es mag Ihnen schwer fallen, weiter wachsam zu bleiben, obwohl sich alles so gut entwickelt. Vielen Kindern gelingt es jedoch nur mit dieser andauernden Verstärkung, eine langfristig verbesserte Aufmerksamkeitssteuerung beizubehalten.

Zusammenarbeit von Eltern und Lehrern: Ablenkungen in der Schule reduzieren

Ellen, eine aufgeweckte Zweitklässlerin, scheint mit den im Unterricht gestellten Aufgaben nie fertig zu werden. Das Problem begann schon gegen Ende des 1. Schuljahrs, als von den Kindern zunehmend erwartet wurde, Arbeitsblätter in Stillarbeit eigenständig zu bearbeiten. Ellens damalige Lehrerin reagierte flexibel und reduzierte den Umfang der Arbeitsblätter. Sie hatte bemerkt, dass Ellen eindeutig intelligent war und die Aufgaben durchaus lösen konnte. Sie wurde nur oft nicht in der vorgegebenen Zeit damit fertig. Mrs. Baker, die jetzige Lehrerin, kam Ellen von Anfang an weniger entgegen und die nicht fertig gestellten Aufgaben wurden bald zum Problem. Beim Elternsprechtag schnitt Mrs. Barker das Thema an. Ellen sei sehr sozial eingestellt, erklärte sie den Eltern. Sie bemerke alles, was im Klassenzimmer vorgehe, und wolle anderen Schülern helfen, wenn diese nicht vorankämen. Auf diese Weise verzettele sie sich jedoch so, dass sie mit den eigenen Aufgaben nicht zurande komme.

Bald darauf begann Mrs. Baker damit, Ellen die in der Schule begonnenen Arbeitsblätter mit nach Hause zu geben. Sie hatte sie nun dort fertig zu stellen. Seitdem muss die Mutter versuchen, Ellen nach den Hausaufgaben noch zum Ausfüllen der Arbeitsblätter zu motivieren. Mit den täglichen Hausaufgaben (etwa zehn Minuten rechnen und zehn Minuten schreiben) war Ellen bisher gut zurechtgekommen. Als sie nun aber zusätzlich noch zwei oder drei unfertige Arbeitsblätter bearbeiten soll, bockt sie und es kommt regelmäßig zu Tränen. Ellen sagt, sie würde die Blätter ja gern im Unterricht fertig machen, sei aber einfach zu oft mit anderen Dingen beschäftigt. Ihre Mutter beschließt, dass etwas geschehen müsse, damit Ellen die für den Unterricht vorgesehenen Arbeiten auch dort fertig bekäme.

Ellen und ihre Mutter treffen sich mit der Lehrerin. Sie sprechen über das Problem. Die Mutter erklärt, dass Ellen zuhause besser zurechtzukommen scheine, wenn sie längere Aufgaben in kleinere Unteraufgaben unterteilen könne und sich einen Timer stelle. Die Lehrerin sagt, dass Ellen in der Lage sein sollte, fünf bis zehn Minuten an einer Sache zu arbeiten, ohne sich ablenken zu lassen. Sie ist bereit, Aufgaben für Ellen in kürzere Blöcke von etwa fünf Minuten zu unterteilen. Doch bleibt sie skeptisch und glaubt, dass Ellen sich trotzdem ablenken lassen werde. Sie kommen daher überein, dass die Lehrerin Ellen, sobald sie ihr Aufgaben gibt, daran erinnert, ihren Timer zu stellen. Ihre Mutter schlägt vor, anstehende Arbeiten in jeweils drei Blöcke zu unterteilen und dafür eine einfache Checkliste aufzustellen. Sobald Ellen den ersten Block fertig hat, wird sie ihn der Lehrerin bringen. Die Lehrerin wird sie für die Fertigstellung des ersten Blocks loben, den Ellen nun auf ihrer Checkliste abhaken kann. Ehe Ellen mit dem nächsten Block beginnt, wird die Lehrerin sie wieder daran erinnern, den Timer zu stellen. Weil Ellen sich vor allem von ihren Klassenkameraden ablenken lässt, ist sie bereit, sich während der Stillarbeit an einen Einzeltisch zu setzen. Falls sie vor den anderen Kindern fertig wird und die Lehrerin das Ergebnis akzeptabel findet, darf Ellen sich aus einer vorher gemeinsam zusammengestellten Liste eine Aktivität aussuchen. Wird sie nicht rechtzeitig fertig, wird sie freie Zeiten während des Schultages nutzen oder nach dem Unterricht in der Schule bleiben, um ihre Arbeitsblätter während der Hausaufgabenbetreuung fertig zu stellen. Nur die Hausaufgaben wird sie auch weiterhin zuhause machen. Die Mutter und Ellen stellen ein System auf, nach dem Ellen für jeden Tag, an dem sie ihre Arbeitsblätter im Unterricht fertig bekommt, einen Sticker erhält. Sobald sie eine bestimmte Anzahl von Stickern zusammen hat, darf sie aus einer Liste besonderer Aktivitäten eine auswählen.

Schritt 1: Verhaltensziele formulieren

Zielfunktion(en): Aufmerksamkeitssteuerung.
Zielverhalten: Ellen wird Aufgaben im Unterricht innerhalb eines vorgegebenen Zeitrahmens vollständig erledigen.

Schritt 2: Intervention entwerfen

Welche Unterstützung aus dem Umfeld wird es geben, um dem Kind beim Erreichen des Zielverhaltens zu helfen?
- Aufgaben werden in Blöcke unterteilt.
- Ellen stellt zu Beginn eines Blocks ihren Timer.
- Blöcke werden in einer Checkliste abgehakt.
- Lehrerin gibt Erinnerungshilfen.

Welche besonderen Fähigkeiten werden vermittelt? Wer wird sie vermitteln? Und welche Verfahren werden dabei eingesetzt?

Fähigkeit: Verbesserte Aufmerksamkeitssteuerung zur vollständigen Erledigung von Stillarbeit im Unterricht.

Wer wird die Fähigkeit vermitteln? Mutter und Lehrerin.

Verfahren:
- Lehrerin unterteilt Aufgabe in drei kleinere Blöcke von höchstens fünf Minuten.
- Mutter und Ellen kaufen einen kleinen Timer für die Schule.
- Lehrerin erinnert Ellen daran, zu Beginn eines Blocks ihren Timer zu stellen.
- Lehrerin und Ellen bereiten eine Checkliste vor.
- Ellen gibt jeden einzelnen Block bei der Lehrerin ab, sobald sie damit fertig ist.
- Lehrerin lobt Ellen und Ellen hakt den jeweiligen Block ab.
- Lehrerin gibt Ellen den nächsten Block und erinnert sie daran, wieder den Timer zu stellen.
- Wird Ellen früher fertig, darf sie sich aus einer Liste von Aktivitäten eine auswählen.
- Wenn der Kontakt zu anderen Kindern sie ablenkt, erinnert die Lehrerin Ellen daran, sich auf ihre Arbeit zu konzentrieren.
- Was Ellen nicht während des Unterrichts fertig bekommt, holt sie in freien Zeiten während des Schultags oder bei der schulischen Hausaufgabenbetreuung nach.
- Zuhause bekommt Ellen für die zügige Fertigstellung ihrer Hausaufgaben Sticker und kann bei einer bestimmten Anzahl von Stickern aus einer Liste besonderer Aktivitäten eine aussuchen.

Welche Anreize können das Kind motivieren, die Fähigkeit auch einzusetzen?
- Lob von der Lehrerin.
- Leistungskurve, die ihre Fortschritte bei der pünktlichen Erledigung von Aufgaben anzeigt.
- Wunsch-Aktivität, wenn sie im Unterricht früh fertig wird.
- Sticker und besondere Aktivitäten zuhause.

Schlüssel zum Erfolg

- *Sorgen Sie dafür, dass Ihr Kind im Klassenzimmer einen Platz mit gutem Blickkontakt zum Lehrerpult hat.* Wir setzen diese Intervention seit Jahren in Schulen ein. Dabei haben wir festgestellt, dass der Erfolg maßgeblich davon abhängt, wie konsequent die Lehrer Erinnerungshilfen geben und die Einhaltung des Plans kontrollieren. Dies kann nur geschehen, wenn sie das Kind stets im Auge haben.
- *Stellen Sie auf jeden Fall Anreize und Belohnungen in Aussicht.* Es ist das Kind, das aktiv werden und zum Beispiel immer wieder seinen Timer stellen muss.
- *Achten Sie darauf, dass freie Zeiten während des Schultags und die Hausaufgabenbetreuung in der Schule nicht ständig dazu benutzt werden müssen, Aufgaben aus dem Unterricht nachzuholen.* Anfangs kann dies zum Erfolg der Strategie beitragen. Geschieht es jedoch auf Dauer, sollten Sie sich mit dem Lehrer treffen und überlegen, wo es bei der Umsetzung des Plans noch haken könnte.

15 Initiieren von Handlungen einüben

Wenn wir vom «Initiieren von Handlungen» sprechen, meinen wir die Fähigkeit, Projekte oder Aktivitäten ohne allzu lange Verzögerung und rechtzeitig genug zu beginnen, so dass sie ohne größeren Zeitdruck fertig gestellt werden können. Wir Erwachsenen haben heute so viele Verpflichtungen, dass man meinen könnte, wir alle müssten diese Fähigkeit gut beherrschen. Und doch wissen wir aus Erfahrung, dass dies manchen alles andere als leicht fällt. Auch Erwachsene neigen dazu Aufgaben, die sie nicht so gern mögen, bis zum letzten Moment hinauszuschieben. Im Grunde unterscheiden sie sich also nicht sehr von einem Kind, das seine Hausaufgaben immer weiter vor sich herschiebt, weil es noch ein weiteres Computerspiel spielen will. Wie ihre Kinder ignorieren manche Erwachsene weniger beliebte Aufgaben so lange, bis es zu spät ist. Falls Sie ebenso wie Ihr Kind dazu neigen, lästige Dinge im Stress der Alltagshektik knapp vor dem Verstreichen der letzten Frist zu erledigen, beachten Sie unbedingt unsere Hinweise in Kapitel 3.

Wie sich das Initiieren von Handlungen entwickelt

Im Zusammenhang mit den Exekutivfunktionen geht es beim Initiieren von Handlungen nicht um Aufgaben, die wir *gerne* tun, sondern um alles, was wir eher unangenehm oder mühsam finden. Das heißt um Arbeiten, zu denen wir uns selbst zwingen oder überwinden müssen. Von Kindern im Vorschulalter erwarten wir nicht, dass sie solche Aufgaben von sich aus angehen. Wir erinnern sie an die Aufgabe und bleiben dabei, während sie damit beschäftigt sind (oder überwachen zumindest deren Beginn).

Wenn wir dann als Eltern versuchen, unsere Kinder dazu zu bekommen, Aufgaben eigenständiger anzugehen, geschieht dies oft durch das Einführen von Ritualen. So sollen unsere Kinder zum Beispiel Aufgaben wie das Zähneputzen morgens nach dem Aufstehen oder abends vor dem Zubettgehen erledigen. Kindern beizubringen, dass bestimmte Dinge zu einer bestimmten Tageszeit in einer festgesetzten Reihenfolge getan werden müssen, ist der erste Schritt. Nachdem wir sie dann eine Weile lang an diese Dinge erinnert haben (wie lange diese Phase dauert, ist von Kind zu Kind unterschiedlich), verinnerlichen sie die Rituale und können sie selbst (oder nach einer kurzen Erinnerung) initiieren.

Obgleich das Initiieren von Handlungen sich nur allmählich und über einen längeren Zeitraum hinweg entwickelt, stellt es eine wichtige Fähigkeit dar. Kinder werden diese in der Schule und darüber hinaus immer wieder brauchen. Am besten vermitteln lässt sie sich, indem wir Kinder immer wieder mit Aufgaben betrauen, die ihrer Entwicklung entsprechen. Schon im Vorschul- oder Kindergartenalter lernen sie, dass es Zeiten gibt, in denen sie erst einmal tun müssen, was zu tun ist. Auch wenn es keinen besonders großen Spaß macht, müssen sie diejenigen Beschäftigungen, die ihnen Vergnügen bereiten, hintenanstellen. Das bereitet sie auf die Schule und außerschulische Aktivitäten vor. Denn diese bringen es manchmal mit sich, dass man sich auch unangenehmen Aufgaben stellen muss.

Mithilfe des folgenden Fragebogens können Sie einschätzen, wie weit die Fähigkeit, Handlungen zu initiieren, bei Ihrem Kind entwickelt ist. Die Skala gibt Ihnen die Möglichkeit, die in Kapitel 2 vorgenommenen Einschätzungen noch einmal zu überprüfen und ein genaueres Bild davon zu gewinnen, wie oft ihr Kind diese spezielle Fähigkeit tatsächlich einsetzt.

Wie gut ist Ihr Kind beim Initiieren von Handlungen?

Schätzen Sie mithilfe der folgenden Skala ein, wie gut Ihr Kind bei den einzelnen Aufgaben abschneidet. In der entsprechenden Altersstufe kann erwartet werden, dass Kinder alle Aufgaben gut bis sehr gut ausführen können.

Skala

0 – nie oder selten
1 – nicht gut (in etwa 25 % aller Fälle)
2 – recht gut (in etwa 75 % aller Fälle)
3 – sehr gut (immer oder fast immer)

Kindergarten/Vorschule

__ Folgt der Anweisung eines Erwachsenen unmittelbar nach deren Erteilung.
__ Hört mit dem Spielen auf, um der Anweisung eines Erwachsenen zu folgen, wenn es dazu aufgefordert wird.
__ Ist in der Lage, sich zu einer festgelegten Zeit mit höchstens einer Ermahnung fürs Zubettgehen fertig zu machen.

Beginn der Grundschule

__ Kann sich an einfache, ein bis zwei Schritte umfassende Routinehandlungen (zum Beispiel Zähne putzen und Haare kämmen nach dem Frühstück) erinnern und diese durchführen.
__ Kann unmittelbar nach der Anweisung des Lehrers im Unterricht mit der Arbeit beginnen.
__ Beginnt zur verabredeten Zeit mit den Hausaufgaben (mit einer Ermahnung).

Ende der Grundschule

__ Kann eine drei bis vier Schritte umfassende, vorher geübte Routinehandlung ausführen.
__ Kann im Unterricht drei oder vier Aufgaben nacheinander zu Ende bringen.
__ Kann einem vorher festgelegten Zeitplan für Hausaufgaben folgen (eventuell mit einer Ermahnung anzufangen).

Weiterführende Schule

__ Kann Pläne für Hausaufgaben machen und diese ohne unangemessenes Hinausschieben befolgen.
__ Kann Arbeiten zu einer verabredeten Zeit beginnen (zum Beispiel direkt nach der Schule; eventuell mit Erinnerungszettel).
__ Kann Aktivitäten, die ihm Spaß machen, hintenanstellen, wenn es sich an das Versprechen erinnert, einer Verpflichtung nachzukommen.

Initiieren von Handlungen in alltäglichen Situationen vermitteln

1. *Verstärken Sie während des gesamten Tagesablaufs das zeitnahe Initiieren von Handlungen.* Ermahnen Sie Ihr Kind, Aufforderungen ohne größere Verzögerung zu befolgen. Loben Sie es dafür und/oder schaffen Sie ein Belohnungssystem. Sie können zum Beispiel für den Beginn einer Aufgabe innerhalb von drei Minuten nach der ersten Aufforderung Punkte vergeben. Ab einer gewissen Anzahl kann Ihr Kind die Punkte gegen eine gewünschte Belohnung eintauschen. Selbstverständlich müssen Sie nach einer Aufforderung lang genug dabei bleiben, um überprüfen zu können, ob das Kind ihr auch tatsächlich Folge leistet. Es kann sein, dass Sie außerdem zwischendurch noch einmal nachschauen müssen, ob es «am Ball» bleibt.

2. *Setzen Sie ein visuelles Signal ein, um Ihr Kind daran zu erinnern, mit der Aufgabe zu beginnen.* Dies könnte eine schriftliche Erinnerungshilfe wie ein Zettel auf dem Küchentisch sein. Das Kind sieht ihn, wenn es von der Schule nachhause kommt.

3. *Unterteilen Sie allzu umfangreiche Aufgaben in kleinere, leichter handhabbare Teile.* Beziehen Sie Ihre Aufforderungen immer nur auf solche Teilaufgaben. Die Wahrscheinlichkeit, dass das Kind tatsächlich anfängt, wird dadurch größer.

4. *Lassen Sie das Kind planen, wann oder wie eine Aufgabe erledigt werden soll.* Das Gefühl, stärker einbezogen zu sein und mitbestimmen zu können, erhöht die Motivation des Kindes. Es kann sich auf die Fähigkeit, auch unangenehme Aufgaben rechtzeitig zu beginnen und auf die Anzahl der nötigen Ermahnungen enorm positiv auswirken.

5. *Stärker in die Planung einbeziehen können Sie Ihr Kind auch dadurch, dass es bestimmen kann, wie es an die Aufgabe erinnert werden möchte.* So könnte es sich zum Beispiel für einen Wecker, eine Küchenuhr, einen Zettel oder bestimmte Ereignisse im Tagesablauf wie bespielsweise das Abendessen entscheiden. Auch die Formulierung, mit der Sie Ihr Kind an etwas erinnern, können Sie von ihm bestimmen lassen. Manchen Kindern macht es Spaß, sich interessante oder witzige Codewörter auszudenken. So werden Eltern und Kind zu einer verschwörerischen Gemeinschaft. Darüber hinaus können solch Codewörter auf augenzwinkernde Weise das typische elterliche «Meckern» ersetzen.

Etwas gleich machen und nicht später:
Das ständige Aufschieben beenden

Der 7-jährige Jack ist das mittlere von drei Geschwistern. Er hat eine 10-jährige Schwester und einen 3-jährigen Bruder. Beide Eltern arbeiten Vollzeit und der Vater muss aus beruflichen Gründen sehr viel reisen. In dieser Situation erwarten die Eltern, dass die Kinder im Rahmen ihrer Möglichkeiten im Haushalt mithelfen. Weil der kleine Bruder erst 3 Jahre alt ist, sind in erster Linie Jack und seine Schwester Emily davon betroffen. Wenn sie verstanden hat, worum es geht, braucht Emily keine weiteren Ermahnungen, um ihre Aufgaben zu erledigen. Bei Jack ist das anders. Schon um mit einer Aufgabe zu beginnen muss er mehrmals ermahnt werden. Zum Beispiel gehört es zu seinen Pflichten, nach dem Abendessen den Tisch abzudecken und vor dem Zubettgehen das Spielzeug im Wohnzimmer aufzuräumen. Die Eltern müssen ihn mehrfach daran erinnern und manchmal reagiert er erst, wenn sie wütend werden und mit einer Kürzung seiner Computerzeit drohen. Hat er erst einmal losgelegt, macht Jack seine Sache ganz gut. Nur der Anfang ist jedes Mal eine schwere Geburt. Bei einem Elternsprechtag wird klar, dass Jack in der Schule die gleichen Probleme hat. Besonders schwer fällt es ihm, mit Aufgaben zu beginnen, die viel Mühe erfordern, obgleich er von seiner Intelligenz her durchaus zu deren Bewältigung in der Lage wäre. Sein Lehrer hat gute Erfahrungen damit gemacht, Jack feste «Startzeiten» zu geben, bis zu denen er mit bestimmten Aufgaben begonnen haben muss.

Jacks Eltern wissen, dass die Anforderungen mit steigendem Alter noch größer werden. Deshalb entscheiden sie sich, das Problem jetzt anzugehen. Dem Ratschlag des Lehrers folgend legen sie für Jack feste «Startzeiten» fest. Die Eltern lassen Jack (innerhalb gewisser Grenzen) entscheiden, wie lange es dauern darf, bis er mit einer Aufgabe beginnen muss und ab welcher Uhrzeit die Startzeit läuft. Auf diese Weise beziehen sie ihn in die Planung mit ein. Jack wünscht sich einen Time Timer, der durch seine langsam schrumpfende rote Fläche die verbleibende Zeit anzeigt. Er entscheidet sich für eine maximale Verzögerung von fünf Minuten für das Abdecken des Tisches und von zehn Minuten für das Aufräumen des Spielzeugs. Anfangs werden ihn die Eltern an die Abmachung erinnern, indem sie ihm den Timer geben. Er wird die verstreichende Zeit im Auge behalten und vor deren Ablauf eigenständig mit der Aufgabe beginnen. Für alle fünf Tage, an denen er pünktlich mit seinen Aufgaben beginnt, werden die Eltern ihm einen «Freifahrtschein» geben. Dieser berechtigt ihn dazu, an diesem Tag eine der Aufgaben auszulassen. Beginnt er nicht bis zur vereinbarten Startzeit mit seiner Aufgabe, muss jede andere Aktivität sofort unterbrochen werden, bis die Aufgabe erledigt ist.

Anfangs müssen die Eltern Jack noch manchmal ermahnen, wenn der Timer abgelaufen ist. Insgesamt gibt es aber rasch eine spürbare Verbesserung. Nach etwa einem Monat braucht Jack den Timer für das Abdecken des Tisches gar nicht mehr einzusetzen. Für das Aufräumen des Spielzeugs benutzt er ihn weiter. Doch stellen seine Eltern erfreut fest, dass er immer häufiger von sich aus mit dem Aufräumen beginnt, wenn sie ihm sagen, bis zum Zubettgehen habe er noch 15 Minuten Zeit.

Schritt 1: Verhaltensziele formulieren

Zielfunktion(en): Initiieren von Handlungen.
Zielverhalten: Jack wird mit zwei Pflichten im Haushalt nach Ablauf einer vorher vereinbarten «Startzeit» mit nur einer Erinnerungshilfe beginnen.

Schritt 2: Intervention entwerfen

Welche Unterstützung aus dem Umfeld wird es geben, um dem Kind beim Erreichen des Zielverhaltens zu helfen?
- Jack bekommt einen Timer, der ihm anzeigt, wann er mit einer Aufgabe beginnen muss.
- Eltern erinnern ihn daran, den Timer einzustellen.

Welche besonderen Fähigkeiten werden vermittelt? Wer wird sie vermitteln? Und welche Verfahren werden dabei eingesetzt?

Fähigkeit: Initiieren von Handlungen bei der Erledigung von Pflichten im Haushalt.

Wer wird die Fähigkeit vermitteln? Eltern.

Verfahren:
- Eltern und Jack wählen gemeinsam die Aufgaben, mit denen er üben wird.
- Jack wählt die jeweiligen «Startzeiten».
- Eltern kaufen Jack auf seinen Wunsch hin einen Timer, der ihm die Startzeit anzeigt.
- Eltern übergeben Jack vor jeder Aufgabe den Timer als Erinnerungshilfe.
- Jack behält die verstreichende Zeit im Auge und beginnt mit der Aufgabe, sobald das Signal ertönt.
- Wird die Aufgabe nicht innerhalb von zwei Minuten nach Ablauf der Zeit begonnen, hört Jack mit allen anderen Aktivitäten auf, bis die Aufgabe erledigt ist.

Welche Anreize können das Kind motivieren, die Fähigkeit auch einzusetzen?
- Kein Meckern der Eltern mehr.
- Für alle fünf Tage pünktlichen Erledigens seiner Pflichten bekommt Jack einen «Freifahrtschein», der ihn dazu berechtigt, eine Aufgabe auszulassen.

Schlüssel zum Erfolg

- *Achten Sie in der Anfangsphase, in der sich Gewohnheiten herausbilden, gewissenhaft auf Konsequenz.* Wenn diese Intervention scheitert, liegt dies in der Regel daran, dass das System in den ersten Wochen nicht konsequent genug befolgt wurde.
- *Zögern Sie nicht, für einige Wochen wieder Erinnerungshilfen und den Timer einzusetzen, wenn Ihr Kind beim Initiieren von Handlungen über längere Zeit erneut nachlässt.* Manchmal brauchen Kinder einfach einen «Auffrischungskurs».
- *Wenn Sie merken, dass ständiges Mahnen und Meckern nötig ist, verhängen Sie Strafen wie das Kürzen von Computerzeit oder anderer Privilegien.*

Die Grundlage für Erfolg in Schule und Studium schaffen: Kein Verschieben von Hausaufgaben mehr

Es ist 4 Uhr 30 an einem Dienstagnachmittag. Colby, ein Achtklässler, ist gerade vom Lacrosse-Training nachhause gekommen. Er schleppt seine schwere Sporttasche ins Kinderzimmer und wirft sie aufs Bett. Er weiß, er sollte in sein Hausaufgabenheft schauen, um sich zu vergewissern, was er aufhat. Aber er sieht seinen Computer auf seinem Schreibtisch und fragt sich, ob seine Freunde online sind. Er nimmt sich vor, nur einmal kurz nachzuschauen. Da fällt ihm ein, dass er vergessen hat, die Mathematik-Arbeitsblätter mit nachhause zu nehmen. Er soll sie jedoch bis morgen bearbeiten. Vielleicht sind sie auf der Hausaufgaben-Website seiner Schule abgelegt oder einer seiner Freunde kann sie scannen und ihm schicken. Er stellt den Computer an und sofort erscheint sein Chat-Programm auf dem Bildschirm. Ein Freund fragt, ob Colby Lust hätte, online mit ihm und ein paar anderen zu spielen. Colby beschließt, eine halbe Stunde mitzuspielen und dann mit seinen Hausaufgaben zu beginnen. Um 17 Uhr 30 schaut seine Mutter herein, fragt nach seinen Hausaufgaben und sagt ihm, dass es um 18 Uhr 30 Abendessen gäbe. Colby sagt seiner Mutter, er habe den größten Teil seiner Hausaufgaben heute bereits in der Schule erledigt und müsse nur noch ein paar Fragen für Sozialkunde beantworten. Um 18 Uhr 30 steckt sein Vater den Kopf durch die Tür und ruft Colby zum Abendessen. Als er sieht, dass Colby am Computer sitzt, fragt sein Vater gereizt, wann er mit den Hausaufgaben anfangen würde. Ebenso gereizt antwortet Colby, er habe nur noch ein paar Fragen für Sozialkunde zu beantworten und werde das nach dem Abendessen tun. Sein Vater sagt nichts, weil er nicht schon wieder mit Colby streiten will. Doch es frustriert ihn immer mehr, dass Colbys Schulnoten nicht seinen Fähigkeiten entsprechen. Er hat den Eindruck, dass Colby die Menge seiner Hausaufgaben permanent unterschätzt und die Zeit, die ihm für andere Dinge zur Verfügung stehen, gründlich überschätzt.

Dem Vater ist mehr als klar, dass Colby mit dem Arbeitsgedächtnis und dem Zeitmanagement massive Probleme hat.

Nach dem Abendessen beantwortet Colby eine der Fragen für Sozialkunde und will gerade mit der zweiten beginnen, als einer seiner Freunde anruft. Nach einer halben Stunde platzt sein Vater herein. Wütend besteht er darauf, dass Colby mit dem Telefonieren aufhört und endlich seine Hausaufgaben fertig macht. Zehn Minuten später legt Colby auf und kehrt zu seinen Sozialkundeaufgaben zurück. Kurz vor 21 Uhr schließt er die dritte Frage ab. Zufrieden mit dem, was er geschrieben hat, schaut er noch etwas fern und liest im Bett in einer Snowboard-Zeitschrift. Kurz vor dem Einschlafen fallen ihm die noch immer fehlenden Mathe-Arbeitsblätter ein. Er beschließt, sich morgen darum zu kümmern, da er Mathe erst nach der Mittagspause hat. Wieder einmal mussten seine Mutter und sein Vater miterleben, dass ihr Sohn in der ihm zur Verfügung stehenden Zeit alles Mögliche, bloß nicht seine Hausaufgaben macht. Sie fragen sich, wie sein nächstes Zeugnis wohl aussehen wird.

Wenige Wochen später bekommt Colby ein Zwischenzeugnis mit 2-, 3, 3- und 4 in den Hauptfächern. Seine Eltern treffen sich mit dem Beratungslehrer und dem Jahrgangsleiter. Sie erfahren, dass Colby zwar nur mittelmäßige Noten hat, bei landesweiten Vergleichstests aber über der 90. Perzentile liegt. Während er mündlich recht gut abschneidet, ist er auf Klassenarbeiten oft unzureichend vorbereitet. Unvollständig erledigte oder fehlende Hausaufgaben drücken zusätzlich seine Noten. Colby beteuert, sich bessern zu wollen. Doch sowohl seine Lehrer als auch seine Eltern sind skeptisch, weil seine guten Vorsätze in der Vergangenheit nicht viel bewirkt haben. Colby gesteht dies ein und erklärt sich bereit, andere Optionen zu erwägen.

Die vergangenen Versuche seiner Eltern, seine Hausaufgaben zu kontrollieren, hatte Colby als «Meckerei» empfunden. So hatte es regelmäßig Zank und Streit gegeben. Sein Beratungslehrer schlägt vor, dass eine außenstehende Person, eine Art Mentor oder Coach, diese Aufgabe übernimmt. Colby ist bereit, dies auszuprobieren. Er benennt einen Lehrer, den er im Schuljahr davor im Unterricht hatte und mit dem er seiner Ansicht nach besonders gut zusammenarbeiten kann. Der Lehrer wird gefragt und sagt seine Hilfe zu. Er trifft sich täglich nach der Schule zehn Minuten mit Colby, um mit ihm zu besprechen, wie und wann er an diesem Tag seine Hausaufgaben machen wird. In den ersten vier Wochen prüft der Coach per Chat oder E-Mail, ob Colby den gemeinsam beschlossenen Plan auch befolgt. Beide bekommen außerdem von den Lehrern per E-Mail wöchentliche Rückmeldungen über unvollständige oder fehlende Hausaufgaben sowie Colbys aktuellen Leistungsstand. Am Ende des Halbjahrs haben sich Colbys Noten in den Hauptfächern auf 2+, 2, 2 und 3 verbessert. Er und sein Coach beschließen, sich als Ziel für das nächste Halbjahr zu setzen, dass Colby keine schlechtere Note als eine 2 bekommt.

Schritt 1: Verhaltensziele formulieren

Zielfunktion(en): Initiieren von Handlungen.
Zielverhalten: Colby wird seine Hausaufgaben rechtzeitig und ohne Interventionen oder Ermahnungen seiner Eltern erledigen.

Schritt 2: Intervention entwerfen

Welche Unterstützung aus dem Umfeld wird es geben, um dem Kind beim Erreichen des Zielverhaltens zu helfen?
- Colby bekommt einen Coach, den er selbst wählen darf.
- Colby trifft sich anfangs täglich, später dreimal pro Woche nach der Schule mit seinem Coach und hält bei Bedarf über Telefon oder E-Mail mit ihm Kontakt.
- Lehrer geben Colby und seinem Coach wöchentlich Feedback über unvollständige oder fehlende Hausaufgaben.

Welche besonderen Fähigkeiten werden vermittelt? Wer wird sie vermitteln? Und welche Verfahren werden dabei eingesetzt?

Fähigkeit: Initiieren von Handlungen beim Erledigen von Hausaufgaben ohne elterliche Erinnerungshilfen.

Wer wird die Fähigkeit vermitteln? Coach.

Verfahren:
- Colby wird sich einen Coach auswählen.
- Colby und sein Coach werden Ziele für das nächste Halbjahr setzen.
- Colby wird mithilfe des Coaches Hindernisse beim Erreichen dieser Ziele überwinden.
- Colby wird mit dem Coach täglich seinen Arbeitsplan und wöchentlich das Feedback seiner Lehrer durchsprechen.
- Colby und der Coach werden mindestens dreimal pro Woche per E-Mail Kontakt haben, um Colbys Fortschritte zu überwachen. Sie werden besprechen, wie viele Hausaufgaben er auf hat, wie lange es dauern wird, sie zu erledigen, und wann Colby daran arbeiten wird.

Welche Anreize können das Kind motivieren, die Fähigkeit auch einzusetzen?
- Colby wird bessere Noten bekommen.
- Colby wird weniger Streit mit seinen Eltern haben.

Schlüssel zum Erfolg

- *Suchen Sie einen Coach, der mit Ihrem Kind gut zurechtkommt.* Er muss dazu bereit sein, sich über einen Zeitraum von mindestens einigen Monaten konsequent an jedem Schultag kurz (etwa zehn Minuten) mit Ihrem Kind zu treffen und später noch einmal per

E-Mail die Erledigung der Hausaufgaben abzufragen. Diese Rolle können Lehrer oder Beratungslehrer, aber auch Sozialarbeiter und andere pädagogische Mitarbeiter der Schule übernehmen.

- *Wenn Sie einen engagierten Coach haben, Ihr Kind sich aber trotzdem nicht an die Vereinbarungen hält, sollten Sie Belohnungen und Bestrafungen einführen.* Wir haben Kinder erlebt, die ihrem Coach bewusst aus dem Weg gingen oder sich auf andere Weise um vereinbarte Pflichten drückten. Da sie große Probleme mit dem Initiieren von Handlungen hatten, bekamen sie es nicht hin, zur verabredeten Zeit mit ihren Aufgaben anzufangen. In Aussicht gestellte Belohnungen und Bestrafungen können hier verstärkend wirken.
- *Sorgen Sie dafür, dass der Coach Feedback darüber bekommt, wie Ihr Kind mit dem Plan zurechtkommt.* Wenn der Coach nicht weiß, dass sich die Leistungen Ihres Kindes nicht bessern oder sogar schlechter werden, kann er sein Verhalten nicht entsprechend anpassen und noch konsequenter auf die Einhaltung des Plans achten.
- *Wenn Sie alles gemacht haben wie oben beschrieben, es aber immer noch keine Besserung gibt, könnten Sie erwägen, einen anderen Coach zu wählen.* Manchmal macht der Coach alles richtig, aber die Chemie zwischen Schüler und Coach stimmt nicht. Es springt kein Funke über.

16 Planen und Setzen von Prioritäten erlernen

Beim Planen und Setzen von Prioritäten geht es darum, ein Ziel strukturiert anzugehen und gleichzeitig zu überlegen, was dabei besonders wichtig ist. Wir Erwachsenen greifen täglich auf diese Fähigkeit zurück, zum Beispiel wenn wir eine Mahlzeit vorbereiten oder mit einem neuen Projekt bei der Arbeit beginnen. Dennoch kann es sein, dass Sie Prioritäten in der Regel nur schwer erkennen. Vielleicht haben Sie selbst Probleme damit, größere Aufgaben in kleine, logisch aufeinander folgende Teilschritte zu zerlegen. Könnte es sein, dass Sie eher «im Augenblick leben» und sich beim Planen bevorzugt auf andere verlassen? In diesem Falle besitzen Sie wahrscheinlich die gleiche Schwäche wie Ihr Kind. Die Hinweise in Kapitel 3 helfen Ihnen, Ihr Kind dennoch beim Planen zu unterstützen.

Wie sich die Fähigkeit zu planen entwickelt

Wenn unsere Kinder noch sehr klein sind, übernehmen wir ganz intuitiv die Planung für sie. Wir unterteilen eine Aufgabe in kleine Schritte und leiten das Kind an, einen Schritt nach dem anderen zu tun. Wir tun das, ganz gleich ob es nun um das Aufräumen des Kinderzimmers oder das Packen des Koffers vor einem Urlaub geht. Kluge Eltern lassen ihre Kinder solche Planungsprozesse auf dem Papier nachverfolgen und stellen Checklisten auf, die die Kinder abhaken können. Auch wenn wir Listen für uns machen, können Kinder sehen, wie wir Aufgaben strukturieren. Sie gewinnen einen Eindruck davon, wie ein konkreter Plan tatsächlich aussieht. Und wenn wir Glück haben, schauen sie sich die Methode ab.

In der späteren Kindheit wird das Planen wichtiger. Besonders deutlich wird dies, wenn die Kinder in der Schule ab dem 4. oder 5. Schuljahr längerfristige Aufgaben bekommen. Anfangs unterteilen Lehrer solche Projekte in Teilaufgaben und helfen den Schülern, indem sie Zeitleisten und Abgabetermine vorgeben.

Lehrer wissen, dass das Planen erst gelernt werden muss. Ihnen ist klar, dass die Kinder, wenn sie beim Planen auf sich allein gestellt sind, alles bis zur letzten Minute aufschieben. Die vorstrukturierten Abgabetermine für die Teilaufgaben zwingen die Schüler hingegen, die einzelnen Schritte in einer logischen Reihenfolge abzuarbeiten. Sie tun also genau das, was das Planen ausmacht.

Auf der weiterführenden Schule wird erwartet, dass die Schüler das Planen und Setzen von Prioritäten eigenständig beherrschen. Bald benötigen sie diese spezielle Fähigkeit nicht nur beim Erledigen von Schulaufgaben, sondern darüber hinaus zum Beispiel auch bei der Suche nach einem Job für die Sommerferien oder bei der Bewerbung um einen Ausbildungs- oder Studienplatz.

Das zweite Element dieser Exekutivfunktion, das Setzen von Prioritäten, folgt einem ähnlichen Muster. Bei kleinen Kindern entscheiden Eltern und Lehrer über die Prioritäten. Sie leiten die Kinder dazu an, die wichtigsten Aufgaben zuerst anzugehen. Dabei gibt es Prioritäten, bei denen sich die meisten Erwachsenen einig sind. Dazu zählt zum Beispiel, dass die Hausaufgaben erledigt werden sollten, ehe sich das Kind vor den Fernseher setzt. Wie viel Spielraum Eltern ihren Kindern beim Setzen von Prioritäten lassen, hängt jedoch stärker von den persönlichen Einstellungen ab als von dem Wunsch, die Fähigkeit des Planens und Setzens von Prioritäten zu fördern. Unsere vom Konkurrenzkampf geprägte Welt ist voll von Kindern, bei denen jede «freie» Minute mit Tanz-oder Musikstunden, sportlichem Training, Malkursen oder anderen Aktivitäten angefüllt ist. Denn die Eltern – und manchmal auch die Kinder – glauben, dass ein Kind all diese Termine braucht, um nicht ins Hintertreffen zu geraten. Wir erleben aber auch Eltern, die – manchmal in einer Art bewusster Gegenbewegung – die Meinung vertreten, Kinder sollten «in erster Linie Kinder sein dürfen». Solch Eltern verplanen die Zeit ihrer Kinder daher möglichst gar nicht. Wird die Beantwortung der Frage, wie sie ihre freie Zeit verbringen wollen, allerdings allzu früh den Kindern selbst überlassen, kann es sein, dass sie nur noch vor dem Fernseher oder dem Computer hocken. Natürlich hat jede Familie das Recht, selbst zu entscheiden, wie sie die Hoffnungen und Träume für ihre Kinder fördern will. Das übergeordnete Ziel der Vermittlung von Exekutivfunktionen besteht allerdings darin, dem Kind das zu geben, was es braucht, um unabhängig zu werden. Wir haben oft beobachten können, dass dies am besten funktioniert, wenn man schon früh eine aktive Rolle übernimmt. In dieser hilft man dem Kind dabei, Prioritäten zu setzen, bevor man diese Verantwortung dann mit steigendem Alter dem Kind allmählich selbst überlässt.

Wie gut ist Ihr Kind beim Planen und Setzen von Prioritäten?

Schätzen Sie mithilfe der folgenden Skala ein, wie gut Ihr Kind bei den einzelnen Aufgaben abschneidet. In der entsprechenden Altersstufe kann erwartet werden, dass Kinder alle Aufgaben gut bis sehr gut ausführen können.

Skala

0 – nie oder selten
1 – nicht gut (in etwa 25 % aller Fälle)
2 – recht gut (in etwa 75 % aller Fälle)
3 – sehr gut (immer oder fast immer)

Kindergarten/Vorschule

__ Kann eine Aufgabe oder Aktivität zu Ende bringen, ehe es eine andere anfängt.
__ Ist in der Lage, der Erklärung eines Plans zu folgen (mit Modell oder anschaulicher Demonstration).
__ Kann eine einfache Mal- oder Bastelarbeit mit mehr als einem Arbeitsschritt fertig gestalten.

Beginn der Grundschule

__ Kann ein zwei bis drei Schritte umfassendes Projekt nach eigener Planung ausführen (zum Beispiel etwas malen, basteln oder bauen).
__ Kann einen Sparplan für ein nicht sehr teures Spielzeug aufstellen.
__ Kann mit Unterstützung zwei bis drei Schritte umfassende Hausaufgaben (zum Beispiel eine Buchvorstellung) ausführen.

Ende der Grundschule

__ Kann Pläne dafür machen, etwas Besonderes mit einem Freund zu unternehmen (zum Beispiel ins Kino gehen).
__ Kann einen Sparplan für eine etwas teurere Anschaffung aufstellen.
__ Kann langfristige Projekte für die Schule ausführen, deren Arbeitsschritte von anderen vorstrukturiert wurden.

Weiterführende Schule

__ Kann Recherchen im Internet durchführen (für die Schule oder um eigenen Interessen nachzugehen).
__ Kann Pläne für außerschulische Aktivitäten oder für die Ferien machen.
__ Kann mit geringer oder gar keiner Unterstützung von Erwachsenen ein langfristiges Projekt für die Schule ausführen.

Planen und Setzen von Prioritäten in alltäglichen Situationen vermitteln

- *Stellen Sie schon für kleine Kinder ganz bewusst Pläne auf.* Sagen Sie ausdrücklich: «Lass uns einen Plan machen» und unterteilen Sie eine Aufgabe in mehrere kleine Schritte. Noch besser: Machen Sie eine Checkliste, so dass das Kind jeden erledigten Schritt abhaken kann.
- *Beziehen Sie Ihr Kind so weit wie möglich in den Planungsprozess ein.* Fragen Sie: «Was müssen wir zuerst tun?», » Und was machen wir dann?» Lassen Sie sich alle Einzelschritte von dem Kind diktieren und halten Sie sie schriftlich fest.
- *Machen Sie Wünsche des Kindes zum Sprungbrett für die Vermittlung neuer Fähigkeiten.* Kinder sind eher bereit die Mühe auf sich zu nehmen, einen Plan aufzustellen, wenn es darum geht, ein Baumhaus zu bauen. Das Aufräumen des Kleiderschranks dagegen ist kein so beliebtes Lernfeld. Trotzdem gelten für beide Situationen die gleichen Prinzipien.
- *Zeigen Sie Ihrem Kind, wie man Prioritäten setzt, indem Sie es fragen, was zuerst getan werden muss.* Stellen Sie Fragen wie: «Was ist von allem, was du heute tun musst, das Wichtigste?» Mehr Nachdruck verleihen können Sie dem Ganzen, indem Sie beliebte Aktivitäten hinter die Erledigung wichtiger Aufgaben setzen (zum Beispiel: «Wenn du mit den Hausaufgaben fertig bist, kannst du fernsehen», oder: «Wenn du den Geschirrspüler eingeräumt hast, kannst du Computer spielen»).

Zeitleisten und Abgabetermine: Planung längerfristiger Projekte

Der 13-jährige Max ist ein guter Schüler. Er hatte nie irgendwelche Probleme mit den Hausaufgaben, bis er ins 5. Schuljahr kam und plötzlich längerfristige Projekte bearbeiten sollte. Auf einmal bekam er Panik. Er hatte von dem Tag an, an dem die Aufgabe gestellt wurde, bis zum Abgabetermin ein mulmiges Gefühl. Wenn seine Mutter ihn darauf ansprach und fragte, was er bisher gemacht habe, bekam er regelmäßig Wutausbrüche. Nach einer Weile hörte Max auf, seiner Mutter überhaupt von solchen Projekten zu erzählen. Sie erfuhr erst davon, als der Lehrer ihr mitteilte, Max habe es versäumt, seine Arbeit abzugeben oder das, was er eingereicht habe, sei hoffnungslos unvollständig. Seine Mutter beobachtete, dass Max besser zurechtkam, wenn seine Lehrer die Aufgaben in kleinere Teilaufgaben unterteilten und diese zu vorher festgesetzten Zeitpunkten einsammelten. Sie stellte auch fest, dass Max dazu neigte, seine Zeit mit allem anderen außer einem anstehenden längerfristigen Projekt zu verbringen. Wenn sie ihm das sagte, konnte er immer einen scheinbar logischen Grund dafür nennen. Zum Beispiel: «Ich muss heute Mathe machen, weil Mr. Jones die Aufgaben immer gleich am

Mittwochmorgen abhakt», oder: «Ich muss morgen in einem Englischtest Fragen zu dieser Kurzgeschichte beantworten. Also muss ich die noch lesen. Du willst ja wohl nicht, dass ich bei dem Test durchfalle, oder?»

Max' Mutter merkte, dass ihr Sohn Probleme mit längerfristigen Projekten hatte, weil er gar nicht wusste, wie er sie planen sollte. Außerdem hatte sie das Gefühl, dass er ins Straucheln geriet, sobald eine Komponente des Projekts ihm zu kompliziert erschien. Sie versprach Max, dass ihm längerfristige Projekte nicht mehr solche Bauchschmerzen bereiten würden, sobald er gelernt hätte, sie besser zu planen. Daraufhin erklärte sich Max bereit, sich von ihr helfen zu lassen. Ein Projekt, zu dem ein Lehrer eine Zeitleiste vorgegeben hatte, hatte Max vor kurzem ohne große Schwierigkeiten bewältigt. Daran orientierten sich Max und seine Mutter und stellten die Teilschritte für ein drei Wochen später fälliges Sozialkunde-Projekt auf. Die Mutter bat Max, auf einer Skala von 1–10 den Schwierigkeitsgrad der einzelnen Schritte einzuschätzen. Gemeinsam setzten sie sich das Ziel, die Einzelschritte so zuzuschneiden, dass Max ihnen auf seiner Skala höchstens eine 3 geben würde. Um das Ganze ein wenig attraktiver zu machen, beschloss Max' Mutter, zusätzlich Anreize einzubauen. Jedes Mal, wenn Max eine Teilaufgabe am vorher festgesetzten Tag fertig bekäme, würde er 3 Punkte verdienen. Schaffte er die Aufgabe vor der vereinbarten Frist, würde er sogar 5 Punkte bekommen. Max wünschte sich schon seit einiger Zeit ein neues Computerspiel. Das war jedoch derart teuer, dass es ihm schwer fiel, allein durch das Sparen seines Taschengelds auf den Betrag zu kommen. Max und seine Mutter einigten sich darauf, dass Max die Punkte gegen Geld eintauschen und auf diese Weise seine Ersparnisse aufstocken konnte.

Mithilfe seiner Mutter zog Max den Plan konsequent durch. Da sie die Teilschritte entsprechend klein gewählt hatten, verspürte Max deutlich weniger Druck. Bei weiteren Projekten stellte die Mutter erfreut fest, dass Max die Planung immer mehr selbst übernahm und die bewährte Methode von sich aus umsetzte.

Schritt 1: Verhaltensziele formulieren

Zielfunktion(en): Planen.
Zielverhalten: Längerfristige Projekte für die Schule planen und rechtzeitig fertigstellen.

Schritt 2: Intervention entwerfen

Welche Unterstützung aus dem Umfeld wird es geben, um dem Kind beim Erreichen des Zielverhaltens zu helfen?
- Mutter wird bei der Entwicklung eines Planes helfen und dessen Umsetzung überwachen (Erinnerungshilfen geben, beraten).

Welche besonderen Fähigkeiten werden vermittelt? Wer wird sie vermitteln? Und welche Verfahren werden dabei eingesetzt?

Fähigkeit: Ein längerfristiges Projekt in kleine, übersichtliche Aufgaben unterteilen und einer realistischen Zeitleiste zuordnen.

Wer wird die Fähigkeit vermitteln? Max' Mutter.

Verfahren:
- Eine Liste all der Schritte erstellen, die notwendig sind, um das Projekt zu erarbeiten.
- Schwierigkeitsgrad der einzelnen Schritte einschätzen (auf einer Skala von 1–10).
- Jeden von Max mit einem höheren Schwierigkeitsgrad als 3 eingeschätzten Schritt noch einmal durchgehen und vereinfachen.
- Für jeden Schritt einen Termin zur Fertigstellung festsetzen.
- Max daran erinnern, jeden Einzelschritt rechtzeitig abzuschließen.

Welche Anreize können das Kind motivieren, die Fähigkeit auch einzusetzen?
- Für jeden pünktlich abgeschlossenen Teilschritt verdient Max Punkte. Für frühzeitig fertiggestellte Schritte gibt es Bonuspunkte.
- Punkte werden in Geld umgetauscht, damit sich Max ein Computerspiel kaufen kann, das er sich schon lange wünscht.

Schlüssel zum Erfolg

- *Zögern Sie nicht, einen Lehrer um Hilfe zu bitten, wenn Sie das Gefühl haben, diese Intervention nicht selbst durchführen zu können.* Damit die Maßnahme Erfolg hat, müssen Sie in der Lage sein, das Projekt realistisch durchzuplanen und die pünktliche Erfüllung des Plans zu überwachen. Wenn Sie beim Planen die gleichen Schwächen haben wie Ihr Kind, könnte dies schwierig werden. Ein Lehrer kann Ihnen helfen, Teilschritte und Zeitleisten festzulegen. Manche Lehrer meinen, die von ihnen gegebenen Anweisungen müssten ausreichen. Erklären Sie in dem Fall, dass gerade das Planen längerfristiger Aufgaben Ihrem Kind Schwierigkeiten bereitet. Seine vergangenen Leistungen würden darauf schließen lassen, dass es engmaschigerer Anleitungen und eines regelmäßigen Feedbacks bedarf.

Soziale Kontakte managen: Verabredungen mit Freunden recht zeitig treffen

Alise ist eine aktive, kontaktfreudige 7-Jährige und geht ins 2. Schuljahr. Leider wohnen in ihrer Nähe keine Kinder ihres Alters. Wenn sie sich außerhalb der Schule mit ihren Freundinnen treffen will, muss sie deshalb aktiv Verabredungen treffen. Ihre Mutter ist gern bereit, sie zu ihren Freundinnen zu fahren, wenn sie nicht selbst Termine hat oder Alises ältere Geschwister zum Theater, zum Fußball oder zu anderen Aktivitäten fahren muss. Das Problem ist, dass Alise nicht weit genug im Voraus überlegt, ob ihre Freundinnen Zeit haben und ihre Mutter sie fahren kann. Sie steht an einem Samstag- oder Sonntagmorgen auf und beschließt, sich mit einer Freundin zu verabreden. Oft hat das fragliche Mädchen aber schon längst etwas anderes vor oder Alises Mutter hat andere Verpflichtungen und kann sie nicht fahren. Alise läuft dann den ganzen Tag schlecht gelaunt im Haus herum und beschwert sich darüber, nichts zu tun zu haben. Wenn sie am Montag zur Schule kommt, erzählen ihr die anderen Mädchen, was sie am Wochenende alles zusammen unternommen haben, und Alise fühlt sich als Außenseiterin. Ihre Mutter hat ihr schon mehrfach erklärt, dass sie besser im Voraus planen muss. Alise gibt ihr Recht, aber dann fällt es ihr beim nächsten Mal doch wieder nicht rechtzeitig ein.

Die Mutter schlägt Alise vor, gemeinsam an einer Lösung zu arbeiten. Mit einer Reihe von Fragen führt sie ihre Tochter durch den Planungsprozess: «Nehmen wir an, du wolltest, dass Jaime am Wochenende zu dir kommt. Was musst du als Erstes tun?» Alise antwortet: «Ich frage Jaime in der Schule, ob sie zu mir kommen will.» «Musst du vorher noch jemanden fragen?» «Ja, ich muss dich vorher fragen.» «Nehmen wir an, ich und Jaime sagen beide ja. Wie geht es weiter?» «Sie kommt zu mir.» «Muss sie noch jemanden fragen?» «Ja, ich habe vergessen, dass auch sie ihre Mutter fragen muss.» «Und wenn Jaimes Mutter einverstanden ist, was musst du als Nächstes tun?» So machen sie weiter, bis sie einen Plan zusammen haben und Alise mithilfe ihrer Mutter eine Liste einzelner Schritte erstellt.

Anfangs muss die Mutter Alise noch daran erinnern, rechtzeitig Pläne fürs Wochenende zu schmieden und dabei sowohl die Termine der Mutter als auch die Aktivitäten der Freundinnen mit zu bedenken. Mit etwas Übung ist Alise jedoch bald in der Lage, Verabredungen rechtzeitig zu planen und das «Management» ihrer sozialen Kontakte erfolgreich selbst in die Hand zu nehmen.

Schritt 1: Verhaltensziele formulieren

Zielfunktion(en): Planen.
Zielverhalten: Alise überlegt rechtzeitig, was sie tun muss, um sich für das Wochenende mit ihren Freundinnen zu verabreden.

Schritt 2: Intervention entwerfen

Welche Unterstützung aus dem Umfeld wird es geben, um dem Kind beim Erreichen des Zielverhaltens zu helfen?
- Mutter führt Alise mit Fragen durch den Planungsprozess.
- Liste von Schritten wird aufgestellt und befolgt.
- Mutter erinnert Alise daran, schon am Anfang der Woche mit dem Planungsprozess zu beginnen.

Welche besonderen Fähigkeiten werden vermittelt? Wer wird sie vermitteln? Und welche Verfahren werden dabei eingesetzt?

Fähigkeit: Ein längerfristiges Projekt in kleine, übersichtliche Aufgaben unterteilen und einer realistischen Zeitleiste zuordnen.

Wer wird die Fähigkeit vermitteln? Max' Mutter.

Verfahren:
- Eine Liste all der Schritte erstellen, die notwendig sind, um das Projekt zu erarbeiten.
- Schwierigkeitsgrad der einzelnen Schritte einschätzen (auf einer Skala von 1–10).
- Jeden von Max mit einem höheren Schwierigkeitsgrad als 3 eingeschätzten Schritt noch einmal durchgehen und vereinfachen.
- Für jeden Schritt einen Termin zur Fertigstellung festsetzen.
- Max daran erinnern, jeden Einzelschritt rechtzeitig abzuschließen.

Welche Anreize können das Kind motivieren, die Fähigkeit auch einzusetzen?
- Für jeden pünktlich abgeschlossenen Teilschritt verdient Max Punkte. Für frühzeitig fertiggestellte Schritte gibt es Bonuspunkte.
- Punkte werden in Geld umgetauscht, damit sich Max ein Computerspiel kaufen kann, das er sich schon lange wünscht.

Schlüssel zum Erfolg

- *Finden Sie heraus, ob Ihr Kind Handlungen initiieren kann, ehe Sie Ihrem Kind einen Planungsprozess wie diesen vermitteln.* Funktioniert die beschriebene Intervention nicht, müssen Sie mehr Erinnerungshilfen und konkrete Anweisungen einbauen, um Ihrem Kind besonders am Anfang bei der Umsetzung des Plans zu helfen. Schauen Sie sich Kapitel 14 und 15 an und überlegen Sie, ob einige der dort aufgeführten Ideen das Initiieren von Handlungen und die Aufmerksamkeitssteuerung Ihres Kindes unterstützen können.
- *Schließen Sie aus, dass Probleme mit Verabredungen möglicherweise dadurch entstehen, dass Ihr Kind versucht, sich mit einem Kind anzufreunden, mit dem es eher nicht zusammenpasst.* Manche Kinder passen besser zueinander als andere. In dieser Hinsicht kann ein Gespräch mit dem Lehrer aufschlussreich sein. Fragen Sie ihn, welche Klassenkameraden seiner Meinung nach zu Ihrem Kind passen und welche weniger.
- *Die Planung sozialer Kontakte am Wochenende lässt sich auch durch regelmäßig stattfindende Aktivitäten vereinfachen.* Sport, Musik, Theater, Tanz und andere Freizeitbeschäftigungen können auf geplante, strukturierte Weise sozialen Zusammenhalt schaffen. Die Fähigkeit zu planen wird indirekt gefördert. Gleichzeitig kommt das Kind auf regelmäßiger Basis mit Gleichaltrigen zusammen.

17 Organisation entwickeln

Mit «Organisation» ist die Fähigkeit gemeint, wichtige Dinge so ordnen und aufbewahren zu können, dass sie sich bei Bedarf schnell wiederfinden lassen. Für uns Erwachsene liegen die Vorteile dieser Fähigkeit auf der Hand. In einem ordentlichen Umfeld zu leben bewahrt uns davor, unnötig viel Zeit zu verlieren, weil wir nach Dingen suchen müssen. Es ist nicht nötig, erst aufzuräumen, bevor wir an einer Aufgabe arbeiten. Mit der Fähigkeit, Ordnung zu halten, sind wir letztlich sehr viel effizienter – und erleben weniger Stress! Es spricht also einiges dafür, dass wir uns wohler fühlen, wenn in unserer Umgebung ein gewisses Maß an Ordnung herrscht. Leider finden es Erwachsene, bei denen diese Exekutivfunktion eher schwach ausgeprägt ist (und davon gibt es viele!), unserer Erfahrung nach sehr schwierig, hier Fortschritte zu erzielen. Umso wichtiger ist es, dass Eltern ihren Kindern helfen, schon in einem frühen Alter «Organisationstalent» zu entwickeln. Kapitel 3 bietet einige Tipps dafür, wie wir Kindern beibringen können, ordentlich zu sein, wenn diese Exekutivfunktion bei uns selbst eher unterentwickelt ist.

Wie sich die Fähigkeit zur Organisation entwickelt

Inzwischen kennen Sie dieses Muster schon von anderen Exekutivfunktionen: Anfangs übernehmen wir als Erwachsene die Organisation für unsere Kinder. Wir geben die Strukturen vor, die sie brauchen, um ihr Zimmer ordentlich zu halten. Darüber hinaus besorgen wir ihnen Bücherregale, Spielzeugboxen und Wäschekörbe. Im Anschluss sorgen wir dafür, dass es in ihrem Umfeld ordentlich bleibt. Das heißt jedoch nicht, dass wir das Kinderzimmer für sie aufräumen. Ebenso wenig erwarten wir, dass sie dies ganz alleine tun. Vielmehr arbeiten wir mit den Kindern gemeinsam an dieser Aufgabe. Dabei kommt uns Erwachsenen vor allem die Rolle zu, die Aufgabe für das Kind in überschaubare Teilaufgaben zu unterteilen («Als Erstes tun wir deine schmutzigen Kleider in den Wäschekorb», «Jetzt stellen wir alle Puppen ins Puppenregal» und so weiter). Außerdem führen wir

Regeln ein wie: «Kein Essen im Kinderzimmer», und: «Häng deine Jacke auf, sobald du von draußen hereinkommst.» Anfangs erwarten wir allerdings nicht, dass die Kinder immer daran denken, die Regeln zu befolgen, sondern gehen davon aus, dass sie Erinnerungshilfen benötigen. Wenn Sie es dann doch einmal ohne Ermahnung von sich aus tun, loben wir sie ausgiebig.

Allmählich können wir uns dann aus der engmaschigen Überwachung zurückziehen. Mit gelegentlichen Erinnerungshilfen und einer Überprüfung am Ende stellen wir nun sicher, dass die Kinder unsere Regeln befolgen. Irgendwann, wenn sie auf die weiterführende Schule gehen, können die Kinder es dann übernehmen, die eingeführten Organisationssysteme von sich aus weiterzuführen. Das bedeutet allerdings nicht, dass sie von Zeit zu Zeit nicht weiterhin die eine oder andere Erinnerungshilfe bräuchten.

Um besser einschätzen zu können, wie sich die Fähigkeit zur Organisation bei Ihrem Kind von der anderer Kinder in seiner Altersgruppe unterscheidet, füllen Sie den folgenden Fragebogen aus. Er baut auf der kurzen Befragung in Kapitel 2 auf. Sie bekommen nun jedoch einen genaueren Eindruck davon, wie gut Ihr Kind für sein Alter Dinge ordnen und übersichtlich aufbewahren kann.

Wie gut ist Ihr Kind beim Ordnen und Aufbewahren von Dingen?

Schätzen Sie mithiilfe der folgenden Skala ein, wie gut Ihr Kind bei den einzelnen Aufgaben abschneidet. In der entsprechenden Altersstufe kann erwartet werden, dass Kinder alle Aufgaben gut bis sehr gut ausführen können.

Skala

0 – nie oder selten
1 – nicht gut (in etwa 25 % aller Fälle)
2 – recht gut (in etwa 75 % aller Fälle)
3 – sehr gut (immer oder fast immer)

Kindergarten/Vorschule

__ Hängt seine Jacke an der richtigen Stelle auf (eventuell mit einer Ermahnung).
__ Räumt Spielzeug an den richtigen Aufbewahrungsort (mit Ermahnungen).
__ Räumt nach dem Essen seinen Platz auf (eventuell mit einer Ermahnung).

Beginn der Grundschule

__ Verstaut Jacke, Winterkleidung, Sportsachen an den richtigen Stellen (eventuell mit Ermahnung).
__ Hat im Kinderzimmer bestimmte Stellen für bestimmte Sachen vorgesehen.
__ Verliert Erlaubnis- oder Mitteilungszettel aus der Schule nicht.

Ende der Grundschule

__ Kann seine Sachen an den richtigen Stellen im Kinderzimmer oder in anderen Zimmern im Haus oder in der Wohnung verstauen.
__ Bringt am Abend Spielzeug von draußen selbstständig ins Haus zurück (eventuell mit Ermahnung).
__ Achtet auf Materialien und Arbeitszettel für die Schularbeiten.

Weiterführende Schule

__ Kann die von der Schule geforderten Hefte führen.
__ Verliert Sportsachen/elektronische Geräte nicht.
__ Hält den Arbeitsplatz zuhause einigermaßen ordentlich.

Organisation in alltäglichen Situationen vermitteln

Zwei Schritte sind wesentlich, wenn Sie Kindern helfen wollen, ordentlicher zu werden:

1. Führen Sie ein Ordnungssystem ein.
2. Leiten Sie das Kind – am besten täglich – dabei an, das Ordnungssystem zu nutzen.

Wir empfehlen aus zwei Gründen, ganz klein anzufangen. Zum einen erfordert die Verbesserung dieser speziellen Fähigkeit von den Erwachsenen viel Einsatz. Zum anderen haben viele Kinder mit Problemen bei der Organisation Eltern, die in diesem Punkt ebenfalls Schwächen aufweisen. Überlegen Sie, welche Bereiche am wichtigsten sind, und arbeiten Sie immer nur an einem Bereich gleichzeitig. Besonders wichtig ist in der Regel alles, was die Schule betrifft. Hausaufgaben müssen parat sein, Hefte und Mappen ordentlich geführt werden und am Schreibtisch muss ein sauberer, freier Platz zum Arbeiten zur Verfügung stehen. Als etwas weniger wichtig können Schränke und Schubladen gelten.

Beziehen Sie Ihr Kind so weit wie möglich in die Schaffung neuer Ordnungssysteme ein. Geht es zum Beispiel darum, den Schreibtisch Ihres Kindes ordentlicher zu gestalten, gehen Sie gemeinsam in einen Schreibwarenladen und kaufen Sie nützliche Ordnungshelfer wie Buchstützen, Stifthalter, Ablagen, Aktenordner, Schnellhefter und Locher. Nachdem Sie den Schreibtisch gemeinsam so aufgeräumt haben, wie Sie sich das beide vorstellen, machen Sie das Aufräumen des Schreibtisches zu einem Teil des abendlichen Rituals vor dem Zubettgehen. Anfangs können Sie dabei sein, später geben Sie nur noch eine Erinnerungshilfe und schauen nach einer Weile, ob alles in Ordnung ist. Als besonders hilfreich hat sich ein Foto erwiesen, das Sie von dem ordentlichen Schreibtisch machen. Ihr Kind kann es als Vorbild nutzen. Der letzte Schritt beim Aufräumen könnte darin bestehen, den jetzigen Zustand des Schreibtisches mit dem Foto zu vergleichen.

Vorsicht sollten alle Eltern walten lassen, bei denen die Fähigkeit zur Organisation besonders ausgeprägt ist. Wenn Sie meinen, Ihr Kind sei ein «totaler Chaot», müssen Sie Ihre Ansprüche möglicherweise herunterschrauben – oder zumindest Ihre Vorstellung von einem «ausreichend ordentlichen» Zustand noch einmal hinterfragen. Wir haben festgestellt, dass viele unordentliche Kinder das Chaos um sie herum gar nicht wahrnehmen. Die Ansprüche ihrer Eltern werden sie womöglich nie erfüllen, schon allein deshalb, weil sie die ihren Eltern schmerzhaft ins Auge stechende Unordnung nicht sehen. Hier kann ein Foto davon, was als akzeptabel gilt, für beide Seiten Anhaltspunkte geben. Ehe Sie das Foto machen, müssen Sie sich auf einen akzeptablen Standard einigen, zu dem sich beide Seiten verpflichten: Das Kind bemüht sich, diesen Standard zu halten, die Eltern versprechen, sich mit diesem Standard zufrieden zu geben.

Kontrolliertes Chaos: Wie man Kinder dazu bekommt, ihre Sachen dort zu verstauen, wo sie hingehören

In der Familie Rose gab es drei Kinder im Alter von 9–14 Jahren. Sie alle hatten die ärgerliche Angewohnheit, ihre Sachen dort stehen und liegen zu lassen, wo sie sie zuletzt benutzt hatten. Sweatshirts und Sportsachen lagen in der Küche, das Spielzeug war im gesamten Wohnzimmer verstreut und die schmutzigen Kleider landeten beim Duschen auf dem Badezimmerboden. Mrs. Rose stellte fest, dass das Chaos ihr jedes Mal die Stimmung verdarb, wenn sie nach einem hektischen Arbeitstag nachhause kam. Alles, was sie dann wollte, war, noch kurz die Beine hochlegen, ehe sie mit den Vorbereitungen für das Abendessen begann. Sie beschloss, ein Familientreffen einzuberufen, um für die missliche Situation eine Lösung zu finden.

Bei dem Treffen beschrieb sie das Problem und welche Wirkung es auf sie hatte. Gemeinsam diskutierten sie, wie die Kinder lernen könnten, hinter sich aufzuräumen und ob es Belohnungen oder Strafen geben sollte. Mr. Rose schlug vor, alles, was nach einer bestimmten Frist noch herumlag, in die Mülltonne zu schmeißen. Die anderen hielten diese Strafe jedoch für zu hart. Die Kinder wären gern dafür bezahlt worden, hinter sich aufzuräumen. Doch das erschien wiederum den Eltern weder erfolgversprechend noch erstrebenswert. Schließlich einigten sie sich auf eine Kombination von Belohnungen und Strafen: Am Anfang jeder Woche steckte Mr. Rose 25 Dollar in 25 Cent-Stücken in eine Dose. Die Kinder erklärten sich bereit, alle ihre herumliegenden Sachen bis spätestens 17 Uhr aufzuräumen, wenn die Mutter von der Arbeit nachhause kam. Alles, was dann noch herumlag, kam in eine Kiste im Abstellraum und durfte 24 Stunden lang nicht benutzt werden. War es etwas, das ein Kind für die Schule brauchte (zum Beispiel für Hausaufgaben oder den Sportunterricht), konnte es gegen 25 Cent vom wöchentlichen Taschengeld zurückgekauft werden. Außerdem wurde für jede herumliegende Sache ein 25 Cent-Stück aus der Dose genommen. Am Ende der Woche zählte die Familie gemeinsam das in der Dose verbliebene Geld und überlegte, wie sie es ausgeben wollte.

Mrs. Rose legte morgens eine kopierte Checkliste mit den Namen aller Kinder und dem Termin um 17 Uhr auf den Küchentisch. Jedes Kind konnte darauf seinen Namen abhaken, wenn es mit dem Aufräumen fertig war. Neben den Zettel stellte Mrs. Rose einen Wecker, den das Kind, das als Erstes von der Schule nachhause kam, auf 16 Uhr 30 stellen sollte. Wenn der Wecker klingelte, sollten die

Kinder sofort mit allem aufhören, was sie gerade machten, und mit dem Aufräumen beginnen. Nach kurzer Zeit fanden sie heraus, dass sie sich die Arbeit auch teilen konnten, um schneller voranzukommen. Auf diese Weise konnten sie einander auch gegenseitig kontrollieren. Dass ein Kind sich um seinen Anteil drückte, kam nun kaum noch vor. Bald achteten sie auch zu anderen Tageszeiten darauf, was herumlag, und erinnerten einander daran, es wegzuräumen.

Schritt 1: Verhaltensziele formulieren

Zielfunktion(en): Organisation.
Zielverhalten: Herumliegende Sachen dorthin räumen, wo sie hingehören.

Schritt 2: Intervention entwerfen

Welche Unterstützung aus dem Umfeld wird es geben, um dem Kind beim Erreichen des Zielverhaltens zu helfen?
- Zettel und Wecker auf dem Küchentisch, wenn die Kinder von der Schule nachhause kommen.

Welche besonderen Fähigkeiten werden vermittelt? Wer wird sie vermitteln? Und welche Verfahren werden dabei eingesetzt?

Fähigkeit: Organisation.

Wer wird die Fähigkeit vermitteln? Eltern.

Verfahren:
- Kind, das als Erstes von der Schule nachhause kommt, stellt den Wecker auf 16 Uhr 30. Aufräumen beginnt täglich um 16 Uhr 30.
- Kinder räumen auf, bis alles ordentlich ist, und haken dann ihren Namen auf der Checkliste ab.

Welche Anreize können das Kind motivieren, die Fähigkeit auch einzusetzen?
- Finanzielle Belohnung für alle am Ende der Woche.
- Abzug vom Taschengeld für jede herumliegende Sache.
- Was nach 17 Uhr noch herumliegt, wird für 24 Stunden aus dem Verkehr gezogen (für die Schule benötigte Dinge können vom Taschengeld zurückgekauft werden).
- Gemeinsame Entscheidung darüber, wie das Geld ausgegeben wird.

Schlüssel zum Erfolg

- *Ist das System zu kompliziert oder funktioniert es nicht richtig, vereinfachen Sie es.* Vor allem wenn Sie selbst eher unordentlich sind, könnte es schwierig werden, das System über längere Zeit aufrecht zu erhalten. Setzen Sie in dem Fall eine feste Zeit (zum Beispiel vor dem Zubettgehen) für das Aufräumen fest. Ziehen Sie alles, was danach noch herumliegt, für mindestens 24 Stunden aus dem Verkehr und geben Sie es nur gegen einen

- Abzug vom Taschengeld wieder heraus. Natürlich können Sie die finanzielle Belohnung auch individuell gestalten, so dass jedes Kind, das aufräumt, am Ende des Tages Geld bekommt.
- *Haben Sie selbst auch Probleme mit dem Ordnung halten, machen Sie das Ganze zu einem gemeinschaftlichen Projekt.* Zum Beispiel können Sie die Küche sauber machen oder den eigenen Schreibtisch aufräumen, während Ihr Kind in seinem Zimmer Ordnung schafft.

Ordnung ins Chaos bringen: Einem älteren Kind helfen, sein Potenzial zu entfalten

Devon ist ein intelligenter 14-Jähriger. Eigentlich ist er ein guter Schüler, doch solange er denken kann, hat er schon Schwierigkeiten damit, seine Sachen beisammen zu halten. Ständig verlegt oder verliert er irgendetwas. Seit er zur weiterführenden Schule geht, hat sich das Problem verschärft. Es gibt mehr Sachen, auf die er innerhalb und außerhalb der Schule aufpassen muss. Seine Eltern und Lehrer erwarten von ihm, dass er dies eigenständig hinbekommt. Sie sind weniger als in der Vergangenheit dazu bereit, hinter ihm aufzuräumen, nach seinen Sachen zu suchen oder sie durch neue zu ersetzen, wenn er sie verloren hat.

Bis vor kurzem hatten seine Eltern und Lehrer die Strategie verfolgt, ihn die Folgen seiner Unordentlichkeit spüren zu lassen. Ließ er seine Sportsachen zuhause liegen, konnte er beim Sport eben nicht mitmachen; vergaß er seine Hausaufgaben, bekam er eine schlechte Note; verlor er etwas, musste er Geld verdienen, um es zu ersetzen. Trotz gelegentlicher Verbesserungen ließ sich das Problem mit dieser Methode jedoch nicht lösen. Devons Noten verschlechterten sich und er verlor immer wieder Dinge, die ihm wichtig waren, wie zum Beispiel seinen iPod. Devon wurde immer frustrierter und zweifelte an seinen eigenen Fähigkeiten. Seinen Eltern wurde klar, dass Devon offenbar einfach nicht wusste, wie er das Problem lösen sollte. Es war an der Zeit, ihm eine andere Art von Hilfe anzubieten.

Rasch erkannten sie, dass dies ein langwieriges Unterfangen werden würde, das von Devon, seinen Lehrern und den Eltern viel Einsatz erfordern würde. Sie beschlossen, zwei Bereiche herauszugreifen: seine Hausaufgaben, weil sich diese direkt auf seine Noten auswirkten, und sein Zimmer, weil er einen Ort brauchte, an dem es einigermaßen ordentlich war. Für die Hausaufgaben fanden sie ein klares, einfaches System: Der Klassenlehrer erklärte sich bereit, jeden Morgen nachzuschauen, ob Devon alle Hausaufgaben mitgebracht hatte. Er wollte außerdem nach der Schule prüfen, ob Devon alle Aufgaben aufgeschrieben und sämtliche dafür notwendigen Materialien eingepackt hatte. Seine Eltern gaben dem Lehrer die folgende Checkliste, die er abhaken konnte. Devon erledigte seine Hausaufgaben in der Regel gewissenhaft. Die Eltern mussten darauf achten, dass er das Heft oder die Mappe mit den Hausaufgaben morgens in seinen Ranzen steckte.

Fach	Hausaufgaben abgegeben	Hausaufgaben aufgeschrieben	Materialien im Ranzen
Englisch			
Sozialkunde			
Physik			
Mathe			
Spanisch			

Das Aufräumen des Zimmers war komplizierter. Es war Devons Idee, das Zimmer in Ordnung zu bringen. Denn er hoffte, seine Sachen dann besser wiederfinden zu können. Zwar hatte er gemeinsam mit seinen Eltern dort in der Vergangenheit gelegentlich aufgeräumt. Aber sie hatten nie einen systematischen Plan gemacht oder Devon zur langfristigen Beibehaltung der Ordnung verpflichtet.

Devon und seine Eltern meinten übereinstimmend, dass es besser wäre, wenn Devon nicht den elterlichen Vorgaben folgen, sondern eigene Ideen entwickeln würde. Er könnte bei Bedarf dann für die Umsetzung jederzeit ihre Hilfe in Anspruch nehmen. Als Erstes machte er eine Inventur seines Zimmers und ordnete seine Sachen verschiedenen Kategorien zu (zum Beispiel Hemden, Hosen, Sportsachen und so weiter). Dann überlegte er gemeinsam mit seinen Eltern, wo er die verschiedenen Kategorien aufbewahren könnte. Wie sich herausstellte, brauchte er dafür noch einige zusätzliche Kästen, die sie in einem Laden kauften. Devon sah zwar ein, dass es hilfreich sei, die Kästen mit Etiketten zu bekleben. Doch war ihm die Vorstellung, seine zu Besuch kommenden Freunde könnten die Etiketten sehen, eher unangenehm. Schließlich einigten sie sich auf mit Velcro angebrachte und daher jederzeit entfernbare Etiketten.

Devon verstaute alles, was er derzeit nicht brauchte, aber auch nicht wegwerfen wollte. Anschließend räumte er die aktuell immer mal wieder benötigten Dinge auf. Gemeinsam mit seinen Eltern erstellte er eine Checkliste mit der Reihenfolge der beim Aufräumen seines Zimmers sinnvollen Schritte. Am Ende machten sie Fotos von dem ordentlichen Zimmer, die bei zukünftigen Aufräumaktionen als Vorbild dienen konnten.

Devon wurde klar, dass es für ihn vor allem darauf ankam, dem Chaos immer einen Schritt voraus zu sein. Seine Eltern waren bereit, ihn anfangs daran zu erinnern. Dann hatten sie jedoch die Idee, eine entsprechende Funktion an seinem Computer zu aktivieren. Die würde ihn mindestens einmal am Tag ans Aufräumen erinnern. Der beste Schlüssel zum Erfolg war jedoch, dass seine Eltern an jedem zweiten Tag nach der Schule (oder am Wochenende nach dem Aufstehen) in sein Zimmer kamen um zu sehen, ob noch etwas aufzuräumen war. War dies der Fall, musste er dies sofort erledigen. Erst dann durfte er seinen Computer einschalten und mit seinen Freunden chatten.

Im Laufe der nun folgenden Monate gelang es Devon zwar nicht, den nach dem ersten gründlichen Aufräumen erreichten Standard zu halten. Aber sein Zimmer war deutlich ordentlicher als vor der Einführung des neuen Systems. Seine Eltern brauchten ihn bald nur noch einmal pro Woche an das Aufräumen zu erinnern. Auch die Situation mit den Hausaufgaben verbesserte sich merklich. Alle waren sich jedoch einig, dass Lehrer und Eltern sich weiterhin prüfend einschalten müssten.

Schritt 1: Verhaltensziele formulieren

Zielfunktion(en): Organisation.
Zielverhalten: Devon schreibt alle Hausaufgaben auf und nimmt die dafür erforderlichen Arbeitsblätter, Bücher und anderen Materialien mit nach Hause. Devon räumt regelmäßig sein Zimmer auf und hält ein akzeptables Maß an Ordnung bei.

Schritt 2: Intervention entwerfen

Welche Unterstützung aus dem Umfeld wird es geben, um dem Kind beim Erreichen des Zielverhaltens zu helfen?
- Anschaffung spezieller Mappen für die Hausaufgaben.
- Checkliste für Aufgaben und Materialien.
- Überprüfung durch Eltern und Lehrer.
- Fotos vom Idealzustand des Zimmers.
- Kisten mit Etiketten zum Verstauen von Devons Sachen.
- Checkliste mit einzelnen Schritten beim Aufräumen.
- Erinnerungshilfe durch Eltern und Computer.

Welche besonderen Fähigkeiten werden vermittelt? Wer wird sie vermitteln? Und welche Verfahren werden dabei eingesetzt?

Fähigkeit: Hausaufgaben organisieren, Zimmer ordentlich halten.

Wer wird die Fähigkeit vermitteln? Eltern und Lehrer.

Verfahren:
- Lehrer fragt nach, welche Hausaufgaben anstehen, welche Materialien benötigt werden und ob Devon alles Wichtige dabei hat.
- Eltern überprüfen Mappen auf fertige Hausaufgaben.
- Sachen im Zimmer sind nach Kategorien geordnet.
- Sachen sind übersichtlich aufbewahrt und mit Etiketten versehen.
- Checkliste für einzelne Schritte beim Aufräumen wird erstellt und genutzt.
- Eltern überwachen das Aufräumen und erinnern daran.
- Erinnerungshilfe per Computer.

Welche Anreize können das Kind motivieren, die Fähigkeit auch einzusetzen?
- Bessere Noten durch pünktlich erledigte Hausaufgaben.
- Übersichtliches Aufbewahren und sofortiges Auffinden von Gegenständen.

Schlüssel zum Erfolg

- *Wählen Sie anfangs nur eine Aufgabe, um die Wahrscheinlichkeit des Erfolgs zu erhöhen.* Wir haben Devons Geschichte aufgeschrieben um zu zeigen, dass sich Schwächen bei der Organisation auf verschiedene Lebensbereiche negativ auswirken können. Außerdem wollten wir an seinem Beispiel erklären, wie man Interventionen entwirft, die auf verschiedene Bereiche eingehen (in diesem Falle die Hausaufgaben und das eigene Zimmer). Tatsächlich ist es aber sehr viel arbeitsintensiver, mehrere Bereiche gleichzeitig anzugehen, und zwar sowohl für das Kind als auch für Sie und die Lehrer. Erwägen Sie deshalb, zunächst einen Bereich herauszugreifen – zum Beispiel die Hausaufgaben –, das System zum Laufen zu bringen und erst nach einem Monat oder später einen weiteren Bereich dazu zu nehmen.

18 Zeitmanagement installieren

Als «Zeitmanagement» bezeichnen wir die Fähigkeit einschätzen zu können, wie viel Zeit man zur Verfügung hat, wie man sie am besten einteilt und wie man bei Tätigkeiten und Projekten innerhalb gesetzter Fristen bleibt. Dazu gehört auch ein Gefühl dafür, dass Zeit wichtig ist. Wahrscheinlich kennen Sie einige Erwachsene, die das Zeitmanagement sehr gut beherrschen und andere, die damit gar nicht klar kommen. Erwachsene mit einem guten Zeitmanagement kommen pünktlich zu Terminen und können gut einschätzen, wie lange bestimmte Aktivitäten dauern werden. Sie haben keine Schwierigkeiten, ihre Arbeitsgeschwindigkeit an der verfügbaren Zeit auszurichten, sich also entweder Zeit zu lassen, wenn genügend davon vorhanden ist oder sich bei Bedarf zu beeilen. Sie übernehmen sich selten, weil sie ein realistisches Gefühl dafür haben, was sie in einem bestimmten Zeitraum schaffen können. Erwachsenen mit Schwächen beim Zeitmanagement dagegen fällt es schwer, sich an einen Zeitplan zu halten. Sie kommen chronisch zu spät und verschätzen sich, wenn sie bestimmen sollen, wie lange etwas dauern wird. Falls auch Sie diese Probleme von sich kennen und Ihrem Kind bei der Überwindung ähnlicher Schwächen helfen wollen, beachten Sie die Hinweise in Kapitel 3.

Wie sich das Zeitmanagement entwickelt

Weil wir wissen, dass kleine Kinder noch keine Vorstellung von Zeit haben, übernehmen wir das Zeitmanagement für sie. Wir erinnern sie daran, sich rechtzeitig für die Schule oder den Kindergarten fertig zu machen und planen so viel Zeit ein, dass sie alle anstehenden Aufgaben erledigen können. Wir sagen ihnen auch, wann sie anfangen müssen, sich fürs Zubettgehen fertig zu machen. Das tun wir rechtzeitig genug, so dass sie noch Zeit haben, sich den Schlafanzug anzuziehen, Hände und Gesicht zu waschen, die Zähne zu putzen und eine Geschichte zu lesen. Ist ein Familienausflug geplant, schätzen wir ab, wie lange es dauern wird, sich fertig zu machen. Wir geben den Kindern mit entsprechendem Vorlauf

Bescheid, damit die Familie pünktlich aufbrechen kann. Wir berücksichtigen dabei, dass Kinder bei all diesen Verrichtungen unterschiedlich schnell sind und beziehen dies in unsere Planungen ein.

Im Laufe der Zeit geben wir die Verantwortung für das Zeitmanagement mehr und mehr an unsere Kinder ab. Können sie erst einmal die Uhr lesen (meist irgendwann im 2. Schuljahr), ist eine wichtige Voraussetzung für größere Autonomie geschaffen. Trotzdem erinnern wir sie auch weiterhin an wichtige Termine wie zum Beispiel ihre Musikstunden oder das Sporttraining. Wenn wir wollen, dass sie ihre Hausaufgaben oder häuslichen Pflichten vorher erledigen, erinnern wir sie rechtzeitig daran und helfen ihnen dabei, ihre Zeit einzuteilen.

Schwierigkeiten ergeben sich häufig dann, wenn die Kinder auf die weiterführende Schule kommen. Denn nun nehmen die zeitlichen Anforderungen und Termine ebenso zu wie die potentiellen Ablenkungen. Gleichzeitig geben wir ihnen weniger Hilfestellung. Wie soll man Zeit für Hausaufgaben einplanen, wenn man am Nachmittag außerdem Computer spielen, sich mit Freunden verabreden, neu entdeckte Musikstücke anhören und an der Theater-AG der Schule teilnehmen will? Kein Wunder, dass sich viele junge Menschen heute im «Multitasking» versuchen! Für einige von ihnen sind die Versuchungen einfach zu vielfältig. In solchen Fällen müssen wir einschreiten und ihnen helfen, mit ihrer Zeit effektiver umzugehen.

Einige Jahre später sind viele junge Menschen schon sehr geschickt darin, mit den verschiedensten Terminen zu jonglieren und ihre Zeit effektiv einzuteilen. Gelingt ihnen dies nicht, kann dies für zunehmende Spannungen zwischen Eltern und Jugendlichen sorgen. Zudem sind die Kinder jetzt in einem Alter, in dem sie sich dagegen sträuben, von den Eltern Anweisungen entgegen zu nehmen. Das trägt nicht unerheblich zu den Unstimmigkeiten bei.

Wie gut ist Ihr Kind beim Zeitmanagement?

Schätzen Sie mithilfe der folgenden Skala ein, wie gut Ihr Kind bei den einzelnen Aufgaben abschneidet. In der entsprechenden Altersstufe kann erwartet werden, dass Kinder alle Aufgaben gut bis sehr gut ausführen können.

Skala

0 – nie oder selten
1 – nicht gut (in etwa 25 % aller Fälle)
2 – recht gut (in etwa 75 % aller Fälle)
3 – sehr gut (immer oder fast immer)

Kindergarten/Vorschule

__ Kann tägliche Routineaufgaben ohne Trödeln zu Ende bringen (eventuell mit einigen Hinweisen/Ermahnungen).
__ Kann sich beeilen und etwas schneller beenden, wenn ihm dafür ein Grund genannt wird.
__ Kann eine kleine Pflichtaufgabe innerhalb eines gesetzten Zeitrahmens erledigen (zum Beispiel das Bett machen, ehe der Fernseher eingeschaltet wird).

Beginn der Grundschule

__ Kann eine kurze Aufgabe innerhalb des von einem Erwachsenen festgesetzten Zeitraums zu Ende bringen.
__ Kann sich für eine bestimmte Arbeit mit einer gesetzten Abgabefrist ausreichend Zeit nehmen (eventuell mit Unterstützung).
__ Kann morgendliche Routinehandlungen (Frühstück, Körperpflege) innerhalb eines festen Zeitraums erledigen (eventuell nach entsprechender Übung).

Ende der Grundschule

__ Kann tägliche Routineaufgaben innerhalb üblicher Zeiträume ohne Hilfe zu Ende bringen.
__ Kann den Zeitplan für die Hausaufgaben an andere Pläne und Aktivitäten anpassen (zum Beispiel früher anfangen, wenn abends ein Pfadfindertreffen ansteht).
__ Ist in der Lage, mit langfristigen Projekten früh genug anzufangen, um den Zeitdruck am Ende möglichst gering zu halten (eventuell mit Unterstützung).

Witerführende Schule

__ Hat die Hausaufgaben in der Regel rechtzeitig vor der Bettgehzeit fertig.
__ Kann bei begrenzter Zeit gute Entscheidungen über Prioritäten treffen (zum Beispiel nach der Schule nach Hause zu kommen, um eine Aufgabe abzuschließen, anstatt sich mit Freunden zu treffen).
__ Kann die Arbeit an langfristigen Projekten auf mehrere Tage verteilen.

Zeitmanagement in alltäglichen Situationen vermitteln

- *Sorgen Sie für einen regelmäßigen Tagesablauf in Ihrer Familie, ohne es freilich zu übertreiben.* Es ist gut, wenn Kinder täglich etwa zur gleichen Zeit aufstehen und ins Bett gehen und auch die Mahlzeiten einigermaßen regelmäßig einnehmen. Denn auf diese Weise wachsen sie mit dem Gefühl auf, dass die Zeit eine Größe ist, die sich von einem voraussehbaren Ereignis zum nächsten erstreckt. Dies macht es für sie einfacher, ihre Zeit zwischen diesen Ereignissen einzuteilen.

- *Sprechen Sie mit Ihren Kindern darüber, wie lange bestimmte Aktivitäten dauern.* Das können zum Beispiel Aufgaben wie Pflichten im Haushalt, Zimmer aufräumen oder Hausaufgaben sein. Sie schaffen damit die Keimzelle der Fähigkeit, den jeweiligen Zeitaufwand richtig einzuschätzen – eine wesentliche Komponente des Zeitmanagements.

- *Planen Sie Aktivitäten am Wochenende oder im Urlaub bewusst in mehreren Schritten.* Sie vermitteln Ihrem Kind gleichzeitig Grundfertigkeiten des Zeitmanagements, weil bei mehreren Schritten Zeitleisten für deren Erledigung mitgeplant werden können. Sprechen Sie mit Ihrem Kind über den «Plan für den heutigen Tag» und überlegen Sie gemeinsam mit ihm, wie lange die einzelnen Aktivitäten dauern werden. So lernt Ihr Kind viel über die Beziehung zwischen der Zeit und den in bestimmten Zeitspannen machbaren Aufgaben. Solche Pläne zu schmieden kann Kindern großen Spaß machen. Das trifft natürlich vor allem zu, wenn sie sich auf positive Aktivitäten wie zum Beispiel eine gemeinsame Fahrt zum Badesee beziehen. Diskutieren Sie mit Ihrem Kind, wie lange es dauern wird, Taschen und Proviant zu packen, Freunde, die mitfahren möchten, abzuholen, zum See zu fahren, auf dem Rückweg bei der Eisdiele Halt zu machen und so weiter. Ihr Kind lernt dabei Etliches über die zeitliche Abfolge von Ereignissen. Ihm wird klar, dass sich viel Spannendes in einen Tag packen lässt, wenn man gleich von Vornherein Zeit dafür reserviert.

- *Nutzen Sie Kalender und ermutigen Sie Ihr Kind, es Ihnen gleich zu tun.* Wie wäre es zum Beispiel mit einem großen Kalender neben dem Esstisch, in den alle Aktivitäten der gesamten Familie ebenso wie die der einzelnen Familienmitglieder eingetragen werden können? Auf diese Weise wird Zeit ganz leicht sichtbar gemacht.

- *Kaufen Sie eine Uhr, die visuell deutlich macht, wie viel von einer festgesetzten Zeitspanne noch übrig ist.* Hierfür eignet sich zum Beispiel der bereits in Kapitel 13 beschriebene «Time Timer».

Rechtzeitig aus dem Haus kommen:
Zeitmanagement am Morgen

Der 7-jährige Garret ist der jüngste von vier Jungen und wünscht sich nichts sehnlicher, als mit seinen älteren Brüdern Schritt halten zu können. Er will unbedingt groß und eigenständig sein. Schon als kleiner Junge hatte er den Lieblingssatz: «Das mach ich alleine.» Garret scheint eine recht gute Vorstellung von Zeit zu haben. Er kann die Uhr lesen und weiß ungefähr, wann bestimmte wichtige Aktivitäten anstehen. Trotzdem fällt es ihm schwer, seine Zeit so einzuteilen, dass er rechtzeitig fertig wird. Sowohl zuhause als auch in der Schule hat dies schon zu Problemen geführt. Zuhause fällt dies am meisten auf, wenn es darum geht, sich für einen weniger beliebten Termin (zum Beispiel für einen Arztbesuch) fertig zu machen.

Aber selbst vor Ausflügen, die er sich selbst gewünscht hat (zum Beispiel einen Ausflug zum Schwimmbad) braucht Garret ewig. Seine Eltern und Geschwister haben das Gefühl, ihn ständig antreiben zu müssen. Obwohl er es letztlich fast immer doch noch schafft, wächst die Frustration der anderen Familienmitglieder. Vom Wissen und Verstehen her hat Garret in der Schule keine Probleme, ist aber häufig der Letzte, der mit einer Aufgabe fertig wird. Sein Lehrer hat festgestellt, dass er zügiger arbeitet, wenn frühes Abgeben belohnt wird, beispielsweise mit einer kleinen Extrapause.

Seine Eltern meinen, dass Garret alt genug ist, um die Grundzüge des Zeitmanagements zu erlernen. Sie glauben, dass er zuerst wissen muss, was von ihm erwartet wird, wenn er Aufgaben innerhalb einer bestimmten Zeitspanne erledigen soll. Das rechtzeitige «aus dem Haus kommen» ist für ihn besonders schwierig, deshalb beschließen sie, sich zunächst darauf zu konzentrieren. Weil sein morgendliches Trödeln zu familiärer Hektik führt, wollen sie hier für einen geordneten Ablauf sorgen. Dabei soll es vor allem um die zügige Abfolge der einzelnen Tätigkeiten (aufwachen, anziehen, frühstücken, Zähne putzen und so weiter) gehen.

Um Garrets Wunsch, ein «großer Junge» zu sein, für sich auszunutzen, sprechen sie mit ihm ganz ernsthaft über den neuen Morgenplan. Sie sagen ihm, dass sie ihm nicht mehr mit der ständigen Antreiberei auf die Nerven gehen müssen, wenn er rechtzeitig fertig wird. Garret zeigt sich nicht sonderlich interessiert, bis sie erwähnen, dass er mit dem Morgenplan Preise gewinnen kann. Er hat Spaß daran, den mit Wörtern und Bildern illustrierten Plan aufzustellen, weil er alle Tätigkeiten (aufstehen, frühstücken, Zähne putzen und so weiter). «vorspielen» darf. Über die Reihenfolge der Aufgaben im Plan darf er selbst entscheiden. Sie werden mit einem Velcro-Streifen aufgeklebt, so dass man sie jederzeit verschieben und abnehmen kann. Nach jeder erledigten Aufgabe soll Garret das dazugehörige Bild abziehen und in die Rubrik «Erledigt» am unteren Ende des Plans kleben. Sie legen nicht sofort eine Zeit fest, zu der Garret mit dem Plan anfangen soll. Stattdessen einigen sie sich darauf, dass die Eltern zunächst einmal stoppen werden, wie lange Garret für die einzelnen Tätigkeiten braucht. Sie erstellen eine Box mit Preisen (zum Beispiel kleinen Spielzeugen) und kleben ein Bild davon ans Ende des Planes. Um die Erfolgschancen zu erhöhen, kündigen die Eltern an, in den ersten zwei Wochen zweimal nach Garret zu schauen, während er an dem Plan arbeitet. So können sie ihn im Bedarfsfall daran erinnern, wie es weitergeht. Garrets Eltern halten Rücksprache mit der Schule. Im Anschluss teilen sie Garret mit, dass er, falls er trotz allem noch einmal zu spät zur Schule komme, die verlorene Zeit nach dem regulären Unterricht nachholen werde.

Mithilfe dieses Systems wird Garret morgens effizienter und eigenständiger. Für andere Problembereiche setzen seine Eltern eine Miniversion des Plans mit einigen wenigen Bildern ein. Garret kann sich auch in dieser Miniversion Punkte verdienen.

Schritt 1: Verhaltensziele formulieren

Zielfunktion(en): Zeitmanagement.

Zielverhalten: Garret absolviert im Rahmen eines vorher festgesetzten Zeitraums seine morgendlichen Aufgaben.

Schritt 2: Intervention entwerfen

Welche Unterstützung aus dem Umfeld wird es geben, um dem Kind beim Erreichen des Zielverhaltens zu helfen?

- Plan mit beweglichen Wörtern und Bildern (Velcroband).
- Timer.
- Eltern geben anfangs pro Morgen zwei Erinnerungshilfen.
- Lehrer unterstützen den Plan und lassen Garret Unterricht nachholen, falls er zu spät zur Schule kommt.

Welche besonderen Fähigkeiten werden vermittelt? Wer wird sie vermitteln? Und welche Verfahren werden dabei eingesetzt?

Fähigkeit: Zeitmanagement.

Wer wird die Fähigkeit vermitteln? Eltern/Lehrer.

Verfahren:

- Garret und seine Eltern basteln einen Plan mit beweglichen Wörtern und Bildern.
- Garret bestimmt über die Reihenfolge der einzelnen Punkte.
- Eltern stellen morgens einen Timer.
- Eltern schauen zweimal nach Garret, während er am Plan arbeitet und erinnern ihn daran, wie es weitergeht.

- Garret klebt das jeweilige Wort oder Bild in die Rubrik «Erledigt», wenn er eine Aufgabe beendet hat.
- Garret wählt sich aus der Preisbox etwas aus, wenn er in der vereinbarten Zeit mit dem Plan fertig wird.
- Falls Garret zu spät zur Schule kommt, holt er die verlorene Zeit nach.

Welche Anreize können das Kind motivieren, die Fähigkeit auch einzusetzen?
- Garret kann sich eine kleine Belohnung auswählen, wenn er mit seinem Plan rechtzeitig fertig wird.
- Außerdem muss er keinen Unterricht nachholen/länger in der Schule bleiben, wenn er pünktlich zur Schule kommt.

Schlüssel zum Erfolg

- *Zählen Sie die Anzahl der von Ihnen gegebenen Erinnerungshilfen.* Zweimalige Erinnerungshilfen pro Morgen können sich als nicht ausreichend erweisen. Möglicherweise müssen Sie mehr Hilfen geben, um Ihr Kind daran zu gewöhnen, die anstehenden Aufgaben in der verabredeten Zeit zu Ende zu bringen.
- *Notieren Sie außerdem, wie nah Sie sich in die fragliche Situation begeben müssen (ob Sie zum Beispiel in der offenen Tür stehen oder nur von der Küche aus rufen müssen), damit die Erinnerungshilfen wirksam sind.* Es mag lästig sein, auf diese Weise «Buch zu führen». Doch es erlaubt Ihnen, Fortschritte zu erkennen. So entwickeln Sie ein Gefühl für das langsame Tempo, in dem Sie Ihr Kind in die Eigenständigkeit entlassen müssen. Sind keine Fortschritte zu erkennen, haben Eltern oft das Gefühl, der Plan würde nicht funktionieren. Sie kehren zu alten Mustern zurück.

Zeitschleife: Wie lange dauert es, bis ich fertig bin?

Nathans Eltern haben immer das ausgeglichene Wesen ihres Sohnes zu schätzen gewusst, durch das er sich so stark von seiner Schwester unterscheidet. Während sie jedes Mal in Panik gerät, wenn sie für eine Klassenarbeit lernen muss, bleibt Nathan auch in solchen Situationen ruhig und gelassen. Seitdem er zur weiterführenden Schule geht, machen sich seine Eltern jedoch zunehmend Sorgen. Nathan schiebt Schularbeiten immer öfter bis zur letzten Minute hinaus und macht sie dann häufig flüchtig oder bekommt sie nicht fertig. Die Probleme verschärfen sich, als er zusätzlich längerfristige Projekte aufbekommt. Denn auch diese schiebt er häufig bis zum letzten Tag vor sich her. Seiner Mutter wird klar, worin ein wichtiger Teil des Problems besteht. Sie erkennt, dass Nathan keine Vorstellung davon hat, wie lange etwas dauert. Ein Aufsatz, von dem er meint, er könne ihn in einer halben Stunde schreiben, wird am Ende kaum in zwei Stunden fertig. Ein Kunstprojekt, von dem er behauptet, er könne es in ein, zwei Stunden fertig stellen, dauert in Wirklichkeit fünf, sechs Stunden. Seine Eltern haben wiederholt versucht, Nathan vor Augen zu führen, dass seine Fähigkeit, die nötige Zeit abzuschätzen, eher schwach ausgeprägt ist. Doch selbst wenn er einräumt, dass er für den letzten Aufsatz zwei Stunden gebraucht hat, meint er, diesmal würde es ganz bestimmt nicht so lange dauern. Er wisse nämlich schon, worüber er schreiben wolle und habe eine grobe Vorstellung im Kopf, die er in höchstens einer Stunde aufs Papier bringen könne.

Ein weiterer Streit zu diesem Thema ist definitiv für beide Seiten ein Streit zu viel. Nathan sagt seinen Eltern nach einer erneuten Strafpredigt: «Lasst mich in Ruhe!» Den Eltern wird klar, dass sie andere Wege beschreiten müssten, um das Problem in den Griff zu bekommen. An einem Samstagabend, an dem er nichts mit seinen Freunden vorhat, gehen sie mit ihm essen. Sie schlagen ihm vor, dass er immer dann, wenn er von der Schule nachhause kommt, eine Liste seiner Hausaufgaben erstellen und gleichzeitig abschätzen solle, wie lange sie jeweils dauern würden. Aufgrund dieser Schätzung könne er dann festlegen, wann er mit den Hausaufgaben anfangen müsse, um spätestens um 19 Uhr damit fertig zu sein. Liege er mehr als 20 Minuten darüber, würde er am nächsten Tag um 15 Uhr mit den Hausaufgaben beginnen. War seine Schätzung genau, könne er selbst bestimmen, wann er am folgenden Tag mit den Hausaufgaben beginnen würde. Sie schlagen auch vor, dass er mindestens zweimal pro Woche zusätzliche Zeit reserviert, um für Klassenarbeiten lernen oder an längerfristigen Projekten arbeiten zu können. Nathan stimmt dem Plan zu, weil er denkt, dieser gäbe ihm die Chance, seine Eltern zu widerlegen. Er setzt sich sogar eine Stunde lang an seinen Computer und stellt gut gelaunt eine Tabelle auf, die er täglich nach der Rückkehr von der Schule nutzen will. Er sagt seiner Mutter, er werde ihr die Tabelle jeden Tag per Mail zusenden, sobald er sie ausgefüllt hätte. Sie vereinbaren, dass sie sich die ausgefüllte Tabelle anschaut und sich zu der Zeit bei ihm meldet, die er an dem Tag als Start für seine Hausaufgaben festgelegt hatte. Abends würden sie dann gemeinsam prüfen, wann er fertig geworden sei, und Nathan würde ihr seine fertigen Aufgaben zeigen.

In den ersten Wochen muss seine Mutter Nathan öfter daran erinnern, den Plan auszufüllen und ihr zuzusenden. Nathan merkt schnell, dass er beim Schätzen nicht so gut war, wie er gedacht hatte. Weil er es jedoch hasst, schon um 15 Uhr mit den Hausaufgaben beginnen zu müssen, verbessert er allmählich seine Schätzgenauigkeit. Ein paar Mal merken seine Eltern, dass er einige Aufgaben zu flüchtig gemacht hat. Offenbar hatte er unbedingt rechtzeitig fertig werden wollen. Als sie darüber sprechen, eventuell eine Strafe für solche Schlampigkeiten einzuführen, bessert sich Nathan – zumindest soweit, dass seine Eltern beschließen, nicht weiter darauf herumzuhacken.

Schritt 1: Verhaltensziele formulieren

Zielfunktion(en): Zeitmanagement.
Zielverhalten: Nathan wird lernen einzuschätzen, wie lange er braucht, um mit allen seinen Hausaufgaben bis zu einer festen Zeit am Abend fertig zu sein.

Schritt 2: Intervention entwerfen

Welche Unterstützung aus dem Umfeld wird es geben, um dem Kind beim Erreichen des Zielverhaltens zu helfen?
- Festgelegte Start- und Endzeit für die Hausaufgaben.
- Tabelle zum Einschätzen der nötigen Bearbeitungszeiten.
- Überprüfung der Tabelle durch die Mutter.

Welche besonderen Fähigkeiten werden vermittelt? Wer wird sie vermitteln? Und welche Verfahren werden dabei eingesetzt?

Fähigkeit: Zeitmanagement.

Wer wird die Fähigkeit vermitteln? Eltern/Nathan.

Verfahren:
- Nathan trägt Hausaufgaben in Tabelle ein und schätzt möglichst genau, wie viel Zeit er jeweils dafür benötigen wird.
- Aufgrund dieser Schätzung entscheidet er, wann er an diesem Tag mit den Hausaufgaben beginnen wird.
- Nathan schickt die ausgefüllte Tabelle an die Mutter, die sich zu der von ihm angegebenen Startzeit bei ihm meldet.
- Schularbeiten werden bis 19 Uhr abgeschlossen. Liegt Nathan mehr als 20 Minuten darüber, fängt er am nächsten Tag entsprechend früher an.
- Nathan reserviert mindestens zweimal pro Woche zusätzliche Zeit, um für Klassenarbeiten lernen und an längerfristigen Projekten arbeiten zu können.

Welche Anreize können das Kind motivieren, die Fähigkeit auch einzusetzen?
- Nathan kann seine Zeit am Nachmittag eigenständig einteilen, ohne dass sich die Eltern einmischen oder meckern.

Schlüssel zum Erfolg

- *Anfangs werden Wachsamkeit und Konsequenz von Ihrer Seite nötig sein.* Die meisten Kinder werden feststellen, dass einige Elemente des Plans viel Mühe erfordern. Sie werden sie deshalb gern «vergessen» oder vermeiden.
- *Bitten Sie die Lehrer Ihres Kindes um eine Rückmeldung zu den abgegebenen Hausaufgaben.* Unserer Erfahrung nach lässt sich ein Scheitern des Plans am besten verhindern, wenn man die Lehrer aktiv einbezieht.

19 Flexibilität erlangen

Die «Flexibilität» genannte Exekutivfunktion bezieht sich auf die Fähigkeit, die eigenen Pläne an veränderte äußere Bedingungen (Hindernisse, Rückschläge, neue Fakten und so weiter) anzupassen. Flexible Erwachsene sind besonders «anpassungsfähig». Sie bewahren Ruhe, wenn Pläne aufgrund irgendwelcher Vorkommnisse, die sie selbst nicht in der Hand haben, anders gestaltet werden müssen als geplant. Innerhalb kürzester Zeit orientieren sie sich dann neu, um das anstehende Problem zu lösen. Auch emotional stimmen sie sich auf die veränderten Bedingungen ein und überwinden rasch Gefühle der Enttäuschung oder Frustration. Von flexiblen Menschen heißt es, sie ließen sich «nicht aus der Fassung bringen», wenn es zu unerwarteten Entwicklungen kommt. Unflexible Menschen, seien es Erwachsene oder Kinder, reagieren hingegen mit heftigen Emotionen auf unerwartete Veränderungen. Wer mit ihnen zusammenlebt, muss oft zusätzliche Planung und Energie aufbringen, um die Auswirkungen aufzufangen. Falls Sie selbst nicht wesentlich flexibler sind als Ihr Kind, finden Sie in Kapitel 3 Hinweise, wie Sie Ihrem Kind trotz dieser ungünstigen Entsprechung optimal helfen können.

Wie sich Flexibilität entwickelt

Von Neugeborenen erwarten wir nicht, dass sie flexibel sind. Wir stellen uns ganz auf ihre Bedürfnisse ein, füttern sie, wenn sie Hunger haben und lassen sie schlafen, wenn sie müde sind. Schon recht früh beginnen Eltern jedoch, regelmäßige Rhythmen einzuführen – schon aus Selbstschutz, damit sie die Zeitpläne der Außenwelt nicht länger ignorieren müssen, um für ihr Baby sorgen zu können. Mit etwa 6 Monaten folgen die meisten Babys dann dem Schlafmuster der Familie und schlafen nun vor allem nachts so viel wie möglich. Sobald sie feste Nahrung zu sich nehmen, passen sie sich auch in ihrem Essverhalten immer mehr den Mahlzeiten der Familie an.

In der weiteren Entwicklung von der Kleinkindzeit bis zum Vorschulalter erwarten wir von unseren Kindern, dass Sie in einer ganzen Reihe von Situationen flexibel reagieren – und meist tun sie das auch. Sie sollen sich an einen neuen Babysitter gewöhnen, zum Kindergarten gehen und bei den Großeltern übernachten. Wir erwarten auch, dass sie unerwartete Veränderungen des gewohnten Ablaufs tolerieren, mit Enttäuschungen umgehen und Frustrationen ohne großes Aufheben ertragen. Alle diese Situationen erfordern Flexibilität und manche Kinder kommen damit besser zurecht als andere. Bei den Kindern, die stärker zu kämpfen haben, dauert es oft eine Weile, bis sie sich an neue Situationen gewöhnt haben. Am Ende gelingt ihnen dies aber und beim nächsten Mal geht es in einer ähnlichen Situation schon merklich schneller. Irgendwann im Alter von 3 bis 5 Jahren haben die meisten Kinder gelernt, neue Situationen und unerwartete Ereignisse zu meistern. Sie stecken Veränderungen ohne große Aufregung weg oder erholen sich zumindest rasch, wenn sie doch einmal «aus der Bahn geworfen» wurden.

Wie flexibel ist Ihr Kind?

Schätzen Sie mithilfe der folgenden Skala ein, wie gut Ihr Kind bei den einzelnen Aufgaben abschneidet. In der entsprechenden Altersstufe kann erwartet werden, dass Kinder alle Aufgaben gut bis sehr gut ausführen können.

Skala

0 – nie oder selten
1 – nicht gut (in etwa 25 % aller Fälle)
2 – recht gut (in etwa 75 % aller Fälle)
3 – sehr gut (immer oder fast immer)

Kindergarten/Vorschule

__ Ist in der Lage, sich an veränderte Pläne oder Handlungsabläufe anzupassen (eventuell mit vorheriger Ankündigung).
__ Erholt sich rasch von kleineren Enttäuschungen.
__ Ist bereit, Spielzeug mit anderen zu teilen.

Beginn der Grundschule

__ Kann gut mit anderen Kindern spielen (muss nicht bestimmen, kann teilen und so weiter).
__ Toleriert die Zurechtweisung durch den Lehrer, wenn es Anweisungen nicht befolgt hat.
__ Kann sich leicht an ungeplante Situationen (zum Beispiel Unterricht bei Vertretungslehrer) anpassen.

Ende der Grundschule

__ Bleibt nicht in negativen Gefühlen gefangen (zum Beispiel Enttäuschung, Kränkung).
__ Kann «in einen anderen Gang schalten», wenn die Pläne sich aufgrund unvorhergesehener Umstände ändern müssen.
__ Kann frei gestellte Hausaufgaben ausführen (eventuell mit Unterstützung).

Weiterführende Schule

__ Ist in der Lage, sich an verschiedene Lehrer, Regeln im Klassenzimmer und Unterrichtsabläufe anzupassen.
__ Ist bereit, sich in einer Gruppensituation anzupassen, wenn ein Gleichaltriger sich unflexibel verhält.
__ Ist bereit, sich den Bedürfnissen eines jüngeren Geschwisterkindes anzupassen (zum Beispiel die Auswahl eines Films, den die Familie sich gemeinsam anschauen will, anderen zu überlassen).

Flexibilität in alltäglichen Situationen vermitteln

Hat Ihr Kind deutliche Probleme mit der Flexibilität, sollten Sie in erster Linie überlegen, was Sie in seinem Umfeld verändern können. Kleine Kinder, die inflexibel sind, haben Schwierigkeiten damit, neue Situationen zu bewältigen, Übergänge von einer Situation zur anderen zu finden und unerwartete Änderungen von Plänen und Abläufen hinzunehmen. Hier einige bewährte Möglichkeiten, auf das Umfeld Einfluss zu nehmen:

- *Das Neue reduzieren, indem man nicht zu viele Veränderungen auf einmal einführt.*
- *Sich wenn immer möglich an gewohnte Pläne und Abläufe halten.*
- *Vorher ankündigen, wie es weitergeht.*
- *Mit dem Kind schon vorher besprechen, wie es eine Situation meistern kann.* Gemeinsam überlegen, was geschehen könnte und welche Verhaltensmöglichkeiten es dann gäbe.
- *Die Komplexität der Aufgabe reduzieren.* Inflexible Kinder geraten oft in Panik, wenn sie fürchten, etwas Wichtiges zu vergessen, etwas falsch zu machen oder die an sie gestellten Erwartungen nicht erfüllen zu können. Die anstehende Aufgabe so zu unterteilen, dass immer nur ein Schritt auf einmal erledigt werden muss, ist ein bewährtes Mittel gegen die Panik.
- *Kindern Auswahlmöglichkeiten lassen.* Bei manchen Kindern entsteht Inflexibilität, wenn sie das Gefühl bekommen, jemand anders wolle über sie bestimmen. Wenn sie Situationen selbst mit gestalten können, gewinnen sie Kontrolle zurück. Selbstverständlich müssen Sie bereit sein, mit dem zu leben, was Ihr Kind entscheidet. Überlegen Sie deshalb sorgfältig, welche Auswahlmöglichkeiten Sie ihm lassen wollen.

Größere Kinder können Sie mit folgenden Strategien zu mehr Flexibilität ermutigen:

- *Geleiten Sie Ihr Kind durch die Angst auslösende Situation.* Bieten Sie ihm dabei anfangs maximale Unterstützung an, so dass es nie das Gefühl hat, beim Bewältigen der Aufgabe «allein gelassen» zu sein. Durch erste Erfolge wächst das Selbstbewusstsein auf ganz natürliche Weise, sodass die Unterstützung allmählich zurückgenommen werden kann. Viele Eltern nutzen diesen Ansatz intuitiv, um ihren Kindern die Anpassung an neue oder Angst auslösende Situationen zu erleichtern. Ist ein Kind noch nie bei einem Kindergeburtstag gewesen und hat Angst vor der neuen Situation, bringen sie es nicht einfach hin und holen es zwei Stunden später wieder ab. Sie gehen mit hinein und bleiben eine Weile, bis das Kind sich wohl fühlt. Dann ziehen sie sich allmählich zurück und verlassen die Party erst, wenn das Kind sich ganz und gar eingewöhnt hat. Hat ein Kind Angst davor, am Strand ins Wasser zu gehen, nehmen sie es anfangs an die Hand und versichern ihm, dass sie es nicht loslassen werden, bis es selbst dazu bereit ist. Mit anderen Worten: Eltern sollten so viel Unterstützung und Nähe wie nötig geben. Sie sollten sich erst dann immer mehr in den Hintergrund zurückziehen, wenn das Kind sich wohl fühlt. Auf diese Weise baut es genug Selbstvertrauen auf, um die Situation allein zu bewältigen. Wieder einmal lautet der (Ihnen inzwischen hoffentlich vertraute) Schlüsselsatz: Gerade so viel Unterstützung geben, wie das Kind braucht, um eine Aufgabe erfolgreich zu meistern.

- *Gewöhnen Sie sich an, im Gespräch mit Ihrem Kind die verschiedensten Situationen in drei Sätzen zu beschreiben*: (1) einem beschreibenden Satz, der die Schlüsselelemente der fraglichen Situation aufzählt; (2) einem perspektivischen Satz, der die Reaktionen und Gefühle der an der Situation beteiligten Personen erklärt; und (3) einem strategischen Satz, der aufzeigt, was man tun kann, um die Situation erfolgreich zu bestehen. (Diese Technik orientiert sich an den von Carol Gray ursprünglich für autistische Kinder entwickelten «Social Stories». Mehr Informationen darüber finden Sie auf Carol Grays Website www. thegraycenter.org.)

- *Helfen Sie Ihrem Kind dabei, sich im Vorhinein Strategien auszudenken, mit denen es schwierige Situationen meistern kann.* Im Mittelpunkt sollten dabei Situationen stehen, die seine Fähigkeit zur Flexibilität auf die Probe stellen. Dazu können auch ganz einfache Maßnahmen gehören (bis zehn zählen, sich bewusst für eine Weile aus der Situation herausbegeben und dann wieder zurückkehren oder eine bestimmte Person um Hilfe bitten).

Frei und selbstbestimmt: Ein Teenie will eigene Pläne machen

Anna ist 14 Jahre alt und geht ins 8. Schuljahr. Schon immer hatte sie sich am wohlsten gefühlt, wenn sie im Vorhinein wusste, was von ihr erwartet wurde und was auf sie zukam. Wird sie mit unerwarteten Entwicklungen konfrontiert, kommt es nicht selten vor, dass sie völlig außer sich gerät. Jetzt, wo sie älter wird, möchte Anna außerdem eigene Pläne machen und Entscheidungen treffen. Ihre Eltern sehen dies mit einem lachenden und einem weinenden Auge. Sie sind froh, dass es weniger Konflikte gibt, weil sie in Annas Entscheidungen seltener direkt einbezogen sind. Was ihnen weniger gefällt ist die Tatsache, dass Anna häufig Pläne macht, ohne sich mit ihren Eltern abzusprechen, obwohl deren Engagement und/oder Einverständnis für ihre Vorhaben nötig sind. Zum Beispiel hat sie in letzter Zeit mehrfach Freundinnen über Nacht eingeladen, ihre Teilnahme an Partys zugesagt oder sich mit ihrer Clique in der Stadt verabredet, ohne vorher bei ihren Eltern anzufragen. Ihre Eltern stellten dann häufig fest, dass sie entweder keine Zeit hatten, um sie hinzubringen oder abzuholen, oder dass sie mehr Informationen gebraucht hätten, um ihre Erlaubnis zu geben. Wenn sie Anna aber sagten, dass aus diesen Gründen einer ihrer Pläne nicht umsetzbar sei, bekam Anna einen Wutanfall. Das Gleiche galt, wenn sie es versäumten, Anna rechtzeitig (mindestens ein oder zwei Tage vorher) einen von den Eltern verabredeten Termin (zum Beispiel beim Arzt oder Zahnarzt) anzukündigen. Seitdem Anna in der Pubertät ist, fallen ihre Reaktionen noch heftiger aus. Sie läuft fluchend durchs Haus, wirft mit Gegenständen um sich und schreit, dass sie ihre Eltern «hassen» würde. Ein paar Mal haben die Eltern ihr Hausarrest gegeben, doch diese Maßnahme hat die Situation nicht verbessern können. Das Problem scheint darin zu liegen, dass Anna Pläne schmiedet, ohne mit Plänen von anderen zu rechnen. Sie macht sich nicht klar (oder erwägt überhaupt nur), dass andere Leute sich ebenfalls schon etwas vorgenommen haben könnten. Die Pläne anderer Menschen erlebt sie als unerwartete Veränderungen. Auf diese reagiert sie so negativ, wie sie dies schon immer getan hat.

In einem ruhigen Moment besprechen Anna und ihre Eltern die Situation. Sie sind übereinstimmend der Meinung, dass es so, wie es jetzt läuft, keinem gefällt. Anna wünscht sich mehr Freiheit und Selbstbestimmung und die Eltern möchten, dass Anna beim Planen auch ihre Belange berücksichtigt und einige Grundregeln befolgt. Weil sie wissen, dass Anna mit vorhersehbaren Abfolgen und Erwartungen am besten zurechtkommt, schlagen sie Folgendes vor:

- An einem Tag in der Woche, an dem sie nichts Festes vorhat, kann Anna frei aus einer vorher vereinbarten Liste verschiedener Aktivitäten auswählen (zum Beispiel in die Bibliothek gehen, eine Freundin besuchen, bei einem Sportereignis in der Schule zuschauen). Sie muss nur ihrer Mutter Bescheid geben, wohin sie geht, wer dabei ist und wie sie dort hinkommt. Wenn sie angekommen ist, muss sie sich kurz per Telefon bei ihrer Mutter melden. Geht sie mit zu einer Freundin, wird die Mutter mit deren Eltern sprechen. Dabei muss auch geklärt werden, ob die Mutter sie abholen soll oder wie sie sonst nach Hause kommt. Hält Anna sich nicht an diese Regeln, wird diese Möglichkeit für die folgende Woche gestrichen.

- Besondere Verabredungen (zum Beispiel zum Tanzen, Shoppen, Übernachten oder zu einer Party) darf Anna erst zusagen, wenn sie die Erlaubnis ihrer Eltern eingeholt hat. Diese wird nicht einmal erwogen, wenn Anna nicht angibt, wohin sie geht, wer dabei ist, wie lange sie bleiben wird und wie sie hinkommt. Sie muss den Eltern auch sagen, wer die Aufsicht führt. Die Eltern werden dann mit dieser Person sprechen, um Annas Angaben zu überprüfen.

- Weil Kommunikation in diesem Plan ein unverzichtbares Schlüsselelement ist, sind Annas Eltern bereit, ihr ein Handy zu besorgen. Anna verpflichtet sich im Gegenzug, sich an die Schulregeln zur Benutzung von Handys zu halten.

- Über alle Termine, die sie für Anna vereinbaren, werden die Eltern sie unverzüglich informieren und sie zwei Tage vorher noch einmal daran erinnern.

- Mindestens zweimal pro Woche werden Anna und ihre Eltern über den Plan sprechen und entscheiden, ob es daran irgendetwas zu verändern gibt.

Annas Eltern erklären auch noch einmal, warum es für sie so wichtig ist, die eingeforderten Informationen zu erhalten, ehe sie eine Erlaubnis geben. Anna meint, dass ihre Eltern übervorsichtig sind, ist aber bereit, dem Plan eine Chance zu geben.

Schritt 1: Verhaltensziele formulieren

Zielfunktion(en): Flexibilität.
Zielverhalten: Anna wird ihre Eltern informieren, wenn sie aus der Liste vorher vereinbarter Aktivitäten eine Auswahl trifft. Sie wird um Erlaubnis fragen, ehe sie eine Aktivität außerhalb dieser Liste plant.

Schritt 2: Intervention entwerfen

Welche Unterstützung aus dem Umfeld wird es geben, um dem Kind beim Erreichen des Zielverhaltens zu helfen?
- Anna bekommt eine Liste erlaubter Aktivitäten, von der sie an bestimmten Tagen frei wählen darf.
- Eltern kaufen Anna ein Handy.
- Eltern informieren Anna sofort, wenn sie Termine für sie vereinbaren.

Welche besonderen Fähigkeiten werden vermittelt Wer wird sie vermitteln? Und welche Verfahren werden dabei eingesetzt?

Fähigkeit: Anna wird lernen, die Belange anderer Menschen zu berücksichtigen, wenn sie eigene Pläne macht. Sie wird akzeptieren, dass ihre Planungsfreiheit Grenzen hat.

Wer wird die Fähigkeit vermitteln? Eltern.

Verfahren:
- Anna kann aus einer Liste von Aktivitäten, die keiner besonderen Erlaubnis mehr bedürfen, an bestimmten Tagen frei wählen.
- Anna wird ihre Eltern rechtzeitig darüber informieren.

- Für alle über diese Liste hinausgehenden Aktivitäten wird Anna vorher die Erlaubnis ihrer Eltern einholen.
- Anna wird mit ihren Eltern per Handy kommunizieren. Die Eltern werden ein geeignetes Handy für sie kaufen.
- Eltern werden Anna sofort informieren, wenn sie Termine für sie vereinbaren.
- Eltern und Anna werden sich zweimal pro Woche zusammensetzen, um über den Plan zu sprechen.

Welche Anreize können das Kind motivieren, die Fähigkeit auch einzusetzen?
- Anna wird über die Gestaltung ihrer Freizeit stärker selbst bestimmen können.
- Anna wird rechtzeitig von anstehenden Terminen erfahren.
- Anna wird ein Handy bekommen.

Schlüssel zum Erfolg

- *Halten Sie sich unbedingt an Ihren Teil der Vereinbarungen und seien Sie konsequent. Für eine 14-Jährige wäre es nicht ungewöhnlich, dass sie die Grenzen des Plans austestet. So kann es zum Beispiel sein, dass sie aus Absicht oder Vergesslichkeit nicht anruft, zu spät anruft oder Verabredungen trifft, ohne die Eltern um Erlaubnis zu fragen. Unter solchen Umständen kann es schwer fallen, konsequent zu sein. Denn natürlich will man dem Kind eine zweite Chance geben und nicht gleich bei jeder Kleinigkeit schimpfen und Strafen aussprechen. Ohne Konsequenz wird die Intervention Ihnen allerdings wenig bringen.*

Der Rückweg vom Kindergarten: Veränderte Abläufe akzeptieren lernen

Manuel ist 5 Jahre alt. Er geht in den Kindergarten, wo ihn seine Mutter täglich um 14 Uhr 30 abholt. Manuel war schon immer ein Gewohnheitstier. Seine Eltern, die vieles von sich aus nicht so genau nehmen, haben gelernt, dass geregelte Abläufe für Manuel wichtig sind. Ihn dazu zu bekommen, etwas Neues auszuprobieren, erfordert viel Überredungskunst. Fast noch schwieriger ist es, wenn er einer Sache, die nicht gleich auf Anhieb geklappt hat, eine zweite Chance geben soll. So war es zum Beispiel, nachdem er beim ersten Versuch, ohne Stützräder Fahrrad zu fahren, ins Kippeln geraten war. Er weigerte sich standhaft, noch einmal aufs Fahrrad zu steigen. Dabei hatte ihn sein Vater aufgefangen und versprach ihm auch jetzt, das Fahrrad festzuhalten. Im Kindergarten dauerte es eine Weile, bis er mit der Gruppe warm geworden war. Inzwischen spielt er aber gern mit den anderen Kindern und scheint auch Spaß zu haben. Trifft er jedoch in anderen Situationen mit Gleichaltrigen oder Erwachsenen zusammen, die er noch nicht so gut kennt, versteckt sich Manuel am liebsten hinter seiner Mutter oder seinem Vater. Ihm zuliebe folgen die Eltern inzwischen einem fest geregelten Tagesablauf. Wenn die Mutter ihn abholt, halten sie als Erstes bei seinem Lieblingskiosk an und holen eine Kleinigkeit zu essen für ihn. Im Auto legen sie eine CD ein, die er gern hört, und fahren extra noch einen kleinen Umweg nach Hause, damit Manuel in Ruhe aufessen kann. Bei schönem Wetter spielt er im Garten, bei Regen baut er mit Bauklötzen in seinem Zimmer. Jede Veränderung in diesem Ablauf – weil sie zum Beispiel bei der Bank anhalten, seine Schwester Maria von der Schule abholen oder sie zum Fußballtraining fahren müssen – treibt Manuel zu Tränen. Er schreit wütend herum, wirft mit Sachen um sich und ist für Stunden aufgelöst. Obgleich Manuels Mutter sein Bedürfnis nach Regelmäßigkeit versteht, ist sie seine Wutausbrüche leid. Sie sieht voraus, dass er mit steigendem Alter immer weniger Menschen finden wird, die sich an seine Vorgaben halten werden. Ihr ist klar, dass sie sich irgendetwas ausdenken muss, um seine Toleranz für Veränderungen zu erhöhen.

Das Hauptproblem scheint darin zu liegen, dass Manuel schon auf einen bestimmten Plan fixiert ist, wenn er abgeholt wird. Seine Mutter nimmt sich vor, ihn in bestimmten Abständen an Veränderungen zu gewöhnen. Sie weiß, dass Überraschungen ihm gar nicht gefallen. Deshalb versucht sie als Erstes, ihn mit der Vorstellung vertraut zu machen: «Manuel, wenn ich dich abhole, holen wir meistens noch eine Kleinigkeit zu essen für dich und fahren dann heim. Manchmal habe ich aber noch etwas zu tun, ehe wir heimfahren. Ich muss bei der Bank anhalten oder Maria abholen. Meistens weiß ich das aber schon am Abend vorher. Wie wäre das, wenn ich es dir schon vorher sagen würde? Ich kann es dir einfach erzählen oder wir machen einen Plan mit Bildern.» Manuel hätte natürlich am liebsten gar keine Veränderung. Aber seine Mutter zeigt sich fest entschlossen. Also wählt er die Bilder. Mithilfe seiner Schwester malt er das Auto, das Haus, die Bank, Marias Schule und Maria beim Fußballspielen. Sie decken die Bilder mit selbstklebender Plastikfolie ab und kleben hinten einen Streifen Velcro auf. Manuels Mutter beginnt damit, den Ablauf an zwei Tagen pro Woche zu verändern, um dann nach einem Monat auf drei Tage überzugehen. Jeden Abend spricht sie mit Manuel über den Plan für den nächsten Tag und er heftet die entsprechenden Bilder fest. Ehe er am nächsten Tag zum Kindergarten geht, schauen sie sich den Plan noch einmal an. Schließlich nimmt die Mutter den Plan im Auto mit zum Abholen. Anfangs protestiert Manuel, wenn es einen Tag mit verändertem Ablauf geben soll. Doch im Vergleich zu früher fallen seine Proteste äußerst milde aus. Im Laufe der Zeit baut die Mutter weitere Besorgungen ein. Solange sie vorher angekündigt werden, scheint Manuel mit solchen Veränderungen immer weniger Probleme zu haben. Nach einer Weile kann die Mutter die «Vorwarnzeit» vom Vorabend auf den Morgen vor dem Kindergarten verlegen. Ihr Ziel besteht darin, Manuel den jeweils aktuellen Plan erst zu zeigen, wenn sie ihn vom Kindergarten abholt. Auf diese Weise könnte auch sie ihren Tag flexibler planen.

Schritt 1: Verhaltensziele formulieren

Zielfunktion(en): Flexibilität.
Zielverhalten: Manuel wird angekündigte Veränderungen im Ablauf nach dem Kindergarten ohne Wutanfälle tolerieren.

Schritt 2: Intervention entwerfen

Welche Unterstützung aus dem Umfeld wird es geben, um dem Kind beim Erreichen des Zielverhaltens zu helfen?
- Manuel malt Bilder von möglichen Aktivitäten nach dem Kindergarten.
- Mutter erklärt Manuel am Vorabend den Plan für den nächsten Tag.
- Mutter geht den Plan am Morgen noch einmal mit Manuel durch und nimmt den Plan im Auto mit zum Kindergarten.

Welche besonderen Fähigkeiten werden vermittelt? Wer wird sie vermitteln? Und welche Verfahren werden dabei eingesetzt?

Fähigkeit: Flexible Reaktion auf angekündigte Veränderungen.

Wer wird die Fähigkeit vermitteln? Mutter.

Verfahren:
- Mutter sagt Manuel, dass es angekündigte Veränderungen geben wird und lässt ihn entscheiden, wie er darüber informiert werden will.
- Bilder zu den verschiedenen Aktivitäten werden gemalt.
- Jeden Tag werden die Bilder auf einen Plan geheftet.
- Der Plan wird am Vorabend, am Morgen und bei der Abholung vom Kindergarten gemeinsam angeschaut.
- Im Laufe der Zeit werden neue Aktivitäten/Veränderungen hinzugefügt.

Welche Anreize können das Kind motivieren, die Fähigkeit auch einzusetzen?
- In dem Plan sind keine spezifischen Anreize vorgesehen.

Schlüssel zum Erfolg

- *Erwarten Sie nicht, dass sich die neue Flexibilität Ihres Kindes auch auf Veränderungen dieser Intervention erstrecken wird!* Denken Sie daran: Sie haben es mit einem Kind zu tun, das große Schwierigkeiten mit Veränderungen in täglichen Abläufen hat. Ist das neue System erst einmal installiert, kann es für das Kind ebenfalls zu einem Fixpunkt werden, den es nicht mehr verändert haben will. Auch eine Intervention gegen Wutanfälle kann solche Anfälle auslösen, wenn sie plötzlich verändert wird. Vergessen Sie deshalb nicht, Ihr Kind auf Veränderungen des eingeführten Systems rechtzeitig vorzubereiten. Auf diese Weise weiß es, was auf es zukommt.
- *Bereiten Sie Ihr Kind auf unangekündigte Veränderungen vor.* Nicht immer lassen sich Planveränderungen früh genug voraussehen. Letztlich muss das Kind lernen, auch unan-

- gekündigt Veränderungen zu tolerieren. Zeigt Ihr Kind im Umgang mit dem Plan eine gewisse Gleichmut, erklären Sie möglichst weit im Voraus, dass es gelegentlich zu spontanen Abweichungen kommen kann. Fangen Sie dann damit an, solche spontanen Veränderungen einzubauen. Zum Anfang sollten das vor allem solche sein, die Ihrem Kind gefallen werden, wie zum Beispiel ein Zwischenstopp bei der Eisdiele. Erst dann führen Sie allmählich andere Veränderungen ein.

20 Zielgerichtete Beharrlichkeit aufbauen

Die Exekutivfunktion der «zielgerichteten Beharrlichkeit» bezieht sich auf die Fähigkeit, sich ein Ziel zu setzen und darauf hinzuarbeiten, ohne sich von anderen Dingen ablenken zu lassen. Immer wenn wir auf ein langfristiges Ziel hinarbeiten, greifen wir auf diese Fähigkeit zurück. Eine 25-Jährige, die an einem Marathonlauf teilnehmen will und dafür ein ganzes Jahr lang trainiert, ist ein Musterbeispiel an zielgerichteter Beharrlichkeit. Oder denken Sie an einen Arbeitnehmer, der gern befördert werden will. Um zu zeigen, wie motiviert er ist, meldet er sich freiwillig für zusätzliche Aufgaben. Auch er schneidet bei der zielgerichteten Beharrlichkeit hervorragend ab. Dasselbe gilt für ein Paar, das über längere Zeit auf bestimmte Freizeitausgaben verzichtet, um Geld zurückzulegen. Seinem Ziel, der Anzahlung eines Eigenheims, kommt es auf diese Weise immer näher. Ertappen Sie sich dagegen häufiger dabei, dass Sie Ihre Ziele aufgrund neuer Eindrücke ändern? Werfen Sie bei auftauchenden Schwierigkeiten schnell die Flinte ins Korn? Wenn es Ihnen generell nicht gelingt, sich längerfristig für ein Ziel zu engagieren, ist anzunehmen, dass die zielgerichtete Beharrlichkeit bei Ihnen eher schwach ausgeprägt ist. In diesem Fall können Sie von den Hinweisen in Kapitel 3 profitieren. Sie sollen es Ihnen erleichtern, Ihrem Kind auf die Sprünge zu helfen, wenn Sie beide die gleiche Schwäche besitzen.

Wie sich die zielgerichtete Beharrlichkeit entwickelt

Die zielgerichtete Beharrlichkeit gehört zu den Exekutivfunktionen, die sich erst relativ spät herausbilden. Dennoch haben Sie diese Fähigkeit bei Ihrem Kind schon gefördert, als es noch recht klein war – auch wenn es Ihnen damals vielleicht nicht bewusst war. Denn immer wenn man ein Kind ermutigt, am Ball zu bleiben, hat man die zielgerichtete Beharrlichkeit weiter voran gebracht. Das ist zum Beispiel der Fall, wenn man einem Kleinkind dabei hilft, ein Puzzle zusammenzusetzen. Das Gleiche gilt, wenn man mit einem 5-Jährigen Fahrrad fahren übt. Auch wenn es nicht auf Anhieb klappt, wird die Fähigkeit des Kindes, auf ein Ziel hinzuarbeiten, gefördert. Beim Kind entwickelt sich die Einsicht, dass das Erlernen neuer Fertigkeiten Zeit und Mühe erfordert. Wenn man es dafür lobt, trotz anfänglicher Widrigkeiten nicht locker gelassen zu haben, lernt es, die zielgerichtete Beharrlichkeit als wichtige Fähigkeit wertzuschätzen. Typische Übungsfelder für diese Fähigkeit sind das Erlernen einer Sportart oder eines Musikinstruments. Aber auch wenn man einem Kind Pflichten im Haushalt überträgt, kann das seine Beharrlichkeit stärken. Am Anfang sollten es kurze Aufgaben sein, die im unmittelbaren Umfeld erledigt werden können (Zahnbürste in den Halter stellen, Jacke an der Garderobe aufhängen oder Ähnliches). Wird das Kind älter, zeigt sich, dass es nun größere Aufgaben übernehmen kann. Sie können länger dauern oder auch einmal außerhalb des Hauses stattfinden (zum Beispiel Rasen mähen, Blätter zusammenharken, mit dem Hund rausgehen oder Ähnliches).

Es gibt noch eine andere Möglichkeit, ein Kind bei der Entwicklung der zielgerichteten Beharrlichkeit zu unterstützen. Indem Sie Ihrem Kind Taschengeld geben, können Sie ihm dabei helfen, für die Erfüllung größerer Wünsche über einen bestimmten Zeitraum Geld zu sparen. Spätestens im 3. Schuljahr können die meisten Kinder regelmäßig zumindest eine kleine Summe zur Seite legen, wenn sie sich etwas Bestimmtes kaufen wollen. Zu Beginn der weiterführenden Schule hat die Mehrheit immerhin so viel zielgerichtete Beharrlichkeit verinnerlicht, dass sie für eine Sportart trainieren, ein Musikinstrument lernen oder sich in der Schule bewusst für eine bessere Note anstrengen kann. Gegen Ende der Schulzeit wird den meisten Jugendlichen klar, dass sich ihre täglichen Leistungen in der Schule auf ihre Auswahlmöglichkeiten im Hinblick auf Ausbildung oder Studium auswirken werden. Viele haben in dieser Hinsicht schon ein Fernziel vor Augen haben, an dem sie ihr Verhalten und ihre Leistung ausrichten können.

Machen Sie sich ein Bild von der zielgerichteten Beharrlichkeit Ihres Kindes im Vergleich zu anderen Kindern seines Alters, indem Sie den folgenden, auf der etwas einfacheren Erhebung in Kapitel 2 aufbauenden Fragebogen ausfüllen.

Wie zielgerichtet und beharrlich ist Ihr Kind?

Schätzen Sie mithilfe der folgenden Skala ein, wie gut Ihr Kind bei den einzelnen Aufgaben abschneidet. In der entsprechenden Altersstufe kann erwartet werden, dass Kinder alle Aufgaben gut bis sehr gut ausführen können.

Skala

0 – nie oder selten
1 – nicht gut (in etwa 25 % aller Fälle)
2 – recht gut (in etwa 75 % aller Fälle)
3 – sehr gut (immer oder fast immer)

Kindergarten/Vorschule

___ Leitet andere Kinder im Spiel oder zu spielerischen Aktivitäten an.
___ Sucht Hilfe bei der Lösung für einen Konflikt um einen begehrten Gegenstand.
___ Probiert mehr als eine Lösung aus, um ein einfaches Ziel zu erreichen.

Beginn der Grundschule

___ Bleibt bei schwieriger Aufgabe, um erwünschtes Ziel zu erreichen (zum Beispiel schwierige Baukastenkonstruktion zu bauen).
___ Kehrt zu einer Aufgabe zurück, nachdem es unterbrochen wurde.
___ Arbeitet an einem Wunschprojekt über mehrere Tage hinweg jeweils mehrere Stunden lang.

Ende der Grundschule

___ Kann Taschengeld drei bis vier Wochen lang sparen, um sich etwas zu kaufen, was es sich wünscht.
___ Kann einem Übungsplan folgen, um eine erwünschte Fähigkeit zu verbessern (zum Beispiel Sport trainieren, Musikinstrument üben – eventuell mit Ermahnungen).
___ Kann über mehrere Monate hinweg ein Hobby verfolgen.

Weiterführende Schule

___ Kann die eigenen Bemühungen verstärken, um Leistungen zu verbessern (zum Beispiel Lernstrategien verändern, um eine bessere Note zu bekommen oder bei einer Klassenarbeit besser abzuschneiden).
___ Ist bereit, Mühe auf sich zu nehmen, um Geld zu verdienen.
___ Ist bereit zu üben, um eine Fähigkeit zu verbessern, ohne daran erinnert werden zu müssen.

Zielgerichtete Beharrlichkeit in alltäglichen Situationen vermitteln

Obgleich diese Exekutivfunktion zu denen gehört, die sich zuletzt entwickeln, können Sie sie auch dann schon fördern, wenn Ihr Kind noch kleiner ist:

- *Beginnen Sie früh mit kurzen Aufgaben, bei denen das Ziel (zeitlich und räumlich) schon in Sicht ist.* Bieten Sie bei Bedarf Ihre Hilfe an und loben Sie das Kind dafür, es geschafft zu haben. Zu den einfachsten Spielen, die kleinen Kindern großen Spaß machen, gehören Puzzles. Beginnen Sie mit ganz einfachen Puzzles mit sehr wenigen Teilen. Wenn das Kind nicht mehr weiter weiß, geben Sie ihm kleine Hilfestellungen (indem Sie zum Beispiel auf das Teil weisen, dass das Kind als Nächstes anlegen könnte, und auf den Platz deuten, an den es gehört).

- *Wenn Sie zu schwierigeren Aufgaben übergehen wählen Sie Ziele, an denen Ihr Kind Spaß hat.* Eine komplizierte Lego-Figur aufzubauen fesselt ein Kind sicher eher als das Aufräumen des Kinderzimmers. Ermutigen Sie Ihr Kind, geben Sie bei Bedarf kleine Hinweise und Hilfestellungen (die berühmte «minimale Hilfe, die das Kind braucht, um erfolgreich zu sein») und loben Sie es anschließend dafür, trotz des Schwierigkeitsgrads am Ball geblieben zu sein.

- *Stellen Sie etwas in Aussicht, worauf sich das Kind freuen kann, wenn die Aufgabe erledigt ist.* Dieser Anreiz wird das Kind ermutigen, bei der Sache zu bleiben, auch wenn eine Aufgabe einmal eher lästig ist. Ist das Durchhaltevermögen Ihres Kindes ziemlich gering, bieten Sie auch schon für die Erledigung von Teilaufgaben kleine Belohnungen an.

- *Steigern Sie die für das Erreichen von Zielen benötigte Zeit.* Anfangs sollten die Ziele innerhalb einiger Minuten oder in weniger als einer Stunde erreichbar sein. Später können Sie die Zeit dann langsam erhöhen. Hilfreich ist auch ein deutliches Feedback zum aktuellen Fortschritt. Es gibt einige anschauliche Methoden, um den Fortschritt nachvollziehbar zu machen: Münzen, die in eine Dose gesteckt oder herausgeholt werden, Teile eines Puzzles, die man nach und nach zusammensetzt oder Felder einer Zeichnung, die Ihr Kind Stück für Stück ausmalen kann. (Eine ganz ähnliche Methode verwenden übrigens Spendensammler, wenn sie große Thermometer aufbauen, bei denen mit jeder neu hereinkommenden Summe das «Quecksilber» steigt.)

- *Erinnern Sie das Kind daran, worauf es hinarbeitet.* Spart es Geld für ein Spielzeug, können Sie ein Bild von dem begehrten Gegenstand an seine Pinnwand oder an die Kühlschranktür heften. Visuelle Erinnerungshilfen sind in der Regel wirksamer als verbale. Besonders von pubertierenden Kindern werden verbale Erinnerungshilfen häufig als Mäkeln oder Nörgeln empfunden.

- *Nutzen Sie «coole» Hightech-Methoden als Erinnerungshilfen.* Ein Beispiel dafür ist eine einfache Software, die bei jedem Einschalten des Computers eine virtuelle Haftnotiz auf dem Bildschirm erscheinen lässt.

- *Stellen Sie nur Belohnungen in Aussicht, die Ihr Kind wirklich als Anreiz empfindet.* Ein Kind, das ohnehin schon einen Computer, mehrere Spielkonsolen und jede Menge Spiele hat, mit einem weiteren Spiel zu locken, hat wenig Sinn. Wählen Sie lieber etwas mit echtem Seltenheitswert wie einen gemeinsamen Ausflug in einen Freizeitpark oder einen Besuch bei einem Live-Konzert.

Abbrechen schwächt das Selbstvertrauen: Wie man einem Kind hilft, etwas zu Ende zu bringen

Der 5-jährige Samuel ist ein neugieriges Kindergartenkind, das gern Neues ausprobiert. Doch lässt er vieles auch bald wieder sein, weil er das Interesse verliert oder etwas als zu schwierig empfindet. Das gilt für häusliche Pflichten und Schularbeiten ebenso wie für alles, was ihm Spaß macht wie Videospiele und sportliche Aktivitäten (Ball schlagen und werfen, Fahrrad fahren). Samuels 3-jährige Schwester dagegen ist ein «Arbeitstier». Sie beißt sich durch alles durch. Selbst bei den größten Schwierigkeiten macht sie beharrlich weiter, bis sie erreicht hat, was sie sich vorgenommen hat. Dieser Unterschied zwischen den Geschwistern lässt die Sorgen der Eltern über Samuels «kurze Lunte» weiter wachsen. Wird die mangelnde Beharrlichkeit ihn am Ende immer passiver machen, sodass er für neue Aktivitäten zunehmend weniger offen ist? Schon jetzt wirkt er weniger selbstbewusst als früher.

Die Eltern wollen Samuel helfen. Doch weder sanftes Ermutigen hat nachhaltige Auswirkungen noch das Beharren darauf, dass er wenigstens einmal etwas zu Ende bringt. Sie würden gern mit Samuel einen Plan aufstellen, haben vorher aber noch einige Fragen. Sind Samuels Erwartungen zu hoch, wenn er mit etwas Neuem beginnt? Erscheint ihm das Ziel zu weit entfernt zu sein? Sie sprechen also erst einmal mit Samuel über einige der Aktivitäten, die er nach kurzer Zeit wieder aufgegeben hat. Ihnen wird klar, dass beide Faktoren eine Rolle spielen. Beim Baseball wollte er unbedingt gleich einen «Home Run» schlagen. Nachdem er ein paar Mal daneben geschlagen hatte, dachte er, das würde er sowieso nie schaffen. Deshalb gab er auf.

Samuels Vater bietet an, ihm beim Schlagtraining zu helfen. Doch macht er zur Bedingung, dass Samuel bereit ist, sich weniger hohe Ziele zu setzen (Baseball-Anfänger können froh sein, wenn sie den Ball überhaupt treffen!). Außerdem soll er sich verpflichten, zumindest kurze Zeit (anfangs fünf, später zehn Minuten) dabei zu bleiben. Samuel ist einverstanden. Gemeinsam stellen sie eine Tabelle auf, in die sie nach jeder Trainingseinheit die Anzahl der Schläge und Treffer eintragen können. Das leicht erkennbare Feedback über seinen Fortschritt begeistert Samuel. Manchmal sehen ihn seine Eltern sogar allein zum Üben hinausgehen. Schließlich wird er ein so selbstbewusster Schläger, dass er sich nach der Schule mit anderen Schülern zum Baseballspielen verabredet.

Ein ähnliches System führen Samuels Eltern daraufhin für die Mithilfe im Haushalt ein. Samuel soll den Geschirrspüler einräumen. Weil ihm diese Aufgabe nicht gefällt, halten seine Eltern die Anforderungen anfänglich gering (Samuel braucht nur seinen Teller und sein Glas hineinstellen) und bieten einen Anreiz (Punkte) für jedes darüber hinaus eingeräumte Geschirrteil. Ganz allmählich erhöhen sie die Anforderungen und schaffen weitere, leicht zu verdienende Anreize. Einen Monat später räumt er das Geschirr der gesamten Familie in den Spüler und verdient sich damit regelmäßig eine Belohnung. Seine Eltern machen diesen Ansatz zur Strategie ihrer Wahl, um Samuel zu mehr Durchhaltevermögen zu ermutigen, sobald er offenbar mit einer Aktivität oder Aufgabe zu kämpfen hat.

Schritt 1: Verhaltensziele formulieren

Zielfunktion(en): Zielgerichtete Beharrlichkeit.
Zielverhalten: Samuel wird beim Erledigen beliebter und weniger beliebter Aufgaben mehr Durchhaltevermögen zeigen.

Schritt 2: Intervention entwerfen

Welche Unterstützung aus dem Umfeld wird es geben, um dem Kind beim Erreichen des Zielverhaltens zu helfen?

- Einfache Anforderungen und relativ kurzfristige, leicht erreichbare Ziele.
- Fortschritt ist deutlich nachvollziehbar.
- Elterliche Unterstützung beim Ausbau der Fähigkeit.

Welche besonderen Fähigkeiten werden vermittelt? Wer wird sie vermitteln? Und welche Verfahren werden dabei eingesetzt?

Fähigkeit: Erreichen eines Ziels durch erfolgreiche Erledigung kleiner Teilschritte.

Wer wird die Fähigkeit vermitteln? Samuels Eltern helfen am Anfang, Samuel übt allein weiter.

Verfahren:

- Eltern formulieren gemeinsam mit Samuel erreichbare Ziele und leichte Anforderungen.
- Samuel stimmt zu, einen Übungsplan aufzustellen.

Welche Anreize können das Kind motivieren, die Fähigkeit auch einzusetzen?
- Positives Feedback für das Erreichen selbstgesetzter Ziele.
- Schaubild macht Fortschritte sichtbar.
- Verdiente Punkte können gesammelt und gegen vorher vereinbarte Belohnungen eingetauscht werden.

Schlüssel zum Erfolg

- *Wenn Ihr Kind eine Aufgabe vermeidet, weil es darin nicht rasch genug Erfolge spürt, legen Sie die Aufgabe zeitlich direkt vor eine beliebtere Aktivität.* Wenn die Eltern Samuel das Geschirr direkt vor seiner Lieblingssendung im Fernsehen einräumen lassen, ist seine Motivation verständlicherweise höher. Das Anschauen der Sendung dient als positive Verstärkung. Die gleiche Strategie könnte auf das Baseball-Schlagtraining angewendet werden. Die Tatsache, dass es sich dabei um eine Freizeitaktivität handelt, bedeutet nicht automatisch, dass ein Kind mit eher schwachem Durchhaltevermögen Spaß daran hat. Sein prinzipiell kurzer Geduldsfaden gilt oft grundsätzlich für alle Aktivitäten.

Geld sparen

Aus der Sicht seiner Eltern lebt der 9-jährige Jaret absolut im «Hier und Jetzt». Wenn er etwas nicht sofort bekommt, wird er rasch ungeduldig. Er ist leicht frustriert, wenn er auf ein Ziel hinarbeiten muss. Zum Beispiel möchte er beim Skateboarden gern ebenso gut sein wie sein bester Freund, obwohl er viel später damit angefangen hat und auch nicht so oft übt. Geld zu sparen, das er als Taschengeld oder zum Geburtstag bekommt, fällt ihm besonders schwer. Sobald er Geld hat, will er in einen Laden gehen und es ausgeben. Infolgedessen ist er häufig pleite und bittet dann seine Eltern, ihm etwas zu kaufen oder das dafür nötige Geld zu «leihen». Ihn dazu zu bekommen, das Geld zurückzuzahlen, kann sehr schwierig sein. Deshalb hat er bei seinen Eltern – außer in echten Ausnahmefällen – längst keinen Kredit mehr. Sie wünschen sich, dass er lernt, vorausschauend zu denken und wollen ihm zum Sparen animieren.

Jaret wüscht sich eine Spielkonsole. In der Vergangenheit haben seine Eltern immer gesagt, dass er sich eine Konsole kaufen könne, wenn er das Geld dafür sparen würde. Er hat es mehrmals versucht, ist aber beim Sparen nie über eine Woche hinausgekommen. Jedes Mal war ihm etwas anderes eingefallen, für das er sein bis dahin angesammeltes Geld ausgeben könnte. Seine Eltern sehen Spielkonsolen zwar kritisch, aber auch die Chance, Jaret über diesen «Lockvogel» zum Sparen zu bekommen. Die dazugehörigen Spiele könnten weitere Sparanreize sein. Wenn ein Sparplan funktionieren soll, muss Jaret allerdings seinen Fortschritt leicht nachvollziehen und sein Ziel in absehbarer Zeit erreichen können. Allein mit seinen fünf Dollar Taschengeld pro Woche würde es wahrscheinlich zu lange dauern. Weil demnächst sein Geburtstag ansteht, könnte Jaret sich von seinen Eltern, anderen Verwandten und von Freunden Geld wünschen und als «Startkapital» nutzen. Seine Eltern überlegen, wie sie seine weiteren Fortschritte beim Sparen für ihn sichtbar machen könnten.

Die Eltern sprechen mit Jaret. Sie erklären ihm, dass er, wenn er sein gesamtes Geburtstagsgeld und für einen kurzen Zeitraum auch sein Taschengeld für die Konsole beiseite legen würde, das Gerät in fünf bis sechs Wochen kaufen könnte. Jaret findet dies prinzipiell reizvoll, mag jedoch die Vorstellung nicht, bei seiner Geburtstagsparty gar keine Geschenke zu bekommen. Er schlägt vor, dass die vier Freunde, die er zu sich nachhause eingeladen hat, Geburtstagsgeschenke mitbringen. Von allen anderen will er sich Geld wünschen, dies Spar-Startkapital für die Konsole anlegen und den Betrag in den darauf folgenden Wochen von seinem Taschengeld aufstocken. Seine Eltern fürchten noch immer, dass er das Ziel aus den Augen verlieren könnte. Gemeinsam mit Jaret entwickeln sie die Idee, ein Bild von der Konsole zu besorgen, zu laminieren und wie ein Puzzle in Teile zu schneiden. Jedes dieser Teile kann dann gegen fünf Dollar eingetauscht werden. Mit dem Geburtstagsgeld wird Jaret schon einen guten Teil des Puzzles zusammenfügen können. In jeder weiteren Woche kann dann durch sein Taschengeld ein neues Teil dazukommen. Zehn Wochen nach seinem Geburtstag legt Jaret das letzte Puzzleteil an und kauft sich die Spielkonsole. Er und seine Eltern sind sehr zufrieden und beschließen, das System auch für andere langfristige Ziele zu nutzen.

Schritt 1: Verhaltensziele formulieren

Zielfunktion(en): Zielgerichtete Beharrlichkeit.
Zielverhalten: Jaret wird das für seine Spielkonsole benötigte Geld innerhalb von zehn Wochen nach seinem Geburtstag zusammensparen.

Schritt 2: Intervention entwerfen

Welche Unterstützung aus dem Umfeld wird es geben, um dem Kind beim Erreichen des Zielverhaltens zu helfen?
- Jaret und seine Eltern basteln ein Bilderpuzzle. Wenn das Puzzle fertig ist, hat Jaret sein Sparziel erreicht und kann die gewünschte Spielkonsole kaufen.
- Immer wenn Jaret fünf Dollar zusammen hat, werden die Eltern ihn daran erinnern, dass er ein weiteres Puzzleteil kaufen kann.
- Jede Woche werden Jaret und seine Eltern das Puzzle betrachten und würdigen, wie weit Jaret schon gekommen ist.

Welche besonderen Fähigkeiten werden vermittelt? Wer wird sie vermitteln? Und welche Verfahren werden dabei eingesetzt?

Fähigkeit: Erreichen eines selbst gesetzten Ziels durch Planen und Sparen.

Wer wird die Fähigkeit vermitteln? Eltern.

Verfahren:
- Jaret wird sich mithilfe eines Bilderpuzzles ein konkretes Sparziel setzen.
- Eltern helfen Jaret einen Zeitplan aufzustellen, so dass das Ende von Anfang an in Sicht ist. Jaret wird an seinem Geburtstag mit dem Sparen beginnen und sein Geburtstagsgeld als «Startkapital» einsetzen.
- Jaret und seine Eltern werden sich wöchentlich seinen Fortschritt anschauen. Jedes Mal, wenn Jaret ein weiteres Puzzleteil ersteht, werden die Eltern ihn ermutigen und loben.
- Mindestens alle zwei Wochen gehen die Eltern mit Jaret zu dem Laden, wo er ein Demo auf der Spielkonsole ausprobieren kann. Auf diese Weise behält Jaret sein Ziel im Auge.

Welche Anreize können das Kind motivieren, die Fähigkeit auch einzusetzen?
- Jaret wird eine eigene Spielkonsole haben, die er sonst nicht bekommen würde.
- Eltern werden für die Anschaffung der Spiele, die sich Jaret im Anschluss wünscht, ein ähnliches System nutzen.

Schlüssel zum Erfolg

- *Denken Sie daran, dass der Zeithorizont eines Kindes sehr viel kürzer ist als Ihrer.* Damit ein Plan wie dieser Erfolg haben kann, muss das Ziel für das Kind immer in Sicht bleiben. Werden Sie nicht zu ehrgeizig. Die Erwartung, dass ein Kind über Monate Geld spart und all sein Taschengeld in Sparziele steckt, ist unrealistisch.
- *Sparen muss gelernt und geübt sein.* Seien sie bereit, wiederholt langfristige Sparpläne zu unterstützen.

21 Metakognition pflegen

Die «Metakognition» genannte Exekutivfunktion bezieht sich auf die Fähigkeit, einen distanzierten Blick auf die eigene Situation zu werfen. Es geht darum, das eigene Verhalten zu reflektieren und sich darüber klarzuwerden, wie man Probleme löst. Dies schließt auch Selbstbeobachtung und Selbsteinschätzung ein («Wie mache ich das?», «Wie stehe ich im Vergleich zu anderen da?»). Erwachsene, die diese Fähigkeit besitzen, können problematische Situationen erkennen, verschiedene Informationen gegeneinander abwägen und fundierte Entscheidungen darüber treffen, wie es weitergehen soll. Sie können darüber reflektieren, wie sie ein Problem angegangen sind, und sie können sich vornehmen, es in Zukunft anders zu machen. Erwachsene dagegen, denen diese Fähigkeit fehlt, übersehen möglicherweise wichtige Informationen (vor allem soziale Hinweise). Sie neigen dazu, Entscheidungen danach zu treffen, «was sich richtig anfühlt», anstatt die Datenlage sorgfältig zu analysieren. Falls Sie das Gefühl haben, dass Sie öfter ins Fettnäpfchen treten, Entscheidungen fällen, die Sie später bereuen, und nicht immer treffend einschätzen können, wie gut Sie bei Ihren Bemühungen abschneiden, folgen Sie den in Kapitel 3 gegebenen Hinweisen. Schließlich wollen Sie Ihrem Kind helfen, eine spezielle Fähigkeit zu stärken, die nicht unbedingt zu Ihren eigenen Stärken gehört.

Wie sich Metakognition entwickelt

Metakognition basiert auf einem komplexen Set von Fähigkeiten. Diese zeigen sich schon im 1. Lebensjahr, wenn Kleinkinder versuchen, ihre Erlebnisse einzuordnen, also zu klassifizieren und kategorisieren. Gleichzeitig beginnen sie, den Zusammenhang von Ursache und Wirkung zu erkennen. Diese Fähigkeiten werden in der Kleinkindzeit ausgeweitet, wenn Ordnung, Routine und Rituale wichtig werden. Mechanismen, durch die Kinder ihre Erfahrungen zu kontrollieren versuchen. Etwa zum Beginn der Schulzeit verschiebt sich die Betonung vom Explorieren zum Beherrschen verschiedener Vorgänge. In diesem Alter wird Kindern zunehmend klar, dass andere Menschen Situationen anders wahrnehmen. Sie können die Gefühle anderer Menschen benennen und dies in Rollenspielen spielerisch üben. Kurz darauf beginnen sie zu erkennen, dass andere Menschen unterschiedliche Gedanken und Gefühle haben können. Sie bilden erste Hypothesen über deren Absicht heraus (zum Beispiel darüber, ob jemand ihnen aus Versehen oder absichtlich weh getan hat). Beim Übergang zur weiterführenden Schule erweitert sich der metakognitive Ausblick enorm. Die Kinder entwickeln nicht nur ein tieferes Verständnis ihrer eigenen Gedanken, Gefühle und Intentionen. Sie verstehen auch, dass diese Gegenstand des Denkens anderer Menschen sein können. Dies ist ein wichtiger Grund dafür, warum Kinder in diesem Alter zunehmend befangen werden und warum größtmögliche Konformität für viele von ihnen gerade jetzt so wichtig wird. Sie haben noch nicht gelernt, dass andere zwar etwas über sie denken *könnten*, dies aber noch lange nicht heißt, dass sie es auch wirklich tun. Gegen Ende der Schulzeit können sie sich dann ein Stück weit von der eigenen Situation distanzieren und einen objektiveren Blickwinkel einnehmen. Dies ist die Zeit, in der sich die verschiedenen Bausteine der Metakognition zusammenfügen und an die richtigen Stellen rücken.

Um besser einschätzen zu können, wie es um die metakognitiven Fähigkeiten Ihres Kindes im Vergleich zu anderen Kindern seines Alters bestellt ist, beantworten Sie den folgenden, auf der ersten groben Einschätzung in Kapitel 2 beruhenden Fragebogen.

Wie gut sind die metakognitiven Fähigkeiten Ihres Kindes?

Schätzen Sie mithilfe der folgenden Skala ein, wie gut Ihr Kind bei den einzelnen Aufgaben abschneidet. In der entsprechenden Altersstufe kann erwartet werden, dass Kinder alle Aufgaben gut bis sehr gut ausführen können.

Skala

0 – nie oder selten
1 – nicht gut (in etwa 25 % aller Fälle)
2 – recht gut (in etwa 75 % aller Fälle)
3 – sehr gut (immer oder fast immer)

Kindergarten/Vorschule

__ Kann kleinere Anpassungen vornehmen, wenn beim Puzzeln oder Basteln der erste Versuch fehlschlägt.
__ Kann neue (aber einfache) Einsatzmöglichkeiten für ein Werkzeug finden, um ein Problem zu lösen.
__ Macht einem anderen Kind Vorschläge, wie sich etwas reparieren ließe.

Beginn der Grundschule

__ Kann sein Verhalten an das Feedback von Eltern oder Lehrern anpassen.
__ Kann beobachten, wie es anderen ergeht, und sein Verhalten entsprechend ändern.
__ Kann mehr als eine Lösung für ein Problem verbalisieren und sich für die beste entscheiden.

Ende der Grundschule

__ Kann die Ergebnisse einer Handlung voraussehen und entsprechende Anpassungen vornehmen (zum Beispiel Ärger vermeiden).
__ Kann mehrere Lösungen für Probleme vorbringen und erklären, welches die beste ist.
__ Genießt die problemlösende Komponente von Schularbeiten oder Videospielen.

Weiterführende Schule

__ Kann die eigene Leistung gut einschätzen (zum Beispiel sportliche oder schulische Leistung).
__ Ist in der Lage, die Auswirkungen des eigenen Verhaltens auf Gleichaltrige vorauszusehen und Anpassungen vorzunehmen (zum Beispiel um sich in eine Gruppe einzufügen oder Hänseleien zu vermeiden).
__ Kann Aufgaben ausführen, die abstrakteres Denken erfordern.

Metakognitive Fähigkeiten in alltäglichen Situationen stärken

Es gibt zwei Arten von metakognitiven Fähigkeiten, bei deren Entwicklung Sie Ihrem Kind helfen können. Eine davon betrifft die Fähigkeit des Kindes, seine Leistungen bei der Bewältigung einer Aufgabe wie einer Pflicht im Haushalt oder einer Schularbeit einzuschätzen und daraufhin Veränderungen vorzunehmen. Bei der anderen geht es um die Fähigkeit, soziale Situationen einzuschätzen – und zwar sowohl das eigene Verhalten als auch das Verhalten und die Reaktionen anderer.

Um Ihrem Kind zu helfen, Aufgaben mithilfe kognitiver Fähigkeiten besser zu bewältigen, probieren Sie Folgendes:

- *Spenden Sie spezifisches Lob für Schlüsselelemente der Aufgabenbewältigung.* Wollen Sie Ihrem Kind zum Beispiel beibringen, gründlicher zu arbeiten, loben Sie es genau dafür: «Es gefällt mir, dass Du wirklich jeden Baustein zurück in die Kiste legst», oder: «Sehr gut, dass du auch unter dein Bett geschaut hast, ob dort noch schmutzige Sachen liegen.»
- *Üben Sie mit dem Kind, die eigene Leistung einzuschätzen.* Nach dem Fertigstellen einer Schreibaufgabe könnten Sie fragen: «Was meinst du selbst, wie du das gemacht hast? Hast du alle Anweisungen befolgt? Gefällt es dir, wie dein Arbeitsblatt aussieht?» Sie können auch kurze, konkrete Verbesserungsvorschläge machen. Diese sollten Sie allerdings immer positiv einleiten: «Du hast sehr gute Beispielsätze gefunden, aber die Wörter auf den Zeilen stoßen manchmal zu dicht aneinander. Du könntest versuchen, am Ende eines jeden neuen Wortes deinen Finger aufs Papier zu legen und in etwa so viel Platz bis zum nächsten Wort zu lassen.» Positives Feedback und konstruktive Vorschläge sind besser als harsche Urteile. Kritik hört niemand gern.
- *Bringen Sie dem Kind bei, wie eine fertige Aufgabe aussieht.* Soll es den Geschirrspüler ausräumen, lassen Sie es beschreiben, was dies bedeutet («kein Geschirr mehr im Spüler, alles in Schubladen und Schränke eingeräumt»). Es kann hilfreich sein, solche Sätze aufzuschreiben und an einer gut sichtbaren Stelle aufzuhängen, damit das Kind sich später daran erinnern kann.
- *Überlegen Sie gemeinsam, welche Fragen sich Ihr Kind stellen kann, wenn es mit Problemsituationen konfrontiert ist.* Dazu könnten zum Beispiel die folgenden Fragen gehören: «Worin besteht das Problem, das ich lösen muss?» «Wie lautet mein Plan?» «Folge ich noch meinem Plan?» «Wie habe ich das gemacht?»

Wenn Sie Ihrem Kind beibringen wollen, soziale Situationen besser zu verstehen, probieren Sie Folgendes:

- *Üben Sie in einem Ratespiel, Gesichtsausdrücke anderer Menschen zu interpretieren.* Viele Kinder mit Problemen bei der Metakognition wissen nicht, wie sie Gesichtsausdrücke oder Gefühle anderer interpretieren sollen. Veranstalten Sie ein Ratespiel, bei dem sowohl die Eltern als auch die Kinder verschiedene Gesichtsausdrücke machen. Die anderen müssen raten, welches Gefühl jeweils dargestellt wird. Eine andere Möglichkeit besteht darin, eine Fernsehsendung ohne Ton zu sehen und die Gefühle der Personen aufgrund ihrer Mimik und Körpersprache zu raten. (Wenn Sie die Sendung aufnehmen, können Sie sie später noch einmal mit Ton anschauen und Ihre Hypothesen überprüfen).

- *Helfen Sie Ihrem Kind zu erkennen, wie stark eine veränderte Stimme die Bedeutung des Gesagten beeinflussen kann.* Es heißt, dass 55 Prozent der Kommunikation über die Mimik, 38 Prozent über die Stimme und nur sieben Prozent über die tatsächlich gesprochenen Wörter laufen. Suchen Sie gemeinsam nach treffenden Beschreibungen für verschiedene Tonfälle (zum Beispiel «spöttisch», «ironisch», «jammernd», «wütend») und fordern Sie Ihr Kind auf, sie möglichst oft zu nutzen, um die eigene Stimme und die Stimmen anderer Menschen zu beschreiben.

- *Sprechen Sie darüber, an welchen Hinweisen sich die Gefühle einer Person erkennen lassen, auch wenn die Person versucht, ihre Gefühle zu verbergen.* Gibt es verräterische Anzeichen (zum Beispiel einen vor Wut zusammengekniffenen Mund, ängstlich zusammengeklammerte Hände)? Machen Sie ein Detektivspiel daraus.

- *Lassen Sie Ihr Kind darüber nachdenken, wie es anderen seine Gefühle signalisieren könnte.* Auf diese Weise lernt es Einiges über die Sprache der Gefühle und die Beziehung zwischen Ursache und Wirkung.

Kampf der Besserwisserei: Helfen Sie Ihrem Kind besser zuzuhören

Die 11-jährige Yoshi ist das älteste von drei Kindern. Sie ist eine sehr gewissenhafte Schülerin, hatte schon immer ein gutes Gedächtnis und sieht im Fernsehen am liebsten Dokumentationen und Tierfilme. Aufgrund ihrer Fähigkeiten und Interessen hat Yoshi viel Wissen angesammelt und kann in vielen Fächern als eine Art «Juniorexpertin» gelten. Ihre Eltern und Verwandten fördern dies, indem sie Yoshi öfter fragen, wenn sie etwas nicht wissen. Yoshi hat es gern, ihr Wissen mit anderen zu teilen, genießt die Rolle der Expertin und das Lob, dass sie dafür von Erwachsenen bekommt. Leider weiß sie jedoch nicht, wo sie die Grenze ziehen soll. Häufig fällt sie anderen ins Wort, um sie zu korrigieren. Sie tut das, was sie sagen, verächtlich ab und dominiert das Gespräch. Dieses Verhalten ist bereits zu einer Quelle für Konflikte mit ihren beiden jüngeren Geschwistern geworden.

Auch ihre Eltern merken, dass die ständige Besserwisserei zum Problem werden kann. Yoshis beste Freundinnen sind es leid, dass sie immer alles besser weiß. Auch in der Schule hat ihr Verhalten schon zu Konflikten geführt. Yoshi selbst merkt manchmal selbst, dass andere negativ auf ihre Kommentare reagieren. Sie neigt jedoch dazu, dies nicht als ihr Problem, sondern als Problem der anderen zu sehen. Yoshis Eltern sind besorgt über den Keil, den ihr Verhalten in die Familie und in die Klasse treibt.

Als ihre Eltern sie auf das Problem ansprechen, beharrt Yoshi zunächst darauf, nichts «falsch» gemacht zu haben. Schließlich versuche sie nur, anderen zu helfen. Als sie etwas näher darüber sprechen, räumt Yoshi jedoch ein, dass sie sich ebenfalls Sorgen mache. Sie habe manchmal das Gefühl, die anderen würden sie nicht mehr mögen.

Yoshi zu helfen ist nicht so einfach, weil sie ganz automatisch mit dem herausplatzt, was sie weiß. Sie selbst schlägt vor, zunächst im häuslichen Umfeld daran etwas zu ändern. Denn es komme mit ihren Geschwistern immer häufiger zu Problemen, besonders bei den gemeinsamen Mahlzeiten. Ihre Eltern sagen ihr, der erste Schritt könnte darin bestehen, sich selbst als Zuhörende und weniger als Sprechende zu sehen. In einem zweiten Schritt könnte sie dann versuchen zu akzeptieren, was andere sagen, ohne sie gleich korrigieren zu müssen.

Yoshi nimmt sich vor, die Rolle der Zuhörenden zu üben. Sie will versuchen, bei den Mahlzeiten immer erst dann zu sprechen, wenn ihre Geschwister und Eltern mit ihren Beiträgen fertig sind. Außerdem will sie, wenn sie spricht, die anderen um weitere Informationen zu dem Thema bitten. Sie will das, was sie gesagt haben, zugleich positiv kommentieren. Yoshi und ihre Eltern haben unauffällige Zeichen vereinbart. So können ihre Eltern ihr signalisieren, dass sie anfängt, «Vorträge» zu halten. In einer kleinen Familienkonferenz erklärt Yoshi den anderen, was sie vorhat und was sie ändern will.

Zuerst findet Yoshi es schwierig, den Plan zu befolgen und sitzt häufig schweigend bei den Mahlzeiten. Nachdem die Eltern ihr jedoch eine Weile vorgemacht haben, wie man Äußerungen anderer positiv kommentiert und interessierte Fragen stellt, ändert sich das. Sie ist bald ebenfalls in der Lage, mit anderen zu interagieren, ohne sie zu berichtigen oder ihnen Ratschläge zu erteilen. Sie nimmt sich vor, die gleichen Strategien im Zusammensein mit ihren Freundinnen und Klassenkameraden anzuwenden. Deshalb erzählt sie ihrem Klassenlehrer von ihrem Vorhaben. Er ist gern bereit, ihr ebenfalls ein Signal zu geben, wenn sie eine Diskussion zu dominieren oder andere zu kritisieren beginnt. Ihre Freundinnen helfen ihr ebenso bereitwillig. Yoshi ist nun nicht mehr ständig die gefürchtete Besserwisserin. Deshalb fragen Erwachsene und Gleichaltrige sie jetzt wieder von sich aus gerne nach Informationen und nach ihren Meinungen.

Schritt 1: Verhaltensziele formulieren

Zielfunktion(en): Metakognition.
Zielverhalten: In Gesprächen mit anderen mehr zuhören und sie weniger belehren oder korrigieren.

Schritt 2: Intervention entwerfen

Welche Unterstützung aus dem Umfeld wird es geben, um dem Kind beim Erreichen des Zielverhaltens zu helfen?
- Andere Familienmitglieder werden zuerst sprechen.
- Eltern/Lehrer werden Yoshi ein Signal geben, wenn sie anfängt, Vorträge zu halten oder andere zu korrigieren.
- Eltern/Lehrer machen vor, wie man interessiert zuhört und ein akzeptables Gesprächsverhalten zeigt.

Welche besonderen Fähigkeiten werden vermittelt? Wer wird sie vermitteln? Und welche Verfahren werden dabei eingesetzt?

Fähigkeit: In einer sozialen Interaktion erst zuhören und dann sprechen. Interesse an dem zeigen, was andere zu sagen haben.

Wer wird die Fähigkeit vermitteln? Eltern/Lehrer/Freundinnen.

Verfahren:
- Bei den Mahlzeiten mit der Familie wird Yoshi erst sprechen, wenn alle anderen sich geäußert haben.
- Yoshis Gesprächsbeiträge werden sich vor allem darauf richten, weitere Informationen zu bekommen und das Gesagte positiv zu kommentieren.
- Eltern signalisieren, wenn Vorträge oder Korrekturen drohen.
- Yoshi ahmt das Gesprächsverhalten der Eltern nach.
- Yoshi versucht, diese Techniken auch in der Schule und im Zusammensein mit ihren Freundinnen einzusetzen.

Welche Anreize können das Kind motivieren, die Fähigkeit auch einzusetzen?
- Eltern und Lehrer loben Yoshi dafür, eine gute Zuhörerin zu sein.
- Weniger Konflikte mit den Geschwistern.
- Freundinnen nehmen Yoshi wieder in die Clique auf und die negativen Kommentare verstummen.

Schlüssel zum Erfolg

- *Sie sind nicht immer da, um das Verhalten Ihres Kindes zu überwachen. Deshalb brauchen Sie Alternativen, um die Fortschritte Ihres Kindes mitzuverfolgen. Eine Möglichkeit besteht darin, dass Sie Ihr Kind fragen. Es soll Ihnen von den Situationen erzählen, in denen es seinen Geschwistern oder Freunden zugehört hat, ohne sie zu unterbrechen oder zu* korrigieren. Lassen Sie sich immer wieder von konkreten Beispielen berichten. Regen Sie auch an, dass das Kind mit anderen Vertrauenspersonen subtile Signale vereinbart, mit denen sie ihm anzeigen können, dass es zu dominieren beginnt.

- *Denken Sie daran, dass das, was für Sie wichtig ist, nicht immer auch für Ihr Kind im Vordergrund steht. Nur so können Sie Ihrem Kind helfen, die eigenen Fortschritte einzuschätzen.* Am besten lässt sich mit solchen Diskrepanzen umgehen, indem sich Kind und Eltern darauf einigen, sich in der Mitte zu treffen. Schließlich geht es nicht darum, Perfektion zu erreichen. Das Kind soll ein Maß an Qualität anstreben, mit dem es sich gut fühlen kann. Auch Erwachsene entscheiden sich dafür, in einige Aufgaben mehr Zeit und Mühe zu stecken als in andere. Diese Möglichkeit muss auch Kindern eingeräumt werden. Nicht jede Schularbeit wird ein Meisterwerk sein, nicht jede soziale Interaktion ein Triumph.

Die eigene Leistung einschätzen lernen

Cory ist 14 Jahre alt und geht ins 8. Schuljahr. Er hat eine 10-jährige Schwester. Die beiden Kinder leben bei der Mutter. Den Vater sehen sie an einem Abend in der Woche und an jedem zweiten Wochenende. Die Mutter arbeitet Vollzeit und von den Kindern wird erwartet, dass sie im Haushalt helfen. Darüber hinaus passt Cory an einigen Tagen nach der Schule auf seine Schwester auf. Er spielt Trompete in einer Band und arbeitet zehn Stunden die Woche in einem Supermarkt. Dort sammelt er auf dem Parkplatz die leeren Einkaufswagen ein und stellt sie wieder zurück.

Cory empfindet sich selbst als motiviert und fleißig, ist aber ein durchschnittlicher Schüler. Seitdem er zur weiterführenden Schule geht, ist er zunehmend frustriert. Er findet, die Arbeit, die er in seine Schularbeiten steckt, zahlt sich zu wenig aus. In seinen Noten spiegelt sich nicht wider, dass er täglich seine Hausaufgaben erledigt. Er muss nie daran erinnert werden, sie zu machen, und auch vor Klassenarbeiten lernt er immer. Bei der Arbeit ist er zuverlässig, hat aber noch nie eine Lohnerhöhung bekommen. Sein Chef sagt manchmal, er müsste sorgfältiger sein. Zuhause erledigt er bereitwillig seine Haushaltspflichten und ist darüber hinaus immer hilfsbereit. Allerdings muss seine Mutter immer schauen, ob er es auch richtig gemacht hat. Manches Mal ermahnt sie ihn dann, etwas nachzubessern, von dem er meinte, dass es schon fertig sei.

Corys Schwäche lag schon immer darin, die eigene Arbeit zu überprüfen. Früher fiel dies kaum auf, weil seine Eltern oder Lehrer ihn ständig beaufsichtigten. Jetzt, wo er älter wird, erwartet man jedoch von ihm zunehmend mehr Selbstständigkeit. Es wird angenommen, dass er selbst darauf achtet, Aufgaben richtig zu erledigen. Seine Mutter nennt ihm konkrete Beispiele, bei denen seine Nachlässigkeit die Qualität seiner Arbeit beeinträchtigt. Ihre Aufzählung reicht vom nicht gerade gründlichen Staubsaugen bis zu Flüchtigkeitsfehlern in Klassenarbeiten. Cory hat kritisches Feedback immer akzeptiert und seine Arbeit nachgebessert. Er sieht ein, dass es natürlich besser wäre, wenn er die Mängel selber bemerken würde. Andere müssten ihm dann nicht mehr sagen, dass seine Arbeit nicht zufriedenstellend sei. Was, wenn er sich von Vornherein klar mache, worauf er achten müsse? Auf diese Weise könnte er sich dann selbst überprüfen.

Am Beispiel des Staubsaugens bittet ihn seine Mutter, über die Aufgabe nachzudenken. Er soll eine Liste aller Teilaufgaben aufstellen, die für eine gründliche Erledigung nötig sind. Sie schauen sich die Liste gemeinsam an und seine Mutter schlägt noch eine Ergänzung vor. Von nun an hat Cory eine Liste, an die er sich halten kann. Cory findet dies so gut, dass er zu seinem Chef geht und ihn fragt, wie er seine Leistung bei der Arbeit noch verbessern könne. Der Chef geht gern darauf ein und sie verabreden, dass Cory sich in zwei Wochen wieder bei ihm meldet. Er will den Chef dann fragen, ob er inzwischen zufriedener ist. In der Schule ist es wegen der großen Anzahl der Fächer und der vielen verschiedenartigen Aufgaben ein bisschen komplizierter. Cory und seine Mutter treffen sich mit den Lehrern und Cory erklärt ihnen, woran er arbeiten will. Zusammen gehen sie seine Noten durch, um zu sehen, wo die Problemfelder liegen. Alles in allem scheinen Schreibaufgaben Cory die größten Probleme zu bereiten. Eine Lehrerin schlägt vor, sich mit ihm zu treffen. Sie gibt ihm eine Liste von Arbeitsschritten, die er sich durchlesen kann, ehe er mit einer Schreibarbeit beginn. Sie ist auch bereit, sich Corys ersten Entwurf anzuschauen. So kann sie sehen, wie gut er sich selbst überprüft und die Liste abgearbeitet hat. Es zeigt sich, dass solche Listen Cory in den verschiedenen Fächern helfen. Denn er kann sie bereits im Vorhinein durchgehen und sich klar machen, worauf es ankommt. Darüber hinaus führt die Kooperation mit Erwachsenen (Lehrer, Chef und so weiter) zu konkreten Rückmeldungen hinsichtlich seiner Fortschritte. Auf diese Weise verbessert Cory seine Leistungen deutlich. Er hat seine Strategie gefunden. Immer wenn ihm nun gesagt wird, er müsse etwas sorgfältiger oder gründlicher tun, stellt er einen Plan der Anforderungen für die jeweilige Aufgabe zusammen.

Schritt 1: Verhaltensziele formulieren

Zielfunktion(en): Metakognition.
Zielverhalten: Cory wird seine Leistung mit einem vorher aufgestellten Plan vergleichen und daran arbeiten, die gesetzten Ansprüche zu erfüllen.

Schritt 2: Intervention entwerfen

Welche Unterstützung aus dem Umfeld wird es geben, um dem Kind beim Erreichen des Zielverhaltens zu helfen?

- Eltern/Chef/Lehrer stellen mit Cory Anforderungspläne zusammen, an denen er sich orientieren kann.
- Eltern/Chef/Lehrer geben Cory Feedback zu seinen Leistungen.

Welche besonderen Fähigkeiten werden vermittelt? Wer wird sie vermitteln? Und welche Verfahren werden dabei eingesetzt?

Fähigkeit: Cory wird lernen, seine Leistung einzuschätzen und bei Bedarf so zu korrigieren, dass sie die für die jeweilige Aufgabe gesetzten Anforderungen erfüllt.

Wer wird die Fähigkeit vermitteln? Eltern/Chef/Lehrer werden mit Cory Listen erstellen und ihm Feedback zu seiner Leistung geben.

Verfahren:
- Gemeinsam mit Erwachsenen wählt Cory verschiedene Aufgaben aus, bei denen er seine Leistung verbessern will.
- Erwachsene stellen akzeptable Anforderungen für diese Aufgaben.
- Cory geht die jeweilige Liste durch, ehe er mit einer Aufgabe beginnt.
- Cory führt die Aufgabe aus und überprüft seine eigene Leistung.
- Erwachsene geben Feedback darüber, wie gut die Anforderungen erfüllt wurden.
- Corry bessert bei Bedarf nach.

Welche Anreize können das Kind motivieren, die Fähigkeit auch einzusetzen?
- Cory bekommt von den Erwachsenen positives Feedback zu seiner Leistung.
- Cory bekommt bessere Noten in der Schule.
- Corys Chef ist mit ihm zufrieden und gibt ihm eine Lohnerhöhung.

Schlüssel zum Erfolg

- *Versuchen Sie nicht, zu viele verschiedene Verhaltensweisen auf einmal anzugehen.* Begrenzen Sie die Interventionen anfangs auf ein oder zwei. Außerdem ist es ratsam, erst einmal nur einen Bereich anzugehen, das heißt zum Beispiel entweder das Verhalten im Elternhaus oder das in der Schule.
- *Geben Sie Ihrem Kind immer eine möglichst konkrete Rückmeldung zu den Verhaltensweisen, die es ändern soll.* Der Plan hat eine gute Chance auf Erfolg, wenn das Kind motiviert ist und auch einmal ein kritisches Feedback akzeptieren kann. Doch selbst unter dieser Voraussetzung ist er zum Scheitern verurteilt, wenn die Erwachsenen die Mängel ungenau beschreiben. Dies ist beispielsweise der Fall, wenn Eltern sagen: «Das musst du sorgfältiger machen», der Lehrer sagt: «Du musst mehr lernen», oder der Chef sagt: «Pass besser auf, wenn du arbeitest.» Solche allgemeinen Aussagen nutzen Ihrem Kind herzlich wenig. Es braucht ganz konkrete Anweisungen wie: «Schau in allen sechs Parkreihen zwischen den Autos nach, ob dort noch Einkaufswagen stehen, nicht nur im Rückgabebereich.»

22 Wenn das, was Sie tun, nicht ausreicht

Für Kinder mit deutlichen Schwächen bei den Exekutivfunktionen kann sich das, was Sie selbst zur Problemlösung beitragen können, unter Umständen als unzureichend erweisen. So kann es sein, dass Sie die bisher vorgestellten Strategien und Vorschläge mit nur geringem Erfolg umgesetzt haben. Vielleicht haben Ihnen darüber hinaus auch die problemlösenden Ratschläge in Kapitel 11 bis 21 nicht geholfen. In beiden Fällen müssen Sie ein wenig genauer hinschauen und überlegen, woran es liegen könnte.

Prüfen Sie als Erstes, ob die für den Erfolg einer Intervention notwendigen Schlüsselelemente tatsächlich vorhanden sind. Wie wir bereits gesagt – und hoffentlich auch gezeigt – haben, *können* Sie die Exekutivfunktionen Ihres Kindes tatsächlich verbessern. Doch haben wir ebenfalls gesagt, dass dafür besonders am Anfang sowohl Mühe als auch Aufmerksamkeit für jedes Detail notwendig sind. Aus diesem Grund ist es wichtig, jeden Aspekt noch einmal durchzugehen.

Wenn Sie zu uns in unsere Sprechstunde kämen, würden wir Ihnen die folgenden Fragen stellen:

Welches konkrete Problem haben Sie zu lösen versucht? Weint Ihr Kind, sobald eine Veränderung des bisher geplanten Ablaufs ansteht? Muss es alles Geld, das es hat, sofort ausgeben? Verliert oder verlegt es täglich irgendetwas? Haben Sie das Problem konkret genug definiert, um die Erfolgsaussichten einer Intervention abschätzen zu können? Die Beschreibung des Problemverhaltens muss so präzise sein, dass Sie und Ihr Kind ebenso wie alle anderen Beteiligten ohne jeden Zweifel erkennen können, ob es erneut aufgetreten ist oder nicht. Beschreibungen mithilfe von Wörtern wie «immer», «nie», «alles», «ständig» und so weiter sind mit großer Wahrscheinlichkeit zu allgemein. Schauen Sie sich zum Beispiel folgende Problemdarstellungen an: «Kim verliert ständig ihre

Sachen», «Jack kommt immer zu spät», «Mikey weint bei jeder Kleinigkeit», «Amy kann sich nie etwas merken», «Tyler kann keine Anweisungen befolgen.» Aussagen wie diesen fehlen die Informationen, die man braucht, um das Problem anzugehen oder den Erfolg einer Intervention abzuschätzen. Es sind möglichst genaue Angaben dazu nötig, *was* geschieht, *wann* es am wahrscheinlichsten auftritt oder die größten Probleme macht und *wo* (in welchen Situationen) es am häufigsten zu beobachten ist. Erst mit diesen Angaben lässt sich das Problem genauer definieren. Selbst wenn es unter verschiedenen Umständen auftritt, besteht der Schlüssel darin, den allen diesen Situationen gemeinsamen Nenner zu finden und präzise zu benennen.

Was muss geschehen, damit das Problemverhalten Ihrer Meinung nach besser geworden ist? Mit welchen Kompromissen könnten Sie leben? Ein vollständiger Verhaltenswandel ist nicht nur schwer zu bewerkstelligen. Er kann unter Umständen schlichtweg unmöglich sein. Deshalb möchten wir an Sie appellieren, in Ihren Erwartungen realistisch zu bleiben. Listen Sie zwei, drei konkrete Situationen auf, in denen das Problem derzeit auftritt. Beschreiben Sie im Anschluss, wie es Ihrem Wunsch nach in solchen Situationen laufen sollte. Wichtig ist, dass Sie möglichst genau beschreiben, welches Verhalten Ihrer Meinung nach erstrebenswert ist. Einige Beispiele: (1) Das Kind äußert seinen Unmut über Planveränderungen, akzeptiert sie aber ohne Wutanfall. (2) Das Kind spart mindestens 30 Prozent seines Geldes. (3) Das Kind braucht nicht öfter als zweimal pro Woche Hilfe beim Auffinden verlegter Gegenstände. Es ist besser, mit kleinen positiven Entwicklungen anzufangen als zu erwarten, dass sich das Problem auf Anhieb vollständig lösen lässt. Auf den kleinen Verbesserungen können Sie dann aufbauen, Versuchen Sie daher, selbst kleine Fortschritte als Erfolg zu werten.

Sind Ihre Erwartungen realistisch? Entsprechen sie dem Alter des Kindes, seinen derzeitigen Fähigkeiten und der für eine Verhaltensänderung erforderlichen Mühe? Beobachten Sie sich selbst, wenn Sie diese Fragen beantworten. Wollen Sie vielleicht zu hoch hinaus? Das kann zum Beispiel der Fall sein, wenn Sie sich mit einer gewissen Verbitterung sagen: «Als ich in dem Alter war, hatte ich dieses Problem ganz bestimmt nicht», oder: «Jedes andere Kind in seinem Alter kann problemlos mit so einer Situation umgehen, ohne gleich die Nerven zu verlieren». Kehren Sie noch einmal zu der Frage zurück: «Welche kleinen Verbesserungen können Sie als Beweis des Fortschritts akzeptieren?»

Welche Unterstützung durch das Umfeld haben Sie vorgesehen? Haben Sie an ein visuelles Signal gedacht, das eine bevorstehende Planveränderung anzeigen kann? Haben Sie für eine schöne Spardose gesorgt, in der Ihr Kind sein Geld aufbewahren kann? Gibt es mit Bildern oder Etiketten beklebte Kisten, in die Ihr Kind seine Sachen räumen kann?

Welche konkrete Fähigkeit versuchen Sie Ihrem Kind beizubringen? Wie bei der Problemdefinition müssen Sie auch bei der Beschreibung des Zielverhaltens möglichst präzise sein. Auch wenn wir Sie dazu ermutigt haben, zunächst die betroffene Exekutivfunktion zu benennen, sind diese Funktionen stets im Zusammenhang mit konkreten Verhaltensweisen zu sehen. Um die obigen Beispiele noch einmal aufzugreifen: Es könnte darum gehen, Ihrem Kind beizubringen, auf eine durch ein vorher vereinbartes Signal angekündigte Planveränderung auf akzeptable Weise zu reagieren, einen Teil seines Gelds in die bereit gestellte Spardose zu stecken oder seine Spielsachen in eine dafür vorgesehene Kiste zu räumen.

Wer ist verantwortlich für die Vermittlung der Fähigkeit? Wie wird sie erlernt? Wie oft wird sie geübt? Insbesondere in den Anfangsphasen ist die Vermittlung von Fähigkeiten mühsam, und zwar für beide Seiten. Unsere Aufgabe als Eltern würde so viel einfacher sein, wenn alle Lernprozesse nach dem aus der Psychologie bekannten «One-Trial Learning» («Lernen beim ersten Versuch») vonstattengingen. Die meisten wichtigen Fähigkeiten erfordern jedoch Übung über lange Zeit. Das gilt daher auch für die wesentlichen Fähigkeiten, die unsere Kinder beherrschen sollten, wenn sie von zuhause ausziehen. Haben Sie diese Tatsache in Ihren Plänen berücksichtigt?

Welche Anreize werden genutzt, um das Kind zu motivieren, die neue Verhaltensweise oder Fähigkeit in der entsprechenden Situation auch einzusetzen? Unserer Erfahrung nach ist es oft dieses Element, das in den Interventionen fehlt. Das Kind anfangs zu motivieren, den Plan auszuprobieren, ist schwer. Belohnungen, die das Kind wirklich wertschätzt, können starke Anreize sein. Später können sie ihm signalisieren, dass es Fortschritte macht. Hat das Kind die Fähigkeit entwickelt, dann spürt es die positiven Folgen wie Ihre Zustimmung und Ihr Lob. Diese können nun ausreichen, um das erwünschte Verhalten auch weiterhin aktiv einzusetzen. Irgendwann wird es dann «in Fleisch und Blut» übergegangen sein. Wir empfinden solche Anreize, auch wenn sie materieller Natur sind, nicht als «Bestechung». Wir wissen aber, dass es Eltern gibt, die sie nur ungern einsetzen. Trifft dies auch auf Sie zu, überlegen Sie, welchen Aktivitäten Ihr Kind besonders gern nachgeht. Stellen Sie zusätzliche Zeit dafür oder für gemeinsame Unternehmungen mit den Eltern oder Freunden in Aussicht.

Sie meinen, all diese Fragen berücksichtigt und einen ebenso realistischen wie konkreten Plan mit äußerer Unterstützung und attraktiven Anreizen aufgestellt zu haben? Dennoch funktioniert ihr Plan nicht? Dann gibt es noch einige andere Faktoren, die eine Rolle spielen könnten.

- *Die Konsequenz, mit der ein Plan befolgt wird.* Wir haben alle viel zu tun. Es ist jedoch nicht immer einfach, einem Kind rechtzeitig ein Signal für eine Planveränderung zu geben. Es ist mit Aufwand verbunden dafür zu sorgen, dass es zur verabredeten Zeit tatsächlich seine Sachen wegräumt oder den vereinbarten Betrag in seine Spardose steckt. Belohnungen werden nicht immer zeitnah vergeben. Gelegentliche Pannen gibt es natürlich immer. Sie brauchen eine Intervention nicht unbedingt zu Fall bringen. Wird ein Plan allerdings nur zeitweilig befolgt, wird er *mit Sicherheit* scheitern. Sie werden merken, dass sich bei Ihrem Kind nichts tut und haben deshalb wenig Lust, den Plan weiterzuverfolgen. Ihr Kind wird sehen, dass Ihnen der Plan nicht wirklich wichtig ist. Es wird sich daher nicht nur wenig Mühe geben, sondern auch in die alten Verhaltensweisen zurückverfallen. Entscheiden Sie sich deshalb lieber für einen einfachen Plan, dessen Umsetzung Sie zeitlich und kräftemäßig konsequent durchziehen können.

- *Das einheitliche Vorgehen aller beteiligten Erwachsenen.* Alle Erwachsenen, die an der Umsetzung des Plans mitwirken sollen, müssen an einem Strang ziehen. Soll der andere Elternteil, ein älteres Geschwisterkind oder ein Lehrer mitmachen, muss er die Schlüsselelemente des Plans kennen, verstehen und gut heißen, sonst wird der Plan unweigerlich scheitern. Eine Mutter, die in unsere Sprechstunde kam, wollte einen Sparplan für das Taschengeld aufstellen. Ihr Mann war jedoch dagegen. Da er als Kind kein Taschengeld bekommen hatte, war er der Überzeugung, dass auch seine Kinder keins erhalten sollten. Die Mutter legte den Plan also eine Weile auf Eis und nahm sich die Zeit, erst einmal ihren Mann zu überzeugen. Sie machte ihm klar, dass Kinder mithilfe eines regelmäßigen «Einkommens» lernen können, sich ihr Geld einzuteilen. Sie würden dadurch fähig, auf zukünftige Ziele hin zu sparen. Hätte sie versucht, den Plan ohne Unterstützung ihres Mannes umzusetzen, hätte es mit Sicherheit Probleme gegeben. Sind mehrere Erwachsene für ein Kind verantwortlich, sollten sie den Plan diskutieren. Sie sollten sich über die Rolle verständigen, die jeder Einzelne darin spielen soll. Sind Lehrer einbezogen, muss zusätzlich geklärt werden, wie, wann und wie oft man miteinander kommunizieren will. In der Regel sollte die Kommunikation jedoch nicht über das Kind laufen, denn Kinder sind nicht die zuverlässigsten Informanten.

- *Die bisher auf den Plan verwendete Zeit.* Es gibt keine verbindlichen Regeln dafür, wie lange man es mit einem Plan versuchten sollte. Ist der Plan vernünftig (erfüllt er die meisten der genannten Kriterien), sollten Sie ihn 14 bis 21 Tage lang ausprobieren. Dies mag auf den ersten Blick nicht lang erscheinen. Unserer Erfahrung nach halten sich viele Eltern jedoch höchstens vier bis fünf Tage an einen Plan und werden dann inkonsequent. Aus zwei Gründen könnten auch Sie dieser Versuchung erliegen: (1) Weil Sie keine Veränderung sehen. Der Mangel an unmittelbaren Erfolgen macht es Ihnen schwer, die nötige Mühe auch weiterhin aufzubringen. (2) Weil Sie schon bald eine Verbesserung sehen. Sie haben das Gefühl, bereits alles erreicht zu haben, was Sie wollten. Sie lassen die Sache deshalb schleifen. In einem solchen Fall dauert die Veränderung aber nicht lange an. Innerhalb weniger Wochen kehren die alten Muster zurück. Versuchen Sie, mit sich selbst ehrlich zu sein. Halten Sie am Ende eines jeden Tages kurz inne, um zu überlegen, wie konsequent Sie sich an Ihren Plan gehalten haben. Benutzen Sie dafür eine 5-Punkte-Skala (1 = *Ich hab's heute gründlich vermasselt*, 5 = *Ich habe mich zu 100 Prozent an den Plan gehalten!*).

Woher weiß ich, ob mein Kind nicht kann oder nicht will? Vielleicht ist es bloß faul! In all den Jahren unserer Arbeit mit den unterschiedlichsten Familien haben wir nur sehr wenige Kinder getroffen, die wir als faul bezeichnen würden. Manche waren entmutigt. Sie haben an ihren Fähigkeiten gezweifelt. Es erschien den Kindern oft viel frustrierender, etwas zu versuchen und dann zu scheitern als ein Problem überhaupt nicht in Angriff zu nehmen. Andere wollten ihre Zeit lieber mit Dingen verbringen, die ihnen Spaß machten. Warum sollten sie sich mit Aufgaben beschäftigen, die ihnen mühsam oder schwierig erschienen? Die wirklich wichtige Frage ist nicht, ob Kinder nicht wollen oder nicht können. Fragen Sie lieber, wie Sie Ihrem Kind helfen, das Hindernis zu überwinden. Denn solange es das Kind davon abhält zu lernen, Aufgaben zu bewältigen, kann es sie nur unzulänglich erfüllen. Was wäre nötig, um das zu ändern? Um das fragliche Hindernis zu überwinden, ist in der Regel eine Kombination verschiedener Maßnahmen hilfreich: Die Aufgabe muss so verändert werden, dass sie weniger unerfüllbar erscheint. Sie muss in überschaubare Teilaufgaben unterteilt werden, die in einer klar erkennbaren Reihenfolge nacheinander abgearbeitet werden können. Die Erfüllung der Aufgabe muss überprüft werden. Und es muss ein Anreiz eingebaut werden, damit es sich lohnt, die nötige Mühe aufzubringen. Sind diese Voraussetzungen erfüllt, hat Ihr Kind beste Chancen, nicht nur klug, sondern auch weniger chaotisch zu sein.

Professionelle Hilfe in Anspruch nehmen

Sie haben Ihr Bestes gegeben und wirklich alles getan, was Ihnen möglich ist, können aber immer noch keinen Fortschritt erkennen. Was nun? Natürlich kann es vorkommen, dass Kinder so große Probleme mit den Exekutivfunktionen haben, dass die Eltern allein ihnen nicht helfen können. Sollte dies Ihrem Eindruck nach auf Ihr Kind zutreffen, können Sie Fachleute wie Ärzte, Psychologen, Sozialpädagogen oder Mitarbeiter einer Beratungsstelle um Hilfe bitten. Welchen Titel jemand hat, ist weniger wichtig als die methodische Ausrichtung seiner Arbeit. Wir empfehlen Spezialisten, die entweder einen verhaltenstherapeutischen oder einen kognitiv-verhaltenstherapeutischen Ansatz befolgen und Erfahrungen im Elterntraining haben.

Verhaltenstherapeutisch orientierte Fachleute versuchen herauszufinden, welche Auslöser zu dem Problemverhalten führen und welche Konsequenzen es hat. Sie helfen Eltern dabei, entweder die Auslöser oder die Konsequenzen (oder auch beide) so zu verändern, dass sich auch das Verhalten ändern kann. Kognitiv-verhaltenstherapeutisch ausgerichtete Fachleute können einen ähnlichen Ansatz verfolgen. Sie gehen aber auch darauf ein, wie ältere Kinder und ihre Eltern über die problematischen Situationen *denken*. Anschließend versuchen sie, diese Denkmuster zu verändern, indem sie ihnen bewährte Bewältigungsstrategien wie innere Monologe, Entspannungstechniken und die «Gedankenstopp»-Technik an die Hand geben. Eine traditionelle Gesprächstherapie oder Familientherapie würden wir in diesem Zusammenhang nicht empfehlen, weil wir glauben, dass Kinder und ihre Eltern sehr davon profitieren können, wenn sie ganz konkrete Fähigkeiten und Strategien erlernen. Mit ihnen lassen sich die von schwachen Exekutivfunktionen verursachten Probleme unserer Erfahrung nach tatsächlich lösen.

Wann sind Tests angezeigt?

Eltern von Kindern mit größeren Problemen bei den Exekutivfunktionen fragen uns oft, ob sie ihr Kind testen lassen sollten. Wir sind keine großen Verfechter von Tests zur Bestimmung von Schwächen bei den Exekutivfunktionen. Denn die bisher entwickelten Tests reichen häufig nicht an das heran, was die Eltern und Lehrer über das Kind wissen. Dennoch kann es Situationen geben, in denen Tests nützlich sein können, zum Beispiel:

- Wenn Sie meinen, dass Ihr Kind in der Schule zusätzliche Förderung braucht, diese aber nur eingeleitet werden kann, wenn der Bedarf durch einen Test dokumentiert ist.

- Wenn Sie meinen, dass es ein zusätzliches Lernproblem (wie eine Lernbehinderung oder eine Aufmerksamkeitsstörung) geben könnte, die sich durch einen Test abklären ließe.
- Wenn Sie meinen, dass es für das fragliche Verhalten Erklärungen geben könnte, die nach anderen Behandlungsoptionen verlangen würden. Psychische Störungen wie bipolare Störungen, Angststörungen, Depressionen oder Zwangsstörungen wirken sich negativ auf die Exekutivfunktionen aus. Es gibt Behandlungsoptionen, die speziell für Störungen wie diese entwickelt wurden (darunter sowohl medikamentöse als auch psychotherapeutische Ansätze). Eine präzise Diagnose könnte hier den Weg zu einer angemessenen Intervention weisen.

Tests, die auch Stärken und Schwächen bei Exekutivfunktionen berücksichtigen, können von Psychiatern, Psychologen, Neuropsychologen oder auch von Schulpsychologen durchgeführt werden. Lassen Sie sich hierzu von der Schule, dem psychologischen Dienst der Schulbehörde, dem Jugendamt oder einer Erziehungsberatungsstelle beraten.

Neben üblichen Tests wie etwa einem Intelligenz- oder einem Leistungstest würden dabei Skalen zum Einsatz kommen, die speziell dafür entwickelt wurden, die Ausprägung der Exekutivfunktionen zu messen (zum Beispiel das **B**ehavior **R**ating **I**nventory of **E**xecutive **F**unction, BRIEF). Zusätzlich würden – in der Regel in einem ausführlichen Gespräch mit den Eltern – Informationen über die im Alltag auftretenden Probleme gesammelt. Diese Informationen geben oft schon erste Hinweise darauf, welche Interventionen sinnvoll sein könnten. Und geeignete Interventionen sind ja schließlich der primäre Zweck einer solchen Untersuchung.

Einige Gedanken zum Einsatz von Medikamenten

Medikamente werden eingesetzt, um Störungen wie ADHS, Angst- und Zwangsstörungen zu behandeln. Sie können – sozusagen als «Nebenwirkung» – auch zu einer Verbesserung bei den Exekutivfunktionen führen, sind aber nicht speziell für diesen Zweck gedacht.

Stimulanzien werden bei ADHS gegeben, um Symptome wie leichte Ablenkbarkeit, Schwierigkeiten beim Abschließen von Aufgaben, Hyperaktivität und mangelnde Impulskontrolle in den Griff zu bekommen. Kinder mit ADHS arbeiten effizienter und ausdauernder, wenn Sie diese Medikamente nehmen. Daher können auch Verbesserungen beim Zeitmanagement und der zielgerichteten Beharrlichkeit zu beobachten sein. Bei Angststörungen gegebene Medikamente können Probleme mit der emotionalen Regulation lindern, wenn diese auf eine unterschwellige Ängstlichkeit zurückgehen. Unseres Wissens gibt es jedoch keine Studien, die überprüft hätten, wie sich Medikamente auf bestimmte Exekutivfunktionen oder auf die Bewältigung von Aufgaben mithilfe spezifischer Exekutivfunktionen auswirken können.

Die Eltern, die in unsere Sprechstunde kommen, ziehen es in der Regel vor, zunächst nichtmedikamentöse Interventionen auszuprobieren – und wir unterstützen sie darin. Der Einsatz von Medikamenten könnte Eltern und Lehrer zu der Annahme führen, diese könnten allein ausreichen, um das Problem zu lösen. Wir glauben dagegen, dass die Wirksamkeit von Medikamenten verbessert werden kann, wenn sie mit verhaltenstherapeutischen oder psychosozialen Interventionen kombiniert wird. Darüber hinaus legen einige Untersuchungen nahe, dass geringere Dosen von Medikamenten ausreichen, wenn sie von anderen Maßnahmen flankiert werden. Aus diesem Grund empfehlen wir, erst einmal das Umfeld zu verändern, die Kommunikation zwischen Elternhaus und Schule zu verbessern und angemessene Anreizsysteme auszuprobieren. Im Anschluss kann man dann immer noch den Einsatz von Medikamenten erwägen.

Dennoch kann es Zeiten geben, in denen der Einsatz von Medikamenten gerechtfertigt ist. Für Kinder mit ADHS gibt es eine Reihe von Warnsignalen, die anzeigen können, dass ein Versuch mit Medikamenten in Frage käme:

- *Wenn die Aufmerksamkeitsstörung (insbesondere die Impulsivität und motorische Hyperaktivität) sich negativ auf die Fähigkeit des Kindes auswirkt, Freundschaften anzuknüpfen oder zu pflegen.* Die Fähigkeit, in der Kindheit soziale Beziehungen einzugehen, ist ein starker Prädiktor für eine gute Anpassung im späteren Leben. Wenn Aufmerksamkeitsprobleme dies verhindern, kann die Gabe von Medikamenten gerechtfertigt sein.
- *Wenn die Aufmerksamkeitsstörung sich negativ auf die Selbstachtung auswirkt.* Selbst Kindern mit leichteren Formen von ADHS wird oft bewusst, dass sie aufgrund ihrer Aufmerksamkeitsprobleme in der Schule auffallen (zum Beispiel weil der Lehrer sie ständig ermahnt, doch besser aufzupassen) oder bei Klassenarbeiten schlechtere Noten bekommen (zum Beispiel weil sie zu viele Flüchtigkeitsfehler machen). Es kann dazu kommen, dass ein Kind anfängt, negative Aussagen über sich selbst zu treffen. In diesem Falle wirkt sich die Aufmerksamkeitsstörung wahrscheinlich nachteilig auf die Selbstachtung aus – eine Auswirkung, die durch den Einsatz von Medikamenten reduziert werden könnte.
- *Wenn die Aufmerksamkeitsstörung direkt die Lernfähigkeit des Kindes beeinträchtigt.* Dies kann auf verschiedene Weisen geschehen: (1) Die betroffenen Kinder haben im Unterricht nur eine kurze Aufmerksamkeitsspanne. Dadurch

verpassen sie Anweisungen oder schaffen für die Stillarbeit vorgesehene Aufgaben nicht. (2) Die Kinder sind derart leicht frustriert, dass sie aufgeben und der Lernprozess unterbrochen wird. (3) Den Kindern fehlt die Geduld, Aufgaben zu planen und auszuführen, die sich nicht auf Anhieb erledigen lassen. So gibt es Kinder mit Aufmerksamkeitsstörung, die nicht langsamer (sprich: sorgfältiger) arbeiten können, wenn dies für den Erfolg notwendig wäre. Zum anderen gibt es Kinder, die Probleme nicht in Schritten lösen können. Daher sind sie nicht fähig, die für den Erfolg notwendigen Teilschritte zu durchdenken.

- *Wenn das Kind so viel Mühe aufbringen muss, um seine Ablenkbarkeit, Impulsivität oder motorische Aktivität in den Griff zu bekommen, dass dies seine emotionale Anpassung stört.*

Eltern von Kindern oder Jugendlichen, die Probleme mit der emotionalen Regulation haben, weil sie unterschwellig depressiv oder ängstlich sind, sollten den Schweregrad dieser Probleme abwägen. Erst dann sollten sie sich für eine medikamentöse Therapie entscheiden. Studien über Erwachsene legen nahe, dass eine kognitive Verhaltenstherapie bei der Behandlung von Angst und Depression ebenso wirksam sein kann wie Medikamente. Vielleicht steht eine solche Therapie aber nicht zur Verfügung. Ist zudem die Depression oder Angst des Kindes so tiefgreifend, dass sie die Lebensqualität erheblich beeinträchtigt, ist der Einsatz von Medikamenten erwägenswert.

23 Zusammenarbeit mit der Schule

Kinder mit schwachen Exekutivfunktionen haben nicht nur zuhause Probleme, sondern auch in der Schule. Tatsächlich sind es häufig die Schulprobleme, die Eltern in unsere Sprechstunde führen. Viele von ihnen arbeiten hart daran, die Probleme zuhause in den Griff zu bekommen. Sie haben aber keinerlei Kontrolle über das schulische Umfeld und die dort auftretenden Schwierigkeiten. Gerade das empfinden sie als besonders frustrierend. Dieses Buch wäre unvollständig, wenn es keine Ratschläge dazu enthalten würde, wie Eltern mit der Schule ihres Kindes zusammenarbeiten können.

Eines haben wir aus der jahrelangen Arbeit mit Eltern, Lehrern und Schülern vor allem gelernt: Damit es zu echten Verbesserungen kommen kann, *müssen sich alle anstrengen.* Lehrer müssen für Kinder mit Schwächen bei den Exekutivfunktionen mehr tun als für andere Schüler. Sie müssen sie vor allem stärker überwachen und anleiten. Schüler mit Schwächen bei speziellen Fähigkeiten müssen härter arbeiten als ihre Altersgenossen, bei denen sich die fraglichen Fähigkeiten normal entwickelt haben. Unserer Erfahrung nach treten Spannungen, Konflikte und Unzufriedenheit am wahrscheinlichsten auf, wenn eine der drei Parteien nicht seinen Teil der Last trägt.

Auch taktisch gesehen ist ein auf Kooperation konzentrierter Ansatz zu empfehlen. Er funktioniert in der Regel besser als Schuldzuweisungen und Vorwürfe, will man Lehrer davon überzeugen, ihren Umgang mit einem Kind zu ändern. Davon ausgehend, dass sich alle Beteiligten anstrengen müssen, raten wir, das Gespräch mit dem Lehrer Ihres Kindes mit einer Beschreibung des Problems zu beginnen. Schildern Sie ihm, wie Sie die Lage sehen. Betonen Sie, dass Sie bereit sind, erzieherische Maßnahmen zu ergreifen und auch Ihrem Kind einiges abzuverlangen. Schließen Sie eine offene Frage an: «Was meinen Sie, was in dieser Situation helfen würde?» Hat Ihr Kind Probleme damit, alle seine Hausaufgaben zu machen und abzugeben, könnten Sie sagen: «Wir sind bereit, täglich sein Hausaufgabenheft zu überprüfen und mit ihm einen Hausaufgabenplan aufzustellen. Außerdem haben wir vor zu kontrollieren, ob es die Aufgaben tatsächlich fertiggestellt, in die richtige Mappe und am nächsten Morgen in seinen Ranzen gepackt hat. Was könnte man sonst noch tun um sicherzustellen, dass es die Hausaufgaben abgibt?» Es kann sein, dass der Lehrer Ihres Kindes sich fragt, was er mit der ganzen Sache zu tun hat. Falls er wissen will, warum Sie das Ganze unter dem Gesichtspunkt der Exekutivfunktionen sehen, können Sie ihn auf dieses Buch verweisen. Vielleicht ist ihm dieser Ansatz neu und er kann selbst noch etwas lernen.

Hier einige Fragen, die uns Eltern in unserer Sprechstunde immer wieder stellen:

Der Lehrer meiner Tochter denkt offenbar, dass es uns allen sehr viel besser ginge, wenn meine Tochter Medikamente nähme. Ich würde aber gern zuerst andere Methoden ausprobieren, ehe ich zu Medikamenten greife. Wie soll ich mich dem Lehrer gegenüber verhalten? Unsere Antwort auf diese Frage ist eindeutig: Ob Medikamente gegeben werden oder nicht, gehört grundsätzlich nicht in den Entscheidungsbereich der Schule. Die Frage der medikamentösen Behandlung sollte ausschließlich zwischen Ihnen und dem Arzt Ihres Kindes geklärt werden. Ihre Ablehnung des Vorschlags akzeptieren Lehrer oder andere pädagogische Fachkräfte möglicherweise leichter, wenn Sie sie mit einer gewissen Zögerlichkeit gegenüber der Einnahme von Medikamenten begründen. Sie könnten sagen: «Mir ist nicht wohl dabei, wenn mein Kind Medikamente nimmt. Ich weiß, dass es Nebenwirkungen geben kann und das macht mir Sorgen. Erst einmal möchte ich Folgendes ausprobieren …» Es ist gut Lehrern zu zeigen, dass Sie bereit sind, sich für die Sache zu engagieren. Wirken Sie überzeugend, sind vielleicht auch die Lehrer eher zu Anstrengungen bereit.

Der Lehrer meines Kindes sagt, er würde auf die Probleme meines Kindes eingehen. (Er würde also zum Beispiel am Ende des Schultags prüfen, ob es alles dabei hat, was es für die Hausaufgaben braucht. Oder ihm wöchentlich einen Feedback-Zettel mitgeben, damit ich weiß, ob es fehlende Hausaufgaben gab). Aber dann vergisst er es einfach und mein Sohn hat infolgedessen mehrfach seine Hausaufgaben nicht gemacht. Was kann ich tun? Ist der Lehrer gutwillig (hat aber möglicherweise selbst eine Schwäche bei den Exekutivfunktionen), sollten Sie Mitgefühl zeigen. «Ich weiß, dass Sie am Ende des Schultags viel zu tun haben. Kann ich etwas tun, um Sie zu unterstützen?» Manche Lehrer stimmen nur widerwillig zu, zusätzliche Signale oder Anleitungen zu geben. «Vergessen» sie es dann und man erinnert sie daran, kommt die Wahrheit heraus, «Ich finde, Ihr

Kind sollte das selbst schaffen», könnte eine Antwort sein, die Sie in einer solchen Situation zu hören bekommen. Die Reaktion darauf könnte lauten: «Wir haben schon alles versucht und es hat nicht gewirkt. Wir müssen mehr tun und sollten das Kind nicht mit seinen Problemen allein lassen.» Aber es gibt auch Möglichkeiten, Lehrern ihren Job einfacher zu machen. Vielen Eltern empfehlen wir zum Beispiel, den Lehrern wöchentlich eine E-Mail zu schreiben und nach fehlenden Hausaufgaben zu fragen. Es ist einfacher, auf eine E-Mail zu antworten als selbst eine zu schreiben. Dies reduziert die Belastung für die Lehrer und macht die Bitte um Kommunikation für sie leichter handhabbar. Wir haben auch Mütter kennen gelernt, die einmal in der Woche in die Schule des Kindes gegangen sind, um Schreibtisch und Schließfach auszuräumen. In keinem dieser Fälle nehmen Lehrer oder Eltern das Kind aus der Verantwortung. Vielmehr schaffen sie Systeme, die dem Kind mehr Eigenverantwortung zuteilen. Gleichzeitig leiten Sie es verstärkt an und überwachen es stärker.

Welche Hilfe bei der Vermittlung von Exekutivfunktionen kann ich vernünftigerweise von einem Klassenlehrer erwarten? Wir haben festgestellt, dass es Lehrern am besten gelingt, bestimmte Fähigkeiten zu vermitteln, wenn sie Rituale einführen, die für die ganze Klasse gelten. Solche Rituale helfen den Kindern, Funktionen wie Organisation, Planung, Gedächtnis und Zeitmanagement weiterzuentwickeln. Am besten ist es, wenn die Rituale in den ganz normalen Unterricht eingebettet sind. Die Kinder lernen, wie man längerfristige Aufgaben in mehrere Schritte unterteilt und Zeitleisten entwickelt, um die Teilaufgaben rechtzeitig fertig zu stellen. Sie lernen außerdem, zu einem ganz bestimmten Zeitpunkt ihre Hausaufgaben abzugeben. Dazu gehört, dass sie am Ende des Schultags ganz bewusst alles einpacken, was sie brauchen, um ihre Hausaufgaben zu erledigen. Feste Regeln für das Verhalten im Klassenzimmer helfen Kindern, Impulse zu beherrschen und ihre Emotionen zu regulieren. Sehr gut ist es, wenn die Regeln immer wieder einmal durchgesprochen werden (zum Beispiel ehe ein Gast in die Klasse kommt oder vor den Pausen).

Weil Lehrer – wie alle andern Menschen auch – bei den Exekutivfunktionen Stärken und Schwächen haben, bauen manche von ihnen solche Rituale stärker in den Schultag ein als andere. Vielleicht hat Ihr Kind Lehrer, die dies nicht beherrschen. Dann kann es sinnvoll sein, nach anderen Ressourcen Ausschau zu halten. So können Sie sich zum Beispiel an Beratungslehrer oder Schulpsychologen wenden. Gibt es an Ihrer Schule Besprechungsrunden, die gemeinsam diskutieren, wie mit den Verhaltensproblemen einzelner Schüler umzugehen ist? Sie könnten darum bitten, Ihr Kind auf die Liste zu setzen und sich mit dem Team treffen, um nach Lösungen für das Problem zu suchen.

Wann sind Probleme mit den Exekutivfunktionen schwer genug, um zusätzliche Fördermaßnahmen beantragen zu können? Wie komme ich an solche Hilfen heran? In Bezug auf diese Fragen schließen wir uns der allgemeinen Faustregel an: Zusätzliche Fördermaßnahmen sind gerechtfertigt, wenn Schwächen bei den Exekutivfunktionen die Fähigkeit des Kindes, erfolgreich am Schulunterricht teilzunehmen, deutlich beeinträchtigen. Schlechte Noten wären dafür natürlich ein deutlicher Hinweis. Aber wir meinen, dass Noten, die nicht das Potenzial eines Kindes widerspiegeln, in gleicher Weise einen Bedarf an zusätzlicher Förderung signalisieren. Vorausgesetzt, dass die Diskrepanz auf schwache Exekutivfunktionen zurückgeführt werden kann. Eine solche Förderung kann schon allein dadurch geschehen, dass die Lehrer im Unterricht verstärkt an der fraglichen Exekutivfunktion arbeiten (wie in der Antwort auf die vorige Frage beschrieben). Es kann aber auch eine besondere pädagogische Förderung erfolgen, auf die in manchen Ländern, wie zum Beispiel in den USA ein gesetzliches Anrecht besteht. In Deutschland ist sie von Bundesland zu Bundesland, ja oftmals gar von Schule zu Schule unterschiedlich geregelt. Am niedrigschwelligsten sind individuelle Fördermaßnahmen. Diese greifen dem fraglichen Kind mit weiterführenden Erklärungen, persönlich zugeschnittenen Extraaufgaben und möglicherweise auch mit zusätzlichen Einzelstunden unter die Arme. Hinzu kommen Sonderregeln im Klassenzimmer, die das Kind in die Lage versetzen sollen, vom Unterricht besser zu profitieren. Dazu gehören zum Beispiel zusätzliche Pausen, damit ein Kind mit schwacher Aufmerksamkeitssteuerung ab und an aufstehen, herumgehen oder das Klassenzimmer kurzfristig verlassen kann. Der nächste Schritt wäre ein gewisser «Nachteilsausgleich». Dieser kann zum Beispiel in verlängerten Bearbeitungszeiten oder differenzierten Aufgabenstellungen bei Klassenarbeiten bestehen. Oder er kann die Benutzung von Hilfsmitteln, das Ersetzen von schriftlichen durch mündliche Leistungsnachweise und Ähnliches beinhalten. Auch Benotungsverfahren können angepasst werden. So kann zum Beispiel die tägliche Mitarbeit stärker bewertet werden als die Klassenarbeiten, wenn das betroffene Kind bei diesen aufgrund seiner exekutiven Schwächen immer nur schlecht abschneidet.

Suchen Sie das Gespräch mit den Lehrern Ihres Kindes und fragen Sie, welche Maßnahmen in Frage kommen könnten. Zusätzlich haben Sie die Möglichkeit, sich an das Jugendamt zu wenden, das bei Bedarf Jugend- und Erziehungshilfemaßnahmen finanziert. Auch sozialpädagogische Lernhilfen werden vom Jugendamt organisiert. Erziehungsberatungsstellen geben ebenfalls Hilfestellung und beraten über die zur Verfügung stehenden Angebote.

Häufig sind solche Maßnahmen bei Kindern mit Problemen bei den Exekutivfunktionen aber gar nicht notwendig. Interventionen, die von der Schule und vom Elternhaus in enger Absprache gemeinsam getragen und im normalen

Unterricht umgesetzt werden, erweisen sich häufig als wesentlich effizienter. Stellen wir uns vor, der 15-jährige Kevin schnitte in Geometrie schlecht ab, weil er nicht einmal die Hälfte seiner Hausaufgaben einreicht. In den Klassenarbeiten bekommt er passable Noten, weil er die meisten Hausaufgaben macht, sie aber entweder verbummelt oder vergisst, sie abzugeben. Eltern und Lehrer sind bereit, Kevin (der offenkundig Probleme mit der Organisation und dem Arbeitsgedächtnis hat) gemeinsam zu helfen. Der erste Schritt bestünde darin, ihn in Systeme einzubetten, die ihn davon abhalten, seine Hausaufgaben zu verbummeln. Dazu gehören würde auch ein regelmäßiges Signal im Unterricht, das Kevin (und alle anderen Schüler) daran erinnert, die Hausaufgaben abzugeben. In einem gemeinsamen Gespräch könnten Kevin und seine Eltern und Lehrer überlegen, welche weiteren Schritte sich als hilfreich erweisen könnten. Sie berufen sich auf das Motto, dass sich *alle Beteiligten anstrengen* müssen. So könnten Kevins Eltern sich bereit erklären, jeden Abend, eh Kevin ins Bett geht, nachzuschauen, ob er seine Geometrie-Hausaufgaben in den dafür vorgesehenen Ordner geheftet hat. (Kevin hat sich in einem Schreibwarenladen extra dafür einen neongrünen Ordner ausgewählt). Wenn er ohne Ermahnung seiner Eltern daran gedacht hat, die Aufgaben abzuheften, geben ihm seine Eltern Punkte. Diese kann er sammeln, um für ein Computerspiel zu sparen. Sein Geometrielehrer nimmt sich vor, in jeder Stunde die Hausaufgaben einzeln von jedem Schüler einzusammeln, sobald die Hausaufgaben zu Ende besprochen sind. Sind diese Maßnahmen erfolgreich, gibt es keinen Bedarf an offiziellen Fördermaßnahmen mehr. Und es gibt keinen Grund zu glauben, dass sie es nicht sein werden, wenn alle Beteiligten konsequent ihre Rolle ausfüllen.

Für einen anderen Schüler wären natürlich ganz andere Maßnahmen notwendig. So für einen, der seine Hausaufgaben nicht einreicht, weil er den Stoff nicht versteht, wahrscheinlich unter anderem ein individueller Förderunterricht.

Wie lässt sich messen, ob mein Kind Fortschritte macht? Schulische Interventionen und Fördermaßnahmen sollten messbare Ziele haben. Es sollte zudem klar sein, wie der Fortschritt gemessen wird. Deshalb sollte immer festgehalten werden, welche Funktion angesprochen wird und wie sich die positive Veränderung im Verhalten niederschlägt. Die Messmethode ist an das Zielverhalten gebunden und sollte so objektiv wie möglich sein. Fortschritte lassen sich messen durch: (1) die Anzahl von Verhaltensweisen (zum Beispiel wie oft ein Kind auf dem Spielplatz in eine Schlägerei gerät); (2) eine Prozentzahl (zum Beispiel zu wie viel Prozent die Hausaufgaben pünktlich abgegeben wurden); (3) die Leistung (mithilfe einer sorgfältig definierten Leistungsskala); oder (4) ohnehin in der Schule gesammelte Daten (zum Beispiel Punkte bei Tests, Fehltage, Briefe an die Eltern, Anzahl der disziplinarischen Maßnahmen). Achten Sie darauf, dass Ziele und Messverfahren genau definiert sind und Sie auch klar verabredet haben, *was* und vor allem *wann* und *von wem* gemessen wird. Bitten Sie die Lehrer, Ihnen über die Fortschritte Ihres Kindes regelmäßig Feedback zu geben. Das geht sicherlich am einfachsten per E-Mail. Haben die Lehrer Ihres Kindes bisher noch wenig Erfahrung mit der Vermittlung und Messung von Exekutivfunktionen sammeln können, zeigen Sie ihnen die folgenden Tabellen mit praktischen Beispielen. Denken Sie auch hier daran, dass die Kooperation am besten gelingt, wenn Sie ohne jeden Feindbildgedanken auf die Lehrer Ihres Kindes zugehen.

Schauen wir uns als Erstes die Ziele und Messungen für einen Schüler an, der Schwierigkeiten damit hat, während des Unterrichts Aufgaben in Stillarbeit zu erledigen. Zuerst findet er den Anfang nicht. Dann bleibt er nicht lang genug bei der Sache, um sie auch wirklich fertigzustellen:

Initiieren von Handlungen/zielgerichtete Aufmerksamkeit	
Ziel 1	Schüler wird Aufgaben in Stillarbeit im vorgegebenen zeitlichen Rahmen fertigstellen.
Messung	Lehrer wird Anzahl der innerhalb der vorgegebenen Zeit fertiggestellten Aufgaben dokumentieren. Am Ende eines jeden Schultags werden die Ergebnisse von ihm und dem Schüler gemeinsam in eine Erfolgskurve übertragen.
Ziel 2	Schüler wird Aufgaben in Stillarbeit innerhalb von fünf Minuten nach der vorgegebenen Startzeit beginnen.
Messung	Lehrer wird zur Startzeit einen Timer stellen. Klingelt er, geht der Lehrer zu dem Schüler und sieht nach, ob er mit der Aufgabe begonnen hat. Die Prozentzahl der rechtzeitig begonnenen Aufgaben wird von Schüler und Lehrer am Ende jeden Tages in eine Erfolgskurve übertragen.

Hier Beispiele für die verschiedenen Exekutivfunktionen:		
Exekutiv-funktion	**Ziel**	**Fortschrittsmessung**
Reaktions-hemmung	Im Unterrichtsgespräch wird der Schüler sich in 90 Prozent aller Fälle per Handzeichen melden. Er wird warten, bis er aufgerufen wird, ehe er etwas sagt.	Lehrer wird den Prozentsatz der Handzeichen im Verhältnis zur absoluten Anzahl der Äußerungen berechnen. Schüler und Lehrer werden die Ergebnisse wöchentlich in eine Erfolgskurve übertragen.

Hier Beispiele für die verschiedenen Exekutivfunktionen:

Exekutiv-funktion	Ziel	Fortschrittsmessung
Arbeits-gedächtnis	Schüler wird alle Hausaufgaben pünktlich abgeben.	Lehrer wird wöchentlich den Prozentsatz der pünktlich einge-reichten Hausaufgaben berech-nen. Die Ergebnisse werden in ein Programm eingegeben und dem Schüler und seinen Eltern am Ende jeder Woche zugemailt.
Emotionale Regulation	Schüler wird Ruhe bewahren, wenn er Aufgaben bekommt, die er frustrierend findet.	Lehrer wird eine Strichliste über Wutausbrüche in Stillzeit-arbeitsphasen führen. Die Liste wird er wöchentlich in eine Kurve übertragen und dem Schüler am Ende jeder Woche die Kurve zeigen.
Aufmerk-samkeits-steuerung	Schüler wird Aufgaben in Still-arbeit innerhalb des vom Lehrer vorgegebenen Zeitraums fertig-stellen.	Lehrer wird den Prozentsatz der pünktlich fertiggestellten Auf-gaben berechnen. Schüler und Lehrer werden die Ergebnisse täglich in eine Erfolgskurve ein-tragen.
Initiieren von Hand-lungen	Schüler wird Aufgaben in Still-arbeit spätestens fünf Minuten nach der Startzeit beginnen.	Lehrer wird zur Startzeit einen Timer stellen. Klingelt der Timer, geht der Lehrer zu dem Schüler und sieht nach, ob er mit der Aufgabe begonnen hat. Die Prozentzahl der rechtzeitig begonnenen Aufgaben wird von Schüler und Lehrer täglich in eine Erfolgskurve übertragen.
Planen/ Setzen von Prioritäten	Schüler wird mithilfe des Leh-rers für alle längerfristigen Auf-gaben Planungsformulare aus-füllen. Er wird die einzelnen Arbeitsschritte genau beschrei-ben und mit einer Zeitleiste kombinieren.	Lehrer wird die Formulare über-prüfen und die Planung gemein-sam mit dem Schüler mithilfe einer Skala von 1 bis 5 bewerten (1 = schlecht geplant; Elemente fehlen; Zeitleisten sind unrealis-tisch oder unpräzise, 5 = gut geplant; alle wichtigen Elemente präzise definiert, Zeitleisten vollständig und realistisch). Die Punkte werden in eine fortlau-fende Erfolgskurve übertragen.

Hier Beispiele für die verschiedenen Exekutivfunktionen:

Exekutiv-funktion	Ziel	Fortschrittsmessung
Organisation	Schüler wird seinen Arbeitsplatz im Klassenzimmer regelmäßig aufräumen, Bücher, Hefte, Stifte und so weiter ordentlich aufbewahren und keine überflüssigen Materialien herumliegen lassen.	Schüler und Lehrer werden gemeinsam eine Liste schreiben, was zu einem ordentlichen Arbeitsplatz dazugehört. Lehrer wird in unregelmäßigen Abständen, aber mindestens einmal pro Woche Stichproben machen. Er wird gemeinsam mit dem Schüler ankreuzen, wie viele Punkte auf der Liste erfüllt sind. Ergebnisse werden in einer fortlaufenden Kurve festgehalten.
Zeit-management	Schüler wird täglich die Dauer seiner Hausaufgaben richtig einschätzen, einen Hausaufgabenplan aufstellen und befolgen.	Schüler wird täglich alle Hausaufgaben in eine Tabelle eintragen und einschätzen, wie lange es dauern wird, sie fertig zu stellen. Anschließend wird die tatsächlich benötigte Zeit gestoppt. Schüler und Lehrer schauen täglich den Plan des Vortages an und bewerten, wie gut der Plan befolgt wurde. Sie verwenden dabei eine Skala von 1 bis 5 (1 = schlechter Plan, schlechte Ausführung, 5 = guter Plan, erfolgreich ausgeführt). Ergebnisse werden in eine fortlaufende Kurve übertragen.
Zielgerichtete Beharrlichkeit	Schüler wird mithilfe eines Beraters Bewerbungsformulare ausfüllen, sich bei mindestens vier Hochschulen oder Ausbildungsbetrieben bewerben und die Bewerbungen vor Ablauf der Fristen abschicken.	Schüler und Berater werden einen Plan mit genau terminierten Einzelschritten für die Fertigstellung der Bewerbungen aufstellen. Berater wird notieren, wie viele Erinnerungshilfen der Schüler braucht, um die einzelnen Schritte abzuschließen. Die Ergebnisse werden in eine Kurve übertragen und wöchentlich mit dem Schüler besprochen.

Hier Beispiele für die verschiedenen Exekutivfunktionen:		
Exekutiv-funktion	**Ziel**	**Fortschrittsmessung**
Flexibilität	Schüler wird Bewältigungs-strategien einsetzen, um weiter-machen zu können, wenn er bei der Erledigung von Hausauf-gaben auf Hindernisse stößt.	Schüler wird Checkliste von Be-wältigungsstrategien aufstellen. Lehrer wird notieren, wie oft der Schüler innerhalb von fünf Minuten zu seiner Arbeit zurückkehrt.

24 Wie geht es weiter?

Von Mark Twain stammt der Ausspruch: «Als ich 14 war, war mein Vater so dumm, dass ich ihn kaum ertragen konnte. Aber als ich 21 wurde, war ich doch erstaunt, wie viel der alte Mann in sieben Jahren dazugelernt hatte.»

Wir haben uns in diesem Buch in erster Linie mit Kindern im unteren Bereich der von Mark Twain genannten Altersspanne beschäftigt. Bestimmt fragen Sie sich aber auch, was Sie erwartet, wenn Ihr Kind in der Pubertät weiter voranschreitet und schließlich zum jungen Erwachsenen wird.

Verschiedene Faktoren wirken zusammen, um Teenagern und ihren Eltern das Leben schwer zu machen. Konformität ist Kindern in diesem Alter wichtiger als je zuvor oder danach. Sie wollen unbedingt so normal wie möglich, ja am liebsten so wie alle andern sein. Und jede Vorstellung, an ihren Exekutivfunktionen könnte irgendetwas nicht konform sein, weisen sie weit von sich. Einstellungen und Motivation werden jetzt von Gleichaltrigen sehr viel stärker beeinflusst als von den Eltern. Gleichzeitig entwickelt sich die Fähigkeit, abstrakt zu denken. Sehr gern wird sie in ausgiebigen Streitgesprächen mit den Eltern ausprobiert. Das passt zu einer anderen wichtigen Entwicklungsaufgabe in dieser Phase: die eigene Unabhängigkeit zu erlangen. Paart sich dies mit dem typisch pubertären Dünkel, ohnehin viel mehr zu wissen als die Eltern, kann dieses Alter für die Erwachsenen zur echten Belastungsprobe werden. Aber das Zitat von Mark Twain macht auch klar, dass es vorübergeht. Eltern von pubertierenden Teenagern brauchen deshalb vor allem eines: Geduld. Es mag nicht immer leicht sein, sie aufzubringen. Aber wir wissen aus Erfahrung: Mit zunehmender Reife wird es wieder besser.

Es gibt einen weiteren Grund dafür, dass Teenager mehr denn je mit Schwächen bei den exekutiven Funktionen zu kämpfen haben. Die an diese Funktionen gestellten Anforderungen werden immer größer. In der Schule wird von Jugendlichen erwartet, dass sie eigenständig arbeiten, komplexe Aufgaben lösen, mehr Verantwortung übernehmen, längerfristige Aufgaben wie das Lernen für Prüfungen planen und aus vielen Teilschritten bestehende Projekte pünktlich zu Ende bringen. Gleichzeitig fällt die Unterstützung, die sie in jüngeren Jahren von Eltern und Lehrern bekommen haben, schrittweise weg. Eltern und Lehrer gehen davon aus, dass sie das Ruder nun selbst in die Hand nehmen können.

Außerdem lehnen Teenager die Unterstützung, von der sie bisher sehr profitiert haben, zunehmend ab. Auch dies passt zu ihrer Entwicklungsaufgabe, Unabhängigkeit zu gewinnen und sich von erwachsenen Autoritätsfiguren zu lösen. Schließlich gibt es immer mehr Interessen und Aktivitäten, die um ihre Zeit konkurrieren. Für Teenager ist vieles attraktiver als Hausaufgaben zu machen. Meist legen sie in diesem Alter der Schule gegenüber ohnehin eine «Dienst nach Vorschrift»-Einstellung an den Tag. Gibt es eine Vielzahl verlockenderer Alternativen, verstärkt sich diese Tendenz.

All dies spricht für den Versuch, mit Ihrem Kind an der Verbesserung spezieller Fähigkeiten zu arbeiten, ehe es von den Entwicklungsaufgaben der Pubertät allzu stark in Anspruch genommen wird. Falls Sie den letzten Schuljahren Ihres Kindes banger entgegensehen als das Kind selbst, hier einige zu diesem Alter passende Verhaltensstrategien:

- *Machen Sie sich natürliche oder logische Konsequenzen zunutze.* Eine natürliche Konsequenz davon, dass man seine Hausaufgaben während der Woche nicht fertig bekommt, besteht darin, dass man sie am Wochenende fertig machen muss. Eine logische Konsequenz ist, dass man am Samstagabend nicht mit seinen Freunden ausgehen kann, weil man die Zeit zum Lernen braucht.
- *Machen Sie den Genuss von Privilegien von Leistung abhängig.* Für Jugendliche mit Führerschein wird die Erlaubnis, das Familienauto nutzen zu können, zu einem äußerst großen Anreiz. Gleichermaßen können all die vielen elektronischen Spielzeuge, die sich Teenager so sehnlichst wünschen, im Laufe der Zeit verdient und nach festen Regeln benutzt werden.
- *Seien Sie zu Verhandlungen bereit und schließen Sie auf Gegenseitigkeit beruhende Verträge.* Unflexible Eltern – und solche, die starke Vorbehalte gegen den Einsatz von Anreizen haben – berauben sich großer Chancen zur Ankurbelung der Motivation.
- *Arbeiten Sie an Ihrer positiven Kommunikationsfähigkeit.* Nichts lässt ein Gespräch mit einem Teenager schneller vor die Wand fahren als mangelndes Zuhören, sarkastische Bemerkungen und gegenseitige Beschimpfungen. Auch wenn Ihr Kind damit anfangen mag – lassen Sie sich nicht anstecken! In der folgenden Tabelle finden Sie eine Liste nützlicher Kommunikationsstrategien.

Kommunikationsstrategien	
Falls andere dies tun:	**Setzen Sie dies dagegen:**
Mit Schimpfwörtern um sich werfen.	Gefühle ausdrücken, ohne andere zu verletzen.
Den anderen herabsetzen.	«Ich bin wütend, weil du …»
Den anderen unterbrechen.	Sich abwechseln; sich kurz fassen.
Zu viel kritisieren.	Das Gute ebenso wie das Schlechte erwähnen.
Sofort zur Verteidigung übergehen.	Erst zuhören, dann ruhig widersprechen.
Vorträge halten.	Dinge kurz und direkt sagen.
Den anderen nicht anschauen.	Augenkontakt herstellen.
Nachlässig dahocken.	Gerade sitzen, Aufmerksamkeit signalisieren.
In sarkastischen Tonfall sprechen.	In normalem Tonfall sprechen.
Vom Thema abschweifen.	Ein Thema erst beenden, bevor Sie von anderen Dingen sprechen.
Das Schlimmste denken.	Keine voreiligen Schlussfolgerungen ziehen.
Die Vergangenheit hervorkramen.	Sich an die Gegenwart halten.
Die Gedanken des anderen lesen.	Nach der Meinung des anderen fragen.
Befehle geben.	Freundlich fragen.
Mit Schweigen bestrafen.	Sagen, was Sie ärgert.
Etwas abtun.	Die Sache ernst nehmen.
Alles pauschal abstreiten.	Zugeben, was Sie getan haben; ungerechtfertigten Vorwürfen freundlich widersprechen.
Auf kleinen Fehlern herumhacken.	Betonen, dass niemand perfekt ist; kleine Fehler auch mal übersehen.

Aus: Robin, A. T. (1998). ADHD in Adolescents: Diagnosis and Treatment. Wiedergabe mit freundlicher Genehmigung der Guilford Press.

Unterschätzen Sie nicht den Einfluss, den Sie weiterhin nehmen können, auch wenn das Feedback Ihres Kindes zunächst etwas anderes besagt. Wie sehr habe ich (Peg Dawson) mich gefreut, als mein ältester Sohn mit 25 Jahren in einem öffentlichen Forum berichtete, er habe von seiner Mutter über den Umgang mit seinen Aufmerksamkeitsproblemen viel gelernt. Einige der Strategien, die sie ihm beigebracht habe, hätten wirklich funktioniert. Als er 17 war, hätte ich mir das nicht träumen lassen!

Es scheint also durchaus möglich zu sein, in dieser Phase noch etwas Einfluss auf die Kinder zu behalten. Doch was können wir tun, damit unsere Vorschläge auch angehört und – noch wichtiger – die Exekutivfunktionen des Kindes und damit seine Eigenständigkeit auch weiter gefördert werden? In diesem Buch haben wir immer wieder betont, wie nötig es ist, Kinder in die Lösung von Problemen einzubeziehen. Im Übergang zum Erwachsenenalter ist dies besonders wichtig. Wenn Sie Ihrem Teenager noch etwas beibringen wollen, müssen Sie eine Rolle finden, die irgendwo zwischen Elternteil und Coach angesiedelt ist. Gehen Sie, wenn immer möglich, gemeinschaftlich vor. Ermuntern Sie Ihr Kind, sich Alternativen anzuschauen, bewusst auszuwählen und Entscheidungen zu treffen. Aus der Sicht der Eltern mag dieser eher umständliche Prozess nicht effizient erscheinen. Aber das Ziel besteht auch nicht in einer effizienten, von den Eltern vorgefertigten Lösung. Das gilt auch dann, wenn diese die unmittelbaren Bedürfnisse des Kindes und der Eltern vielleicht am besten befriedigen würde. Vielmehr geht es darum, dem Kind einen Rahmen zu bieten, den es aufgrund wiederholter Erfahrungen letztlich als eigene Grundlage zur Problemlösung übernehmen kann.

Ihr Kind hört mit größerer Wahrscheinlichkeit, was Sie zu sagen haben, wenn es Ihnen gelingt, über ihre eigenen Probleme beim Übergang zum Erwachsenenalter zu sprechen. Sie können bei der Gelegenheit allgemeine Problembereiche ansprechen. So können Sie zum Beispiel über das Zurechtkommen mit einem begrenzten Budget, das Ringen um Pünktlichkeit in der Ausbildung, im Studium oder beim ersten Job oder den Umgang mit verschiedenen Chefs/Kollegen berichten. Inzwischen wissen Sie ja, wo die Schwächen Ihres Kindes bei bestimmten Fähigkeiten liegen. Versuchen Sie, immer wieder einmal ein Samenkorn zu legen. Zum Beispiel indem Sie ansprechen, welche Situationen sich als schwierig entpuppen könnten. Tun Sie dies am besten beiläufig und lassen Sie die Information in Ruhe wirken. Halten Sie auf keinen Fall einen Vortrag oder machen eine Lektion daraus. Seine Lehren zieht Ihr Kind ohnehin nicht aus Ihren Warnungen, sondern aus der echten Lebenserfahrung. Natürlich kommt es häufig tatsächlich so wie von Ihnen vorausgesehen. Widerstehen Sie dann dem Drang herauszuplatzen: «Ich habe es dir ja gleich gesagt!» Eine gemeinschaftliche, problemlösende Diskussion ist noch immer möglich.

Sind Kinder mit der Schule fertig, von zuhause ausgezogen und auf dem Weg hinaus in die weite Welt (Studium, Ausbildung, erster Job, Militärzeit, Zivildienst, freiwilliges Jahr und so weiter), sind sie mit ganz neuen Herausforderungen konfrontiert: Sie müssen mit einem bestimmten Geldbetrag auskommen, müssen ihren Zeitplan selbst gestalten und in vielen neuen Situationen ihre Impulskontrolle unter Beweis stellen. Gleichzeitig gewinnen sie einen riesigen Vorteil: Sie können ganz viel selbst bestimmen. In der Kindheit und der frühen Pubertät werden viele Entscheidungen für sie getroffen und ihr hauptsächlicher «Job» besteht im Schulbesuch. Passen ihre speziellen Fähigkeiten nicht zu den gestellten Anforderungen, haben sie wenige Ausweichmöglichkeiten. Jetzt jedoch können sie wählen, was sie tun wollen.

Es ist von Vorteil, wenn junge Menschen ein Bewusstsein für ihre Stärken und Schwächen bei den Exekutivfunktionen haben. Sie können sich dann vermehrt Situationen und Aufgaben auswählen, die ihren Stärken in Hinsicht auf spezielle Fähigkeiten entsprechen. Unterstützen Sie diesen Prozess, indem Sie mit Ihrem Kind über seine starken und schwachen Seiten sprechen. Weisen Sie darauf hin, wie es sich gegenüber verschiedenen Anforderungen verhalten könnte. Bei Schwächen bei der Organisation oder beim Zeitmanagement kann es Ihrem Kind zum Beispiel schwerfallen, beim eigenen Bankkonto nicht in die roten Zahlen zu rutschen oder das erste eigene Auto pünktlich anzumelden. Ist Ihr Kind nicht flexibel genug, könnten Jobs, in denen man sich ständig wechselnden Zeitplänen oder Verantwortungsbereichen anpassen muss, Probleme aufwerfen. Je nachdem, wofür Ihr Kind sich entscheidet, können Sie überlegen, ob und wo Ihre Unterstützung gebraucht werden könnte.

Beim Übergang zum Erwachsenenalter haben *Erfahrungen* in der realen Welt eine viel größere Auswirkung auf das Verhalten als die Vorträge oder Ermahnungen der Eltern. Die Freiheit, sich an der Realität zu messen, kann andererseits sowohl bei Ihnen als auch bei Ihrem Kind eine gewisse Ängstlichkeit auslösen. Wir haben es heute mit einer Generation junger Menschen zu tun, die ihren Eltern vergleichsweise nahe stehen. Umgekehrt fühlen sich heutige Eltern auch ihren Kindern eng verbunden. Aus diesem Grund könnte eine gewisse Zurückhaltung bestehen, manches von der Realität regeln zu lassen. Schließlich waren wir jahrelang damit beschäftigt, unsere Kinder vor unangenehmen Situationen, Zurückweisungen und Fehlschlägen zu bewahren. Genau dies kann aber auch mit ein Grund dafür sein, warum viele Kinder auf den Übergang zum Erwachsenenalter so schlecht vorbereitet sind, eine These, die Mel Levine in seinem Buch *Ready or Not, Here Life Comes* sehr überzeugend darstellt. Anstatt zu versuchen, unser Kind auch weiterhin vor jedem Fehlschlag zu schützen, könnten wir mit Henry Ford versuchen, in allem eine Chance zu sehen: «Misserfolg ist lediglich eine Gelegenheit, es mit mehr Intelligenz noch einmal zu versuchen.»

Zum Glück gibt es Strategien, mit denen Sie Ihrem Kind helfen können, in und von der Realität zu lernen. So brauchen Ihre Kinder nicht das Gefühl zu haben, von Ihnen einfach aus dem Nest gestoßen worden zu sein. Eine Strategie besteht darin, Jugendliche bewusst in eine Situation zu bringen, die sie letztlich allein bewältigen müssen. Schicken Sie sie zur Versicherung, um sich nach den Kosten und Bedingungen für eine Autoversicherung zu erkundigen. Lassen Sie sie berechnen, wie viel sie monatlich für ihre Wohnungsmiete, Haushaltungskosten und Ausbildungszahlungen benötigen. All dies sind wichtige Lernerfahrungen. Mit ihnen bekommen junge Erwachsene die Gelegenheit, ihre eigenen Vorstellungen an die Realität anzupassen, und das in einem Kontext, in dem sie von anderen Erwachsenen und nicht den Eltern Informationen bekommen.

Ein Vater erzählte uns kürzlich von dem Plan seiner Tochter, sich selbstständig zu machen. Seine Versuche, ihr die «unrealistischen» Erwartungen auszureden und sie vor den Risiken zu warnen, machten sie nur umso entschlossener. Schließlich sah er ein, dass sein Versuch, sie vor sich selbst zu retten, nicht funktionieren würde. Er bot ihr daher seine Hilfe an. Gemeinsam listeten sie auf, welche Informationen sie brauchte. Die Tochter entschloss sich, einen Makler aufzusuchen und zu fragen, was ein kleiner Laden nach ihren Vorstellungen kosten würde. Sie hat sich noch nicht entschieden, ob sie ihre Idee weiterverfolgen will. Doch die Erfahrung war wertvoll und ihr Vater ist zuversichtlich, dass sie eine fundierte Entscheidung treffen wird.

Eine zweite – und kurzfristig deutlich schmerzhaftere – Strategie besteht darin, das Kind «ins Messer laufen» zu lassen. Diese Strategie ist vielen Eltern nicht neu. Immer wieder haben sie ihr Kind auch einmal negative Erfahrungen machen lassen. Sie hielten es zum Beispiel für sinnvoll, um seine Frustrationstoleranz zu erhöhen und seine Beharrlichkeit bei der Problemlösung zu fördern. Wohnt das Kind nicht mehr zuhause, können die Konsequenzen schwerwiegender sein. Das Ziel aber bleibt das Gleiche. Eigene Erfahrungen schaffen ein Bewusstsein, das Eltern mit noch so vielen Ermahnungen nicht erzielen können. Solch Erfahrungen könnten beispielsweise darin bestehen einen Strafzettel für ein falsch geparktes Auto zu bekommen, Überziehungszinsen für ein leeres Konto bezahlen zu müssen, mit einer nicht gedeckten Kreditkarte nicht mehr bezahlen zu können oder ein verbummeltes Handy (iPod, Autoschlüssel, Führerschein) ersetzen zu müssen. Mögen sie ein Problem vielleicht nicht vollständig beseitigen, so können die unangenehmen Auswirkungen wiederholter Konsequenzen eine starke Motivation zur Verhaltensänderung mit sich bringen.

Um diese Strategie effektiv zu nutzen müssen Sie sicher sein können, dass die Fehlschläge nicht mit solcher Häufigkeit oder Härte eintreten, dass das Kind völlig entmutigt wird. Geben Sie Ihrem Kind – in Abwandlung unseres bisher vertretenen Prinzips – das Minimum an erforderlicher Unterstützung. Auf diese Weise kann es sich nach einem Fehlschlag wieder aufrappeln und mit neuem Mut auf seinem Weg zur Unabhängigkeit voranschreiten.

Für uns alle, besonders aber für Kinder mit Schwächen bei den Exekutivfunktionen, sind Fehlschläge unvermeidlich. Weil dies so ist, kann ein rein auf die Realitätserfahrung abzielender Ansatz nach dem Motto: «Ein Kind, das man ins kalte Wasser wirft, lernt schon schwimmen», durchaus riskant sein. Eltern sollten unserer Ansicht nach ihren Kindern zunächst gezielt etwas beibringen. Während die Kinder das fragliche Problem zunehmend erfolgreich eigenständig bewältigen, sollten sie sich dann allmählich wieder zurückziehen. Denn nach unserer langjährigen Erfahrung sind Eltern und Kinder so am erfolgreichsten.

Ein paar Gedanken zum Abschied

Falls Sie dieses Buch von vorne bis hinten durchgelesen haben, kann es sein, dass Ihnen von den vielen neuen Informationen der Kopf schwirrt. Wir wollen Ihnen deshalb am Ende noch einen kurzen Überblick mit auf den Weg geben, der unsere wichtigsten Ratschläge zusammenfasst:

- Schärfen Sie Ihre Beobachtungsgabe dafür, wie sich Stärken und Schwächen bei den Exekutivfunktionen zu erkennen geben und unter welchen Umständen sie bevorzugt auftreten. Sprechen Sie mit Ihren Kindern darüber, damit sie die Schwächen ebenfalls erkennen und beim Namen nennen können.
- Beginnen Sie so früh wie möglich mit den in diesem Buch vorgestellten Strategien. Denken Sie aber auch daran: Wann immer Sie damit anfangen, Ihre Kinder werden in jedem Fall davon profitieren.
- Bringen Sie Kindern bei, große Aufgaben in kleine Schritte zu unterteilen. Unterstützen Sie die Kinder in all ihren Bemühungen und lassen Sie Ihre Hilfestellung nur ganz allmählich ausklingen.
- Weisen Sie auf Ressourcen (Menschen, Erfahrungen, Bücher) hin, die Kinder nutzen können, um sich Rat und Hilfe zu suchen, wenn sie dazu bereit sind.
- Überlegen Sie, welche Art von Unterstützung (Geld, Zeit, praktische Hilfe) Sie für wie lange und unter welchen Bedingungen geben können.
- Sagen Sie Ihren Kindern, worin ihr Beitrag besteht (zum Beispiel Schulnoten, Erledigung häuslicher Pflichten).
- Wenn Kinder Vereinbarungen nicht einhalten, sprechen Sie dies offen und zeitnah an. Der Rest der Welt (Chefs, Ausbilder, Unidozenten) wird dies nicht übersehen. Seien auch Sie konsequent.
- Erleben Kinder Rückschläge, reagieren Sie mit Verständnis und helfen Sie ihnen, sich wieder aufzurappeln. Denken Sie daran: Wenn Kinder ihre Prob-

leme selbst regeln wollen, ist dies ein gutes Zeichen. Das Gleiche gilt, wenn sie Hilfe nur suchen, weil sie meinen, dass sie sie auch brauchen, aber keineswegs von Ihnen gerettet werden wollen.

- Auf jeden Fall gilt: Ermutigen Sie Ihre Kinder in ihren Bemühungen, loben Sie ihre Erfolge und lassen Sie die Kinder wissen, dass Sie sie lieben.

Hilfreiche Bücher und andere Ressourcen

Bücher

Ahrens-Eippner, S. u. a.(2008) *Mutig werden mit Til Tiger: Ein Ratgeber für Eltern, Erzieher und Lehrer von schüchternen Kindern.* Göttingen: Hogrefe

Aust-Claus, E. & Hammer, P.-M. (1999). *Das ADS-Buch – Aufmerksamkeits-Defizit-Syndrom (Neue Konzentrationshilfen für Zappelphilippe und Träumer).* (2. Auflage). Ratingen: Oberstebrink.

Aust-Claus, E. & Hammer, P.-M.(2003). *ADS – Eltern als Coach. Aufmerksamkeits-Defizitssyndrom. Ein praktisches Workbook für Eltern.* Wiesbaden: Optimind Media

Baker, B. L. (2004). *Alltagsfähigkeiten. Wie mein Kind lernt zurecht zu kommen. Ein Ratgeber für Eltern und Erzieher.* Zirndorf: G & S Verlag.

Barkley, R. A. (2002). *Das große ADHS-Handbuch für Eltern (Verantwortung übernehmen für Kinder mit Aufmerksamkeitsdefizit und Hyperaktivität).* Bern: Huber.

Barkley. R. A. & Robin, A. T. (2010). *Herausforderung Teenager. Vertrauen gewinnen, Zugang finden, Konflikte lösen.* Bern: Huber.

Döpfner, M., Frölich, J. & Lehmkuhl, G. (2000). *Hyperkinetische Störungen.* Göttingen: Hogrefe.

Drechsler, R., Schellig, D., & Sturm, W. (Hg., 2009), *Handbuch neuropsychologischer Testverfahren 1: Aufmerksamkeit, Gedächtnis und exekutive Funktionen.* Göttingen: Hogrefe.

Goldberg, E. (2002): *Die Regie im Gehirn – Wo wir Pläne schmieden und Entscheidungen treffen.* Kirchzarten: VAK Verlag.

Farnkopf, R. (2009). *ADS und Schule: Tipps für Unterricht und Hausaufgaben.* Weinheim/Basel: Beltz.

Fitzner, T. & Stark, W. (Hrsg.) (2000). *ADS: verstehen – akzeptieren – helfen.* Weinheim/Basel: Beltz.

Fitzner, T. & Stark, W. (Hrsg.) (2004). *Doch unzerstörbar ist mein Wesen ....* Weinheim/Basel: Beltz.

Greene, R. W. (2011). *Plan B für Eltern von kleinen Tyrannen.* Winterthur: Edition Spuren.

Hartmann, T. (1997). *ADD – Eine andere Art, die Welt zu sehen.* Lübeck: Schmidt-Römhild.

Hartmann, T. (2004). *ADHS als Chance begreifen.* Lübeck: Schmidt-Römhild.

Klein-Heißling, J. & Lohaus, A. (2000) *Stresspräventionstraining für Kinder im Grundschulalter.* Göttingen: Hogrefe.

Neuhaus, C. (2001). *Hyperaktive Jugendliche und ihre Probleme.* Berlin: Urania.

Neuhaus, C. (2001). *Das «Träumerchen».* Iserlohn: Schriftenreihe MEDICE.

Neuhaus, C. (2007). *ADHS bei Kindern, Jugendlichen und Erwachsenen.* Stuttgart: Kohlhammer.

Neuy-Bartmann, A. (2005). *ADS. Erfolgreiche Strategien für Erwachsene und Kinder.* Stuttgart: Klett-Cotta.

Reimann-Höhn, U. (2002). *Langsam und verträumt.* Freiburg: Herder.

Schäfer, U. (2000). *Musst du dauernd rumzappeln? (Die hyperkinetische Störung: Ein Ratgeber).* (2. Auflage). Bern: Huber.

Schäfer, U. (2003). *Tim Zippelzappel und Philipp Wippelwappel (Eine Geschichte für Kinder mit AD(H)S-Syndrom.* Bern: Huber.

Shure, M. B.(2007) *Erziehung zur Selbstständigkeit: Die intelligente Art, mit Kindern umzugehen.* Freiburg: Herder

Simchen, H. (2006). *ADS. Unkonzentriert, verträumt, zu langsam und viele Fehler im Diktat.* (3. Auflage). Stuttgart: Kohlhammer.

Simchen, H. (2007). *Die vielen Gesichter des ADS (Begleit- und Folgeerkrankungen richtig erkennen und behandeln).* (2. Auflage). Stuttgart: Kohlhammer.

Sturm, W. (2005). *Aufmerksamkeitsstörungen.* Göttingen: Hogrefe.

Spallek, R. (2001). *Aufmerksamkeitsdefizitsyndrom.* Düsseldorf: Patmos.

Stollhoff, K. (2002). *Hochrisiko ADHS.* Lübeck: Schmidt-Römhild.

Weiss, L. (2001). *Eins nach dem anderen.* Moers: Brendow.

Weiss, L. (2003). *Leben mit ADS.* Moers: Brendow.

Wender, P. H. (2002). *Aufmerksamkeits- und Aktivitätsstörungen bei Kindern, Jugendlichen und Erwachsenen (Ein Ratgeber für Betroffene und Helfer).* Stuttgart: Kohlhammer.

Ziegler, C. (2001). *Aufmerksamkeitsstörung bei Kindern.* Stuttgart: Pfeiffer bei- Klett-Cotta.

Zeitschrift

Akzente. Zeitschrift des ADHS Deutschland e. V. Berlin. Erscheint dreimal jährlich.

Spiele und andere Hilfsmittel zur Verbesserung exekutiver Funktionen

www.timetimer.de

Klein-Heßling,J., & Lohaus, A.(2003) *Bleib locker.* Entspannungs-CD. Göttingen: Hogrefe

www.usk.de, Unterhaltunssoftware, Selbstkontrolle

Ahrens-Eippner, S. (2004). *Mutig werden mit Til Tiger.* CD mit der Tigergeschichte und Entspannungsübungen. Göttingen: Hogrefe.

Internet ABC der Bundesprüfstelle:www.bundespruefstelle.de, Auswahl an Computerspielen

www.spieleratgeber-nrw.de

www.iq-spiele.de, Lernspiele für Kinder und Erwachsene

www.spiel-des-jahres.com

www.webkinz.com

www.civilization.com

Websites

www.adhs-deutschland.de Selbsthilfe für Menschen mit ADHS

www.adapt.at Arbeitsgruppe zur Förderung von Personen mit AD/HS und Teilleistungsstörungen. Wien.

www.juvemus.de Vereinigung zur Förderung von Kindern und Erwachsenen mit Teilleistungsschwächen e. V. Koblenz.

www.tokol.de. Tokol ADHS e. V. Hamburg.

www.opti-mind.de Optimind-Institut Wiesbaden mit Arbeitsschwerpunkt ADS.

www.ag-adhs.de. Arbeitsgemeinschaft ADHS der Kinder- und Jugendärzte e. V., Forchheim und Hamburg.

www.jugendaemter.com Alle Jugendämter Deutschlands unter einer Adresse

www.bke-beratung.de Bundeskonferenz für Erziehungsberatung e. V. Der Fachverband für Erziehungs-, Familien- und Jugendberatung. München

www.adhs.ch Aufmerksamkeitsdefizit-/Hyperaktivitätsstörung in der Praxis von Dipl.-Psych. P. Rossi. Staufen.

www.elpos.ch Verein für Eltern und Bezugspersonen von Kindern sowie für Erwachsene mit Pos/AD(H)S. Bremgarten.

www.sfg-adhs.ch Schweizerische Fachgesellschaft Aufmerksamkeitsdefizit/Hyperaktivitätsstörung

Selbsthilfegruppen

Deutschland

ADHS Deutschland e. V.
Postfach 410724
D-12117 Berlin
www.adhs-deutschland.de

Bundesverband Aufmerksamkeitsstörung / Hyperaktivität e. V. (BV-AH)
Postfach 60
D-91291 Forchheim
Telefon: 09191 – 704260
www.bh-ah.de

Österreich

ADAPT
Arbeitsgruppe zur Förderung von Personen mit AD/HS
und Teilleistungsschwächen
Landstraße Hauptstraße 84
A-1030 Wien
www.adapt.at

Schweiz

Elpos Schweiz
Postfach 16
4812 Mühletal
www.elpos.ch

Sachregister

A

ABC-Modell   106
Ablenkung   20, 85 f., 111 f., 265
American Psychiatric Association (APA)   91
Amygdala   30 f.
Angst   216, 255
Angststörungen   344
Anreize   102 f., 114, 121, 147, 236, 247, 249,
   257, 260, 267, 269, 276, 279, 286, 288, 294,
   298, 305, 307, 315, 317, 325, 327, 334, 337,
   340
Arbeitsgedächtnis   23, 25, 31, 33 f., 40, 46,
   70, 87, 117, 128, 162, 170, 174, 177, 180,
   278, 353
– Definition   241
– Einschätzung   243
– Entwicklung   241
– Integration   244
– Interventionen   244, 246, 248
Asperger-Syndrom   91
Aufgaben, offene   193
Aufmerksamkeitsdefizit-/Hyperaktivitäts-
   störung (ADHS)   36 f., 99, 110, 147, 344 f.
Aufmerksamkeitssteuerung   23, 25, 47, 81,
   85, 128, 162, 170, 174, 177, 180, 182, 190,
   194, 202, 206, 353
– Definition   261
– Einschätzung   263
– Entwicklung   261
– Integration   264
– Intervention   265 f., 269
Aufmerksamkeitsstörungen   22, 344
Aufräumen   85, 87, 97, 101, 115, 160, 174,
   176 f., 188, 293
Äußeres/Inneres   98, 109
Autonomie   231
Axone   29

B

Barrieren anbringen   111
Beharrlichkeit, zielgerichtete   23, 26, 46,
   128, 230, 319, 353
– Definition   319
– Einschätzung   321
– Entwicklung   319
– Integration   322
– Interventionen   323 f., 326
Behavior Rating Inventory of Executive
   Function, BRIEF   344
Belohnungen   102 f., 123, 148, 167
Belohnungssysteme   103, 114, 149, 150, 152,
   158, 240
Besserwisserei   332
Betten machen   101
Brainstorming   165, 198
Bundesprüfstelle   129

C3

Checklisten   142, 172 f., 176, 179, 181, 184,
   187, 189, 215, 222, 228, 296
Computer   112

D

Dendriten   29
Denkmuster   343
Depression   344
Diagnostisches und Statistisches Manual
   Psychischer Störungen (DSM-IV)   91
Drei gewinnt   129

E

Eigenregulation   34, 36
Einschätzungsskalen   14
Eltern   63, 84, 267
– Entsprechungen   70
– Erwartungen   97
– Exekutivfunktionen   67

– Interaktion mit dem Kind   99, 116
– Zusammenarbeit mit   267
Elterntraining   343
Emotionale Regulation   23, 25, 46 f., 70, 72,
    75, 88, 91, 98 f., 105, 108 f., 111 f., 158, 193,
    210, 213, 216, 220, 223, 353
– Definition   250
– Einschätzung   253
– Entwicklung   251
– Integration   254
– Interventionen   257, 259
Entspannungstechniken   343
Entsprechung   66, 70, 78 f., 100
– bei Schwächen   73
– Kind/Aufgabe   79, 100, 114
– Kind/Eltern   70
– Kind/Umfeld   78
– Muster   71
Entwicklungsaufgaben   12, 44
Entwicklungsstand   97
Erfolgskurven   166
Erinnerungshilfen   116, 117, 260
– Visuelle   166
Erstverschlimmerung   105
Erziehungsberatungsstellen   344, 350
Exekutivfunktionen
– bei den Eltern   67
– biologische Grundlagen   8, 12, 28, 32
– Definition   8 f., 11, 21
– Defizite bei   10 f., 13
– Dimensionen   28
– Direkt vermitteln   122, 131, 140
– Einschätzung   14, 39
– genetische Einflüsse   28
– informell vermitteln   124
– lehren   96
– Reihenfolge der Entwicklung   24 f
– Schwächen u. Stärken   23, 39, 48, 61, 63
– Verbessern   95
– Verinnerlichen   96

F
Facebook   112
Fahrrad fahren   106
Familienalltag   129
Familientherapie   343
Familientreffen   114
Flexibilität   23, 26, 46 f., 70, 72, 82, 111 f.,
    193, 210, 216, 220, 226, 353

– Definition   308
– Einschätzung   310
– Entwicklung   308
– Integration   311
– Intervention   312, 314 f.
Fördermaßnahmen   350
Förderunterricht   350
Fragebogen   49, 52, 55
Frontallappen   30, 32 f., 36, 109, 130 f., 242

G
Galgenmännchen   129
Gedankenstopp-Technik   343
Gehirn   29, 31
Geld sparen   325
Gerüsttechnik   14, 96, 121, 158, 167
– Verbale   125 ff.
Geschwisterkinder   150, 237
Gesprächstherapie   343
Gewalt   29
Gewinnen können   158
Grundschule   40, 44, 52, 55, 126, 160, 251

H
Hausaufgaben   27, 40 f., 75, 77, 90, 99, 102 f.,
    111 f., 114, 135, 138, 159, 161, 190, 265,
    277, 347
Hausaufgabenplaner   143, 192
Haushalt   100, 114, 150, 180
Haustiere versorgen   161

I
Impulskontrolle   81, 91, 108, 110 f., 231, 234
Initiieren von Handlungen   23, 25, 46 f., 85,
    162, 170, 174, 177, 180, 182, 190, 194, 202,
    206 f., 353
– Definition   271
– Einschatzung   273
– Entwicklung   271
– Integration   274
– Intervention   275 f., 279
Instrument lernen   86, 161, 182
Insula   30
Intelligenz   21
Intelligenztests   344
Interaktionen, soziale   39, 98, 286, 312
Internet   112, 129, 364
Interventionen planen   105, 164 f., 169
Iowa-Leistungstest   20

J

Jugendamt 344, 350
Jugend- und
   Erziehungshilfemaßnahmen 350

K

Kabelfernsehen 111
Käsekästchen 129
Kampf- oder Fluchtreaktion 31
Kind
– Entsprechung Aufgabe 79, 100, 114
– Entsprechung Eltern 70
– Entsprechung Umfeld 78
– Entwicklungsstand 97
– Interaktion mit Eltern 98, 115
Kindergarten 39, 44, 49, 251, 315
Kindergeburtstag 98, 113
Klassenarbeiten 202
Kochen 130
Kognitive Verhaltenstherapie 343
Kompetenzerwartung 89
Komplexität, soziale 112 f.
Kontrolle 99 f., 113

L

Lehrer 42, 45, 78, 83 f., 86, 267, 348 ff.
– Interaktion mit dem Kind 99
– Zusammenarbeit mit Eltern 267
Leistungstests 344
Lernbehinderung 344
Lernhilfen, sozialpädagogische 350
Lernstrategien 204 f.
Lob 81, 102, 120, 145, 166, 331
– effektives 146
Lockvogel-Methode 146

M

Magnetresonanztherapie, funktionelle
   (fMRT) 30
Managerspiele 129
Mathe-Rettungsanker 137
Medikamente 344, 348
Mensch ärgere dich nicht 128
Metakognition 23, 26, 47, 82, 128, 190,
   193 f., 202, 226, 328
– Definition 328
– Einschätzung 330, 335
– Entwicklung 328
– Integration 331
– Interventionen 331, 334 ff., 336 ff.

Mischung, soziale 113
Missbrauch 29
Mittelstufe 45, 58
Monologe, innere 343
Monopoly 128
Morgenrituale 170, 303
Motivation 86 f., 103, 144 f., 150, 158
Musik üben 86, 161, 182
Myelinisierung 29
Myspace 112

N

Nachahmung 36
Nachteilsausgleich 350
National Institute of Mental Health 30
Netzwerke, soziale 112
Neugeborene 29, 33
Neurowissenschaft 21
Notfalltafel 212

O

Omagesetz 100
Organisation 23, 26, 46, 70, 74, 85, 87, 104,
   115, 174, 177, 207, 353
– Definition 289
– Einschätzung 291
– Entwicklung 289
– Integration 291
– Interventionen 293 ff., 295, 297
Organisationssysteme 72, 112, 209

P

Pausen 89, 114
Planänderungen tolerieren 220, 222, 315
Planen/Setzen von Prioritäten 23, 25, 46,
   85, 115, 128, 182, 190, 194, 202, 353
– Definition 281
– Einschätzung 283
– Entwicklung 281
– Integration 284
– Intervention 284 f., 287
Präfrontallappen 31
Probleme lösen 226, 228
Problemverhalten 131, 148, 338
Professionelle Hilfe 343
Prüfungsangst 255
Pubertät 22, 30, 37, 41, 71, 138, 167, 231,
   251, 356 f., 358 f.

R

Rasen mähen   102
Reaktionshemmung   23, 25, 34 f., 46, 72,
   105, 112, 210, 213, 352
– Definition   229
– Einschätzung   232
– Entwicklung   230
– Integration   233
– Intervention   236, 239
Regulation, emotionale   23, 25, 46 f., 70, 72,
   75, 88, 91, 98 f., 105, 108 f., 111 f., 158, 210,
   213, 216, 220, 223, 353
– Definition   250
– Einschätzung   253
– Entwicklung   251
– Integration   254
– Interventionen   257, 259
Rollenspiel   260

S

Schreiben   82, 86, 198
Schule   9, 11, 15, 58, 80, 82 f., 120, 144, 277,
   304, 343, 347
Schulhefte und -mappen   207
Selbstachtung   81, 345
Selbsthilfegruppen   365
Selbstvertrauen   89, 323
Skripte   14
Sorgentafel   219
Soziale Interaktionen   39, 286, 312
Soziale Komplexität   112 f.
Soziale Mischung   113
Soziale Netzwerke   112
Sozialpädagogische Lernhilfen   350
Spiegeln   77, 136
Spiel des Jahres   128
Spiele   14, 34, 39, 96, 115, 121, 128, 167, 364
Spieleratgeber NRW   129
Sport   182, 247, 258
Sprachentwicklung   230
Starthilfe geben   88, 90
Strafen   121
Strategiespiele   128
Stress   75 ff., 88
Studium   277
Substanz, weiße und graue   29 f.
Synapsen   29

T

Tabuzonen einrichten   111
Teilaufgaben   88, 114, 159, 324, 336
Telefonieren   235
Tests   343 f.
TimeTimer   117, 302
Tränenprotokoll   225
Trockenübungen   137 f.
Tür öffnen   104

U

Umfeld
– soziales   110 f.
– verändern   108 f., 120, 157 f.
Umweltfaktoren   89
Umweltgifte   28
Unordentlichkeit   12, 70, 105, 158, 295
Unterhaltungssoftware Selbstkontrolle
   (USK)   129
Unterstützung
– ausschleichen   106, 138, 139
– geben   103 f., 137, 339
Urlaub   130

V

Verein für Medien, Bildung und Kultur   129
Verhaltenstherapie, Kognitive   343
Verhaltensverträge   149, 153
Verinnerlichung   96
Verlaufskontrolle   107
Verlieren können   158, 258
Videospiele   111, 128 f., 144
Vom Äußeren zum Inneren-Prinzip   109
Vom Müssen zum Wollen-Methode   100
Vorschule   39, 49, 160

W

Webkinz   128
Weinen   223
Wut- und Trotzanfälle   108, 110, 166, 210,
   213

X

Xbox   111

Z

Zähne putzen   98, 172
Zeitmanagement   10, 23, 26, 40, 46, 70 f., 88,
   111, 115, 129, 159, 190, 194, 202, 278, 344,
   353

– Definition   299
– Einschätzung   301
– Entwicklung   299
– Integration   302
– Interventionen   303 f., 307
Zeitplan   115, 118, 197, 284
Zeitschleife   305
Zerstreutheit   36 f., 247
– Emotionale   37
Zielgerichtete Beharrlichkeit   23, 26, 46,

128, 230, 353
– Definition   319
– Einschätzung   321
– Entwicklung   319
– Integration   322
– Interventionen   323 f., 326
Zubettgehen   160, 185
Zuhören   119, 136, 332
Zwangsstörungen   344
Zwischenziele setzen   133

Anzeigen

Gerhard Steiner
Lernen
20 Szenarien aus dem Alltag

2. Nachdruck 2011 der 4., unveränd.
Aufl. 2007. 400 S., 53 Abb., Kt
€ 29.95 / CHF 48.90
ISBN 978-3-456-84402-2

Wer immer es mit Lernen, aber auch mit Lehren, Instruieren und Erziehen zu tun hat, erfährt in diesem Buch, wie Lernen im Alltag erfolgt und unter welchen Bedingungen tatsächlich Verhaltensänderungen erlernt oder neue Wissensstrukturen erworben werden können.

Wenn Sie sich dafür interessieren, warum sich Kinder vor weißen Ärztekitteln fürchten, warum ein Schüler ein Störenfried bleibt oder wie man mit drei Bällen jongliert, möglichst viel Wissen aus einem Buchkapitel herausholt, Dreieckskonstruktionen leichter zustande bringen, Streichholzrätsel lösen oder Schachspielen lernen kann, dann ist Ihr Griff zum Buch «Lernen» genau richtig. Sie erhalten nicht nur Antworten auf die oben gestellten Fragen, sondern eine moderne Einführung in die Psychologie des Lernens anhand von 20 Szenarien aus dem Alltag.

Das Buch eignet sich vortrefflich als Text für entsprechende Lehrveranstaltungen; die eingebauten didaktischen Lernhilfen aber, beispielsweise die vorausgeschickten wesentlichen Begriffe des jeweiligen Kapitels oder die «Memos» am Ende jedes Kapitels, machen das Buch auch geeignet für ein Selbststudium.

Erhältlich im Buchhandel oder über
www.verlag-hanshuber.com

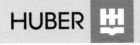

Lisa W. Coyne / Amy R. Murrell
Freude am Elternsein –
Mut zum Erziehen
Hilfen für einen achtsamen und
wirksamen Umgang mit Ihrem Kind

Aus dem Englischen übersetzt von
Matthias Wengenroth.
Mit einem Vorwort von Kelly Wilson
und einem Geleitwort von Matthias
Wengenroth.
2011. 280 S., 1 Abb., 1 Tab., Kt
€ 24.95 / CHF 37.40
ISBN 978-3-456-84942-3

Überforderte Eltern müssen das Wirksame tun, nicht das Einfache.

«Schwierige» Kinder fordern ihre Eltern heraus, und jedes Kind ist manchmal schwierig. Aber Eltern sind auch nur Menschen und neigen als solche zu unbedachten Reaktionen, zu Ärger und zu Ängsten; das alles macht es so gut wie unmöglich, stets das Richtige zu tun. Dennoch ist es möglich, langfristige Erziehungsziele im Blick zu behalten, die eigenen Stärken als Mutter oder Vater anzuerkennen und vor allem die Freude am Elternsein nicht zu verlieren.

Dieses Buch zeigt den Nutzen der Akzeptanz- und Commitment-Therapie (ACT) in der Erziehung. Es ist ein einfühlsamer Ratgeber für Eltern, die sich von Zeit zu Zeit überfordert fühlen – also für alle Eltern. Es gibt eine große Anzahl von Hilfestellungen, die Sie in die Lage versetzen, die nötige Flexibilität und Achtsamkeit zu entwickeln, um Ihrem Kind zu helfen, schwierige Übergänge zu meistern und die Stolpersteine auf dem Weg zum Erwachsenwerden sicher zu umgehen.

Erhältlich im Buchhandel oder über
www.verlag-hanshuber.com

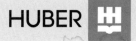